Magisches Deutschland

Reisebegleiter zu geheimnisvollen Sagenplätzen

München Oberbayern

287 geheimnisvolle Stätten in 183 Orten
mit 114 Abbildungen und einer Übersichtskarte

von
Ingrid Berle, Renate Könke,
Marie Luise Hoffmann
Marie-Louise Schmeer-Sturm

Die *Deutsche Bibliothek* verzeichnet diese Publikation in der Deutschen Nationalbibliografie; detaillierte bibliografische Daten sind im Internet abrufbar über: ***www.dnb.ddb.de***

Das *Verzeichnis lieferbarer Bücher (VLB)*, die umfangreichste Datenbank für den deutschsprachigen Buchhandel, verzeichnet diese Publikation im entsprechenden Sachgebiet; detaillierte Bestell-Daten sind im Internet abrufbar über: ***www.vlb-katalog.de***

Für Privatkunden und Interessenten hält die *Mediengruppe König* ein umfangreiches Angebot von Büchern, Zeitschriften und wichtigen Zusatzinformationen bereit. Besuchen Sie uns im Internet unter: ***www.buchverlag-koenig.de***

Das Werk ist in allen seinen Teilen urheberrechtlich geschützt. Jede Verwertung ist ohne Zustimmung des Verlages unzulässig. Das gilt insbesondere für Vervielfältigungen, Übersetzungen, Mikroverfilmungen und die Einspeicherung in und Verarbeitung durch elektronische Systeme.

ISBN 978-3-934673-98-4

© 2007 by Mediengruppe König, Greiz/Thüringen

Vollständig überarbeitete u. erweiterte Neuausgabe
Redaktion: Hildegard Gerlach, Ingrid Berle

Titelbild:	Kloster Ettal (groß) und Türme der Frauenkirche München (klein)
Übersichtskarte:	S. 334/335, Gestaltung billy
Satz & Layout:	Satz- & Druckhaus Greiz, billy
Druck & Verarb.:	Druckmedienzentrum Gotha GmbH

Magisches Deutschland

Reisebegleiter zu geheimnisvollen Sagenplätzen

München
Oberbayern

287 geheimnisvolle Stätten in 183 Orten
mit 114 Abbildungen und einer Übersichtskarte

von
Ingrid Berle, Renate Könke,
Marie Luise Hoffmann
Marie-Louise Schmeer-Sturm

KÖNIG

DIE AUTORINNEN

Ingrid Berle, Mitautorin des Museumskompass Bayern 1992, Autorin der Länderbände Belgien/Luxemburg 1994 und Norwegen/Finnland 1996 (Museumskompass Europa - Reisen und Bildung), hat sich vor allem auf München und Bayern spezialisiert, arbeitet u.a. für die Volkshochschule und als Gästeführerin. Sie interessiert sich stark für Völkerkunde. Von ihr stammen die Beiträge zu München Stadt und Land und zu den Landkreisen Berchtesgadener Land, Ebersberg, Mühldorf, Rosenheim und Traunstein.

Marie Luise Hoffmann, Mitautorin der Stadtteilbände „Das Graggenauer Viertel" (1989) und „Das Angerviertel" (1991) des Institut Bavaricum sowie des Führers „Rundgang durch die Schatzkammer der Münchner Residenz" (Reisen und Bildung, 1997), Mitautorin des Länderbandes Österreich - Schweiz und Liechtenstein (Museumskompass Europa, Reisen und Bildung) ist vor allem historisch interessiert. Sie schrieb die Artikel der Landkreise Erding, Fürstenfeldbruck, Garmisch-Partenkirchen, Starnberg, Weilheim-Schongau.

Renate Könke, Mitautorin an dem Stadtteilband „Das Graggenauer Viertel" (1989) des Institut Bavaricum, bildet sich vor allem im Bereich moderner Kunst weiter. Sie verfasste die Beiträge aus den Landkreisen Dachau, Freising, Neuburg-Schrobenhausen, Pfaffenhofen, Bad Tölz-Wolfratshausen.

Marie-Louise Schmeer-Sturm befasst sich mit Tourismusforschung, der Ausbildung von Studienreiseleitern und Museumspädagogik. Inhaltliche Schwerpunkte bilden Italien und Bayern. Nach siebenjähriger Tätigkeit an der Ludwig-Maximilians-Universität München leitet sie seit Ende 1991 das Büro „Reisen und Bildung". Neben dem Vorwort hat sie die Beiträge zu den Landkreisen Altötting, Eichstätt, Ingolstadt, Landsberg und Miesbach verfasst.

Alle Autorinnen beschäftigen sich mit Geschichte, Kunstgeschichte und Volkskunde und arbeiten seit Jahren zusammen. In einem von Marie-Louise Schmeer-Sturm initiierten Arbeitskreis zu den Münchner Museen sind sie seit über zehn Jahren aktiv und leiten kulturhistorische Führungen in der Erwachsenenbildung.

Vorwort zur Neuausgabe

*In Erinnerung an Harald Gläser
(7.Juni 1940 – 2.Juli 2003)*

Das Interesse und Engagement des Verlegers Gerd Elmar König haben eine Neuausgabe der in den Jahren 1996 - 2002 im Freiburger EULEN Verlag (Harald Gläser) erschienenen Buchreihe „Die Schwarzen Führer" unter dem neuen Namen „Magisches Deutschland" und mit einem neuen Äußeren möglich gemacht.

Von der Vielzahl sonstiger Reiseführer unterscheidet sich diese Reihe dadurch, dass sie kein touristischer Ratgeber im üblichen Sinn ist, sondern das geheimnisvolle Deutschland, seine sagen-, märchen- und legendenumwobenen Plätze erschließt. Jeder Band beschreibt in alphabetischer Reihenfolge Orte und Objekte, an denen ungewöhnliche oder auch unheimliche Begebenheiten zu finden und nachzuempfinden sind. Die betreffenden Geschichten werden auf heute noch sichtbare Plätze und/oder Gegenstände bezogen, können so literarisch erfahren und zugleich sinnlich wahrgenommen werden; darüber hinaus vermitteln sie interessante Einblicke in die Kulturgeschichte der jeweiligen Region.

Sämtliche Bände sind in der Praxis entstanden und für die Praxis gedacht. Das bedeutet, dass volkstümliche Überlieferungen nicht lediglich referiert, sondern nach Möglichkeit auch auf ihren jeweiligen Kontext überprüft und interpretiert werden: unterstützt durch Rückfragen bei Archiven, Museen, Pfarrämtern etc. sowie durch möglichst viele Besuche vor Ort.

Inzwischen ist das damalige Konzept weiter ausgereift. Für die jeweils wichtige Sach- und Hintergrundinformation stand einschlägige Fachliteratur zur Verfügung, von der Interessierte am Ende eines jeden Buches eine Auswahl finden. Um einen möglichst aktuellen Stand bieten zu können, wurden auch für die Neuausgaben entsprechende Recherchen angestellt. Dass dennoch nicht jede vielleicht noch offene Frage endgültig geklärt werden konnte, liegt in der Natur der Sache; Korrekturen und Ergänzungen sind jederzeit willkommen.

Ich danke allen Autorinnen und Autoren, die durch ihre Arbeit das Erscheinen der bisherigen und auch künftigen Bände ermöglichen.

Hildegard Gerlach

Einführung von
Prof. Lutz Röhrich

Die Zeit, in der Sagen weithin geglaubte mündliche Überlieferung waren, ist vorbei. Gleichwohl hat die Faszination dieser Erzählgattung auch die Menschen von heute nicht losgelassen. Sagen sind Berichte über rätselhafte und unerklärliche Geschehnisse, Zeugnisse des Aberglaubens wie der Volksfrömmigkeit.

Im Unterschied zu den freundlich-optimistischen und schön geformten Märchen sind Sagen nicht selten pessimistisch, schwergewichtiger und problembeladener als die Märchen, in ihren kultur- und sozialhistorischen Bezügen wirklichkeitsnäher, zugleich in ihren Fragestellungen mehr jenseitsbezogen.

Sagen erzählen vom Eingreifen der übernatürlichen Mächte, vom Teufel, von dämonischen Wesen wie Riesen und Zwergen, von Drachen und verborgenen Schätzen. Die Skala der Figuren und Motive ist weit gefächert und regional stark differenziert. Das Unheimliche tritt in Kontrast zum Heimeligen, zum Beispiel bei den Begegnungen der Lebenden mit den Toten in ihren mannigfachen Erscheinungsweisen als Wiedergänger, Arme Seelen oder Vampire. Und jeder weiß, dass es dabei nicht bloß um den Aberglauben von vorgestern geht. Friedhofsangst, Angst vor Dunkelheit, Naturkatastrophen, Erdbeben und Lawinen, Vorahnungen zukünftigen Unglücks vermitteln noch immer nachvollziehbare Gefühle und Phobien.

Erinnerungsträchtige Namen wie „Galgenberg" oder „Hexentanzplatz" rufen noch immer eine Gänsehaut oder wenigstens wohliges Gruseln hervor. Sagen sind Zeugnisse von Angst, aber auch von Angstbewältigung. Sagen spiegeln Glaubenserfahrungen und sind damit in einem weiteren Sinne auch Dokumente von Religiosität. Die Rationalität versagt gegenüber der Erklärung übernatürlicher Phänomene. Gerade Nicht-Wissen reizt die Menschen zu Deutungen des Unheimlichen und verlockt sie, sich mit diesen Stoffen immer erneut auseinander zu setzen. Neben Dramatik und Tragik kennt die Sage aber auch gelegentlich einen Hauch von Humor, vor allem wenn List und schwankhafte Übertölpelung eine Rolle spielen.

Auch Kuriositäten und das Anekdotische haben ihren Anteil im volkstümlichen Erzählgut. Oft sind Sagen ausgesprochene Lehrstücke; sie berichten über richtiges oder falsches Verhalten von Menschen, überwiegend jedoch von Fehlverhalten und Normabweichungen und ihrer Bestrafung. Nicht zufällig sind Frevelsagen und Rechtssagen so häufig. Sagen sprechen gültige Lebenserfahrungen von Generationen aus; sie enthalten Modelle zur Lebensbewältigung; sie sind trotz Jahrhunderte langer Tradition nicht erstarrt, und darin liegen auch die Gründe ihrer Kreativität bis in die Gegenwart. Nicht zufällig haben Sagen auch in vielfältiger Weise die Literatur angeregt, die Balladen- und Novellendichter des 19. Jahrhundrts ebenso wie noch die Schriftsteller der Moderne. Und die Anregungen reichen bis zu den Drehbüchern der allseits beliebten Hexen-, Grusel- und Vampirfilme. Schließlich ist auch Science Fiction eine Form moderner Sagenbildung.

Sagen handeln nicht nur von Erlebnissen mysteriöser Art, sondern auch von bemerkenswerten historischen oder auch nur für historisch gehaltenen Ereignissen, von Hungersnöten und Massensterben der Zeit der Pest, vom Schwedenkrieg und von der Franzosenzeit, von Kriegsnöten und Belagerungen, von Raubrittern und Kreuzfahrern, von untergegangenen Städten und Klöstern. Rettungsmotive stehen neben solchen von Zerstörung und Untergang. Sagen berichten von den Schicksalen der führenden Familien, aber auch der einfachen Bevölkerung. Sie bilden eine Form volkstümlicher Geschichtsschreibung und zeigen dabei häufig die Perspektive einer von unten gesehenen Geschichtsauffassung. Dabei wird Geschichte in der Form von Geschichten wiedergegeben. Selbst wenn das geschichtliche Gedächtnis der mündlichen Volksüberlieferung nicht immer die historische Wahrheit spiegelt, so enthalten Sagen doch häufig wenigstens einen Kern von Wirklichkeit. Fast immer sind es bewegende Erzählungen, „unheimlich starke" Geschichten des Wissens und Gewissens.

Im Unterschied zu Märchen, die überall und nirgends angesiedelt sind, spielen Sagen an festen und real nachweisbaren Orten. Die Zeugnisse des Geschehens sind noch allenthalben sichtbar. Oft bilden sie sogar Anknüpfungspunkte heutigen Fremdenverkehrs. Obwohl Sagen örtlich und zeitlich fixiert sind, gibt es jedoch das Phänomen der „Wandersage", das heißt ein und dasselbe Motiv wird von ganz verschiedenen Orten angeeignet. Die Erzählungen zum Beispiel von der geretteten Unschuld (Jungfernsprung), vom schlafenden Kaiser im Berg (Barbarossa), vom Traum vom Schatz auf der Brücke, vom Riesenspielzeug, von der Vielgeburt (Welfen), von den treuen Frauen von Weinsberg - um nur einige Beispiele zu nennen - werden an vielen Orten mit der lokalen Überzeugung von Historizität berichtet. Solche Erzählungen lösen im Zuhörer oder Leser ein Bekanntheitsgefühl, ein Deja-vu-Erlebnis aus. Der Mensch der Gegenwart, ob Fußwanderer, Radfahrer oder Autotourist, möchte von der Landschaft, durch die er reist, etwas mehr wissen, als dies Ansichtskarten oder Touristenprospekte vermitteln können. Er möchte im wörtlichen Sinne „erfahren", was es mit diesem oder jenem Denkmal, Wegkreuz, Bildstock oder Brunnen, mit den noch sichtbaren Resten von Burgruinen oder Klöstern, mit auffallenden Orts- oder Gebäudenamen auf sich hat.

Gegenüber den alten und unkritisch immer wieder nachgedruckten Sagensammlungen bietet diese Buchreihe einige bemerkenswerte Neuerungen: Abbildungen des Sagengeschehens - meist in Form von Stichen aus älterer Graphik -, vor allem aber genaue Ortsbeschreibungen und historische Nachweise. Dabei werden die Sageninhalte nicht weitschweifend erzählt, sondern auf ihre Grundzüge reduziert. Durch die neue Reihe der MEDIENGRUPPE KÖNIG unter dem Titel „Magisches Deutschland" kann man sich an die sagenumwobenen Plätze und zu den geheimnisvollen Orten deutscher Landschaften geleiten und in das Land der Phantasie entführen lassen.

Prof. Dr. Lutz Röhrich
Institut für Volkskunde
Universität Freiburg i. Br.

VORWORT ZUM VORLIEGENDEN BAND

Die Bayern kamen aus dem Osten, aus Böhmen, in das die Markomannen abgewandert waren, welche vermutlich mit den durch die Völkerwanderung dazugestoßenen suebischen und anderen germanischen Elementen den Kern des bairischen Stammes bildeten. Vielleicht wurden diese Leute aus Baiaheima (Böhmen) - deshalb von römischen Geschichtsschreibern „baiovarii" genannt - vom König der Ostgoten ins Land gerufen, der damals über Italien und somit auch über die Provinz Rätien herrschte. Jedenfalls erfolgte die etwa um 530 n.Chr. beendete bairische Landnahme ohne jeglichen Kampf, weshalb man vermutet, dass sie gerufen wurden, um zu siedeln, nicht um zu erobern. Die Alemannen wichen damals bis über den Lech zurück, woran noch heute die Dialektgrenze zwischen Schwäbisch und Bairisch erinnert.

Oberbayern ist eine *Natur- und Kulturlandschaft* voller Gegensätze. Im Süden befinden sich die Bayerischen Alpen mit den Allgäuer Hochalpen, dem Wetterstein- und Karwendelgebirge und den Berchtesgadener Alpen. Geologisch den Nördlichen Kalkalpen zugehörig, erhebt sich in ihrer Mitte der höchste Berg Deutschlands, die Zugspitze mit 2.964 Metern. Das Alpenvorland, auch „Schwäbisch-Bayerische Hochebene" genannt, wird vor allem durch die oberbayerische Seenplatte geprägt, bekannt durch den Chiemsee, den Starnberger See, den Ammersee und den Tegernsee. Es reicht von den Alpen bis zur Donau und wird im Westen vom Bodensee, im Osten durch den Zusammenfluß von Inn und Salzach begrenzt. Diese tertiäre Hügellandschaft, die in ihrer südlichen Hälfte von den Moränen der Alpengletscher überdeckt wurde, trägt eine fruchtbare Ackerkrume. Auch ausgedehnte, allerdings weitgehend kultivierte Moore sind landschaftsbestimmende Elemente vor allem im Norden des Tertiärhügellandes mit dem großen Donaumoos sowie dem Dachauer und Erdinger Moos im Bereich der Münchner Schotterebene. Im Norden wird Oberbayern von der Kalkabdachung des Jura nördlich der Donau begrenzt.

Diese unterschiedlichen und abwechslungsreichen Landschaftsformen machen den Reiz Oberbayerns aus, das dadurch auch zu den wichtigsten Fremdenverkehrsregionen Deutschlands zählt.

Oberbayern ist der größte Regierungsbezirk Westdeutschlands; in seiner *heutigen Form* - abgesehen von kleineren Veränderungen durch die Gebietsreform -

besteht es erst seit 1838. Nach den Landesteilungen der bayerischen Herzöge im Mittelalter - es entstand damals ein Bayern-München, Bayern-Landshut, Bayern-Ingolstadt und Bayern-Pfalz - wurden die zersplitterten Teile erst nach dem Landshuter Erbfolgekrieg 1504/05 unter Albrecht IV. dem Weisen (1465-1508) wieder zusammengefügt und bestanden als Verwaltungsbezirke weiter. Auf diesen Herzog geht das Primogeniturgesetz (1506) zurück, das dem jeweils Erstgeborenen die Herrschaft sicherte und weiteren Teilungen vorbeugen sollte. Oberbayern ist das altbayerische Kernland und setzt sich seit dem 16. Jahrhundert aus dem einstigen Herzogtum Bayern-München, Teilen von Bayern-Ingolstadt und Bayern-Landshut zusammen. Anfang des 19. Jahrhundert kamen nach dem Reichsdeputationshauptschluß (1803) das ehemals selbständige Bistum Freising und dessen Grafschaft Werdenfels sowie der salzburgische Rupertigau und das Reichsstift Berchtesgaden dazu.

Die Grafen von Scheyern bauten sich bei Aichach die Burg Witelinespach, nach der das Geschlecht seit 1115 genannt wurde. Im Jahr 1180 wurde Otto von Wittelsbach (1180-1183) von Kaiser Friedrich I. Barbarossa wegen seiner Verdienste beim ersten Romzug des Kaisers und seiner unbedingten Treue zu ihm und zum Reich mit Bayern belehnt, womit die mehr als 700jährige Herrschaft der *Wittelsbacher* ihren Anfang nahm. Bis zum Ersten Weltkrieg bestimmten sie zuerst als Herzöge, ab 1623 als Kurfürsten und ab 1806 als Könige maßgeblich die Politik in Bayern.

Während des 30jährigen Krieges war Bayern unter dem Wittelsbacher Kurfürsten Maximilian I., dem Anführer der katholischen Liga, Bollwerk der Gegenreformation und öffnete sich erst Ende des 18. / Anfang des 19. Jh. unter dem Pfälzer Kurfürsten Karl Theodor und dem nachmaligen König Max I. Joseph protestantischen Einwanderern und Einflüssen.

Aufgrund dieser betonten Katholizität und tiefen Religiosität von Herrscherhaus und Bewohnern ist es auch verständlich, dass *Kloster-, Kirchen- und Kapellengründungen* auf ein göttliches Zeichen hin den Hauptanteil der in diesem Buch volkstümlichen Überlieferungen bilden. In den meisten Fällen existieren noch beachtliche Gebäude, die als greifbare Zeugen die Geschichten anschaulich machen - zumal es im Innern häufig Fresken oder Bilder gibt, die sich auf die Gründungslegende beziehen.

Ein gewisses Defizit in diesem Bereich ist für den Kreis Neuburg-Schrobenhausen zu verzeichnen, was mit der Mentalität der „Mesler" zusammenhängen mag: Der nüchterne Protestantismus, der durch die Besiedlung unter Kurfürst Karl Theodor ins Land kam, war wohl kein guter Nährboden für Aberglauben und Sagen. Daher überwiegen hier, wie übrigens auch im Landkreis Dachau und in Fürstenfeldbruck, Themen aus der kleinbäuerlichen Welt: Sagen um Grenzsteinversetzer und tyrannische Schlossherren, welche zu Lebzeiten begangenes Unrecht vor ihrem Tod nicht mehr sühnen konnten, zur Strafe keine Ruhe im Grab finden und nun entweder als körperlich gedachte Wiedergänger oder mehr spirituell gedachte Arme Seelen (etwa in Gestalt von Irrlichtern) am Ort ihrer Untat spuken und auf Erlösung warten.

Das 17. und 18. Jahrhundert war eine Zeit blühenden *Wallfahrtswesens*. Die großen Fernwallfahrten (Jerusalem, Rom und Santiago de Compostela) wurden aufgegeben und der altbayerische und alpenländische Raum entwickelte sich zur „klassischen Wallfahrtslandschaft der katholischen Welt" (Böck). Die Bittwallfahrt, die einen großen Aufschwung für Votivwesen und religiöse Volkskunst brachte, trat an die Stelle der Bußwallfahrt. Im Zentrum der neuen Frömmigkeitsbewegung stand die Marienverehrung; zu einer der bedeutendsten europäischen Wallfahrten wurde damals die Wallfahrt Unserer Lieben Frau von Altötting. Auch von staatlicher Seite wurde das Wallfahrtswesen in Bayern stark gefördert, was sich aus der Abschirmung gegen den Protestantismus und der Demonstration von Marienkult und Heiligenverehrung gegenüber der Reformation erklärt.

Ziele der Wallfahrer waren neben zahlreichen Muttergottes-Gnadenbildern u.a. der Gegeißelte Heiland in der Wies, das Kreuz, z.B. (Polling), heilige Reliquien oder die Eucharistie (Andechs, Bettbrunn), wundertätige Heilige (Grafing) nachgebaute Kalvarienberge (Bad Tölz) und Loretokirchen (Birkenstein). Oberbayern ist auch ein Kernland kirchlicher Prozessionen, wie der noch heute gefeierten Georgi- und Leonhardiritte.

Viele Geschichten ranken sich um *Burgen und Schlösser*, die sich baulich entweder noch vollständig erhalten haben oder als Ruinen die Phantasie der Menschen anregen. Hier handelt es sich entweder um Persönlichkeiten, die mit der Geschichte der Burg in besonderer Weise verbunden sind (Strauchritter Rapoto II. beim Höhlenschloß in Stein an der Traun) oder um Schatzsagen, die den Wunsch des armen Volkes nach materiellem Reichtum verdeutlichen.

Ebenfalls gewichtig sind die Sagen, die an *Naturerscheinungen* anknüpfen. Neben wundersamen Begebenheiten um *Quellen*, in Verbindung mit der Heilkraft des Wassers (Eresing in der Nähe des Ammersees) sind Geschichten um große Felsen und Gesteinsbrocken sowie um *Höhlen* zu nennen, die vor allem im Landkreis Eichstätt mit seinen höhlenreichen Karstlandschaften anzutreffen sind.

Schatz- und Erlösungssagen sind häufig mit Bergen und Höhlen verbunden, da man hier unerreichbare Schätze vermutete oder sich auch populäre Herrscher, die ihrem Volke in Notzeiten zu Hilfe kommen werden, im Innern der Berge auf Erlösung wartend vorstellte (Schatzberg am Ammersee, Leeberg am Tegernsee, Karlsberg bei Starnberg, Untersberg im Berchtesgadener Land).

Gut vertreten sind *Teufelssagen*, die von einem Pakt mit dem Teufel erzählen, den der menschliche Vertragspartner listig bricht: Satan verliert und wird lächerlich gemacht, z.B. in der Sage von der Münchner Frauenkirche oder der Teufelskuchel bei Holzkirchen.

In *historischen Sagen* begegnen uns Karl der Große, Heinrich der Löwe und Kaiser Ludwig der Bayer, während dessen Regierungszeit die deutsche Kaiserkrone in München aufbewahrt wurde. Spuren des letzteren finden wir im Alten Hof in München, in Puch bei Fürstenfeldbruck und in Ettal. Auch der Dreißigjährige Krieg mit seinen konfessionell-politischen Spannungen hat manchen Anlaß zur Sagenbildung gegeben.

Aus der reichen Fülle des vorhandenen Materials wurden die schönsten und kulturhistorisch interessantesten Beispiele sagen- und legendenumwobener Stätten ausgewählt.

Die Autorinnen danken allen fachkundigen Personen aus den oberbayerischen Landkreisen, die sie bereitwillig bei den Recherchen unterstützten.

Marie-Louise Schmeer-Sturm

SYMBOLE

 Burgen und Schlösser

 Quellen und Brunnen

 Wachtürme, Burgruinen

 Gewässer und Wasserfälle, Moore, Brücken

 Kirchen und Klöster

 Höhlen und Grotten

 Kapellen

 Vorgeschichtliche Denkmäler, Hünen- und Hügelgräber

 Flurdenkmäler: Kreuze, Bildstöcke, Gedenksteine, Friedhöfe

 Häuser, Mühlen, Gasthäuser und Baudenkmäler

 Naturdenkmäler: Steine, Felsen und Berge

 Standbilder, Reliefs, Skulpturen, Gemälde, Wahrzeichen

 Hervorragende Bäume, Wälder und Gärten

 Wappen und heraldische Symbole

AINHOFEN
(Markt Indersdorf, Landkreis Dachau)

**Katholische Filial-
und ehemalige Wallfahrtskirche St. Maria**

Nördlich von Markt Indersdorf liegt Ainhofen mit seiner Filialkirche St. Maria, schon seit 837 als Eiinhofa urkundlich erwähnt. Von der seit mindestens 1229 bestehenden Kirche ist das Mauerwerk in den unteren Partien von Langhaus, Chor und Turm erhalten geblieben. Im aufwendig gestalteten Hochaltar von 1732 befindet sich das Gnadenbild, eine kleine Muttergottesfigur aus der Mitte des 12. Jahrhundert, eine hölzerne Skulptur der thronenden Maria lactans.

Seit Anfang des 16. Jahrhundert, mit Beginn der Wallfahrt, befindet sich dieses älteste Maria-Gnadenbild der Erzdiözese München-Freising in Ainhofen. Die Legende erzählt, dass bei einer Prozession zu Ehren der Gottesmutter die Skulptur nicht über die Schwelle des Friedhofs zu bewegen war. Daraufhin soll der Pfarrer, um die Madonna leichter zu machen, auf die Idee gekommen sein, der Gottesmutter die entblößte Brust, an der sie das Jesuskind nährt, abschlagen zu lassen. Diese vermessene Tat ließ ihn erblinden, und erst nach langer Buße und inbrünstiger Verehrung „unserer lieben Frau von Ainhofen" soll er auf wunderbare Wiese sein Augenlicht wieder erhalten haben.

Eine andere Version erzählt, dass die Indersdorfer die Madonna als die ihre bezeichneten, weil sie aus dem Augustiner-Chorherrenkloster stamme. Sie wollten also mit einem großen Wagen und sechs Pferden davor die Statue zurückholen. Die Pferde konnten aber den Berg bei Gundackersdorf nicht überwinden, worin man ein Zeichen erblickte, die Madonna in Ainhofen zu lassen.

Diese Legende gehört zum Kreis der „Gespannwunder". Man versteht darunter das häufig vorkommende Motiv, dass heilige Leichname oder heilige Bilder auf Ochsen- oder anderen Tierkarren an bestimmte Orte gebracht werden sollen. Die Tiere bestimmen dabei durch eigenmächtiges Anhalten den betreffenden Platz.
–> Aufkirchen, –> Breitenbrunn, –> Puch

ALMOSMÜHLE
(Gemeinde Walting, Landkreis Eichstätt)

Quellen
Links von der Verbindungsstraße zwischen „Pfünzerbrücke" und *Inching* treten, am Fuß des mächtigen überhängenden Dolomitfelsens, fünf Karstquellen hervor, die zur Altmühl abfließen. Nach der Sage schöpfte an einem Sonntagmorgen eine Müllermagd einen Trunk aus dem Wasser, als sie in der Nähe ein Klingen wie von Geld hörte. Aus einer Felsritze kollerte ein Taler nach dem anderen herab. Als das er-schrockene Mädchen schrie, versiegte die Geldquel-le sofort. Ein altes Mütterchen soll ihr nachher ge-sagt haben, wenn sie geschwiegen hätte und schnell etwas Heiliges wie einen Rosenkranz darauf geworfen hätte, wäre der ganze Schatz ihr zugefallen.

ALTENBURG
(Gemeinde Moosach, Landkreis Ebersberg)

Wallfahrtskirche Unsere liebe Frau vom Siege
Die Marien-Wallfahrtskirche wurde 1467 an der Stelle der Burgkapelle einer alten Burg errichtet. Um das Jahr 1711 wurde sie barockisiert. Im Zentrum des Hochaltars steht eine ausdrucksvolle, künstlerisch wertvolle spätgotische Holzfigur, die Muttergottes von Altenburg. Dem Gnadenbild werden seit dem 16. Jahrhundert wundertätige Gebetserhörungen zugeschrieben. Davon berichten drei Mirakelbücher aus der Mitte des 18. Jahrhunderts und Votivtafeln an der Orgelempore. Gegenüber dem Sakristeieingang hängen zeitgenössische Votivtafeln, welche bestätigen, dass Maria-Altenburg heute wieder zu den bekanntesten MarienWallfahrtsstätten in Bayern zählt.

Wie es zur Gründung der Kirche kam und von der Burg von Altenburg und ihrem Schicksal, erzählt eine sozialkritische Sage: Die Burgherren und ihre Soldknechte schindeten Bauern und „Häusler" bis auf's Blut. Sie trieben den Zehnt mit Daumenschrauben und Stockhieben ein. Sie raubten und plünderten und scheuten sich nicht, die Höfe niederzubrennen. Junge Frauen und Töchter der Bauern mußten in der Burg Frondienste leisten und wurden während der nächtlichen Zechgelage von Rittern und Söldnern oft geschändet.

Eines Tages wurde die anmutige und fromme Tochter eines Bauern entführt, welche bisher von ihrem Vater vor den Burgherren versteckt gehalten wurde. Die

Räuber schleppten das Mädchen in die Burg, wo die „Beute" mit lautem Jubel begrüßt wurde. Um Mitternacht näherte sich ein schamloser Ritter dem entführten Mädchen. Es wehrte sich. Plötzlich flammte auf der Stirn des Mannes ein feuerrotes Brandmal. Ausser sich vor Zorn griff er zur Peitsche und schlug auf sein Opfer ein, bis es tot am Boden liegen blieb. Den Leichnam warf er den Bluthunden vor. Diese aber rührten ihn nicht an, sondern beleckten seine Wunden und fletschten die Zähne, wenn es jemand wagte, sich der Toten zu nähern.

In der Nacht erhob sich ein gewaltiger Sturm. Bäume wurden wie Zündhölzer geknickt, Äste stürzten krachend zu Boden, und im alten Gemäuer der Burg rumpelte und polterte es. Als die Morgensonne aufging, war die Burg verschwunden. Jahrelang wurde die schaurige Stätte ängstlich umgangen. Nachdem aber später das tote Mädchen entdeckt wurde, das völlig unverwest gewesen sein soll, errichtete man an der Fundstelle eine Kapelle.

ALTENHOHENAU
(Gemeinde Griesstätt, Landkreis Rosenheim)

Ehemalige Dominikanerinnen-Klosterkirche St. Peter und Paul

Altenhohenau liegt in den Flußauen auf der rechten Seite des Inn nahe der Straße, die von *Rosenheim* über *Griesstätt* nach *Wasserburg* führt. Konrad, der letzte Graf von Wasserburg, hatte das Kloster gestiftet als Ausgleich für eine gelobte Teilnahme am Kreuzzug, die er nicht verwirklichen konnte. Von der alten Klosteranlage stehen nur noch die Kirche und einige Nebengebäude. Im 18. Jahrhundert erhielt die Kirche ihr heutiges Aussehen: außen ein einfacher Bau mit einem bescheidenen Türmchen in Form eines Dachreiters; innen die prachtvolle Rokoko-Ausstattung, an der hauptsächlich der bedeutende Bildhauer Ignaz Günther (1725-1775) und der Freskant Matthäus Günther (1705-1788) beteiligt waren.

In der Kirche werden mehrere Gnadenbilder verehrt. Auf dem Tabernakel des Hochaltars (1761) thront eine bekleidete Figur der Muttergottes mit dem Jesuskind (17. Jh.). Ein Kranz von zwölf Sternen ziert ihr Haupt; in der Hand hält sie den Rosenkranz. Die Verehrung Mariens als Rosenkranzkönigin wurde von den Dominikanern eingeführt und besonders von Papst Pius V. (reg. 1766-72) gefördert, der selbst Dominikaner war. Zur Königin des Rosenkranzes wurde Maria 1475 von den Dominikanern (Gründung des Ordens 1215 durch den Spanier Dominikus, 1170 - 1221, 1234 in Toulouse heilig gesprochen) in Köln erklärt. Basierend auf der Legende, habe sie dem hl. Dominikus die Gebete des Rosenkranzes gelehrt bzw. ihm diesen überreicht. Der Rosenkranz ist seit dem 16. Jahrhundert die übliche Bezeichnung für eine Perlenschnur zum Abzählen einer festgelegten Anzahl von Gebeten. Rosenkränze hängen eng zusammen mit Wallfahrten. Das Fest „Unserer Lieben Frau vom Sieg" am ersten Sonntag im Oktober weist auf ein Ereignis der Kirchengeschichte hin: am 7. Oktober 1571 besiegte die christliche Flotte in der Seeschlacht von Lepanto die Türken. Den Ausgang des Kampfes schrieb man dem Rosenkranzgebet zu.

Auf dem rechten Seitenaltar steht ein dreiteiliger, goldgefaßter Glasschrein mit dem Altenhohenauer Jesuskind in der Mitte. Das nur 9 cm kleine stoffbekleidete und gekrönte Schnitzfigürchen aus dem 18. Jahrhundert hält ein Kreuz und ein Zepter. Das Gnadenbild soll an vielen heiligen Stätten Palästinas berührt worden sein. Der Kult des Jesuleins überstrahlte in der zweiten Hälfte des 18. Jahrhundert alle anderen Jesuskind-Kulte. Votivtafeln haben sich erhalten wie auch alte Andachtsbildchen und Gebetbucheinlagen mit dem Bild des verehrten Kindes. Sogar eine Wallfahrtsmedaille wurde geprägt.

Seit dem 16. Jahrhundert war auch ein wertvolles frühgotisches Kruzifix aus dem 14. Jahrhundert an der Nordwand gegenüber der Kanzel ein Pilgerziel. Christus hängt an einer Astgabel; deshalb wird das Kreuz hier als „Astkreuz", das Holz des Lebens, verstanden. Der Korpus ist hohl und war mit (über 900) Votivzetteln ausgefüllt, die man durch die Seitenwunde eingeschoben hatte.

Ebenfalls an der Nordwand zwischen Kreuz und Gitter befindet sich ein Glasschrein aus dem 16. Jahrhundert mit einem bekleideten Jesusknaben, einem gotischen Figürchen aus Lindenholz (um 1430). Das Columba-Jesulein ist der ikonographische Typus des „Jesuskindes mit der Weintraube und der Darbietung einer Weinbeere" und wird dem Meister von Seeon zugeschrieben. Sein Name erinnert an die Mystikerin Columba Weigl (1713-1783) aus München. Im Eingangsbereich, der unter dem Nonnenchor gelegenen Vorhalle, hängt an der Vorderseite des rechten Stützpfeilers ein Bild, auf dem sie mit dem „Astkreuz" dargestellt ist. Columba Weigl war bereits mit 17 Jahren in das Kloster Altenhohenau eingetreten. Hier hatte sie zahlreiche Visionen und soll 1731 vor dem Kruzifix die Wundmale Christi (Stigmatisierung) erhalten haben. Ihr Jesuskind-Glaubenseifer manifestiert sich in dem gotischen Jesulein, welches sie als „Brautausstattung" wahrscheinlich mitgebracht hatte. In mystischer Hochzeit soll sie sich dem Jesuskind vermählt haben, sieht ein Wägelchen, in dem ein überaus schönes Kind ... „saß, welches auf das schönste mit einem hochzeitlichen Kleid bekleidet war ... und Columba sah, dass in diesem Wäglein noch ein Sitzplatz war. Auf die Frage, was dies bedeute, wurde ihr geantwortet, dass dieser Platz ihr gehöre; wenn sie treu bleiben würde, werde sie einstens hineingesetzt und mit ihrem Geliebten in den Himmel fahren".

In einem kleinen Schrank verwahrt das Kloster heute noch die vielen kostbaren Kleidchen und Mäntelchen des Columba-Jesuleins, dazu eine reiche Auswahl von Schuhen. Der Legende nach soll das Gnadenkindl öfter mit zerrissenen Schuhen auf dem Altar gestanden haben, bis eines Nachts eine Nonne das Jesulein durch das Kloster wandeln und in jede Zelle schauen sah, was die verschlissenen Schuhe erklären würde.

Das Columba-Jesulein (um 1430) in barocker Kleidung.

ALTENSTADT
(Landkreis Weilheim - Schongau)

Basilika St. Michael

Altenstadt, das frühere *Schongau*, liegt an der ehemaligen Römerstraße „Via Claudia Augusta", die von Augsburg nach Rom führte. Durch Handelsgeschäfte gelangten die Bürger des Ortes zu erheblichem Wohlstand, welcher Ende des 12. Jahrhunderts den Bau der großen Kirche ermöglichte.

Die zwischen 1180-1220 erbaute Kirche ist eine dreischiffige Basilika mit drei parallelen Apsiden und einem Kreuzgratgewölbe, das für die mittlere romanische Periode in Bayern einmalig ist. Der Blickfang im Inneren ist ein mit 3,20 m überlebensgroßer Holzkruzifixus aus dem frühen 13. Jahrhundert: der „Große Gott von Altenstadt".

Im Tympanonrelief des Westportals (außen) ist ein Drachenkampf zu sehen, dessen Deutung ungewiß ist. Man nimmt an, dass es sich hier um ein Sinnbild des christlichen Kampfes gegen das die Menschheit bedrohende Böse handelt - eine Darstellung, die der Auffassung des 12./13. Jahrhunderts entsprach.

Neben dieser Version wurde längere Zeit auch die Ansicht vertreten, die Kampfhandlung sei mit der Dietrich - Sage in Verbindung zu bringen. Der Drache trägt einen Mann im Maul, Rentwin, der den vor ihm stehenden Ritter um Hilfe anfleht. Da der Ritter aber sein Schwert verliert, bittet Rentwin ihn, sein eigenes Schwert aus dem Maul des Tieres zu ziehen und mit dem Drachen zu kämpfen. Der Lindwurm erliegt nach langem Kampf.

In Dietrich von Bern, einer der bekanntesten Gestalten germanischer Heldendichtung, lebt der Ostgotenkönig Theoderich der Große (471-526) weiter. In der Sage wurde sein Leben tragisch umgedichtet; die höfische Epik des Hochmittelalters hat ihn zur Idealgestalt des christlich-ritterlichen Helden gemacht. In märchenhaften Dichtungen kämpft Dietrich gegen übernatürliche Wesen wie Riesen, Zwerge oder Drachen.

ALTMÜHLDORF
(Stadt Mühldorf/Inn)

Totenkapelle in der Pfarrkirche St. Laurentius

Auf der Hochuferkante des Inns westlich von Mühldorf präsentiert sich die hochragende Kirche als Backsteinrohbau (1500-1518), an den im Osten der barocke rechteckige Altarraum (1758) angefügt ist. In der kapellenartigen Vorhalle (um 1690) befindet sich ein sehenswerter „Totenaltar", flankiert von zwei zierlichen „Tödlein", zwei Skelette in Harnisch, Prunkkleidung und mit Turban versehen. Diese „Schreinwächter", ein Soldat und ein Fürst in der Tracht des 30jährigen Krieges, sind nicht als Tote, sondern als Abgesandte des Todes zu verstehen. Die Kapitelle der in sich gedrehten Säulen sind durch Totenschädel ersetzt. Über dem Altarblatt der „erlösten Armen Seelen", im Altarauszug, sind drei weitere Totenköpfe zu sehen mit Bischofsmitra, Priesterbirett und Krone. Sie sind Teil eines verkürzten Totentanzes und erinnern daran, dass kein Mensch, egal welchen Ranges, welcher Schicht, vom Tod verschont bleibt.

Vorläufer der Darstellung des Todes als Knochenmann ist die Darstellung ein Fresko auf dem Camposanto, dem Domfriedhof in Pisa/Italien. An den Wänden des dortigen Kreuzgangs befindet sich unter anderen Fresken des 14. und 15. Jahrhunderts ein monumentales Wandgemälde, der „Triumph des Todes", dessen bekanntester Ausschnitt die „Legende von den drei Lebenden und den drei Toten" ist: Gezeigt werden drei Könige, die zur Jagd ausgezogen sind und unterwegs ihren verstorbenen Vorgängern begegnen. Diese präsentieren sich in verschiedenen Stadien der Verwesung als grausiges Memento mori und rufen ihren lebenden Nachfolgern zu: „Was wir waren, seid ihr! Was wir sind, werdet ihr sein!"

Das Motiv von den drei Lebenden und drei Toten ist bereits im 3. Jahrhundert im Orient nachweisbar; über Spanien und Frankreich kam es im Mittelalter auch nach Deutschland, wo eine künstlerische Ausgestaltung dieses Themas jedoch relativ selten ist.

ALTOMÜNSTER
(Landkreis Dachau)

Kloster

Altomünster wird beherrscht von der auf ansteigenden Gelände errichteten Klosteranlage, deren Basis bereits um 760 erwähnt wird. Im 10. Jahrhundert wurde die Mönchsniederlassung von den Ungarn zerstört. Durch die Welfen erfolgte eine Neubesiedelung mit Benediktinern. Deren Niederlassung wurde nach wechselvollem Schicksal aufgehoben und im 15. Jahrhundert durch Herzog Georg den Reichen als Doppelkloster für Mönche und Nonnen dem Birgittenorden übergeben. Während der Säkularisation durften die Nonnen bleiben - im Gegensatz zu den Mönchen, die vertrieben wurden. So blieb der Konvent erhalten. Er ist der einzige Birgittenorden in Deutschland.

Die Klosterkirche in ihrer heutigen Form ist der letzte Großbau des Münchner Baumeisters Joh. Michael Fischer, des führenden bayerischen Rokokoarchitekten. Um die Mitte des 8. Jahrhundert ist in der Gegend des heutigen Altomünster in den geschichtlichen Quellen der Eremit Alto nachgewiesen, um den

Der heilige Alto

sich viele Legenden ranken. Er hatte über Jahre ein gottesfürchtiges Leben geführt. Deshalb bekam er von König Pippin den Wald geschenkt, in dem er lebte, um dort ein Kloster gründen zu können. Der Stumpfenbach, der durch das Tal fließt, führte Wasser genug. Aber auf dem Hügel, auf dem das Kloster geplant war, fehlte es. Da stieß Alto seinen Stab in den Boden, und reines Quellwasser sprudelte hervor. Der Brunnen im Klosterhof zeugt von diesem Wunder. Bei der Rodung des Waldes zeichnete Alto mit seinem Messer nur die Bäume an, die gefällt werden sollten, worauf sie von selbst umfielen. Und die Vögel des Waldes kamen, um das Geäst wegzutragen.

Für die tiefe Gläubigkeit des heiligen Alto zeugt auch das Kelchwunder: Bei der Feier der heiligen Messe erschien ihm während der Wandlung, aus dem Kelch emporsteigend, das segnende Jesuskind.

 Die Deckenfresken des Malers Joseph Mages in der Klosterkirche St. Alto stammen aus dem Jahr 1768 und zeigen sowohl das Quell- als auch das Kelchwunder. Der rechte Seitenaltar ist dem heiligen Alto geweiht. Unter der Mensa liegt eine figürliche Darstellung des Heiligen, dem in einem Strahlenkranz das Christuskind im Kelch erscheint.

ALTÖTTING

Heilige Kapelle
 Schon in der Zeit der Agilolfinger - 748 unter Herzog Tassilo III. - wird Altötting urkundlich als Amtshof Autinga erstmals erwähnt. Diese Pfalz enthielt wohl schon eine eigene Kirche, auf welche die achteckige „innere Kapelle" der Heiligen Kapelle zu Altötting zurückgeht. Ein typisches Legendenmotiv innerhalb der Gründungsgeschichte ist die Geschichte vom heidnischen Ursprung, wonach der heilige Rupert Anfang des 8. Jahrhundert einen heidnischen, den sieben Planeten geweihten Tempel zur Muttergotteskapelle umgewandelt haben soll. Ein weiterer Markstein in der Entstehung der Gnadenkapelle ist die Einrichtung eines Chorherrenstiftes 877 durch König Karlmann - nach der Absetzung der Agilolfinger (788) wurden die Karolinger Herren des Ortes und der Umgebung. Im 9. Jahrhundert hielten sie hier häufig Hof und die kleine Kirche wurde als Palastkapelle benutzt. Im Jahr 1228 gründete Herzog Ludwig der Kelheimer ein neues Chorherrenstift und um 1490 entstand im Anschluß an das Oktogon ein spätgotisches Langhaus (Burg-

hauser Bauhütte) mit einem spitzen Glockentürmchen. Man faßte die ganze Anlage mit einem Bogengang ein und ersetzte das romanische Dach durch einen hohen Spitzhelm. Das 17. Jahrhundert brachte eine Barockisierung des Inneren.

Die Wallfahrt setzte mit zwei „Wunderzeichen" um das Jahr 1489 ein und war begünstigt durch das damals schon bestehende hohe Ansehen und Alter der Heiligen Kapelle: Ein Kind fiel in den Mörnbach, wurde abgetrieben und nach einer halben Stunde als ertrunken aus dem Wasser gezogen. Die Mutter flüchtete mit dem toten Kind zum Bild der Muttergottes und nach ihren Gebeten wurde das Kind wieder lebendig. Ein anderes Kind stürzte bei der Ernte vom Pferd, geriet unter den Wagen und erlitt so schwere Quetschungen, dass keine Hoffnung mehr bestand. Aber nach Anrufung der Muttergottes war der Junge am nächsten Tag wieder gesund.

Andechs, bis zu dieser Zeit größter Wallfahrtsort Altbayerns, wurde bald von Altötting überflügelt. Dazu trug bei, dass die Wittelsbacher die Gnadenmutter von Altötting eifrig verehrten und oft sogar jährlich zu ihr pilgerten. Auch die deutschen Kaiser machten, von den Reichstagen in Regensburg kommend, gern den Weg über Altötting. Die Säkularisation (1803) verursachte einen vorübergehenden Niedergang, doch schon bald begann mit dem Einzug der Kapuziner (1826) und Redemptoristen (1841) eine neue Blüte. Die Selig- bzw. Heiligsprechung (1930 bzw. 1934) des Klosterpförtners Bruder Konrad von Parzham zog weitere Wallfahrer an, welche nicht nur die berühmte Schwarze Madonna von Altötting aufsuchten, sondern auch das Grab des einfachen Kapuziners.

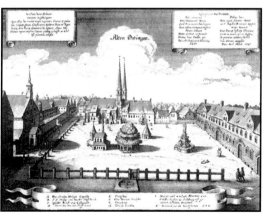

Der Kapellplatz von Altötting um 1670.

Mit über 500.000 Wallfahrern jährlich, von denen etwa 30.000 zu Fuß pilgern, stellt Altötting heute den bedeutendsten Wallfahrtsort Deutschlands dar. Auf die Jahrhunderte alte Verehrung des Gnadenbildes und die Hoffnung der Menschen in ihren Nöten verweisen die vielen Votivtafeln im Inneren und im äusseren Umgang der Kapelle, die geopferten Kerzen und die zahlreichen hölzernen Büßerkreuze, die als Sühneleistung oft von weitem hergeschleppt wurden und mit denen sich die Wallfahrer auch noch heute häufig beladen und mit ihnen auf dem Rücken betend den gedeckten Rundgang der Kapelle umkreisen.

Der Zentralbau der inneren Kapelle beruht auf einem achteckigen Grundriß, an dessen Seiten sich acht halbkreisförmige Nischen ausbuchten. Um die Kapellen zieht sich ein gemauerter Umgang mit schräg ansteigendem Dach. Neben den anscheinend von Anfang an sorgfältig geführten Mirakelbüchern geben die Tafelbilder im Umgang, weitgehend von einem unbekannten Maler um 1520 im Auftrag der Kapelle erstellt, Einblick in die vielfältigen Nöte und Anliegen der Pilger. Die beigefügten Texte unterrichten über das Dargestellte: Einer verletzt sich beim Vogelschiessen an einem Pfeil; das verloren geglaubte Auge gesundet nach Anrufung der Muttergottes. Nach langer rätselhafter Krankheit und einem Gelübde gehen von einer Magd nach Anrufung der Muttergottes 13 Schlangen ab. Besondere Beachtung im Umgang verdient Bild 4, wo ein Sporer aus Augsburg genannt ist, der ans Rad geflochten wurde, dies überlebte und ein wächsernes Rad mit einem Mannsbild darauf zu opfern verspricht - ein gewiß seltenes Motiv! Merkwürdig berührt der Text von Bild 42, wo ein Mann genannt ist, dem eine Kröte auf der Zunge gewachsen war und der sich mit einer wächsernen Zunge und einer Kröte darauf verlobte. Auch für die Geschichte der Opferdarbringung sind die Tafeln von Interesse. Als Weihegaben zum Dank oder auch zur Sühne spendete man gern Naturalien wie Flachs oder Schmalz, außerdem den Erlös aus dem Verkauf von Leinwand, Kleidern oder Vieh. Sehr beliebt waren Kerzen, die an der Gnadenstätte angezündet wurden, oder Wachsvotive: Nachbildungen einzelner Körperteile oder gar in ganzer Figur selbst bis zu Lebensgröße - sinnfälliger Hinweis auf Gebrechen oder erbetene Gnaden. Vornehme und reiche Leute brachten wohl auch Kleinodien zur Ausschmückung der Kirche oder zur Zier des Gnadenbildes. Die in der Sakristei der Stiftskirche untergebrachte Schatzkammer enthält neben sehr schönen Beispielen der Gold- und Silberschmiedekunst eine reiche Sammlung von Wiehegaben an die Madonna von Altötting.

Das spätgotische, flachgedeckte Langschiff dient als Vorraum der inneren Kapelle, die man durch das spätromanische Portal betritt und deren Mauern mit schwarzem Stuckmarmor (1886) verkleidet sind. In der Ostnische befindet sich das Silbertabernakel des Gnadenaltars (1645). Das Gnadenbild der Muttergottes stammt aus der Zeit der Frühgotik (frühes 14. Jahrhundert) und wird seit Anfang des 16. Jahrhundert prächtig bekleidet. Der jetzige schwere Prunkornat geht auf das 17. Jahrhundert zurück. Die Legende erzählt, die dunkle Farbe des Gnadenbildes komme daher, dass die Ungarn im Jahre 907 die Kapelle mit Feuer heimgesucht hätten und allein das Gnadenbild unversehrt geblieben sei. Tatsächlich entstand die dunkle Färbung aber durch das jahrhundertelange Abbrennen von Opferkerzen.

Die Nische hinter dem Altar ist mit einer silbergetriebenen Wurzel Jesse (entworfen von Tobias Schinagl, modelliert von Balthasar Ableitner, Goldschmiedearbeiten Franz Oxner; 1670) und einer silbernen Gruppe der Heiligen Dreifaltigkeit im Bogenfeld (1673) verkleidet. Rechts der Nische befindet sich die wertvolle, annähernd lebensgroße Silbergußfigur des knieend anbetenden Kurprinzen Max Joseph. Der hier zehnjährige kleine Rokokokavalier und nachmalige Kurfürst Max III. Joseph hat die feingliederigen Hände über der Brust gekreuzt. Er ist gerade im Begriff, sich betend auf ein prächtiges Kissen zu knieen, der Helm

Der Altöttinger Gnadenaltar um 1670.

liegt vor ihm, den Degen trägt er an der Seite. Der Burstharnisch ist mit dem breiten Band des Ritterordens vom hl. Georg geschmückt, den Kurfürst Karl Albrecht (der nachmalige Kaiser Karl VII. und Vater des dargestellten Prinzen) 1729 erneuert hat. Karl Albrecht war auch der Stifter dieses Silberbildes, das er der Gnadenmutter von Altötting 1737 nach einer schweren Krankheit seines Sohnes widmete. Es wiegt 41 Pfund, was dem Gewicht des Kranken entspricht. Durch den niederländischen Bildhauer Wilhelm de Groff wurde das Votivbild zu einem Symbol höfischer Frömmigkeit.

Ursprünglich gab es eine Vielzahl von lebensgrossen Wachsfiguren fürstlicher Persönlichkeiten - im Jahre 1623 befanden sich in der Gnadenkapelle 30 solcher Wachs-Fürstenbildnisse. Wachsfiguren sind - wie die Opferkerze - Symbol für die Selbstverzehrung im Dienst für andere. In der Wärme der Kapelle hatten sie jedoch keinen längeren Bestand, weshalb man später dazu überging, Votivbilder in Edelmetall zu formen. Die Statue des „Silberprinzen" ist nur der Rest von vielen hier einst vorhandenen Votivfiguren, die Kriege und Säkularisation nicht überstanden haben.

Eine kulturgeschichtliche Besonderheit ist die Hörigmachung durch blutschriftliche Lebensweihe, nach der Kurfürst Maximilian I. und sein Sohn Ferdinand Maria sich durch ein mit dem eigenen Blut geschriebenen Dokument der Muttergottes von Altötting verschrieben. Die geheimnisvolle Kraft des Blutes, mit der man sich im Volksglauben sonst nur dem Teufel verschreibt, ist hier ins Positive gewendet und stellt geschichtlich einen Sonderfall dar. Die enge Bindung der Wittelsbacher ist des weiteren durch die Sitte betont, die Herzen der Wittelsbacher bis zum Letztregierenden in Altötting beizusetzen: Gegenüber dem Gnadenaltar werden in Wandschränken die Herzen von sechs bayerischen Königen, zwei Königinnen und zwei Kurfürsten bewahrt. Besonders prächtig ist in einer südlichen Nische (rechts) das Denkmal für die Herzen Kaiser Karls VII. und seiner Gemahlin Amalia, 1745 von Johann Baptist Straub gestaltet. Der große Aufbau zeigt die Büste des Kaisers, eine trauernde Bavaria, den Reichsadler, den bayerischen Löwen und Kriegsfahnen.

Das vermutlich älteste deutsche Votivbild dürfte die gemalte Tafel von 1501 sein, die von einem Bauernknecht namens Oswald Dienstl wegen „hinfallender Krankheit" (Epilepsie) verlobt wurde und an der linken Längswand im Inneren der Kapelle hängt. Es zeigt den vor dem Gnadenbild knieenden Votanten und erwähnt im Text die Spende eines wächsernen Auges. Daneben gibt es aber auch neuere Votivbilder aus den beiden Weltkriegen bis in unsere Zeit hinein, die zeigen, dass die Wallfahrt auch heute noch lebendig ist.

Kapuzinerkloster und Bruder-Konrad-Kirche

Neben den Jesuiten setzten sich auch die „Minderen Brüder" des hl. Franziskus für die Wallfahrtsseelsorge ein. Mit Hilfe der Kurfürstin-Witwe Anna wurden sie 1653 nach Altötting berufen; ihr zu Ehren erhielt die Kirche das Patrozinium der heiligen Anna. Nachdem zuerst die Jesuiten (1773) durch die Aufhebung ihres Ordens von Altötting vertrieben wurden, verbannte man 1802 auch die Franziskaner aus Altötting und erklärte die leerstehenden Gebäude zum Aussterbekloster für insgesamt 150 Kapuziner aus Ober- und Niederbayern. Erst 1826 gestattete König Ludwig I. die Aufnahme von Novizen und ordnete die Wiedererrichtung der bayerischen Kapuzinerprovinz an. Im Jahr 1834 wurde St. Anna ihr Sitz und 1873 übernahmen die Kapuziner auch St. Magdalena und wurden von da an zum beherrschenden Orden für die Wallfahrtsseelsorge in Altötting.

Im Jahr 1961 wurde die Kirche nach einem außerhalb Bayerns kaum bekannten Heiligen umbenannt: Bruder Konrad von Parzham. Johann Birndorfer, wie sein bürgerlicher Name lautet, kam am 22. Dezember 1818 auf einem Bauernhof im niederbayrischen Parzham zur Welt. Nach dem Tod der Eltern bewirtschaftete er zunächst zusammen mit einigen seiner zahlreichen Geschwister den Hof, bevor er 1849 mit 31 Jahren als Laienbruder bei den Kapuzinern in Altötting eintrat, wo er 1852 die Profeß ablegte. Sein weiteres Leben war arm und bescheiden; mehr als 41 Jahre hat er den Dienst an der Klosterpforte versehen. Er starb am 21. April 1894. Am 14. Oktober 1912 wurden die Gebeine gehoben - 1930 erfolgte die Selig- und 1934 die Heiligsprechung.

Die ehemalige Franziskaner- und spätere Kapuzinerkirche hat seither manche Veränderungen erfahren. Im Jahr 1930 wurde unter einem eigens errichteten Altar mitten im Raum ein gläserner Reliquienschrein installiert, in dem eine wächserne lebensgroße Nachbildung des Heiligen zu sehen ist. Glasgemälde in den Fenstern erzählen aus seinem Leben.

In den 1950er Jahren wurden Kirche und Kloster völlig umgestaltet; vom Kloster ist nur die alte Pforte in der Form wie zu Lebzeiten Konrads erhalten geblieben. Heute steht über einem Brunnen, dessen Wasser als heilkräftig gilt, eine lebensgroße Bronzefigur des Heiligen (G. Busch). Die meisten Darstellungen zeigen ihn im Kapuzinerhabit, wie er, das Kreuz in der Hand, Brot austeilt.

Ein besonderes Brauchtum um den volkstümlichen Heiligen ist die Sitte, ihm längere, oft ausführliche Briefe zu schreiben. In Umschläge gesteckt und mit Adresse versehen (z. B. an den heiligen Bruder Konrad in Altötting oder den heiligen Bruder Konrad im Himmel) werden die Briefe entweder am Grab des Heiligen niedergelegt oder dem Kloster durch Boten übersandt.

AMMERSEE
(Landkreis Landsberg)

Der Ammersee entstand am Ende der letzten Eiszeit. Aus dem *Loisachtal* hatte sich ein mächtiger Gletscher nach Norden geschoben, und als er sich zurückzog, sammelten sich die Schmelzwasser, deren Abfluß durch die Endmoränenwelle nördlich von *Grafrath* verhindert wurde. Der See erstreckte sich früher im Norden bis Grafrath und im Süden bis zum Peissenberg und bildete eine Art natürlichen Stausee. Der Wasserspiegel wurde durch den Wasserablauf der Amper gesenkt, die Ammer brachte Geröll aus den Bergen, was dazu führte, dass der See im Norden und Süden verlandete. Es bildeten sich das Ampermoos (der Fluß heißt bis zum Eintritt in den See Ammer, nach seinem Austritt Amper), das Ammermoos und das Weilheimer Becken. Zum Ammersee gehörten ursprünglich auch die inzwischen abgetrennten Wörthsee und Pilsensee im Nordwesten. Der See ist 16 km lang, drei bis sechs km breit, seine größte Tiefe beträgt 83 m. Mit seiner Gesamtfläche von 47 km^2 ist er 10 km^2 kleiner als der Starnberger See.

Seen, Teiche, Flüsse und Brunnen sind dem Volksglauben nach von dämonischen, meist tückischen Wesen bewohnt; sie symbolisieren die durchaus realen Gefahren offener Gewässer. Auch im Ammersee soll ein solches Wesen hausen. Die Sage erzählt, man habe einstmals einen Verbrecher in einem Glassturz tief bis auf den Grund des Sees hinuntergelassen, aber schnell wieder heraufgezogen, als unter ihm eine Stimme rief: „Ergründst du mich, so verschling ich dich!" Seitdem las man jährlich am Ammersee eine heilige Messe und warf einen goldenen Ring hinein; beides sollte den Seedämon besänftigen und bannen, damit der See nicht das Land überschwemme.

Nach einer anderen Sage war das Ammerseetal einst fruchtbares Land und wurde von drei Fräulein, die in einem südlich von Bischofsried auf dem Jungfernberg gelegenen Kloster lebten, mit dem Pflug bestellt. Als sie aber einen Fluch über die Gegend aussprachen, soll das Tal von Wasser überflutet und der See an seine Stelle getreten sein.

–> Bischofsried; –> Dießen; –> Rott am Inn;
–> Starnberg; –> Walchensee

ANNABRUNN
(Gemeinde Obertaufkirchen,
Landkreis Mühldorf/Inn)

Wallfahrtskirche St. Anna, Quelle und Grotte
Auf der B 12 von *Haag* Richtung *Mühldorf* befindet sich nach ca. 7 km links eine Abzweigung nach Annabrunn. Nach 4 km auf schmaler Straße stehen die Kirche zur Heiligen Mutter Anna und das Gasthaus, hinter dem die Quelle in einem Brunnen gefaßt ist. Bereits um 1500 schon soll die heilende Wirkung des Wassers für Hautkrankheiten und Augenleiden bekannt gewesen sein. Ein Eintrag im Schwindegger Saalbuch berichtet 1591 von Votivtafeln aus dem frühen 16. Jahrhundert. Aus der gleichen Zeit könnte auch die nachfolgende Legende stammen:

Das Kind einer Bäuerin war an Aussatz erkrankt. Eines Tages begegnete ihr eine alte, gut gekleidete Frau und riet ihr, ins „Aignerholz" zu gehen. Dort werde sie unter einer Tanne, auf der eine weiße Taube sitze, eine Quelle mit heilkräftigem Wasser finden. Nach mehrmaligen Waschungen wurde das Kind völlig gesund. Die Bäuerin glaubte in der Frau die heilige Anna, die Mutter Mariens, erkannt zu haben, daher der Name Annabrunn. Die heilige Anna wird als Patronin der Mütter und der Familien verehrt, aber auch Arme, Kranke und Sterbende bitten um ihre Hilfe.

Gegen Ende des 17. Jahrhundert mußte die altersschwache Tanne gefällt werden. Drei Quellen kamen dabei zum Vorschein. Um die zahlreichen Tafeln und Votivgaben wie beispielsweise Flachs und Wachsfiguren, welche am Stamm der Tanne befestigt waren, zu erhalten, ließ die Schwindegger Grundherrin Anna Regina Gräfin Fugger 1685 zunächst ein „Hüttlein" errichten. Bereits ein Jahr später konnte an seiner

Stelle mit den Geldern aus dem darin aufgestellten Opferstock eine kleine St. Anna-Kapelle errichtet und 1687 eine Hütte für Waschungen und Bäder mit dem Quellwasser gebaut werden. Durch die enge Verbindung zwischen Anna-Kult und der Heilkraft des Quellwassers entstand eine blühende Wallfahrt und reger Badebetrieb.

Die Kapelle wurde 1782-84 zur Wallfahrts- und Umrittskirche umgebaut. Einmal im Jahr, am Sonntag nach dem Anna-Tag (25. Juli), fand eine Pferde-Wallfahrt statt. Beim Anna-Brünnlein wurden den Tieren die Augen gewaschen. Anschließend ließ man sie in der Anna-Kirche segnen. Dabei wurden sie durch zwei eigens dafür gebaute rundbogige Tore an der Rückseite geführt. Diese Tradition endete um 1910. Die unter der Tanne entsprungenen Quellen spenden heute das aus zwei Rohren fließende Wasser für das darunterliegende Schwimmbecken des Gastwirts. Lediglich die Tuffsteingrotte hinter dem Brunnenbecken, überdacht von einem Holzunterstand, weist mit einer Anna-Figur darauf hin, dass es sich hier um die Fassung einer „heiligen" Quelle handelt. Die Darstellung „Unterweisung Mariens" aus Gips zeigt, wie die hl. Mutter Anna ihrer Tochter das Lesen der Heiligen Schrift beibringt.

Anzing
(Landkreis Ebersberg)

Pfarr- und Wallfahrtskirche St. Maria Geburt
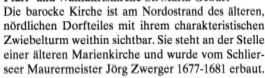
Die barocke Kirche ist am Nordostrand des älteren, nördlichen Dorfteiles mit ihrem charakteristischen Zwiebelturm weithin sichtbar. Sie steht an der Stelle einer älteren Marienkirche und wurde vom Schlierseer Maurermeister Jörg Zwerger 1677-1681 erbaut.

Auf dem Hochaltar über dem Tabernakel steht unter einem Säulenbaldachin das Gnadenbild einer stehenden Muttergottes. Sie trägt Krone und Zepter, in ihrer Linken hält sie das Kind, welches seine Arme weit ausbreitet. Die zierliche Figur aus dem 13. bzw. 14. Jahrhundert ist aus Lindenholz und gilt als Stiftung des Ortsadels der Sunderndorfer.

Über den Ursprung der Wallfahrt „Zu unserer Lieben Frau von Anzing" berichtet ein großes Ölgemälde an der Westwand der 3. Kapelle links hinten. Auf diesem ist ein langer Prozessionszug abgebildet, welcher seinen Ausgangspunkt in München nimmt und in Anzing endet.

Die Legende berichtet von drei Münchnerinnen, die 1625 nach Altötting pilgerten und auf dem Heimweg in der Anzinger Kirche das heutige Gnadenbild entdeckten, welches „stund in den hintern Winkel der Kirchen." Sie nahmen die unbeachtete Marienstatue „mit des Pfarrherrn Erlaubnis" mit nach München, ließen sie neu fassen und stellten sie in einem Weberhaus bei der Kreuzkirche auf. Dort entfaltete sich eine große Zuneigung zu ihr, „nit anders, als wan dieses Wöberhaus eine Kirche wäre." Wegen der zahlreichen Gebetserhörungen wurde das Gnadenbild in die Münchner Pfarrkirche St. Peter getragen, von wo es schließlich „samt den Opfer in einer herrlichen Prozession widrum nach Anzing gebracht" wurde.

Die Wallfahrt zu „Unserer lieben Frau nach Anzing" ist heute fast in Vergessenheit geraten. Nur noch kleine Gruppen von Wallfahrern finden sich zur „Dreizehner-Wallfahrt" (am 13. jeden Monats) hier ein.

ASCHOLDING
(Gemeinde Dietramszell,
Landkreis Bad Tölz - Wolfratshausen)

St. Georgskapelle auf dem Bühel
Nordöstlich von *Geretsried* liegt die kleine Gemeinde Ascholding mit einer der ältesten Kirchen im Umkreis, der St. Georgskapelle. Sie liegt auf einem kleinen Hügel südlich des Ortes, im Volksmund „Georgibichl" genannt und stammt aus der 2. Hälfte des 17. Jahrhunderts. Die Längswände im Innern sind bemalt mit Szenen aus der Legende des Heiligen Georg, der auch „Schimmelreiter" genannt wird. Sie gehört zu den sogenannten Schimmelkapellen, die man in Bayern vielerorts findet. Das Hauptverbreitungsgebiet ist jedoch die Hallertau. Der legendäre Hintergrund aller Schimmelkapellen geht auf folgende Begebenheit zurück: Ein junger Schimmel, der in der Gegend dem Schutzpatron der Pferde zuliebe auf dem Hügel frei laufen durfte, verirrte sich durch eine offene Tür ins Innere der Kirche. Kaum war er drinnen, fiel die Tür hinter ihm zu. Weil aber zu der einsam gelegenen Kirche lange Zeit niemand kam, musste er elend verhungern. Man fand ihn später tot am Altar.

Der Georgibichl, der auch Birnberg oder einfach Birn genannt wird, gilt seit altersher als unheimlicher Ort, von dem man sagt, hier sei in früheren Zeiten ein Wodans-Heiligtum gewesen. Es soll sich dort außer dem Geist des verhungerten Schimmels auch ein Geis-

terhund mit Augen wie glühenden Kohlen herumtreiben. Außerdem taucht um Mitternacht - so erzählt man - manchmal die „Birnhexe", ein uraltes Weib mit wirren Haaren auf. Nur laute Gebete können, der sie sieht, vor einem schlimmen Schicksal bewahren.
–> Enzelhausen; –> Etting; –> Georgenried

ATTEL
(Stadt Wasserburg, Landkreis Rosenheim)

Ehemalige Benediktiner-Kosterkirche, jetzige Katholische Pfarrkirche St. Michael

Attel (Hatile) ist die älteste Kultstätte der Gegend. Die 807 erwähnte St. Michaelszelle liegt auf dem malerischen Berg zwischen der Attel und dem Inn, 7 km südlich von Wasserburg. Sie gehört zu den ältesten Besitzungen des Freisinger Domstifts. Graf Arnold von Andechs gründete 1038 ein Kloster, welches 1145 zur Benediktiner-Abtei erhoben wurde. Seit der Säkularisation 1803 dient die Kirche als Pfarrkirche. Im Vorchorjoch an der nördlichen Seite ist seit 1786 der Kreuzaltar errichtet. Er stammt aus der Wallfahrtskiche zum Heiligen Kreuz (1665), welche wegen Baufälligkeit abgerissen wurde. Auf dem Wallfahrtsaltar steht in festlicher Umrahmung das Gnadenkruzifix (1200-1230) „Unser Herr im Elend".

Seit dem 4. Jahrhundert ist die liturgische Verehrung des Kreuzes im Gottesdienst der Kirche fest verankert. Zur selben Zeit blüht die Kreuzreliquienfrömmigkeit auf, die im römischen Weltreich weit verbreitet ist. Als Kreuzaltar wird der am Übergang vom Langhaus zum Chor in Volksnähe aufgestellte Altar bezeichnet. Beim Aufkommen des Lettners wurde er meistens zum Volksaltar.

Eine Serie von Ölbildern, die jetzt in den Seitenkapellen von Attel hängen, berichtet über die Geschichte dieser Wallfahrt. Laut Gründungslegende wurde das Kreuz 1628 vom Klosterfischer aus den Fluten des Inns geborgen; es soll innaufwärts geschwommen sein und dabei geseufzt haben „oh Elend, oh Elend!" An seiner Fundstelle, unterhalb des Klosterberges, wurde die ehemalige Wallfahrtskirche erbaut.

AUFKIRCHEN
(Gemeinde Berg, Landkreis Starnberg)

Pfarr - und Wallfahrtskirche Maria Himmelfahrt

Ufkiricha, die „Kirche auf der Anhöhe" wird in einer Urkunde 1017 erwähnt: ein Graf Otto schenkte Ufkiricha als Seelgerät an den Bischof von Freising. Die gotische Kirche wurde 1499 erbaut, der Überlieferung nach an der Stelle, wo es schon Vorgängerkirchen gab. Die Weihe war 1500 - den Neubau förderten die Wittelsbacher Herzöge Sigmund und Albrecht IV.

Die Legende berichtet, dass ein Ochsengespann den Standort der neu zu erbauenden Kirche bestimmte. Da der Platz der alten Kapelle für ungeeignet gehalten wurde, umgab man die Stelle mit Dornen und dichtem Gehege. Die Ochsen aber trugen den ihnen aufgeladenen Grundstein mitten durch das Gestrüpp und blieben am alten Platz stehen.

Die im süddeutschen Raum häufig vorkommenden Gespannswunderlegenden beruhen auf der im Volksglauben verbreiteten Ansicht, dass Tiere eine Seele haben und oft ein die menschlichen Fähigkeiten übertreffendes Ahnen besitzen. Darüber hinaus ist das Phänomen der weisenden Tiere Ausdruck göttlichen Willens. Ende des 17. Jahrhundert kam Aufkirchen durch den bayerischen Kurfürsten Ferdinand Maria an die Augustiner Mönche in München, welche die berühmte Aufkirchener Wallfahrt bis zur Säkularisation unterhielten. Seit 1896 ist das Kloster Heim der Unbeschuhten Karmelitinnen. Ihr heutiges Aussehen erhielt die Kirche nach einem Brand 1626. Die einschiffige, gotische Kirche wurde dem Zeitgeschmack entsprechend architektonisch im Stil der Spätrenaissance verändert. Die Apostelfiguren an den Wänden schuf der Münchner Hofbildhauer Christoph Angermair.

Die Herzöge Sigmund und Albrecht IV. stifteten Ende des 15. Jahrhundert das Gnadenbild, eine thronende Muttergottes mit Kind, die sich heute am südlichen Chorbogen befindet.

In den Mirakelbüchern der Kirche, die von 1500 bis zur Säkularisation geführt wurden, wird von Gebetserhörungen berichtet und werden die Wirkungen des wundertätigen Gnadenbildes beschrieben, das 1704/05 während des Spanischen Erbfolgekrieges in die Münchner Augustinerkirche in Sicherheit gebracht wurde und alle Kirchenbrände überstand. Votivbilder und Kerzen erinnern an die große Zeit der Wallfahrt.

–> Ainhofen; –>Breitbrunn; –>Puch

BAD REICHENHALL
(Landkreis Berchtesgadener Land)

Ehem. Augustinerchorherrn-Stiftskirche St. Zeno

„Hall" ist der althochdeutsche Ausdruck für „Salz". „Reich an Salz" ist die Salinen- und Kurstadt Bad Reichenhall auch heute noch. Mitte des 3. Jahrhundert entstanden Siedlungen im Ortsteil *St. Zeno*, von den Römern wegen der Salzgewinnung „salinae" genannt.

Die Geschichte des Stiftes reicht quellenmäßig in das 8. Jahrhundert zurück. Auf dem Klostergelände befand sich ursprünglich ein römisches Gräberfeld. Die erste Erbauung der Kirche wird Kaiser Karl dem Großen (803) zugeschrieben. Zum Schutz der Salzstollen wurde sie dem Heiligen Zeno, dem Schutzpatron gegen Hochwasser, geweiht. Im Tympanon des romanischen Westportals (um 1200) steht er neben der thronenden Maria. Als Bischof von Verona (362-ca. 380) wird er in Pontifikalkleidung mit Bischofsstab und Buch dargestellt, auf dem zwei Fische liegen. Der Legende nach ernährte sich der hl. Zeno vom Fischfang aus der Etsch. Eines Tages schenkte er drei Männern je einen Fisch. Einer von ihnen nahm noch heimlich einen Vierten aus seinem Korb. Als aber der gestohlene Fisch munter im kochenden Wasser herumschwamm, brachten die Männer das Tier zurück und baten den Heiligen um Verzeihung.

Burgruine Karlstein

Der heutige Ortsteil Karlstein lag im römischen Noricum. Hier stand die ehemalige Burg, seit 1817 Ruine.

Einer Sage nach verband früher eine lederne Brücke die Burg auf dem Karlstein mit einem gegenüberstehenden Turm. Sie soll Schauplatz eines tragischen Geschehens gewesen sein: Ein junges Burgfräulein wurde gezwungen einen Mann zu heiraten, den es nicht liebte. Am Hochzeitstag stürzte sie sich aus Verzweiflung von der Brücke in den Tod. Seitdem soll ihre Seele noch heute am Unglücksort herumirren und unten am Burgfelsen das Weinen des Burgfräuleins zu hören sein.

Die schlafende Hexe

Etwa auf halber Strecke der Straße von Bad Reichenhall nach *Berchtesgaden* fällt der Blick auf das Lattengebirge (eine 1735 m hohe Gruppe der Salzburger Kalkalpen auf deutschem Staatsgebiet zwischen dem Paß Hallthurm und der Schwarzbachwacht) mit dem markanten Bergzug der „Schlafenden Hexe". Mit einiger Phantasie kann man in ihm eine liegende Frauengestalt erkennen; Ansichtskarten, die an der stereotypen Ausformung des Hexenbildes, wie es sich im 19. Jahrhundert durch die Märchen der Brüder Grimm und Ludwig Bechsteins ausgebildet hat, orientiert sind, verfestigen das auf äußere physiognomische Merkmale fixierte Bild der typischen Norm-Hexe als alter Frau von abstoßendem Äußeren: die „Schlafende Hexe", ausgestreckt auf den Gipfeln des *Predigtstuhls* und des *Schlegels*, hat ein spitzes Kinn und eine lange, spitzige Nase, die sich in den Himmel strecken.

Eine ätiologische Sage sucht sowohl die auffallende Felsformation wie auch das hier nicht selten auftretende Phänomen des Steinschlags zu erklären; die Legende bringt sie mit dem Wirken der heiligen Bischöfe Zeno von Verona (gest. um 380) und Martin von Tours (gest. 397) in Verbindung. Beide wirkten als Missionare und Prediger, bekämpften die Arianer, eine religiöse Sekte des 4. Jahrhundert. Als nach Zenos Tod die bayrische Bevölkerung zu seinem Grab im Dom von Verona zu pilgern begann, soll am Hallthurmpaß eine Hexe ihr Unwesen getrieben haben: sie reichte den Reisenden mit Gift versetzte „erfrischende" Getränke und rollte große Felsbrocken von den Berggipfeln hinab, um die unten vorbeiziehenden Gläubigen zu töten. Schließlich konnte der heilige Martin (gest. 397 als Bischof in Tours) dem Treiben des Teufelsweibes Einhalt gebieten: auf einer Missionsreise in seine Heimat Ungarn entkam er beim Hallthurmpaß knapp einer von der Hexe ausgelösten schweren Steinlawine und hielt ihr, auf der Paßhöhe angekommen, sein Brustkreuz entgegen. Daraufhin wurde sie von unsichtbaren Kräften in die Luft geschleudert und fiel, in Stein verwandelt, auf den Gipfeln des Predigtstuhls und des Schlegels nieder.

Hof in Loipl, im Hintergrund die „Schlafende Hexe".

Steinerne Agnes
Von Bad Reichenhall aus ist das Lattengebirge in ca. drei Stunden zu Fuß zu erreichen. Hier erhebt sich eine schlanke Felsspitze, Steinerne Agnes genannt. Eine Sage, welche dieses auffallende Naturgebilde zu erklären sucht, berichtet, dass die Sennerin Agnes eines der „saubersten Dirndl" im Land gewesen sei: flink bei der Arbeit und lustig, wenn von anderen Almen Burschen und Sennerinnen zu Besuch kamen. Sie war auch fromm. Dies ärgerte jedoch den Teufel - verkleidet als Jäger, Hirt und Musikant wollte er sie verführen, aber Agnes blieb standhaft. Eines Tages trieb der Teufel ihre schönste und beste Kuh weit weg von der Herde. Nachdem Agnes nach langem Suchen das Tier gefunden hatte und es heimtreiben wollte, stand plötzlich der Teufel als Wildschütz mit funkelnden Augen vor ihr. Agnes lief vor Angst davon. Gejagt vom Teufel sank sie entkräftet zusammen und bat in ihrer Not die Muttergottes um Beistand. Da öffnete sich die steinerne Wand - Agnes lief hindurch und glaubte, dem Teufel entronnen zu sein. Dieser aber war ihr auf den Fersen. Als er auf sie losstürzen wollte, rannte er sich seine Nase ein, denn Agnes war zu Stein geworden. Noch heute heißt die steinerne Wand das „Teufelsloch".

BAD TÖLZ
(Landkreis Bad Tölz-Wolfratshausen)

Kalvarienberg mit Leonhardikapelle

Rechts der Isar, nordwestlich auf einer Anhöhe über der Stadt erhebt sich der Kalvarienberg, eine der bemerkenswertesten Anlagen dieser Art in Bayern, gestiftet Anfang des 18. Jahrhunderts vom kurfürstlichen Salz- und Zollbeamten Friedrich Nockher aus Tölz.

Westlich der Doppelkirche Heilig Kreuz, die zur Kalvarienberganlage gehört, steht die kleine kettenumspannte Leonardikapelle, ein interessantes Beispiel für den Bedeutungswandel einer Votivkapelle. Sie erinnerte ursprünglich an die bekannte Sendlinger Mordweihnacht von 1705: Aus Dankbarkeit für die Rückkehr aus der Sendlinger Bauernschlacht hatten 1718 einige Tölzer zu Ehren der Mutter Gottes eine kleine Votivkapelle gebaut; eine Seitenfigur darin war der heilige Leonhard, der Viehpatron der Bauern.

Während einer Viehkrankheit im Jahre 1743 wandte sich die Verehrung immer mehr dem heiligen Leonhard zu, und es wurde Brauch, alljährlich am 6. November ihm zu Ehren mit geschmückten Rossgespannen um die Kapelle zu fahren. Leonhardifahrten sind in Oberbayern weit verbreitet. Eine der bekanntesten findet in Bad Tölz statt. Vorreiter führen die Prozession an, ihnen folgen die Teilnehmer der sogenannten „Leonharditruhen", das sind Kastenwagen, die mit Bildern und Texten aus der Legende des Heiligen bemalt sind. Musikkapellen und Einzelwallfahrer schließen sich dem Zug an.

Eine Legende erzählt, dass bei einer dieser Leonhardifahrten die Pferde scheuten und mit dem vollbesetzten Wagen den Berg hinunterrannten. In seiner Not gelobte der Bauer, der den Wagen fuhr, dem heiligen Leonhard eine Eisenkette zu stiften, lang genug, um die ganze Kapelle zu umspannen. Wunderbarerweise kam auch keiner zu Schaden, und der Bauer ließ die Kette anfertigen.

Der heilige Leonhard, Sproß einer fränkischen Adelsfamilie, lebte im 6. Jahrhundert als Einsiedler, später als Abt des Klosters Noblac bei Limoges. Ihm wird neben vielen anderen Wundern vor allem die Fürsorge für die Gefangenen zugeschrieben, deren Ketten oft durch das an ihn gerichtete Gebet zersprangen. Besonders in der Barockzeit wurde er einer der volkstümlichsten Heiligen, bald auch der Patron der Kranken und Helfer in allen Nöten einer bäuerlich strukturierten Welt (Vieh, Wetter). Sein Attribut, die Kette (oft mit Halsring und Schloß), wird entweder als Gefangenen- oder Viehkette gedeutet. Besonders als Nothelfer für Pferde angerufen, sind in den St. Leonhard geweihten Kirchen oft Hufeisen als Votivgabe geopfert worden und zwar in solcher Fülle, dass man sie, zu Ketten aneinandergefügt, um die Kirche legte (Kettenkirchen).

–> Dietramszell; –> Grafing; –> Kaufering;
–> Leonhardspfunzen; –> Kochel

Tölz im 17. Jahrhundert, Holzschnitt.

BAUMBURG
(Gemeinde Altenmarkt an der Alz,
Landkreis Traunstein)

Ehemaliges Augustiner-Chorherrenstift und Klosterkirche St. Margaretha

Auf bewaldeter Höhe über dem Zusammenfluß von Traun und Alz thront majestätisch das einstige Augustinerkloster Baumburg, weithin sichtbar über den nordöstlichen Chiemgau. Die Doppelturmfassade der Stiftskirche stammt noch vom Vorgängerbau, welcher auf Betreiben der Gräfin Adelheid von Sulzbach im 12. Jahrhundert errichtet wurde. Anlässlich der 600-Jahr-Feier im Jahr 1756 erfolgte von 1754 bis 1757 ein Neubau durch den Trostberger Baumeister Franz Alois Mayr. Felix Anton Scheffler, Hofmaler zu Prag und Asam-Schüler, schmückte das Gewölbe mit riesigen Fresken. Bemerkenswert in der Ausstattung der Kirche ist die in die Kirchenwand links vom Eingang eingemauerte Deckplatte aus rotem Marmor eines um 1430 entstandenen Hochgrabes mit dem Reliefbildnis der Gräfin Adelheid von Sulzbach in ganzer Figur als Stifterin mit dem Kirchenmodell, eine Salzburger Arbeit.

Im Deckengemälde des Presbyteriums wird das Begräbnis der Gräfin und ihre drei Ehemänner dargestellt und die Entstehungsgeschichte der Kirche erzählt. Als Tochter des Grafen Kuno von Megling-Frontenhausen wurde sie 1075 geboren. Sie heiratete in erster Ehe den wesentlich älteren Marquart von Marquartstein, der nur wenige Monate nach der Trauung auf der Jagd erschlagen wurde. Auf dem Totenbett setzte er seine junge Frau als Alleinerbin ein mit der Verpflichtung, die bereits von seinem Großvater verfolgten Pläne zur Neugründung eines Klosters weiter zu verfolgen. Erst auf dem Sterbebett (1153) erinnerte sich Adelheid an ihr Versprechen und ließ ihren dritten Ehemann, Graf Berengar von Sulzbach, im Beisein von zwölf Rittern schwören, dass er in Baumburg ein Kloster errichten und sie dort begraben werde. Der Sage nach hat die schöne Gräfin in ihrem Grab keine Ruhe gefunden. In ein graues Tuch gehüllt soll sie mit angezogenen Füßen in so geringer Höhe über dem Erdboden umherschweben, „dass sie noch Menschen und Rosse streift".

Im gewaltigen Deckenfresko werden Szenen aus dem Leben des hl. Augustinus (354 - 430) und der Missionstätigkeit der Augustiner dargestellt. Die meisten bildlichen Darstellungen zeigen Augustinus im bischöflichen Ornat, in der Hand ein Buch und ein brennendes Herz oder auch ein von Pfeilen kreuzweise durchbohrtes Herz als Zeichen seiner feurigen Gottesliebe. Das Deckenfresko der Baumburger Stiftskirche hingegen stellt eine legendäre Begebenheit aus dem Leben des Heiligen dar: als Augustinus einst über das Geheimnis der Heiligen Dreifaltigkeit nachdachte, bemerkte er am Meeresstrand einen spielenden Knaben, der mit einer Muschel Wasser in eine Sandgrube goß. Auf seine Frage antwortete das Kind, es sei leichter, das Meer in eine kleine Grube zu schöpfen, als den unendlichen Gott mit dem Verstand zu begreifen.

BENEDIKTBEUERN
(Landkreis Bad Tölz-Wolfratshausen)

Kloster
Das Kloster Benediktbeuern, an der Nordseite der Benediktenwand am Rande des weiten Moors, wurde um 740 von der Familie der Huosi gegründet. Es war das erste Benediktinerkloster im nördlichen Alpenvorland. Karl der Große schenkte dem Kloster als Reliquie die Speiche des rechten Unterarms des heiligen Benedikt. Dies veranlasste eine Änderung des Namens: Statt „Buron" (Beuern) hieß das Kloster fortan „Benedictoburanum" (Benediktbeuern). Die Ungarnstürme des 10. Jahrhundert setzten der Tätigkeit der Benediktiner vorerst ein Ende bis es 1031 von Tegernsee neu besiedelt wurde. Im 12. und 13. Jahrhundert gelangte das Kloster zu hoher kultureller und politischer Blüte und wurde ein Vorbild in der Buchkunst und Literaturpflege. Seit dem 13. Jahrhundert bewahrte man hier eine Handschriftensammlung mittelalterlicher Trink-, Spiel- und Liebeslieder, die sogenannten „Carmina burana" auf. Sie wurden durch Carl Orffs Vertonung (1937) weltberühmt. Nach der Säkularisation 1803 ging es für kurze Zeit 1818 in den Privatbesitz von Josef von Utzschneider über, der ein mathematisch-optisches Institut einrichtete, in dem auch der bekannte Optiker und Physiker Josef von Fraunhofer arbeitete. In der historischen Fraunhofer-Glashütte im ehemaligen Kloster-Waschhaus ist jene Werkstatt mit zwei primitiven Öfen zu sehen, in der Fraunhofer bedeutende Entdeckungen und Entwicklungen gelangen. Mit dem Einzug der Salesianer im Jahr 1930 gewann das Kloster seine geistliche Bestimmung zurück. Heute befinden sich hier eine Philosophisch-Theologische Hochschule und ein Gästehaus.

Die heute bestehende Klosteranlage entstand im wesentlichen in der Barockzeit 1669 bis 1675 unter Beibehaltung des gotischen Erdgeschosses des Konventgebäudes. Sehenswert sind Kreuzgang und gotisches Refektorium, der alte Festsaal von Kaspar Feichtmayr - errichtet 1672-75 - und die ehemalige Bibliothek mit Stuck und Fresken von Johann Baptist Zimmermann (1724-25).

Um die Gründung des Klosters und dessen erste Äbte Lantfried, Eiland und Waldram kreisen viele Legenden. Als die frommen und reichen Brüder aus dem Hause der Huosi beschlossen, sich aus der Welt zurückzuziehen und im Gebiet der oberen Loisach ein Kloster zu gründen, sollen sie ihren Knechten befohlen haben, am Kolomanbach in der Nähe von Benediktbeuern Bäume für die Wohnstätte zu fällen. Gott aber hatte sich diesen Ort nicht auserwählt und tat es durch Zeichen kund. Die Knechte verletzten sich immer wieder beim Fällen der Bäume, so dass das Holz von ihren Wunden blutig wurde. Tauben kamen daraufhin, trugen die Holzscheite zu der Stelle, wo heute die Kirche steht und legten sie zu Kreuzen zusammen. Die Brüder erkannten das als Gotteszeichen und bauten an diesem Ort.

–> Beuerberg

Benediktenwand

Um die Benediktenwand mit ihrem nordwärts steil abstürzenden Kamm, der den Raum zwischen Isarwinkel und Kochelsee beherrscht, ranken sich viele Sagen. Der Donner bei den häufig auftretenden Gewittern an schwülen Sommertagen, der wie das dumpfe Rollen von Kegelkugeln klingt, ließ die Geschichte von den verwunschenen Klosterherren entstehen: sie sitzen auf dem Berg ihre Strafe ab, weil sie einst, statt den sonntäglichen Gottesdienst zu besuchen, dem Kegelspiel frönten.

Auch von märchenhaften Schätzen im Berg erzählt man sich. Eine arme Witwe und ihr Sohn, ein Hütejunge, konnten der drückenden Schulden wegen ihr kleines Haus nicht mehr halten. Als der Bub nun eines Tages traurig auf einer Bergwiese der Benediktenwand saß, erschien ihm eine Bergelfe, die ihn aufforderte, mit ihr zu gehen. Sie führte ihn zu einem Hochtal, das er noch nie gesehen hatte. Der Boden war mit vielen Goldadern durchzogen, und ein sprudelnder Quell gab statt Wasser Gold. Auf die Aufforderung der Elfe, von dem Gold zu schöpfen, riß er sein Hütchen vom Kopf und füllte es. Er wollte nur soviel nehmen, wie nötig war, die Schuldenlast abzutragen. Der Bub merkte aber nicht, dass auf dem Heimweg eine Menge des flüssigen Goldes durch ein Loch seines Hutes rann. Als er bei seiner Mutter ankam, war gerade noch soviel Gold vorhanden, dass sie ihre Schulden bezahlen konnten. Den Weg in das Hochtal aber hat niemand mehr gefunden.

BERCHTESGADEN
(Landkreis Berchtesgadener Land)

Watzmann, Hundstod und Untersberg
Die Berchtesgadener Alpen sind ihrer Entstehung nach Plateaugebirge und werden in neun Gruppen eingeteilt, darunter der sagenumwobene Untersberg und der Watzmann mit seiner prägnanten Gestalt, das Symbol von Berchtesgaden.

Über die Entstehung des mächtigen Berges berichtet eine bekannte Sage: Vor langer Zeit herrschte im Berchtesgadener Land ein wilder König namens Watzmann. Er war ein grausamer Wüterich, der schon Blut getrunken haben soll aus den Brüsten seiner Mutter. Er liebte weder Menschen noch Tiere. Die wilde Hetzjagd war seine höchste Lust, gefolgt von seinem ebenso blutrünstigen Weib und seinen Kindern. Eines Tages jagte der Wüterich wieder mit seinem Gefolge und sah in der Dämmerung ein Mütterlein mit seiner Enkelin auf dem Schoß. Er lenkte sein Pferd vor die Hütte, schaute zu und frohlockte, als seine Meute über die alte Frau herfiel und sie blutüberströmt, das zerfleischte Kind neben ihr, am Boden zurückließ. Da erhob sich ein dumpfes Brausen, ein Heulen in den Klüften. Die Hunde würgten den König, die Königin und ihre sieben Kinder. Ihr Blut strömte ins Tal, ihre

Berchtesgaden um 1840.

Leiber wurden in riesige Felsen verwandelt. So steht heute der eisumstarrte Bergriese König Watzmann, mit seiner Familie, den kleineren Zinken, in grauenvoller Erinnerung da.

Zwischen Watzmann und dem Steinernen Meer erhebt sich die mächtige Kuppel des Hundstod. Unter seinen Steinmassen sollen die Hunde von König Watzmanns Meute liegen. In stürmischen Nächten hört man ihr Winseln und Kläffen. Auch die Namen der benachbarten Bergspitzen und Rücken Gjaidköpfe und Hirschwiese erinnern an die Jagdzeit Watzmanns.

Der sagenumwobene Untersberg wird auch „Wunderberg" genannt. Nach altem Volksglauben bevölkern nicht nur Zwerge, Riesen und wilde Frauen diese unterirdische Welt. Tief im Innern des Untersberges, in einer prächtig ausgestatteten Halle, thront auf einem Marmorsessel mit juwelenbesetzter Krone und goldenem Zepter Kaiser Karl der Große. Er ist umgeben von seinem Hofstaat und den tapfersten Kriegern, welche alle in einen todesähnlichen Schlaf gefallen sind. Sein langer, weißer Bart ist mit Perlen durchflochten und fällt ihm über den goldenen Brustpanzer über den Schoß auf den Boden. Er ist so lang, dass schon zweimal um den vor ihm stehenden Tisch herumreicht. Eine Sage prophezeit, dass, wenn der Bart des Kaisers ein drittes Mal um den Tisch gewachsen sei, das Ende der Welt kommen wird. Wenn es aber jemandem gelänge, das Zepter zu entwenden und damit drei Streiche gegen den Berg zu führen, würde der Kaiser aufwachen und zu den Lebenden zurückkehren. - Auch der berühmte Kaiser Friedrich I. Barbarossa hält sich im Untersberg auf. Er soll mit seinem Gefolge in das unterirdische Reich verbannt worden sein. Um Mitternacht ertönt kriegerische Musik, und Waffen klirren aus den Höhlen des Berges. Die Krieger Barbarossas durchstürmen auf feurigen Rossen die benachbarten Gefilde und kehren im Morgengrauen wieder in den Berg zurück, wo sie in Gebet und guten Werken auf ihre Erlösung warten.

Die Watzmann-Sage ist eine ätiologische Erzählung, die besonders auffallende Naturphänomene - hier die prägnante Felsbildung - durch einen einst von Menschen begangenen Frevel erklärt. - Die Sage um den Untersberg gehört zu den weitverbreiteten Geschichten vom schlafenden Kaiser (und seinem schlafenden Heer) im Berg. Das prophetische Bild von einem Helden der letzten Tage, der aufstehen und eine Erneuerung herbeiführen wird, ist sehr alt. Es sind vor allem besonders volkstümliche Herrscher, die man sich in einem

Berg schlafend dachte und die in besonders schwierigen Zeiten ihrem Volk zu Hilfe kommen würden. Menschen, die gelegentlich auf wunderbare Weise Zutritt in den Berg finden, werden von den Insassen oft reich beschenkt. Vor allem in der deutschen Romantik hat die „Kaisersage" eine Wiederbelebung erfahren.

BERG
(Landkreis Starnberg)

Schloß Berg, Votivkapelle und Kreuz im See
Berg, das 822 erstmals als Fischerdorf urkundlich genannt wird, liegt am Ostufer des *Starnberger Sees* und ist aus zwei Ortschaften erwachsen: *Oberberg* und *Unterberg*, letzteres mit dem Schloß am Seeufer.

Das Schloß ist heute noch im Besitz des Hauses Wittelsbach - Besichtigungen sind nicht möglich. Es wurde 1640 von Friedrich von Hörwarth erbaut und 1676 von den Wittelsbachern erworben. Park und Gebäude wurden in den folgenden Jahrhunderten mehrmals umgestaltet. Das Schloß ist eng verknüpft mit der Tragödie,

Schloß Berg und der tote König auf dem Grund des Sees.

die sich dort am 13. Juni 1886 ereignet hat, als König Ludwig II. von Bayern (1845 - 1886) im See den Tod fand. - Hier, wie in seinen anderen Schlössern, lebte Ludwig in seiner eigenen Gedankenwelt, umgeben von Bildern und Skulpturen der Gestalten aus den Opern Richard Wagners und der deutschen Sagenwelt, die ihn schon als Kind fasziniert hatte. Seine Vorliebe für die Bourbonen; sein aufwendiger Lebensstil; seine maßlose Bautätigkeit (*Neuschwanstein, Linderhof, Herrenchiemsee*) und die damit verbundenen Schulden haben ebenso wie seine Ehe- und Kinderlosigkeit (die Verlobung mit seiner Kusine Prinzessin Sophie, einer Schwester von Kaiserin Elisabeth (Sissi) von Österreich, wurde nach wenigen Monaten wieder gelöst) und die Freundschaft mit Wagner, dessen Mäzen er war und hinter der man homosexuelle Neigungen vermutete, eine verhängnisvolle Rolle gespielt. Der König, der zunehmend in eine krankhafte Menschenscheu verfallen war, führte in den letzten Jahren ein sehr zurückgezogenes Leben; mit Vorliebe hielt er sich fern von der Residenzstadt München auf seinen Alpenschlössern auf. Am 10. Juni 1886 wurde er von der bayerischen Regierung entthront, abgesetzt und am 12. Juni von Neuschwanstein nach Schloß Berg gebracht, wo er am folgenden Tag zusammen mit dem ihn begleitenden Psychiater Dr. Bernhard von Gudden unter bis heute nicht eindeutig geklärten Umständen im Starnberger See den Tod fand. Beide waren am frühen Abend auf Wunsch des Königs zu einem Spaziergang aufgebrochen, von dem sie nicht mehr zurückkehrten; Stunden später fand man ihre Leichen im See. Die Unglücksstelle ist heute durch ein Kreuz im Wasser, nur wenige Meter vom Seeufer entfernt, gekennzeichnet.

Die mühselige Bergung Ludwigs aus dem Starnberger See.

Zehn Jahre nach Ludwigs Tod ließ Prinzregent Luitpold im südlichen, öffentlich zugänglichen Teil des Schloßparks den Grundstein zu einer Gedächtniskapelle legen, die als neuromanischer Zentralbau mit drei Apsiden von Julius Hofmann in Kreuzform errichtet wurde. Die Fresken malte der Historienmaler August Spieß. Auf dem Absatz der Terrassenanlage steht eine Totenleuchte, die Königinmutter Marie in Gedenken an ihren toten Sohn gestiftet hatte.

Nach Meinung einer ärztlichen Kommission, die den König allerdings nicht untersucht, sondern ihr Gutachten lediglich aufgrund von „reichhaltigem und geradezu erdrückendem Aktenmaterial" erstellt hatte, litt Ludwig II. an Paranoia (eine Form der Schizophrenie, die durch Wahnideen und Auftreten von Halluzinationen gekennzeichnet ist) - eine Diagnose, die allerdings schon damals angezweifelt wurde und aus heutiger Sicht vermutlich eine Fehldiagnose war. Das Protokoll der von mehreren Ärzten und Psychiatern durchgeführten Sektion spricht von „Gehirnschwund" und chronischen Entzündungen im Gehirn. Die Leiche des Königs war am 15. Juni 1886 nach München übergeführt und drei Tage lang in der alten Residenzkapelle aufgebahrt worden; die Beisetzung in der Michaelskirche am 18. Juni erfolgte unter großer Anteilnahme der Bevölkerung.

Die nie geklärte Tod des bayrischen Monarchen hat nicht nur Berg ins Interesse der Öffentlichkeit gerückt und es zu einer Art profanem Wallfahrtsort werden lassen, sondern verhalf dem „Märchenkönig" auch zu unsterblicher Popularität. Viele Versuche sind gemacht worden, zu ergründen, was sich an jenem regnerischen Pfingstsonntagabend 1886 am Ufer des Starnberger Sees wirklich zugetragen hat. Die am meisten vertretene Version sagt, der König habe schwimmend über den See fliehen bzw. mit einem für ihn bereitgestellten Fischerboot oder einer Flugmaschine entkommen wollen, woran der begleitende Arzt, an dessen Körper man Spuren von Gewaltanwendung gefunden hatte, ihn zu hindern versuchte. Seinen gewaltsamen Tod im Wasser soll Gudden vor seiner Abreise von München nach Neuschwanstein im Traum vorausgesehen haben. Andere Theorien sprechen von Mord, Selbstmord oder einem Herzschlag. Es wird auch behauptet, der König habe einen Doppelgänger gehabt, welcher dem Psychiater ausgeliefert wurde, während er selbst unerkannt entkommen konnte. Der Sage nach schläft König Ludwig II. heute in einer Höhle des beim niederbayrischen Deggendorf gele-

genen Natternbergs, aus dem er eines Tages wiederkommen wird, um seinem Volk in schwierigen Zeiten zu Hilfe zu kommen - eine typische Wandersage, die auch von anderen volkstümlichen Herrschern wie Karl dem Großen oder Friedrich Barbarossa überliefert wird. Verglichen mit dieser rein sagenhaften Vorstellung von einem entrückten irdischen Weiterleben hat die Geschichte vom Flug über den Starnberger See durchaus reale Hintergründe: In der Tat hat Ludwig II. dem Bühnentechniker und Regisseur Friedrich Brandt den Auftrag erteilt, eine Flugmaschine in Form eines Pfauenwagens zu konstruieren, mit dem er über den Alpsee und seine geliebten Berge segeln wollte. In einer Plenarsitzung der Kammer der Reichsräte vom 21. Juni 1886 wurde dies als Beweis einer Geisteskrankheit gewertet - zehn Jahre später gab es die ersten Flugzeuge. Der bis heute nachwirkenden Volkstümlichkeit des „Märchenkönigs" hat all das keinen Abbruch tun können.
–> Herrenchiemsee; –> Linderhof;
–> Neuschwanstein

König Ludwig II. im Jahr 1874.

BERGANGER
(Gemeinde Baiern, Landkreis Ebersberg)

Schwedenkapelle
Am Ortsrand, in einer Hangmulde mitten in den Feldern, steht die kleine sogenannte Schwedenkapelle mit Zwiebeltürmchen. Sie wurde 1635 errichtet aus Dankbarkeit, dass Berganger sowohl vor den brandschatzenden Schweden während des 30jährigen Krieges als auch von der Pest verschont wurde. Deshalb ist das Kirchlein dem Heiligen Florian, der vor Feuersbrunst schützte und dem Heiligen Sebastian, welcher die Pest fernhielt, geweiht.

Der Überlieferung nach wurde der Ort wegen starken Nebels von den Schweden nicht bemerkt. An den Hufeindrücken der Pferde konnte man die Stelle erkennen, an der die schwedischen Reiter umkehrten. Hier steht heute die reizende Kapelle.

BERGEN
(Stadt Neuburg an der Donau,
Landkreis Neuburg - Schrobenhausen)

Kath. Pfarr- und Wallfahrtskirche Hl. Kreuz
Den Neuburger Ortsteil Bergen - im Norden der Stadt - überragt der massive, romanische Kampanile des ehemaligen Benediktinerinnenklosters, das 976 von Biletrudis (Wiltraud), Witwe des Bayernherzogs Berthold, gegründet wurde. Im Jahr 1542 wurde es durch den evangelischen Pfalzgrafen Ottheinrich aufgehoben und 1635 den Neuburger Jesuiten übergeben. Den Kirchenbau, dessen Bauteile im wesentlichen aus dem 12. Jahrhundert stammen, schmücken an der Ostseite drei romanische Apsiden, die ebenso wie der Wehrturm beim durchgreifenden Umbau von 1755-58 beibehalten wurden. Sie zeigen in den Bogenfeldern Menschen- und Stierköpfe. Über diese Stierköpfe erzählt man sich folgende Legende: Als bei der Gründung des Klosters die Quadersteine zum Kirchenbau aus dem eine halbe Stunde entfernten Hütting zu holen waren, verrichteten zwei Ochsen, die einen Wagen zogen, die Arbeit völlig ohne Führer. Sie brachten die Steine zum Bauplatz und fuhren mit leerem Wagen wieder zum Steinbruch zurück. Zum andenken an dieses Wunder brachte man Abbildungen von Stierköpfen an der Kirche an.

Über die kleine Glocke des Klosters Bergen wird erzählt, dass sie jedes Mal, wenn eine Nonne gestorben war, von selbst geläutet habe.

BERNRIED
(Landkreis Weilheim - Schongau)

Pfarrkirche St. Martin, ehem. Stiftskirche

Am Westufer des *Starnberger Sees* liegt das Fischerdorf Bernried, der vermutlich älteste Siedlungsplatz am Starnberger See. Graf Otto von Valley und seine Gemahlin Adelheid gründeten 1120 ein Augustinerchorherrenstift zu Ehren des heiligen Martinus, von dem sie eine Armreliquie erhalten hatten. Im Jahr 1659 wurde die gotische Kirche von Kaspar Feichtmayr (geb. 1639), einem Bernrieder Stukkateur und Baumeister, barockisiert. Die Saalkirche mit stark eingezogenem Chor ist eine Nachbildung von St Michael in München. Feuer, Pest und Kriege forderten vom Kloster ihren Tribut. Im Jahr 1803 wurde das Chorherrenstift säkularisiert und ab 1949 pachteten die Missionsbenediktinerinnen von Tutzing den Besitz.

Bernried ist die Grablege der seligen Herluka. Ein Kreuz auf den Steinfliesen rechts im Chor bezeichnet das Grab; eine gotische Statue im Kirchenschiff stellt sie mit Buch und Lilie in den Händen dar. Herluka, um 1060 geboren, stammt aus Epfach im Schongau

Die selige Herluka.

und kam 1122 nach Bernried, das damals noch ein Doppelkloster war. Die Legende erzählt, sie sei zur Strafe für ihr sündhaftes Leben erblindet; im Kloster tat sie Buße und begann, mit den „inneren Augen" zu schauen. Sie nahm sich der Armen, der Kinder und Hilfsbedürftigen an und soll schließlich ihr Augenlicht zurückerhalten haben. Sie starb am 18. April 1127. Einer der Chorherren, Paul von Bernried, hat neben einer Biographie Papst Gregors VII. ihre erste Lebensgeschichte verfasst.

Pfarrkirche St. Mariä Himmelfahrt
Das Gotteshaus, eine Saalkirche mit eingezogenem Chor, wurde 1382 für die Hofmarksleute erbaut und 1697 barockisiert. Ein Vesperbild aus dem 14. Jahrhundert - eine plastische Darstellung der schmerzergriffenen Maria mit dem toten Christus auf dem Schoß - stand lange Zeit am Hochaltar und wurde von der Bevölkerung sehr verehrt. Als zur Zeit des 30jährigen Krieges und in den darauffolgenden Jahren der Mißernte und der Pestepedemien die Menschen bei der Muttergottes Schutz suchten, ließ der damalige Probst wegen des starken Zulaufs an der Nordseite der Kirche (Eingang unter der Kanzel) eine Krypta anbauen, und das Gnadenbild fand in der einige Stufen tiefer liegenden Gruftkapelle einen neuen Platz. Nur durch den lebhaften Protest der Gemeinde wurde die zum Abbruch verurteilte Kirche während der Säkularisation gerettet. Für 575 Gulden kaufte die Gemeinde das Gotteshaus vom bayerischen Staat.

Neben diesem Gnadenbild wurde in Bernried aber noch ein frühbarockes Vesperbild verehrt, das - nur wenige Meter vom Bernrieder Dampfersteg entfernt - in der kleinen, in den Turm der Klostermauer eingebauten Seekapelle steht. Dieses Muttergottesbild soll der Legende nach bei einem Sturm angeschwemmt worden sein. Da es den Bernriedern besser gefiel als das alte Gnadenbild, brachten sie es in feierlicher Prozession in die Gruftkirche und tauschten es mit dem alten Vesperbild aus, das sie in der Seekapelle aufstellten. Unerklärlicher Weise standen die Figuren am anderen Morgen wieder an ihrem alten Platz. Als die Bürger den Tausch wiederholten, bemerkten sie, dass der „schönen Madonna" Tränen aus den Augen liefen. Sie beugten sich dem Zeichen, ließen die Muttergottes in der Kapelle am See und nannten sie „Liab woanat Frau".

Als die hohe Zeit der Wallfahrt vorbei war, belebte man die Verehrung der beiden Madonnen durch eine Lichterprozession am Tag Mariä Himmelfahrt und an jedem ersten Sonntag in den Monaten Mai bis September. Bei Anbruch der Dunkelheit ziehen noch heute die kerzentragenden Gläubigen von der Seekapelle durch den Ort zum Gnadenbild in der Gruftkapelle.

BERTOLDSHEIM
(Markt Rennertshofen,
Landkreis. Neuburg - Schrobenhausen)

Schloß

Westlich von Neuburg an der Donau liegt Schloß Bertoldsheim, 1718-30 im Auftrag des Freiherrn Fortunat von Isselbach an Stelle einer mittelalterlichen Anlage durch Gabriel de Gabrieli errichtet. Seit 1828 ist die zweigeschossige Dreiflügelanlage im Besitz der Familie Moulin-Eckart. Es heißt, die weiße Frau, die hier umgehen soll, sei eine Nonne gewesen, sagt man. Sie trägt ein langes, weisses Kleid und einen Schleier vor dem Gesicht. Früher soll sie schweigend durch die Gänge des Schlosses gegangen sein und mit dem Finger auf eine der Ziffern einer Uhr gezeigt haben, bevor ein Familienmitglied starb. Die gedeutete Uhrzeit bedeutete dann die Todesstunde.

Außerdem gehört Bertoldsheim zu den Schlössern, von denen man sagt, sie hätten so viele Fenster wie das Jahr Tage hat. Das Schloß soll demnach 365 Fenster haben, 52 Türen nach der Anzahl der Wochen im Jahr, 12 Kamine nach der Zahl der Monate und 7 Tore für die Wochentage. Das nämliche kosmische Zahlenverhältnis ist noch von Schloß Helfenberg/Oberpfalz bekannt. Im irischen Volksglauben hatte nur der König das Recht, in seinem Schloß 365 Fenster zu haben.

Die weiße Frau im Schloß, Kupferstich von 1857.

BETTBRUNN
(Markt Kösching, Landkreis Eichstätt)

Wallfahrtskirche St. Salvator
Bettbrunn ist die älteste bezeugte bayerische Hostienwallfahrt (seit 1125). Aus dieser Zeit stammt auch die geschnitzte Christusfigur des heiligen Salvator, die besonders verehrt wird und jetzt auf dem Altar hinter Glas steht. Ursprünglich bestand hier nur ein Viehhof. Ein gottesfürchtiger Hirte hatte 1125 nach seiner Osterkommunion die Hostie heimlich aus dem Mund genommen und in seinem ausgehöhlten Hirtenstab versteckt, um sie auch beim Hüten immer verehren zu können. Als er eines Tages im Zorn einem störrischen Tier den Stab nachwarf, fiel die Hostie heraus, das Vieh kniete sogleich vor ihr nieder und als der bestürzte Hirt nach ihr greifen wollte, wich ihm die Hostie aus. Auch der beigerufene Pfarrer konnte das Allerheiligste nicht fassen und rief den Bischof von Regensburg zu Hilfe. Dieser gelobte den Bau einer Kapelle, wenn es ihm gelänge, die Hostie zu heben. Dieses Gelübdekirchlein brannte 1330 ab, die Holzfigur, in der man die Hostie aufbewahrte, wurde dabei aber nur leicht angesengt, und so entwickelte sich aus der Hostien- eine Gnadenbildwallfahrt. Ein gotischer Neubau der Kirche hielt sich bis 1774 und wurde dann in breiterer Form unter Beibehaltung des gotischen Chores wieder aufgebaut.

Im Jahr 1647 befand sich im Gefolge des bayerischen Oberst Kolb ein ungläubiger, verwegener Kornett. Als er hörte, dass man das Gnadenbild nicht von seinem Platz wegtragen könne, da es jedesmal von selbst wieder dorthin zurückkehre, eilte er nach Bettbrunn, packte das Holzbild und nahm es mit in sein Zimmer. Am nächsten Morgen war es von dort verschwunden und stand wieder auf seinem alten Fleck. Als später auch ein Student der Universität Ingolstadt das Gnadenbild entführte, ließ Graf von Wartenberg, der Kardinal von Regensburg, im 17. Jahrhundert ein eisernes Behältnis für die Gnadenfigur anfertigen.

Die großartigen Deckenfresken von Christian Wink beziehen sich großteils auf die Wallfahrt. Das Chorfresko (1784) zeigt Christi Verklärung auf Tabor, die Deckenfresken am Langhaustonnengewölbe haben die Aufhebung der hl. Hostie durch Bischof Hartwig (über dem Eingang zum Chorraum) zum Inhalt. Im Hauptfresko (1777) sieht man einen Tempel mit einem Opferaltar mit der Gestalt der Kirche und Wallfahrern am Bildrand, die auf Erlösung von ihren Krankheiten hoffen oder Erhörung im Gebet erhalten. Über der Orgel ist eine bildliche Darstellung von der wunderbaren Rettung der Salvatorfigur zu sehen. Sie zeigt den „Corte" aus Kösching, einen ungewöhnlich starken Mann, der beim Brand der ersten Kapelle (1330) drei Stunden lang aus dem Köschinger Bach Wasser herbeischleppte. Dadurch konnte das Salvatorbild, wenn auch ganz schwarz vom Brande, gerettet werden.

Die Votivkerzen an den beiden Wänden des Chors werden auch „Immerkerzen" genannt, weil sie immer als symbolisierter Ruf nach Hilfe und Erlösung bzw. als Dank an den Salvator hier stehenbleiben. Unter ihnen befinden sich die ältesten Votivkerzen ganz Europas.

BEUERBERG
(Landkreis Bad Tölz-Wolfratshausen)

Ehemaliges Augustiner Chorherrnstift

Drei Kilometer entfernt von der A 95 München-Garmisch, Ausfahrt *Königsdorf*, liegt der kleine Ort Beuerberg mit dem gleichnamigen Kloster. Gegründet wurde es 1120 von Otto von Iringsburg. 1626 begann ein durchgreifender Umbau der Klosterkirche aus dem Jahr 1560. Sie ist eine der entwicklungsgeschichtlich wichtigen, vorbildhaft wirkenden Wandpfeilerkirchen des bayrischen Frühbarock. Vom Kloster Beuerberg gibt es, wie bei vielen anderen Kirchen und Klostergründungen, auch die Legende von weisenden Tieren, die durch ihr Verhalten den Menschen die Stelle des Baus angezeigt haben. So verletzten sich auch hier die Arbeiter immer wieder beim Zurichten des Bauholzes, worauf Raben kamen, um die Scheite an den Platz der heutigen Klosteranlage zu tragen.
–> Benediktbeuern

*Kloster Beuerberg, Ausschnitt
aus einem Stich von Michael Wening um 1701.*

BIRKENSTEIN
(Gemeinde Fischbachau, Landkreis Miesbach)

Wallfahrtskapelle Mariä Himmelfahrt

Die Kapelle liegt am Fuße des Breitensteins, eines Vorberges des Wendelsteins, ca. ein Kilometer von Fischbachau entfernt. Die Wallfahrt um das ehemals in der Klosterkirche von Fischbachau befindliche Mariengnadenbild entstand 1673. Anlaß war der Überlieferung nach der hier bei einem großen, von Birken umstandenen Stein, der eine Martersäule trug, bei der Verrichtung seiner Andacht eingeschlafen war. Da erschien ihm die Muttergottes und sagte: „Hier an diesem Orte will ich denen, die mich verehren, meine Gnade mitteilen". Zwei andere Männer hatten gleichzeitig ebenfalls eine Traumerscheinung, in der sie auf dem Birkenstein ein von vielen Wallfahrern besuchtes Kirchlein stehen sahen. Der neue Pfarrvikar, der Träume für ein wenig glaubwürdiges Zeichen hielt und mit dem Baubeginn zögerte, erkrankte schwer - genas aber sofort, nachdem er gelobt hatte, einen Kapellenbau auf dem Birkenstein mit allen Mitteln zu unterstützen. Ein Bilderzyklus im überdachten Umgang der heutigen Kirche berichtet von der Entstehungsgeschichte.

Die zuerst errichtete Kapelle wurde 1709/10 durch einen größeren Bau ersetzt und 1760 in üppigem Rokokostil ausgestattet. Die doppelgeschossige Anlage birgt im Erdgeschoß einzelne Kreuzwegstationen und eine Nachbildung des Hl. Grabes in Jerusalem. Das Obergeschoß mit steilem Satteldach und kleinem Dachreiter im Westen ist über eine überdachte Freitreppe erreichbar. Schon am Außenbau (Wände und Decken) befinden sich zahlreiche Votivtafeln und -gaben, die auch einen großen Teil der Wanddekoration im Inneren der Kirche ausmachen. Die überreiche, in Gold und Silber erstrahlende Rokokodekoration folgt einem reichen theologischen Programm, dessen Mittelpunkt - inhaltlich und auch formal - Maria als Königin des Himmels und der Erde bildet.

Die Kapelle folgt in ihrer Form und Größe dem hl. Haus von Loreto. Nach einer mittelalterlichen Legende sollen Engel das Haus, in dem Maria geboren wurde und die Verkündigung erfahren hat, von Nazareth nach Italien (Loreto) versetzt haben. Dabei wirkte offensichtlich das durch die Kreuzzüge bestärkte Bestreben nach, Stätten des Hl. Landes, wie zum Beispiel auch Hl. Gräber in der Heimat nachzubilden. Weite Verbreitung fand auch die vor allem durch die Jesuiten geförderte Lauretanische Litanei.

Durch Verwendung sogenannter Loreto-Häubchen und Loreto-Längen, die als Fraishäubchen den Kindern aufgesetzt bzw. Gebärenden um den Leib gewunden wurden, erhoffte man sich Gesundheit für die Familie. Im 17. und 18. Jahrhundert, als das Wallfahrtswesen beachtlichen Aufschwung nahm, entstanden auch außerhalb Italiens zahlreiche Nachbildungen dieses Hauses, sogenannte Loretokapellen. Die drei ältesten Santa-Casa-Nachbildungen im Bistum Freising sind *Rosenheim*, *Reutberg* und *Landshut* und wurden durch Wallfahrten ihrer Gründer nach Loreto initiiert. Bei vielen Kapellen bezieht sich die Nachahmung nicht nur auf die Architektur in Loreto, sondern auch auf die hügelige Lage, die man als Bauplatz auswählte.

BIRNBACH
(Gemeinde Erlbach, Landkreis Altötting)

Wallfahrtskapelle „Kroahäusl"

Südlich von *Erlbach* gelegen entstand hier vermutlich um 1643 eine erste Holzkapelle; es folgten 1833 ein Neubau und 1973 die Errichtung der heutigen Kapelle an gleicher Stelle. Im gleichen Jahr wurde auch die hier besuchte heilsame Quelle modern gefaßt. Der vielfältige Bestand an Votivgaben, den der Volkskundler R. Kriss in den 1930er Jahren vorfand, läßt auch auf Heilungen durch das Wasser schließen. Vor allem bei Augenschmerzen holte man sich das Quellwasser gerne zu Heilzwecken nach Hause. Wie an anderen Wallfahrtsstätten ist auch in Birnbach im Lauf der Zeit eine Vermischung und gegenseitige Ablösung zweier verschiedener Kulte erfolgt. Die hl. Corona, der Legende nach eine Märtyrerin des zweiten nachchristlichen Jahrhunderts, war vor allem in nachmittelalterlicher Zeit in Bayern und Österreich populär; wegen ihres Namens wurde sie vor allem als Helferin in Geldangelegenheiten angerufen. Als im 19. Jahrhundert die kleine Wallfahrt zum Erliegen gekommen war, pilgerte die Besitzerin der Kapelle, eine Bäuerin aus dem Nachbarweiler, 1833 nach Rom, von wo sie ein Fläschchen mit „heiligem Wasser" mitbrachte und die schlicht bekleidete Madonnenfigur mit Krone („Maria coronata") verehrt. Das frühere Corona-Patrozinium hat sich in der volkstümlichen Bezeichnung „Kroahäusl" erhalten.
–> Sigrün

BISCHOFSRIED
(Markt Diessen am Ammersee, Landkreis Landsberg)

Jungfernberg und Kapelle Maria Schnee

Ein paar hundert Meter unterhalb der sieben Quellen von Bischofsried, die heute fast das ganze Westufer des Ammersees mit Trinkwasser versorgen, befindet sich das Kirchlein Maria Schnee, südlich von Bischofsried der Jungfernberg. Dort sollen drei Fräulein in einem Kloster gelebt haben, die der Sage nach das früher fruchtbare Ammerseetal mit dem Pfluge bestellten, es dann aber verfluchten: dem Jungfernberg entsprangen daraufhin mehrere Quellen, die den Bischofsrieder- oder Beinbach bildeten und die Landschaft in den Ammersee verwandelten.

Der Rundbau der Kapelle aus dem 17. Jahrhundert birgt im Inneren ein Bild der Gottesmutter: „Maria Schnee". Zur Entstehung der Kapelle aufgrund eines Gelübdes wird folgendes berichtet: Als die Schweden im 30jährigen Krieg bis zum Ammersee vordrangen, gaben die frommen Bauern Salcher aus Bischofsried mit anderen Bewohnern der Himmelskönigin das Versprechen, ein Kirchlein zu errichten, wenn die Feinde ihren Hof verschonten. Die Bewohner wurden wunderbar errettet, da die Schweden vorbeizogen und wegen dichten, undurchdringlichen Nebels die Höfe der Ortschaft nicht sahen. Als die Bauern um 1650 ihr Versprechen einlösen wollten, baten sie die Muttergottes, ihnen den Platz für die Kapelle kundzutun. Als mitten im Winter roter Schnee fiel, erbauten die Bauern an der so bezeichneten Stelle eine Kapelle, die 1674 eingeweiht wurde.
–> Ammersee; –> Dießen; –> Maria Eck

BREITBRUNN
(Gemeinde Herrsching, Landkreis Starnberg)

Pfarrkirche St. Johann Baptist

Die Kirche aus Tuffstein liegt auf einer Anhöhe über dem Ort. Der Chor ist vermutlich noch aus dem 13. Jahrhundert, das einschiffige Langhaus entstand im 16. Jahrhundert. Nach dem Dreißigjährigen Krieg setzte die Wallfahrt zum seligen Leypold ein, der um 1102 gestorben und hier bestattet sein soll. Der Überlieferung nach hat er ein heiligmäßiges Leben geführt, ging häufig auf Pilger - und Wallfahrten und ist im nahegelegenen Ellwang gestorben.

Als er fühlte, dass sein Leben dem Ende zuging, befahl er, seinen Leichnam auf einen Ochsenkarren zu legen und es den Tieren zu überlassen, den Begräbnisort zu bestimmen. Die Legende berichtet, dass der Wagen mit dem Leichnam nach Breitbrunn kam, wo die Ochsen stehenblieben. Als man erfuhr, dass der fromme Mann ein Abkömmling der Grafen von Dießen-Wolfrathshausen war, nahm seine Verehrung noch zu. Es heißt, dass am Grab des Heiligen im 17. Jahrhundert Brot - und Mehlspenden dargebracht wurden. Ein bei dieser Gelegenheit mit Mehl gestreuter Kreis soll magische Heilwirkung gehabt haben: das danach einem kranken Menschen aufgestreute Mehl befreite diesen in kurzer Zeit von seinen Leiden.

Bei einer Graböffnung 1739 konnten keine Skelettreste gefunden werden, aber die Verehrung des Grabes des seligen Leypold blieb bis ins 19. Jahrhundert bestehen, als das Grabmonument entfernt wurde. Eine um 1700 entstandene Holzfigur, die einen bärtigen Mann im Pilgergewand darstellt, befand sich lange Zeit in der Sakristei der Kirche und erinnerte an den ehemaligen Kult.

Johann-Georg Bergmüller, der zur Zeit der Graböffnung im Presbyterium der Stiftskirche Dießen das Kuppelbild mit allen Heiligen des Hauses Dießen-Andechs („Dießener Himmel") schuf, bezog den seligen Leypold in diesen Kreis mit ein. Dort sieht man ihn mit Pilgerstab und mit einer Mönchskutte bekleidet.
–> Ainhofen; –> Aufkirchen; –> Puch

BURGHAUSEN
(Landkreis Altötting)

Burg

Die Geschichte der Burghausener Burg geht bis auf ein befestigtes Holzhaus aus dem 7. Jahrhundert zurück: das erste Bauwerk auf dem Burgberg. Dieser ungewöhnlich geformte, langgestreckte Höhenzug zwischen *Salzach* und *Wöhrsee* bildete in den weiteren Jahrhunderten den natürlichen Baugrund für verschiedene Wehranlagen. Allerdings erst unter den bayerischen Herzögen des Hauses Wittelsbach, in deren Besitz sich die Burg ab 1180 befand, entstand in mehreren Etappen die riesige Burganlage, so wie sie heute noch erhalten ist. In jene Zeit fällt auch das Aufblühen des Ortes Burghausen, der vor allem durch die Einnahmen aus dem Salzhandel an Bedeutung gewann. In der Hauptburg befinden sich heute mehrere Veranstaltungsräume, eine Außenstelle der bayerischen Nationalgalerie und das Stadtmuseum. Dort steht eine Abbildung des sogenannten Sandtnermodells, einer Nachbildung von Stadt und Burg aus dem Jahr 1574.

Vom Leben auf Burghausen sind mehrere Begebenheiten überliefert, die teils historisch, teils sagenhaft sein dürften, wobei die Übergänge fließend sind: So soll Herzog Friedrich von Landshut (gest. 1393) einmal einen Koch, der mit der Fürstin ein Liebesverhältnis unterhielt, lebendig einmauern lassen haben. Als später auf dem Konzil von Konstanz (1414-18) Herzog Ludwig der Gebartete seinen Vetter Heinrich den Reichen als „Sohn eines Kochs" beschimpfte, rächte Heinrich sich, indem er den Feind überfiel und auf der Burg inhaftieren ließ - ein Konflikt, der nur in einer streng nach Ständen gegliederten Gesellschaft möglich ist.

Einen interessanten Einblick in alte Rechtsgepflogenheiten vermittelt das Museum im Kemenatenhaus, wo u.a. das Schwert des Burghauser Scharfrichters, mit welchem allein zwischen 1748 und 1776 insgesamt 1.100 Menschen geköpft wurden, zu sehen ist. Die Prozessierung der Maleficanten fand in der Schloßfronfeste statt, Hinrichtungen in älterer Zeit auf dem Marktplatz (1574), später befand sich das Hochgericht im städtischen Brückenstadel jenseits der Salzach. Seit dem 17. Jahrhundert wurden die Hinrichtungen außerhalb der Stadt an der Marktler bzw. Altöttinger Straße, genannt „Weh" durchgeführt, nach 1780 befand sich der Galgen- und Köpfplatz bei Heiligkreuz. - Im 18. Jahrhundert wird von einem Jesuiten erzählt, dessen Aufgabe war, die zum Tode verurteilten auf ihr Lebensende vorzubereiten und auf dem letzten Weg zu begleiten. Der sogenannte „Galgenpater" wurde einmal zu einem jungen Menschen in den Kerker gerufen, der wegen eines schweren Verbrechens zum Tode verurteilt war, jedoch immer wieder seine Unschuld be-

Die Hauptburg in Burghausen. Nach M. Wenig um 1700.

Gefängnis am Ende des Mittelalters

teuerte. Am Tag der Hinrichtung flehte der junge Mann zu Gott, zum Beweise seiner Unschuld möge der größte Sünder im Umkreis von vier Stunden sich bekehren und der Galgenpater dies erfahren. Voller Vertrauen auf die himmlische Gerechtigkeit ließ er sich zur Richtstätte führen und starb. Der Pater konnte vor Schmerz und Trauer erst spät einschlafen. Gegen drei Uhr morgens pochte es laut an seiner Tür: der Pförtner meldete, es stehe bereits seit einer Stunde ein Mensch vor der Kirchentür, der zu beichten begehre. In der Folge hörte der Galgenpater im Beichtstuhl ein stundenlanges Bekenntnis furchtbarer Verbrechen. Auf die Frage, wieso er gerade um diese Nachtstunde und ausgerechnet zu ihm gekommen sei, antwortete der Fremde, er sei während der gewöhnlichen Stallarbeiten ganz plötzlich von grossem Selbstekel wegen seiner Schuld erfaßt worden; eine Stimme habe ihm geraten, nicht zu verzweifeln und beim Galgenpater die Beichte abzulegen - dann werde Gott ihm vergeben. Als der Pater genauer nachfragte, stellte sich heraus, dass der Reumütige gut vier Stunden entfernt wohnte und am Tag zuvor um fünf Uhr nachmittags - genau zu dem Zeitpunkt, als der zum Tod Verurteilte den Himmel um ein Zeichen seiner Unschuld gebeten hatte - von unwiderstehlicher Reue gepackt worden war.

BURGHEIM
(Landkreis Neuburg - Schrobenhausen)

Tierskulpturen an der Pfarrkirche

Fährt man von *Neuburg* auf der B16 Richtung Südwesten, erreicht man nach kurzem Burgheim mit seiner Katholischen Pfarrkirche St. Cosmas und Damian. Der quadratische Turmunterbau stammt wohl aus dem 12. Jahrhundert. Nach etlichen Veränderungen wurde die

Kirche im 18. Jahrhundert barockisiert. Am oberen südöstlichen Chorpfeiler befinden sich zwei steinerne, sitzende Hunde. Was es mit ihnen für eine Bewandtnis hat, erzählen, in Anlehnung an die vor allem im Zusammenhang mit den Welfen bekannte Vielgeburtssage, zwei unterschiedliche Sagenversionen.

Die eine berichtet von einem mächtigen Grafengeschlecht, das vor langer Zeit in Burgheim geherrscht hat. Eines Tages, als der Graf nach einer längeren Reise nach Hause zurückkehrte, bemerkte er, wie seine Gemahlin - ohne ihn zu sehen - verstohlen mit einem Korb am Arm aus der Burg davoneilte. Misstrauisch ging er ihr nach und verlangte Auskunft über den Inhalt des Korbes. Erschrocken und verlegen erwiderte die Gräfin darauf, es seien nur junge Hunde, die sie ins Dorf bringen wolle. Als der Graf allerdings den Deckel des Korbes öffnete, lagen zwei neugeborene Kinder darin. Das Zwillingspaar stammte aus einer unehelichen Verbindung der Grafentochter, und die Mutter war auf dem Weg, die Kinder in Pflege zu geben. Über das weitere Geschehen berichtet die Sage nichts.

Die zweite Version erzählt ebenfalls von einer ausserehelichen Geburt zweier Kinder. Hier soll die Gräfin selbst die Kinder geboren haben und eine Magd bei dem Versuch, sie wegzubringen, vom Grafen überrascht worden sein. Auch sie sagte auf seine Frage nach dem Inhalt des Korbes, es seien junge Hunde. Der Graf nahm die Knaben in seine Obhut und sorgte für sie, ohne seiner Gemahlin etwas zu sagen. Erst als die Knaben schon groß waren, stellte er ihr eines Tages die „zwei Hunde" vor. Zum Andenken daran sollen Abbilder der Hunde an die Kirche gekommen sein.
–> Petersberg

Vohbach
Südöstlich von Burgheim fließt der Vohbach. An seinen Ufer soll es früher nicht geheuer gewesen sein. Vorübergehende berichteten von einem alten Weiblein, das am Weg saß mit einer Menge glitzernder Goldmünzen im Schoß. Eines Abends kam ein Wanderbursche vorbei, sah das Gold und griff hinein. Erschrocken zog er schnell die Hand wieder zurück und lief davon, weil sich das Gold bei seinem Zugriff in glühende Kohle verwandelt hatte. Klagend rief das Weiblein ihm nach: „Hättest du nur fester zugegriffen, dann wäre ich jetzt erlöst. Nun muß ich weiter für meinen Geiz büßen." Von diesem Tage an wurde das Weiblein am Vohbach nicht mehr gesehen.

Dachau
(Landkreis Dachau)

Schloß

Am Hochufer der Amper, am Nordrand des größtenteils kultivierten Moores, breitet sich die Stadt Dachau aus. Erstmals taucht der Name (abzuleiten vom althochdeutschen „daha" = Lehm und „ouwa" = Flussaue) in einer Urkunde von 805 auf. Auf der Anhöhe über der Amper gründeten die Dachauer Grafen schon um 1100 eine Burganlage, in deren Schutz eine Kaufmanns- und Handwerkersiedlung entstand. Nach dem Aussterben der Linie wurde der Besitz von den Wittelsbacher Herzögen übernommen und mehrfach aus- und umgebaut. Unter den Herzögen Wilhelm IV. und Albrecht V. entstand ein vierflügeliges Renaissance-Schloß, das 1715 von Joseph Effner in eine Barock-Residenz umgestaltet wurde. Heute steht nur noch der für kulturelle Veranstaltungen genutzte Festsaal-Trakt mit der prächtigen holzgeschnitzten Kassetten-Decke im Renaissance-Stil geschaffen vom Münchner Kistler Hans Wisreuter.

Eine Sage erzählt, dass Anfang des 12. Jahrhunderts Graf Otto von Dachau bei der Jagd von Unbekannten ermordet worden sei. Seine Hand, die die Mörder ihm abgeschlagen hatten, trug sein treuer Hund ins Dachauer Schloß und legte sie der Mutter, Gräfin Beatrix, zu Füssen. Die erkannte den Ring, den die Mörder nicht abgenommen hatten, dass es die Hand ihres Sohnes war. In ihrem großen Schmerz ließ sie an der Stelle, an der man den jungen Grafen gefunden hatte, eine Kapelle bauen. Diese Kapelle bei der Rothschwaige bei Dachau wurde allerdings während der Säkularisation abgerissen.

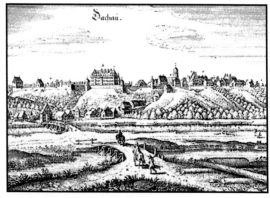

Die Stadt Dachau mit Schloß und Stadtpfarrkirche. Kupferstich von Matthäus Merian.

Giglberg

In Dachau-*Mitterndorf* erhebt sich hinter hohen Bäumen ein kleiner Hügel, den die Einheimischen den Giglberg nennen. Dieser Name könnte sich sowohl von „Gipfel" als auch von „Gugelhupf" ableiten lassen.

Auf dem Giglberg soll einst in einer Burg ein sehr böser Ritter namens Arnold gehaust haben. Er war reich, lebte in Saus und Braus und presste aus seinen Untertanen den letzten Pfennig heraus, so dass diese in bitterster Armut leben mussten. Seine gerechte Strafe ereilte ihn in einer schlimmen Gewitternacht. Während er und seine Gäste ein wieder einmal ein ausschweifendes Gelage feierten, tat sich unter fürchterlichem Blitzen und Donnern die Erde auf und verschlang die Burg samt dem Ritter und seinen Saufkumpanen. Seitdem ist es um den Giglberg herum nicht geheuer. Ein Geisterschimmel mit übergroßen Hufen, feurigem Schweif und dampfenden Nüstern treibt dort sein Unwesen. Die Leute meinen, es ist vielleicht das Reitpferd des Grafen Arnold, der keine Ruhe finden kann.

Das versunkene Schloß, Holzschnitt von 1555.

Würmmühle

Am nordöstlichen Stadtrand von Dachau liegt die Würmmühle. Sie ist heute im Besitz der Familie Krauß und wird immer noch als Getreidemühle genutzt. Im Jahr 1809 brannte die alte Mühle, deren eigentliches Gründungsdatum unbekannt ist, ab und wurde 1810 wieder neu aufgebaut. Im Laufe der folgenden Jahre hat sie allerdings zahlreiche Renovierungen erfahren. Eines Tages, so wird erzählt, war dem Müller eine wertvolle goldene Uhr gestohlen worden, wovon er voller Aufregung seinem Knecht berichtete. Der meinte, dass er seinem Dienstherren wohl helfen könne. Von seiner Großmutter habe er ein Zauberbuch mit allerlei Bannsprüchen, die auch hilfreich beim Herbeischaffen von Gestohlenem seien. Als der Müllerbursche nun langsam die Zauberformel aus dem Buch zu lesen begann, wurde der Dieb gezwungen, rückwärts zur Mühle zurückzugehen, bis er wieder anlangte und dem Müller die Uhr zurückgeben musste. Der vollzog die Strafe gleich auf der Stelle, indem er dem Dieb ein paar gewaltige Ohrfeigen gab. Leider ist über den Verbleib des so überaus nützlichen Zauberbüchleins nichts bekannt.

Es ist kein Zufall, dass Mühlen wegen ihrer einsamen Lage und der großen Bedeutung im Leben und Glauben oft von Sagen umwoben sind. Der Müller als Vertreter eines „unehrlichen" Gewerbes galt als Zauberer und Teufelsbündner; die Existenz von Zauberbüchern mit allerlei Rezepten zu Nutzen oder auch Schaden von Mensch und Tier ist kulturhistorisch belegbar.
–> Holzkirchen

DETTENSCHWANG
(Markt Dießen, Landkreis Landsberg/Lech)

Drei Steinkreuze

Die zwei circa 80 cm hohen Steinkreuze wurden versetzt und finden sich in Dettenschwang Nr. 4 und Nr. 11; ein dritter Stein ging bei der Flurbereinigung verloren. Der Sage nach kamen drei Burschen aus dem Weiler *Thann* zu spät zum Gottesdienst, stahlen auf dem Wege Kirschen und rissen Witze. Beim Wandlungsläuten warf sie eine gewaltige Faust vom Baum zur Erde, wobei einer tot am Platze blieb, der zweite und dritte kurz darauf starben. An der Stelle ihres Todes errichtete man die Sühnekreuze zur Warnung für alle Frevler.

Steinkreuz bei der Kapelle Maria Einsiedeln
In Richtung *Issing* steht ein altes Steinkreuz, mit dem es folgende Bewandtnis hat: Auf dem Kirchbauernhof in Dettenschwang diente einmal ein grober Knecht namens Blasius Harrer, der den ebenfalls dort dienenden Buben oft peinigte. Als jener erwachsen war, zog er in Kriegszeiten mit den Soldaten fort. Als er 1741 nach Friedensschluß wieder in die Heimat kam, begegnete ihm als erster sein Todfeind, den der Bursche in grimmiger Wut ermordete. Der Mörder aber floh und ward nie mehr gesehen; zur Sühne der Mordtat wurde dieses Kreuz errichtet.
–> Dietramszell; –> Eppenhausen;
–> Glonn; –> Unterschweinbach

DIESSEN AM AMMERSEE
(Landkreis Landsberg/Lech)

Mit der Überschwemmungssage vom Ammersee ist auch die der Stadt Damasia verbunden. Auf einem alten Dießener Marktsiegel von 1650 stand: „Sigilium Civium et Communitatis ad damasiam" (Siegel der Bürger und Gemeinde zu Damasia). Nach alten Erzählungen soll Dießen früher Damasia geheißen haben und von Weilheim bis Wartaweil gereicht haben, bis es versunken sei. Mit der von Strabo genannten Stadt hat man auch Auerberg, Augsburg, Landsberg und Epfach gleichsetzen wollen. Drusus und Tiberius, die Stiefsöhne von Kaiser Augustus, haben Damasia, die Burg der Lechanwohner (arx Licatorum), von Grund auf zerstört. Vermutlich setzte man Dießen und Damasia wegen des gleichen Anlautes gleich. - Namengebend waren die tosenden Wasserfälle, althochdeutsch „wazardiozo", mittelhochdeutsch „dieze" = Wirbel, Getöse. Dießen bedeutet also Ort am Wasserfall.

**Ehemaliges Augustinerchorherrenstift
und Stiftskirche St. Mariä**
Die Anfänge des Klosters liegen im 9. Jahrhundert und gehen zurück auf eine klösterliche Niederlassung bei der heutigen Pfarrkirche St. Georg. Der selige Rathard, ein Vorfahr der späteren Grafen von Andechs, soll sie 815 gestiftet haben. Seinen neuen, auch noch heutigen Standort bekam das Stift 1132 durch die Grafen von Dießen-Andechs, dem mächtigen Herrschergeschlecht, das erst in Dießen, später in Andechs seine Stammburg hatte. Nach Zerstörung und Wiedererrichtung der Anlage im 13. Jahrhundert folgte 1681-88

ein Neubau des Klosters durch den Vorarlberger Baumeister Michael Tumb. Ab 1720 wurde die bestehende Stiftskirche wiederum durch eine neue ersetzt in nahezu der Form, in der sie uns heute noch erhalten ist. Ab dem Jahr 1728 stockte der Neubau und wurde erst in den Jahren 1733-39 durch den Münchner Stadtbaumeister Johann Michael Fischer vollendet und in jenen Jahren auch ausgestattet. Im Jahr 1803 wurde das Stift aufgehoben und verkauft, die Klosterkirche zur Pfarrkirche ernannt. In den letzten Jahren unterzog man die Kirche einer vollständigen Restaurierung.

Die Seitenaltäre, die mit Reliquienglassärgen verbunden sind und von verschiedenen Meistern stammen, bereiten in ihrer Anordnung und zunehmenden Pracht die Steigerung zum Hochaltar vor. Der zweite Altar zeigt birgt ein hervorragendes Bild des heiligen Sebastian von Tiepolo (1739), der dritte Altar rechts den Glasschrein mit den Gebeinen des seligen Rathard. Die Legende erzählt von der Wiederentdekkung der von ihm gegründeten Kirche in Dießen, die 955 von den Ungarn zerstört worden war. Bei Aufräumungsarbeiten fand man 1020 das Grab

Der selige Rathard.

des um 850 verstorbenen Stifters, dem ein lieblicher Geruch entströmte und wo sich in der Folge Wunderheilungen ereignet haben sollen. Ab 1620 wurden die Gebeine Rathards auf dem Hochaltar in Dießen zur Verehrung ausgesetzt, im Jahr 1687 auf Wunsch der Bevölkerung wieder nach St. Georgen zurückgebracht und schließlich nach Vollendung der neuen Klosterkirche wieder feierlich in jene übertragen. In St. Georgen verblieb als Reliquie ein Teil seines Armes über dem Tabernakel.

Der dritte Altar links birgt die Gebeine der heiligen Mechtildis; ihre spätgotische Grabplatte befindet sich unter der Kanzel. Die Andechser Grafentochter (um 1125-1160) gehört neben dem seligen Rasso, der heiligen Hedwig von Schlesien und der heiligen Elisabeth von Thüringen zu den zahlreichen Adligen aus dem Hause Dießen-Andechs-Meran, die als Heilige verehrt werden. Im Jahr 1135 trat sie in das von ihrer Großmutter gegründete Chorfrauenstift St. Stephan in Dießen ein, wo sie ein sehr asketisches Leben führte und schon früh aufgrund bestimmter Wunderzeichen als Heilige galt. Im Jahr 1136 wurde sie zur Magistra gewählt und 1154 erfolgte die Wahl zur Äbtissin des Klosters Edelstetten bei Krumbach in Schwaben - allerdings ohne dauerhaften Erfolg. Sie kehrte 1160 nach Dießen zurück, wo sie am 31. Mai desselben Jahres gestorben ist. Als das Dießener Frauenkloster sich im 14. Jahrhundert auflöste, übernahm das benachbarte Chorherrenstift die Obhut über das Grab der Heiligen, deren Gebeine bei der Erhebung im Jahr 1468 „unverdorben" aufgefunden wurden. Die Legende weiß zu berichten, Mechthild habe Besessene geheilt, Stummen die Sprache und einer am Auge verletzten Mitschwester durch bloße Berührung das Gesicht wiedergegeben. Sie wird vor allem bei Kopf- und Augenleiden angerufen und um eine „gute Sterbestunde" angefleht.

Im Grab der heiligen Mechtild fand man einen Tuffstein, den sie zu Lebzeiten als „Kopfkissen" benutzt haben soll und den man in der neuen Klosterkirche neben dem Taufstein einmauerte. Leute, die von Kopfweh gequält wurden, binden sich abgeschabtes Steinmehl davon als Heilmittel an die Stirne. - Die Legende erzählt, dass, als Mechthilds Leichnam in der Kirche aufgebahrt lag, ein Untertan des Grafen Heilung von furchtbaren Kopfschmerzen erflehte, wobei er mit seinem Haupt den Kopf der Toten berührte - er war auf der Stelle geheilt.

Die von Stuckrahmen eingefaßten Deckenfresken behandeln und deuten Themen der Dießener Orts- und Klostergeschichte. Dadurch wird bewußt an den Ruhm des ehemaligen Klosters angeknüpft, welches dem Grafen von Dießen-Andechs als Begräbnisstätte diente. Der Zyklus beginnt über der Orgel mit der Auffindung der Gebeine des seligen Rathard in der Kirche von St. Georgen. Die erste Klosterkirche, 955 bei Ungarn-Einfällen zerstört, erscheint im Bildhintergrund als Ruine. Die beiden Priester, die 1013 an den Wiederaufbau des zerstörten Gotteshauses gingen, fanden die unversehrten Gebeine, von denen ein „himmlischer Duft" ausging, der bildlich als kleine Wölkchen über dem Skelett dargestellt wird. Da die Priester die schwere Grabplatte nicht heben konnten, kam ihnen ein Engel zur Hilfe. Bei der Wiederauffindung sollen sich Heilungen ereignet haben, die durch Krüppel und Kranke am unteren Bildrand angedeutet werden, während Rathard selbst auf den Wolken schwebend das Geschehen segnet. Das dreigeteilte Hauptfresko zeigt im Osten die eigentliche Klostergründung durch Berthold I. von Dießen und Otto II. von Dießen-Wolfratshausen im Jahre 1132. Die päpstliche Bestätigung des Chorherrenstiftes findet vor dem Hintergrund der Lateransbasilika statt; im Westen die Aufnahme der heiligen Mechtildis in das Dießen ehemals angegliederte Nonnenstift; in der Mitte Maria als Patronin der Kirche, umgeben von Dießener Heiligen. Im östlich anschließenden Joch wird von der Gründung der Kirche St. Georg durch den seligen Rathard erzählt, um schließlich im sogenannten „Dießener Himmel" des Chores zu gipfeln: Unter der Gestalt Christi in der Glorie thronen nach Geschlechtern geteilt 28 Heilige aus dem Grafengeschlecht Dießen-Andechs, darunter auch die heilige Mechtildis als Äbtissin. Die Umschrift lautet: „Der Ruhm eines Geschlechts sind seine Heiligen".

Schatzberg und Mechtildisbrünnlein

Von der Sconenburg der Grafen von Diessen, die sich einstmals auf dem Schatzberg befand, sind heute lediglich noch einige Gräben zu finden. Die Burg wurde 1157 aufgegeben; die Grafen waren schon vorher nach *Andechs* und anderen Burgen (*Wolfratshausen, Neuburg am Inn, Plassenburg bei Kulmbach*) übergesiedelt und nannten sich nach ihren neuen Sitzen. Nach der Zerstörung der Stammburg wurde ihr Fundament im 16. Jahrhundert zum Bau der Maria-Schnee-Kapelle in *Bischofsried* verwendet.

Der Sage nach soll auf dem Schatzberg einst ein prächtiges Schloß gestanden haben, in welchem drei Schicksalsgöttinnen wohnten: zwei von ihnen waren weiß, die dritte halb weiß, halb schwarz. Diese bat einen armen Hirt, sie zu erlösen, indem er um Mitternacht einem feuerschnaubenden Hund den Schlüssel zu einer mit Geld gefüllten Tasche entriß. Als der Hirte im entscheidenden Moment voller Angst die Flucht ergriff, verfluchte sie die ganze Gegend, die für immer von Wasser überschwemmt wurde.

An die am Schatzberg gelegene Mechtildisquelle knüpft sich die Legende, die Heilige sei häufig nachts nach Dießen zur Messe gegangen, wo sich ihr die Kirchtüren von selbst öffneten. Einmal jedoch hatte es so stark geregnet, dass sie das hierdurch entstandene Wasser - die später nach ihr benannte Quelle - nicht überqueren konnte. Als Steig zum Überqueren des Hindernisses benutzte sie Zaunpfähle. Da sie diese aber unerlaubt genommen hatte, öffneten sich die Kirchtüren von nun an nicht mehr. Dem Wasser der Mechtildisquelle schreibt man besonders in den Morgenstunden Heilkraft gegen Augenleiden zu. In einer Kapelle wurde ein Bild der hl. Mechthild aufgestellt.

Die heilige Mechthild gilt auch als Wetterheilige. Zieht ein Unwetter herauf, so wird das „Mechtildisglöcklein" der Stiftskirche geläutet. Am Dreifaltigkeitssonntag (8 Tage nach Pfingsten) zieht eine feierliche Prozession von Dießen zum Schatzberg. Die Mädchen flechten aus sogenannten „Wetterblumen" (allerlei Wiesenblumen, die angeblich das Wetter anzeigen oder feindliche Mächte abwenden sollen) Mechtildiskränzlein; geweihte Kerzen und zinnerne Medaillen sollen ebenfalls Schutzwirkung haben.

–> Ammersee; –> Bischofsried

DIETRAMSZELL
(Landkreis Bad Tölz-Wolfratshausen)

Katholische Wallfahrtskirche St. Leonhard

Etwa 2 km nördlich von Dietramszell liegt der barocke Zentralbau von 1769 (Leonhard Matthäus Gießl), der anstelle einer 1686 gestifteten Pestkapelle erbaut wurde. Wie es zur Gründung der Votivkirche kam, erzählt folgende Legende: Nach Ende des 30jährigen Krieges brach in der Gegend eine schreckliche Pferdeseuche aus. Der damalige Probst von Dietramszell legte das Gelübde ab, dem heiligen Leonhard, einem volkstümlichen Viehpatron, eine Kapelle zu bauen,

wenn er dem Sterben ein Ende mache. Wie durch ein Wunder blieben die Pferde kurz danach wieder gesund. Der Probst, recht zufrieden in dem Glauben, die Seuche habe von selbst aufgehört, vergaß sein Versprechen, die Kapelle zu bauen. Merkwürdig war nur, dass von Stund an bei allen Fahrten, die ihn in seiner Kutsche an der Stelle der heutigen Wallfahrtskirche vorbeiführten, ein Unfall geschah: einmal war es Achsenbruch, ein andermal fiel plötzlich ein Rad ab. Als aber an der gleichen Stelle immer wieder etwas passierte, erinnerte er sich an sein Gelübde und ließ dem heiligen Leonhard eine Kapelle errichten. Von da an hörten die rätselhaften Unfälle auf.
–> Bad Tölz; –> Grafing;
–> Kaufering; –> Leon-hardtspfunzen

Kath. Wallfahrtskirche Maria im Elend

Südlich des Ortes liegt in einsamer Waldlage die kleine Kirche, ein Achteckbau, mit Sakristei im Westen und Turm im Osten. Sie stammt aus den Jahren 1688 bis 1690. Etwa 100 Jahre später wurde die Kirche neu ausgestattet. Der Rokokoaltar zeigt eine Skulpturengruppe von Christus und Maria im Elend: Christus ist neben einer großen Geißelsäule dargestellt, während etwas tiefer die Heilige Maria sitzt. Über die Gründung des schönen Kirchleins erzählt man sich folgendes:

In schlimmen Kriegszeiten, möglicherweise während des 30jährigen Krieges, wurde ein Mann von Soldaten zu Pferd verfolgt. Sie jagten ihn über Stock und Stein, bis er zu einer kleinen Waldlichtung kam. Dort sank er verzweifelt auf die Knie und rief aus: „Oh Elend, ich bin verloren. Heilige Maria, rette mich!" Mutlos wankte er ein paar Schritte weiter und fiel dabei in eine von Gras verdeckte Grube. So war er den Blicken seiner Feinde entzogen und gerettet. Zum Dank ließ er an dem Ort seiner Errettung eine Kapelle bauen.

Die Grüne Marter und
das Schwarze Kreuz im Zeller Wald

Südlich von Dietramszell führt ein Spazierweg durch den Zeller Wald zur Pelletsmühle. Auf diesem Weg kommt man an einer hölzernen Gedenksäule vorbei, die eine alte Ansicht von Dietramszell und ein Bild des heiligen Hubertus, des Schutzheiligen der Jäger, zeigt. Bevor der Bildstock 1950 erneuert wurde, soll er, wohl durch Witterungseinflüsse bedingt, grünlich geschimmert haben, obwohl er nicht gestrichen war. Im 30jährigen Krieg soll an dieser Stelle ein schlimmes Verbrechen geschehen sein: ein Pater des Klosters Dietramszell war von Soldaten in seinem Versteck im Wald entdeckt, grausam gefoltert und getötet worden, weil er nicht sagen wollte, wo sich der Klosterschatz befand.

Ein Stückchen weiter auf dem Weg zur Pelletsmühle steht ein schlichtes schwarzes Kreuz, von dem erzählt wird, dass ein verheerender Brand, der einst im Zeller Wald gewütet habe, genau an diesem Kreuz zum Stillstand gekommen sei.

–> Eppenhausen; –> Dettenschwang;
–> Glonn; –> Unterschweinbach

DOLLNSTEIN
(Landkreis Eichstätt)

Burgruine
Die Ruine liegt innerhalb des Ortes auf einer Felskuppe; zugänglich ist nur die Vorburg unterhalb des Burgfelsens. Im 12. Jahrhundert erbaut, war die Burg 1139 im Besitz der Grafen von Gröging, die sich zeitweilig auch Grafen von Dollnstein und später Grafen von Hirschberg nannten. Im Jahr 1440 wurde die Burg von Fürstbischof Albrecht II. von Rechberg zusammen mit dem Marktort gekauft und das Hochstift Eichstätt richtete hier das „Pfleg- und Kastenamt Dollnstein" ein. Ende des 15. Jahrhunderts ließ Bischof Wilhelm von Reichenau die Burg verstärken und den Markt mit einer hohen Ringmauer umgeben, die sich einschließlich des nördlichen Tores erhalten hat. Nach dem 30jährigen Krieg war die Burg nur noch teilweise bewohnt, wurde in der Säkularisation an Privatleute verkauft und in der Folge als Steinbruch benutzt.

Gegenüber der Bubenberger Mühle an der Altmühl liegt der hohe steile Fels des Burgsteins. Dieser hat ein Loch, das der Sagen nach den Anfang eines durch den Mühlberg sich erstreckenden und in den Schatzfels mündenden unterirdischen Ganges bilden soll. Aus dem Burgstein kamen nachts drei Wichtel in die Bubenmühle, wo sie bis zum Morgen alle Arbeiten verrichteten wie das Mahlen des Getreides und das Reinigen der Mühle. Der Müller ließ ihnen zum Dank für ihren Fleiß Kleider machen, aber sie meinten nun, sie seien entlassen, sagten weinend: „Ausgelohnt, ausgelohnt!" und kamen nie wieder.

Dieses in vielen Zwergensagen vorkommende Motiv spiegelt einen im früheren Gesinderecht üblichen Brauch: Knechte und Mägde erhielten nach Abschluss des landwirtschaftlichen Arbeitsjahres, meist am 11. November, dem Martinstag, ihren Lohn, der neben

Geld und Naturalien auch neue Kleidung umfasste. Der Zahltag war zugleich Tag der Entlassung und Ziehtag für die Dienstboten zum Gesindemarkt oder zu einem neuen Arbeitgeber, wenn nicht eine Verlängerung des Dienstverhältnisses vereinbart worden war.

EBERSBERG
(Landkreis Ebersberg)

Stadtwappen

Die Geschichte des Ortes war über viele Jahrhunderte geprägt durch die Geschichte des Klosters. Einer Legende zufolge hängt die Gründung Ebersbergs mit der Jagd des Grafen Sieghart von Sempt (südöstl. von *Markt Schwaben*) im Jahre 878 zusammen, welcher eines Tages auf einen besonders großen und gewaltigen Eber anlegte. Das aufgebrachte Tier verschwand in einer Höhle unter einer uralten Linde. Darüber soll sich eine heidnische Kultstätte befunden haben. Sieghart glaubte, der Teufel habe in Gestalt des Ebers vor ihm die Flucht ergriffen. Er ließ deshalb aus Dankbarkeit an Stelle des gefällten Baumes um 880 eine Marienkapelle und eine Burg errichten. So kam Ebersberg zu seinem Namen und zu seinem Wappentier. In Gold auf einem

Das Ebersberger Stadtwappen.

grünen, gegen den rechten Schildrand ansteigenden Dreiberg erhebt sich ein schwarzer Eber. Es war ursprünglich das Wappen des Klosters Ebersberg und tauchte in der ersten Hälfte des 15. Jahrhunderts auf. Als Kragstein, in Form einer Engelsbüste mit Wappenschild und Schriftband, ist es in der heutigen Pfarrkirche St. Sebastian unter der Empore zu finden.

Die Stelle der gefällten Linde befand sich auf einem Hang über dem Ebrachtal, dem späteren Klostergelände. Im historischen Ortsnamenbuch von Bayern aus dem Jahr 1951 wird der Name erklärt als „Berg - im Sinne von Burg eines Eberhart...". Die ersten urkundlichen Erwähnungen im 10. Jahrhundert lauten schon „Eberesperch": Die mittelalterliche Heraldik versinnbildlicht den Namen des Benediktinerklosters Ebersberg durch einen Eber im Klosterwappen. Nach der Aufhebung des Stiftes 1803 übernahm der damalige Markt Ebersberg dieses Wappen. Auf dem Marktsiegel erscheint das Wappenbild erstmals um 1830.

Pfarrkirche St. Sebastian

Die Ebersberger Pfarrkirche liegt im östlichen Teil des Marienplatzes. Graf Eberhard von Sempt stiftete 934 den Augustinerchorherren ein kleines Hauskloster. Das Innere der ehemaligen Klosterkirche präsentiert sich heute im Stil des Rokoko. Johann Georg Ettenhofer gab 1733/34 der spätgotischen, dreischiffigen Hallenkirche das heutige Gewand.

Mitten im Eingangsbereich unter der Empore steht das Stifterhochgrab von Graf Ulrich von Sempt († 1029) und seiner Gemahlin Richardis von Kärnten († 1013). Das Grabmal ist eines der kulturgeschichtlich bedeutendsten spätmittelalterlichen Hochgräber Bayerns. Es ist aus Rotmarmor und wurde vom Münchner Bildhauer Wolfgang Leb (1498-1550) geschaffen. Auf der Deckplatte ist das kniende Grafenpaar, von spätgotischen Baldachinen umrahmt, als Stifter von St. Sebastian dargestellt. In ihren Händen halten sie gemeinsam das Kirchenmodell. Beide werden als Selige verehrt.

Eine Legende erzählt, dass die fromme Richardis keinen Tag versäumte, um frühmorgens der Heiligen Messe beizuwohnen. Eines Tages hatte sie sich verspätet, und in der Eile verlor sie ihren Handschuh. Eine Elster hob ihn auf und flog davon. In dem Augenblick, als der Priester den Gottesdienst beginnen wollte, legte der Vogel ohne Scheu den Handschuh auf dem Altar nieder. Der Priester erkannte das Kleidungsstück und folgerte daraus, dass die Gräfin noch unterwegs sei. Er unterbrach die Messe bis Richardis eintraf.

Im Jahre 1668 ließen die Jesuiten anstelle der oberen Sakristei und der Klosterbibliothek das Kleinod der Ebersberger Pfarrkirche, die Sebastians-Kapelle, errichten. Sie ist nur über eine schmale Stiege vom vorderen Sakristeieingang links erreichbar. Die Kapelle ist mit prächtigen Barockstukkaturen ausgestattet, darunter auch Bogen, Köcher und Pfeile. Die Bilder an den Wänden weisen u.a. auf das Martyrium des heiligen Sebastian hin, welcher der Leibgarde Kaiser Diokletians angehörte.

Die „Legenda aurea" berichtet, dass Sebastian um zweier Christen willen, die er mit seinen Worten während des Prozesses stärkte, den Richtern aufgefallen, angeklagt und zum Tode durch Erschießen verurteilt worden sei. Er wurde an einen Baum gebunden und von numidischen Bogenschützen mit Pfeilen beschossen. Nachdem der vermeintlich Tote von der Witwe des Märtyrers Kastulus gesund gepflegt wurde, stellte Sebastian den Kaiser wegen der sinnlosen Christenverfolgung zur Rede. Daraufhin wurde er auf persönlichen Befehl Diokletians mit Keulen erschlagen und in die „Cloaca maxima" geworfen. Die Christin Lucina, der er im Traum erschien, holte den Leichnam heraus und bestattete ihn „ad catacumbas", wo im 4. Jahrhundert über seinem Grab die erste Sebastians-Kirche, die heutige Basilika San Sebastiano errichtet wurde.

Der Heilige wird immer als junger Mann dargestellt, meist nur mit einem Lendenschurz bekleidet, an einen Baum gefesselt, sein Körper mit Pfeilen gespickt. Sein Attribut ist der Pfeil, deshalb ist der heilige Sebastian auch Patron der Schützenbruderschaften. Der Pfeil steht aber auch als Symbol für plötzliche Seuchen. In der mittelalterlichen Vorstellungswelt wurde die Pest durch „Pestengel" (Dämonen) mittels geheimnisvoller Pfeile unter die Menschen gebracht. Die Legende berichtet, dass Rom um 680 von einer Pestepidemie heimgesucht worden sei. Nachdem die Bevölkerung dem heiligen Sebastian einen Altar hatte errichten lassen, war die Pest beendet, und der hilfreiche Heilige wurde zum Pestpatron erhoben.

In einem Boulleschrein auf dem marmornen Altar der Sebatians-Kapelle wird die reich geschmückte Silberbüste (um 1450) des heiligen Sebastian aufbewahrt. Sie zählt zu den besten spätgotischen Silberschmiedearbeiten Bayerns. Sie wird getragen von vier Löwen. In der Brust stecken drei Pfeile. An der umgehängten Kette sind als Votivgaben Gedenkmünzen befestigt u.a. von Kurfürst Max. III. Joseph (1745-1777), König Max. I. Joseph (1799-1825) und Kronprinz

Ludwig von Bayern (1825-1848). In dem abnehmbaren Fürstenhut befindet sich in einer mit Schaugläsern versehenen Fassung die Hirnschale des Heiligen. Diese wertvolle Kopfreliquie hatte der Augustinerprobst Hunfried auf seiner Romreise 931 aus der Katakombe San Sebastiano von Papst Stephan VIII. (929-931) erhalten. Dadurch wurde Ebersberg bis zur Auffindung des Andechser Reliquienschatzes 1388 die bedeutendste Wallfahrtsstätte in Oberbayern.

Mit der Einweihung der Kirche 970 soll auch der Brauch entstanden sein, aus der Hirnschale des heiligen Sebastian geweihten Wein zu trinken. Nachdem die Benediktiner in das Kloster eingezogen waren, nahm die Sebastianswallfahrt immer größere Ausmaße an. Die Wundertaten mehrten sich. Sogar Kaiser Konrad II. kam 1028 nach Ebersberg, um dem Heiligen für seine erwiesenen „Gutthaten" zu danken. Wie auf einem Votivbild links vom Hochaltar gezeigt wird, war er in Seenot geraten und hatte den heiligen Sebastian um Schutz und Hilfe angerufen. Noch bis zur Mitte des 17. Jahrhundert bekamen die Wallfahrer den geweihten Wein aus der um 1500 kostbar gefaßten Hirnschale direkt gereicht. Dann tranken die Pilger mit silbernen Röhrchen aus dem eigens dafür angefertigten, vergoldeten Sebastianskelch. Später war es üblich, mit kleinen Pfeilen aus Blei, das Reliquiar zu berühren und als Amulette gegen die Pest und ansteckende Krankheiten zu tragen. Sie wurden auch an den kurfürstlichen Hof in München, den kaiserlichen Hof in Wien und an den Erzbischof von Köln verschickt.

„Um die Wunderkraft stets zur Hand zu haben", wurden alljährlich zwei Maß Wein, welche durch die Hirnschale des Heiligen geflossen waren, in die Residenz nach München gebracht. Weil aber der geweihte Wein oft sauer wurde, „gebrauchte man eine gottselige List": ein feines Leinentuch wurde mit dem im Schädel befindlichen Sebastianswein getränkt und anschließend getrocknet. Um die wundersame Heilkraft zu übertragen, „brauchte es der Fürst dann nur in sein Getränk zu tauchen". Noch bis 1923 hat sich der alte Brauch erhalten, den Wallfahrern geweihten Wein aus dem Sebastianskelch zu reichen. Geweihte Pfeile können heute noch in der Sakristei erworben werden.

Durch das kunstvoll geschmiedete Abschlußgitter, welches im oberen Bereich mit Pfeilen abschließt, wird der Blick auf die zentrale, lebensgroße Schreinfigur des heiligen Sebastian (um 1630) über dem Hochaltar gelenkt. Die Fresken an den Wänden (1783) nehmen Bezug auf die Wundertaten des Kirchenpatrons. Ein

Fresko an der linken Chorwand erinnert an den Brand, dem 1305 Kirche und Kloster zum Opfer fielen, bei dem die Hirnschale des heiligen Sebastian aber unversehrt blieb. In einer anderen Szene wird dargestellt, wie der kleine Graf Ulrich von Sempt-Ebersberg als kränkliches Kind auf den Altar des heiligen Sebastian gelegt wurde und daraufhin gesundete.

Nach jahrhundertelangen Untersuchungen konnte zuletzt 1928 auf Betreiben von Kardinal Faulhaber und Papst Pius XI. bestätigt werden, dass die Ebersberger Hirnschale genau mit der übrigen Kopfreliquie des heiligen Sebastian in der Kirche Quattro Coronati (vier gekrönte Märtyrer) in Rom zusammenpasst.
–> Eching; –> Wolfratshausen

ECHING
(Landkreis Landsberg)

Kapelle St. Sebastian
Die Kapelle stammt aus der Mitte des 17. Jahrhunderts und wurde als Pestkapelle zur Abwendung der Seuche errichtet. Wie der heilige Rochus war auch der heilige Sebastian ein Pestheiliger und somit sind ihm geweihte Kapellen in der Regel Zeugen jener schrecklichen Pestzeiten, wie in diesem Falle am Ende des 30-jährigen Krieges. Die „Seuchensäule" daneben ist noch älter und soll an der Stelle errichtet worden sein, wo bei einer Viehseuche das letzte Stück Vieh starb. Noch lesbar ist die Zahl 48, aus der man aber leider das Alter der Säule nicht mehr ermitteln kann, wobei 1548 als wahrscheinlich angenommen wird.
–> Ebersberg; –> Wolfratshausen

Die Pest fordert bei Mensch und Tier Opfer, Holzschnitt.

ECKSBERG
(Stadt Mühldorf, Landkreis Mühldorf am Inn)

Wallfahrtskirche St. Salvator
Nur 3 km westlich von Mühldorf entfernt präsentiert sich der einschiffige Barockbau mit seinem Zwiebelturm. Er wurde 1683/84 nach Plänen von Christoph Domenikus Zuccalli an Stelle einer spätgotischen Vorgängerkirche erbaut. Anläßlich der Einweihung 1686 wurde das Gnadenbild St. Salvator vom früheren spätgotischen Choraltar in die neue Kirche überführt: Christus als Erlöser der Welt, dargestellt mit zum Segen erhobener rechter Hand und der Weltkugel in seiner Linken. Diese Plastik ist eine Mühldorfer Arbeit aus dem Jahr 1511. Sie wurde zum Zentrum der Verehrung (jetzt an der Rückwand des Hochaltars). Die Wallfahrtskirche St. Salvator diente hauptsächlich als Zufluchtstätte für Kranke, die von Ordensschwestern betreut wurden. Heute befindet sich in den benachbarten Gebäuden von St. Salvator eine Anstalt für geistig Behinderte.

Auf einem Bild von 1672, welches in der heutigen Kirche als Antependium die Front des Volksaltars bildet, wurde vom Mühldorfer Maler Wolfgang Spägl die Gründungslegende der Wallfartskirche festgehalten. Sie berichtet von drei Dieben, welche 1453 im Gotteshaus Mößling (Stadtteil Mühldorf) eingebrochen waren und das Ziborium mit zwölf Hostien geraubt hatten. Weil es aber nicht aus Silber, sondern nur aus Kupfer war, versteckten sie das Ziborium mit den Hostien im Wald bei Ecksberg und flohen, weil „ihnen doch die Rach' Gottes auf dem Fuße nacheilte". Bei Dorfen (Landkreis Erding) wurden sie gefangen, bekannten den Frevel und verrieten den Ort des vergrabenen Ziboriums. Am Platz der Wiederauffindung wurde eine Sühnekirche gebaut.

EGERN
(Gemeinde Rottach-Egern,
Landkreis Miesbach)

Totenkapelle
An der Nordseite des Friedhofes, der die vielbesuchten Gräber der bayerischen Schriftsteller Ludwig Ganghofer (1855-1920) und Ludwig Thoma (1867-1921) birgt, befindet sich die spätgotische Totenkapelle zu Ehren der Pestpatrone Sebastian und Rochus. Ehemals war auf dem alten Fahrweg des Wallbergs, in einer Serpen-

tinenkehre mit schönster Aussicht auf den Tegernsee, das Relief eines kreuztragenden Christus aufgestellt, das sich heute links vom Altar in der Wand befindet und zu dem folgende Legende erzählt wird:

Vor vielen hundert Jahren regierte im Kloster Tegernsee ein strenger und ganz unbeliebter Abt, der trotz seines geistlichen Amtes sehr hart gegen seine Untertanen war und sie mit Abgaben und Frondiensten drückte. Eines Tages erschien ihm in einem Angsttraum Jesus mit dem Kreuz und forderte ihn zur Umkehr auf. Da ließ sich der Abt ein großes schweres Holzkreuz zimmern, das er auf den Wallberg tragen wollte, um sich als heiligmäßigen Mann beim Volk berühmt zu machen. Am dritten Tage brach er vor Anstrengung an der Stelle, die noch heute nach ihm benannt ist, tot zusammen.

EHEKIRCHEN
(Landkreis Neuburg-Schrobenhausen)

Lorenzoberg

Am westlichen Rand des Donaumooses, im Süden von Ehekirchen, liegt der weithin sichtbare Lorenzoberg, um den sich gleich mehrere Sagen ranken. - So erzählt man, dass dort nachts ein riesiger, feuriger Hund zu sehen ist. Er hat einen goldenen Schlüssel im Maul, mit dem man eine Truhe voll mit Gold und Edelsteinen öffnen kann, die sich tief im Berg befindet. Wenn man zwischen Mitternacht und ein Uhr auf dem Gipfel des Berges neben einer Buche gräbt, soll man den Schatz finden können. Allerdings muß man dabei sehr leise sein, denn sonst kommt der Hund und tötet einen.

Auch über ein schönes Schloß, das einmal auf dem Berg stand, berichtet die Sage. Zwei Schwestern - die eine blind und schön, die andere sehend aber hässlich - wohnten hier. Es war ein großes Erbe vorhanden, welches die Schwestern teilen sollten. Die hässliche Schwester drehte voller List einen kleinen Topf um und legte obenauf eine Handvoll Goldmünzen, so dass die Blinde meinen sollte, der Topf sei ganz gefüllt mit Gold. Wegen ihres bösen Täuschungsversuchs versank das Schloß im Boden. In der Heiligen Nacht hört man nun immer lautes Weinen tief im Berg: das ist die böse Schwester, die um Erlösung bittet. Die kann sie nur erlangen, wenn man es schaffen würde, unter größtem Schweigen eine Kiste voll Gold auszugraben. Glaubt man mancher Überlieferung, so hat es hier immer wieder erfolglose Grabungsversuche gegeben.
–> Weilheim

EICHSTÄTT
(Landkreis Eichstätt)

Anstoß zur Entwicklung der Stadt war die Errichtung eines Klosters 740 auf Veranlassung des „Apostels der Deutschen", Bonifatius, der den mit ihm verwandten, ebenfalls aus England stammenden heiligen Willibald zum ersten Bischof erhob. Bereits damals erhielt Eichstätt seine Prägung als christlich-geistliches Zentrum und Bischofsstadt. Das Territorium des Bistums Eichstätt wurde schon Ende des 9. Jahrhunderts zum „Reichsbistum" erklärt. Nach den Zerstörungen des 30jährigen Krieges begann der Wiederaufbau um 1670 und wurde unter den meisten Fürstbischöfen der Barock- und Rokoko-Zeit fortgeführt; das bis heute nahezu unveränderte barocke Stadtbild Eichstätts wurde maßgeblich von drei Architekten gestaltet: Jakob Engel (Angelini) aus Monticello bei Bellinzona, Gabriel de Gabrieli aus Rovereto in Südwest-Graubünden und Maurizio Pedetti aus der Gegend von Como.

Kapuzinerkirche Heiliges Kreuz
Die heutige Barockkirche (1623-1625) in der Nähe des Hofgartens wurde an der Stelle einer romanischen Schottenklosterkirche (gestiftet Mitte des 12. Jahrhunderts) errichtet und birgt in einem rechts gelegenen Anbau als wertvollen Überrest des Mittelalters die Nachbildung des Heiligen Grabes von Jerusalem (um 1160).   Heilige Gräber, die eigens aufgerichtet und abgebrochen werden müssen, sind typisch für die Barockzeit. Der Grabkult selbst reicht aber bis ins Mittelalter zurück; das älteste Heilige Grab im bayerischen Raum ist diese romanische Nachbildung der Begräbnisstätte Christi in Jerusalem aus der Mitte des 12. Jahrhunderts. In der Zeit der Kreuzzüge (2. Kreuzzug 1147) bildete man das Heilige Grab von Jerusalem an vielen europäischen Orten nach, wobei man hier in Eichstätt in verkleinertem Maßstab (Höhe: 4,1 m) den genauen Zustand des Heiligen Grabes wiedergab. Deshalb ist dieses Monument besonders wertvoll, denn so erlebten die Kreuzfahrer den mittelalterlichen Grabbau in Jerusalem, dessen Original inzwischen zerstört ist. In den Jahren von 800 bis 1900 entstanden in Deutschland etwa 50 solcher Nachbildungen (nach Steiner). Das Heilige Grab ist wegen seines hervorragenden Erhaltungszustandes eine der bedeutendsten Sehenswürdigkeiten Eichstätts.

Der zylindrische Bau ist mit einem romanischen Bogenfries und Würfelornamenten geschmückt. Die Galeriebrüstung und das Laternentürmchen auf der Plattform sind neueren Datums, entsprechen aber einer alten Tradition. - Der Vorraum der Grabanlage hat drei Eingänge. Die mittlere Tür besitzt ein Tympanon mit Palmetten und Prismenband. Dort ist auch ein kleiner bartloser Männerkopf dargestellt, der mit der Person des Auftraggebers, Dompropst Walbrun, identifiziert wird. Von dort erreicht man die eigentliche Grabkammer.

Abtei St. Walburg

Die heutige Pfarr- und Klosterkirche ist durch ihre Terrassenlage im Stadtbild beherrschend; sie wurde 1626 - 1631 von Martin Barbieri errichtet. Der obere Teil des Turmes mit der flachgedrückten Kuppel wurde etwas später aufgesetzt und ist bekrönt von einer feuervergoldeten Statue der heiligen Walburga.

Darstellung der heiligen Walburga.

Der Hochaltar umfaßt das Monumentalgemälde mit einer Darstellung der heiligen Walburga in Anbetung des Gotteslammes, umgeben von Gläubigen, die das Walpurgisöl als Heilmittel erflehen. Hinter dem Hochaltar befindet sich die Gruftkapelle der heiligen Walburga. Die Wände des Raumes sind mit etwa 1.200 Votivtafeln und Metallvotiven ausgekleidet, Der Gruftaltar birgt die Gebeine der Heiligen. Auf der Grabplatte befindet sich eine liegende Steinfigur. Zu sehen ist außerdem ein Schrein mit mehreren Holzfiguren aus dem frühen 16. Jahrhundert: sie zeigen die heilige Walburga zwischen ihren Eltern Richard und Wuna und ihren Brüdern Willibald und Wunibald. Die durchsichtigen Tropfen (Schwitzwasser), die sich gelegentlich von der Grabplatte absondern, werden in Fläschchen abgefüllt und als heilkräftiges „Walburgisöl" verkauft.

Die angelsächsische Königstochter Walburga wurde um 710 geboren, im Kloster Wimborne erzogen und folgte später ihren Brüdern Willibald und Wunibald in die deutsche Mission des heiligen Bonifatius. Sie lebte zunächst im Kloster Tauberbischofsheim und wurde dann Äbtissin des Benediktinerinnenklosters Heidenheim, wo sie am 25. Februar 779 starb. Ende des 9. Jahrhunderts wurden ihre Gebeine nach Eichstätt, dem Bischofssitz ihres Bruders Willibald, in eine vor den Stadtmauern liegende Kirche überführt, wobei es zu außerordentlichen Wunderzeichen gekommen sein soll: zum ersten Mal wurde der sogenannte „Ölfluß" beobachtet, d.h., man fand die Gebeine „feucht wie von Tautropfen". Das mit der nun in St. Walburga umbenannten Kirche verbundene Kanonissenstift wurde 1035 in ein Benediktinerkloster umgewandelt, das noch heute besteht.

Dargestellt wird die heilige Walburga meist als Nonne im schwarzen Ordenskleid mit Stab und Regelbuch, in der Hand ein Ölfläschchen und (oder) drei Ähren, weil sie der Legende nach ein Kind vor dem Hungertod rettete. Eine Bauernregel „Georgi gibt Walburga die Ähren in die Hand" zeigt sie als Schützerin der Feldfrucht. Sie ist Patronin der Landleute, der Haustiere und Helferin bei allerlei Krankheiten von Mensch und Tier. Die einschlägigen Wunderberichte waren Ausgangspunkt für eine über ganz Deutschland und viele Nachbarländer verbreitete Verehrung der Heiligen.

Außer dem 1. Mai, dem Tag ihrer Übertragung nach Eichstätt, sind ihr auch vor allem die Erntetage geweiht. Der Walpurgisnacht vom 30. April zum 1. Mai kommt im Volksglauben besondere Bedeutung zu: sie gilt als Freinacht für böse Geister, Hexentreiben und allerlei

Aberglauben: Da man annahm, dass in dieser Nacht die Hexen zum Sabbat auf den Blocksberg reiten, suchte man Felder, Haus und Stall durch magische Mittel zu schützen und verehrte vor allem die heilige Walburga als Bewahrerin vor schädlichen Zauber aller Art.

Kapellenbachquelle

Etwa 200 Meter vom Kloster St. Walburg stadtauswärts zweigt ein Weg von der Westenstraße zum Kapellbuck ab, auf dem der Kapellenbach entspringt. In einem Weiher vereinigen sich zunächst zwei Karstquellen; von dort fließt der Kapellenbach zur Altmühl ab. Die Quellschüttung beträgt 150 bis 250 Liter pro Sekunde. Einst trieb der Bach mehrere Mühlen, von denen die Walburgismühle, 1496 erbaut und bis 1959 in Betrieb, noch steht (Westenstraße 52). Nach ca. 350 Metern fließt der Kapellenbach in die Altmühl.

Vom Ritter-von-Hofer-Weg sieht man, wie sich ca. 50 Meter vor der Mündung der Kapellenbach mit dem Edelbach vereinigt. Dieser stürzt - allerdings nur bei Schneeschmelze oder lang andauernden Regenperioden - im Hof des Klosters St. Walburg in einem 8 m hohen Wasserfall aus einem Felsspalt. Der Sage nach wird der Edelbach einst sein Tor sprengen und mit solcher Wucht herausströmen, dass er Kloster und Stadt vernichtet. Diese Katastrophe kann nur dadurch verzögert oder verhindert werden, dass die Klosterfrauen an einem bestimmten Tag des Jahres heiliges Walpurgisöl in die Öffnung der Felswand gießen.

Nach einer anderen Sage wohnt seitwärts der Westermühle und der Schleife im Wehr, das die Gieß genannt wird, zwischen den Wasserbauten in den Wellen das „Gießweibchen", das manchmal seine traurige Behausung verläßt, auf den Kapellenbuck und zwischen den Mühlen hindurch auf die Hauptstraße wandert, auf der es wieder zurückkehrt und dabei so sehr klagt und weint, dass alle vor Furcht erstarren. Das Weiblein soll eine Müllerin gewesen sein, die zu Lebzeiten gestohlen hatte und deswegen nach ihrem Tod keine Ruhe fand.

Einsbach
(Gemeinde Sulzemoos, Landkreis Dachau)

Brunnen in der Wallfahrtskirche Heilig Blut

Etwa 1 km südlich von *Sulzemoos* liegt der kleine Ort Einsbach mit seiner Wallfahrtskirche Heilig Blut, ein Saalbau, welcher ehemals ein spätgotisches Tonnengewölbe besaß, jetzt aber flachgedeckt ist. Im Altarraum befindet sich ein Ziehbrunnen, der bei der Barockisierung der Kirche um 1680 mit einer Marmorumfassung und einem schönen Eisengitter versehen wurde.

Die Entstehung der Wallfahrtskirche wird auf ein Hostien- und Quellwunder zurückgeführt, das auf einem großformatigen Gemälde mit Versen und Bildprogramm dargestellt ist. Nach der Legende soll im Jahr 1004 ein Viehknecht des nahen Schlosses Lauterbach die bei der Kommunion der Ostermesse empfangene Hostie nicht hinuntergeschluckt haben. Er behielt sie im Mund, um sie voller Verehrung nach Hause zu tragen. Bei dem Versuch, die Hostie in ein Tuch zu legen, entglitt sie ihm, und an der Stelle, wo sie die Erde berührte, entsprang ein Strahl klaren Wassers. Diese Quelle war mit Sicherheit der Anlaß für die Errichtung der Wallfahrtskirche, in der die Pilger das Wasser zur Heilung bei Augenleiden benutzten. Da das Altarblatt aus der Mitte des 18. Jahrhundert den „Pestheiligen" Sebastian zeigt, kann man annehmen, dass das Quellwasser auch in Pestzeiten als hilfreich angesehen wurde.

Eisenhofen
(Gemeinde Erdweg, Landkreis Dachau)

Hart

Eisenhofen und *Kleinberghofen* werden von einem ausgedehnten Waldstück, dem Hart, getrennt.

Drei adlige Fräulein, so will es die Sage wissen, galten seit langer Zeit als die Wohltäterinnen der beiden Orte. Sie sollen große Ländereien in der Gegend und das Schloß im nahegelegenen Hof besessen haben. Den Einwohnern von Eisenhofen und Kleinberghofen schenkten sie ihren Waldbesitz, den Hart. Aus Dankbarkeit wurden sie sehr verehrt, und ihre Schädel sollen heute noch in der Filialkirche St. Alban in Eisenhofen aufbewahrt werden. Nachforschungen ergaben jedoch, dass die drei Fräulein nie lebten. Die Schädel - falls heute noch vorhanden - können folglich nicht von ihnen stammen - und der Hart war nachweislich keine Schenkung, sondern Gemeindewald.

Das ehemalige Hofmarksschloß in Hof, das seit dem 11. Jahrhundert Edelmannssitz der Eisenhofener war, wurde in der ersten Hälfte des 17. Jahrhunderts ausgebaut. Davon ist jedoch nur noch der Ostflügel erhalten, welcher seit Ende des 19. Jahrhunderts in einen Schulhausneubau einbezogen ist.

EITENSHEIM
(Landkreis. Eichstätt)

St. Salvatorkapelle

An der Straße von Eitensheim nach *Buxheim* steht rechterhand inmitten eines kleinen Friedhofes die 1589 erbaute Salvatorkapelle. Die Inschrift eines Bildes an der nördlichen Seitenwand berichtet über den Grund der Entstehung: Zwei Burschen aus Eitensheim begleiteten ein hübsches Mädchen nach Hause und prügelten sich unterwegs so sehr um sie, dass sie beinahe starben. Man brachte ihnen das Sterbesakrament, das aber einer von beiden gleich wieder von sich gab, weil er Falsches gebeichtet hatte. Am nächsten Tag wollte ein Bauer auf der Stelle ackern, an der die Hostie gelegen war, brachte aber die Pferde nicht mehr voran. Sie fielen auf die Knie und senkten ihre Köpfe, woraufhin die Hostie von der ganzen Gemeinde unter großer Andacht eingeholt wurde.

ENTRACHING
(Gemeinde Finning, Landkreis Landsberg/Lech)

Brunnstube

Der Weg von Entraching nach *Achselschwang* führt durch ein Moor und dann auf ansteigendem Weg über eine große Waldwiese, die sogenannte Probstei. Weiter nördlich im Forst liegt ein kleines Tal, in dem zwei Arme eines Bächleins ein Inselchen bilden, auf dem sich eine tiefe Zisterne, die Brunnstube, befindet.

Hier sollen der Sage nach seltsame Wassergeister ihr Unwesen getrieben haben. Als einmal der Bayernherzog Tassilo von Wessobrunn nach Regensburg reiten wollte und wegen eines Gewitters hier sein Nachtlager aufschlagen mußte, beobachtete ein Diener des Herzogs, wie sich im Mondenschein aus dem Munde des Herzogs eine kleine Schlange wand, sich eilig durch das Moos fortschlängelte und in dem tiefschwarzen Wasserbecken verschwand, nach kurzer Zeit wieder ans Ufer schwamm und wieder zum Herzog zurückkehrte und in dessen Mund verschwand. Am nächsten

Morgen erzählte der Herzog sehr traurig, dass ihm im Traum drei Nixen auf dem Grunde eines tiefen Gewässers erschienen seien, die ihm und seiner Familie eine verhängnisvolle Zukunft vorausgesagt hätten. Tatsächlich sollte der Fürst später unglücklich enden.

Die Vorstellung vom „alter ego" oder „zweiten Leib" eines Menschen in Tiergestalt ist alt und hat eine reiche literarische und orale Tradition; sie findet sich zuerst in der Sage vom Frankenkönig Guntram, die der langobardische Geschichtsschreiber Paulus Diaconus gegen Ende des 8. Jahrhundert erzählte. Ein typischer Zug ist, dass alles, was das Seelentier (Schlange oder Maus) während seiner Abwesenheit erlebt, dem Schlafenden als Traum vorkommt, der sich später bewahrheitet. Das Schicksal Tassilos III. war tatsächlich ein tragisches: Dieser letzte Herzog Bayerns aus dem Stamm der Agilofinger hatte für sich und sein Land eine erhebliche Selbständigkeit erworben, wodurch die fränkische Vorherrschaft in Frage gestellt wurde. 788 wurde Tassilo auf dem Reichstag von Ingelheim abgesetzt, gefangengenommen und sechs Jahre später zum förmlichen Verzicht auf seinen Herzogstitel gezwungen. Er starb nach 794 in einem Kloster.

Noch eine andere Geschichte mit eher märchenhaften Zügen knüpft sich an die Brunnenstube: Auf einem Jagdausflug schoß Graf Berchtold von Andechs einen

Darstellung einer Nixe, Holzschnitt, Ludwig Richter, 1846.

schönen Reiher an, der ins Dickicht fiel, wo er aber von seiner Beute keine Spur fand, nur die frischen Fußtapfen eines Menschen. Am Rand eines kleinen Weihers fand der Graf der Sage nach ein wunderschönes Mädchen: Dieses war in ein Federkleid gehüllt und versuchte, einen tief im Oberarm steckenden Pfeil aus der Wunde zu ziehen. Später fand man den Grafen schlafend mit einem aus Fischschuppen gebildeten köstlichen Ring an der Hand. Die nächsten Jahre mied er alle Lustbarkeiten und ritt jeden Freitag bis Sonntag zur Brunnstube, wo er eines Tages tot aufgefunden wurde.
–> Polling; –> Wessobrunn

ENZELHAUSEN
(Gemeinde Rudelzhausen, Landkreis Freising)

Katholische Kapelle St. Stephanus

An der Straße zwischen Enzelhausen und *Rudelzhausen* liegt auf einer kleinen Anhöhe über dem Abenstal der kleine romanische Bau. Das Langhaus ist geringfügig barockisiert. Es ist eine der vielen Schimmelkapellen in der Hallertau und gilt in dieser Gegend überwiegend als „die echte Schimmelkapelle". Hier erzählt die Sage zwar auch von einem freilaufenden Schimmel, der sich zufällig in die offenstehende Kirche verirrt und dort verhungert. Aber es ist ein Schimmel, den mehrere Burschen gestohlen hatten und den sie auf ihrer Weide frei laufen ließen, um keinen Argwohn bei den Nachbarn zu erregen. Der Hintergrund der Sage zieht wohl auf den früheren heidnischen Rosskult, dem genau wie dem verhungerten Schimmel, die Daseinsberichtigung genommen wurde.
–> Ascholding; –> Etting; –> Georgenried

EPFENHAUSEN
(Gemeinde Penzing, Landkreis Landsberg/Lech)

Linden und Kreuz

Nahe der Straße von *Landsberg* nach Epfenhausen steht bei dem Ziegelstadel ein Kruzifix zwischen drei Linden. Ursprünglich waren es vier, als um 1790 ein Schneidergeselle einen anderen Handwerksburschen hinterrücks mit dem Pfahl, an den jene Linde gebunden war, erschlug und den Toten ausraubte. Ein unschuldiger Zimmermann aus *Untermühlhausen* wurde verdächtigt und lange Zeit ins Gefängnis gesperrt,

obwohl er fortwährend seine Unschuld beteuerte. Der wirkliche Mörder wurde, als er bei *Kaufbeuren* zwei Frauen umbrachte, ergriffen und gestand nun auch die erste Mordtat ein, so dass der Zimmermann gerade noch der Hinrichtung entging. Letzterer starb jedoch bald an gebrochenem Lebensmut. Die Linde aber, die an den Unglückspfahl gebunden war, und alle nachgepflanzten Bäume kränkelten ebenfalls, so dass heute nur noch drei zu sehen sind.
–> Detterschwang; –> Dietramszell;
–> Glonn; –> Unterschweinbach

ERDING
(Landkreis Erding)

Wallfahrtskirche Heilig Blut
Erding liegt etwa 30 km nordöstlich von *München*; die Stadt wurde 1228 von den Wittelsbachern neben der schon älteren Siedlung *Altenerding* gegründet.

Im Mittelalter - Reste der Stadtbefestigung aus dem 15. Jahrhundert sind noch erhalten - war Erding ein wichtiger Stützpunkt der bayerischen Herzöge gegen das Hochstift Freising. Später entwickelte sich der Ort zu einem wichtigen Handelszentrum und verfügte im 18. und 19. Jahrhundert über die größte Schranne nach München.

Inmitten des Stadtparks erhebt sich der barocke Kirchenbau der Wallfahrtskirche Heilig Blut, welcher 1675 - 1677 vom Erdinger Hans Kogler über einer alten Gnadenstätte erbaut wurde. Im Inneren der Kirche fällt die üppige spätbarocke Stuckausstattung von Johann Georg Bader ins Auge.

Die Wallfahrtskirche Heilig Blut in Erding im Jahr 1852.

Im Jahr 1417 soll die Wallfahrt nach Heilig Blut entstanden sein; sie dürfte aber in Wirklichkeit noch älter sein. Anlaß der Wallfahrt war ein angeblicher Hostienfrevel, der durch den Bau einer Kapelle gesühnt wurde, die aber schon bald durch den gotischen Vorgängerbau der heutigen Kirche ersetzt wurde. Tuffsteinreste dieses Vorgängerbaus sind in der kreuzförmig angelegten Krypta erhalten. Heute steht im neubarocken Stuckaltar der Krypta eine Holzplastik, Christus als „Salvator mundi", aus dessen fünf Wunden Blut in eine Schale fließt. Diesem Gnadenbild werden zahlreiche Gebetserhörungen zugeschrieben, wie Votivtafeln des 17. - 19. Jahrhundert bezeugen. Unter dem Altar der Krypta ist eine kleine Grube an der Stelle, wo die Hostie in den Erdboden versunken sein soll. Vor dem Bau der heutigen Kirche nahmen die Gläubigen von dieser geheiligten Stelle Erde mit, die als Heilerde für Mensch und Tier genutzt wurde. Noch im 18. Jahrhundert war es Aufgabe der Mesnerin, aus der heiligen Erde einen Teig zu bereiten, den sie dann mit Hilfe von Model formte; solche Model werden heute noch im Herzogschloss Straubing, einer Zweigstelle des Bayerischen Nationalmuseum München (Sammlung Kriss) aufbewahrt.

Während über dem südlichen Eingangsportal im Inneren der Kirche dem Betrachter die Entstehungsgeschichte in Worten geschildert wird; ist sie am Hochaltar in drei Antependiengemälden dargestellt:

Zwei Bauern aus dem nahegelegenen *Klettham* gingen am Gründonnerstag des Jahres 1417 zur Kommunion in die Alterdinger Pfarrkirche. Der eine war reich, der andere sehr arm. Auf die Frage des Armen gibt der andere das Geheimnis seines Reichtums preis: vor langer Zeit habe er eine Hostie mit nach Hause genommen und hebe sie da gut auf. Daraufhin ließ sich der arme Bauer dazu verleiten, nach der Kommunion mit einer Hostie im Mund nach Hause zu eilen. Auf dem Weg entwich ihm aber die Hostie; sie schwebte eine Weile in der Luft, fiel auf die Erde und wurde unsichtbar. Auch der herbeieilende Pfarrer und selbst der Freisinger Bischof konnten die Hostie nicht „erheben". Sie versank, nachdem sie sich noch einmal gezeigt hatte, endgültig im Erdboden, der fortan als heilig galt. - Das Mitnehmen einer konsekrierten Hostie als glückbringendem Talisman könnte durchaus real gewesen sein; das einfache Volk schrieb der Eucharistie tatsächlich magische Kräfte zu und benutzte sie auch als Zaubermittel.

Brunnhaus
Bald nachdem sich das Hostienwunder ereignet hatte, soll eine Quelle entsprungen sein, deren Wasser „alle gebrechen des leibs" heilte. Neben der Gruftkapelle und der wundertätigen Christusfigur ist auch sie ein Ziel der Pilger. Das heutige sechseckige Brunnenhaus (Pumpbrunnen) nahe beim Nordportal wurde 1701 von Hans Kogler anstelle eines älteren Vorgängerbaus errichtet.

ERESING
(Landkreis Landsberg/Lech)

Wallfahrtskapelle und Brunnenhaus
Das Ulrichsbrünnl und die Wallfahrtskapelle St. Ulrich befinden sich südlich von Eresing; man erreicht sie von *Windach* kommend kurz vor Eresing linker Hand über einen Waldweg. Der Legende nach entstand das Ulrichsbrünnl nach der Schlacht auf dem Lechfeld

Das Ulrichs-Gnadenbild im Renaissancealtar wurde anläßlich von Kapellenbau und Wasserwunder in Auftrag gegeben, Kupferstich um 1618.

(955), in die der heilige Augsburger Bischof Ulrich († 973) rettend eingegriffen haben soll. Bei der anschließenden Vertreibung der Ungarn sei er nach Eresing gekommen und die Quelle sei zu seiner Erfrischung neu entsprungen. Nach einer anderen Version habe der Bischof auf dem Rückweg von einer Romreise hier, nahe der alten Römerstraße von Augsburg nach Salzburg, an einer Quelle seinen Durst gestillt und jene damit geheiligt.

Die Anlage besteht aus Wallfahrtskapelle und Brunnenhaus. In den Jahren 1618/19 wurde die Kapelle mit baulich integrierter Einsiedlerklause unter dem Eresinger Hofmarksherrn Franz von Füll errichtet. Zu dieser Zeit entstand auch das 20 m unterhalb gelegene Brunnenhaus, das 1666 barock erneuert wurde.

Das Gnadenbild, eine Ulrichsfigur des 15. Jahrhunderts, spricht für eine spätmittelalterliche Entstehungszeit des Eresinger Quellkults. Zahlreiche Wunder, wie z. B. ein 1774 geschehenes Heilungswunder, werden berichtet: Einem sonst gesunden Säugling liefen beide Augen aus und keine ärztliche Kunst konnte helfen. In letzter Not badete der Vater das Kind im Wasser der Ulrichsquelle und innerhalb von wenigen Tagen bildeten sich wieder gesunde Augen. Selbst heute sieht man öfters Menschen, die sich Wasser zu Heilzwecken und als Trinkwasser abfüllen. Der regelmäßige Gebrauch des Quellwassers soll gegen Sehschwäche oder sogar Magenkrebs geholfen haben.

–> Habach; –> Höfen; –> Paterzell

Erling-Andechs
(Landkreis Starnberg)

Wallfahrts- und Benediktinerklosterkirche St. Nikolaus, Elisabeth und Maria

Andechs, eine der bedeutendsten Wallfahrtskirchen in Oberbayern, ist nicht nur Wahrzeichen des Ammerseegebietes und Ziel vieler Kunstliebhaber, sondern neben der Wallfahrt auch ein beliebtes Ausflugsziel. Die Klosterbrauerei besteht seit über 500 Jahren. Bräustüberl, Biergarten und Brauerei gewährleisten den Lebensunterhalt der Abteien St. Bonifaz und Andechs. (Nach der Säkularisation hatte König Ludwig I. die Klostergebäude der Benediktinerabtei St. Bonifaz in München übergeben.)

Die Grafen von Dießen, deren Stammsitz dort seit 1080 nachweisbar ist, gehörten neben den Welfen zu den mächtigsten Adelsgeschlechtern des Mittelalters. Im Jahr 1132 zogen sie auf die strategisch günstig gelegene Burg

Andechs östlich des Ammerseeufers und nannten sich nach diesem Platz. Im 12. Jahrhundert stiegen die Andechser als Markgrafen von Istrien und Herzöge von Meranien in den Reichsfürstenstand auf, jedoch starb das Geschlecht 1248 aus, nachdem kurz zuvor ihre Burg in Kämpfen mit den Wittelsbachern zerstört wurde. Nur die Kapelle blieb erhalten, in der die Grafen von Andechs als eifrige Reliquiensammler die von Fahrten ins Heilige Land mitgebrachten Schätze aufbewahrten.

Die Andechser Kirche, eine dreischiffige Halle mit Chorumgang, deren gotischer Kern noch heute sichtbar ist, wurde 1458 geweiht. Sie verdankt ihre Entstehung der wundersamen Wiederauffindung des Andechser Reliquienschatzes, den die Grafen vor Zerstörung ihrer Burg in einer mit Eisen beschlagenen Eichenholztruhe am Altar der damaligen Nikolauskapelle vergraben hatten.

Die Legende erzählt von einer Maus, die während der Meßfeier mit einem Pergamentzettel zwischen den Zähnen, der das Reliquienverzeichnis enthielt, am Altar erschien und so das Versteck des über 150 Jahre vergrabenen Heiltumschatzes verriet - dargestellt auf einem Gemälde an der Emporenbrüstung XVII). Am 26. Mai 1388 konnten die Reliquien durch eine herzogliche Untersuchungskommission geborgen werden.

Dieses Ereignis brachte nicht nur das Andechser Grafengeschlecht in Erinnerung, sondern belebte auch wieder die Wallfahrt zum „Heiligen Berg". - Schon 1128 soll es der Überlieferung nach eine Wallfahrt nach Andechs gegeben haben.

Dießener Chorherren übernahmen 1416 die seelsorgerische Betreuung der Wallfahrer und begannen mit dem Bau der gotischen Klosterkirche. Herzog Albrecht III., dessen Grab sich unter der Mitte der Kirche befin-

Kloster Andechs, Kupferstich von Matthäus Merian.

det, wandelte das Stift 1455 in ein Benediktinerkloster um. Im Jahr 1669 wurden Kirche und Kloster durch Blitzschlag in Brand gesetzt, nur die Heilige Kapelle, der älteste Teil der gotischen Kirche, in der seit dem 15. Jahrhundert der Reliquienschatz aufgehoben wird, blieb auf wunderbare Weise von den Flammen verschont. Der Brand führte zu den 1751 - 1755 vorgenommenen Neubauarbeiten, die Rokokoverkleidung der Kirche führten Johann Baptist Zimmermann und Johann Georg Üblher aus.

Heilige Kapelle

Eine Treppe führt nach oben zu der mit einer schweren eisernen Tür verschlossenen Heiligen Kapelle, in welcher der legendenumwobene Reliquienschatz schon seit dem 15. Jahrhundert aufbewahrt wird. Den Grundstock zu dieser Sammlung soll im 10. Jahrhundert der Ahnherr der Andechser, der selige Graf Rasso, gelegt haben. Unter den Heiltümern, die von der Dynastie zusammengetragen wurden, sind: ein Zweig aus der Dornenkrone Christi, ein Teil vom Kreuzstamm, vom Schweißtuch Christi, vom Gürtel Mariens und Arm und Stola des heiligen Nikolaus, des Patrons der Andechser Burgkapelle. Zu den wertvollsten Reliquien gehört auch das sogenannte Siegeskreuz Karls des Großen, das ihm der Legende nach von einem Engel im Kampf gegen die Ungläubigen überbracht wurde. Ferner werden in der Heiligen Kapelle das Brautkleid der heiligen Elisabeth aufbewahrt, in das der Heiltumschatz gewickelt war, als man ihn 1388 auffand, ein Brustkreuz aus dem Besitz der heiligen Elisabeth, das der Papst ihr schenkte, und das Kernstück der Andechser Heiltümer, eine große silberne Monstranz mit den Drei Heiligen Hostien.

Emporenbrüstung

Ein mit Spruchbändern versehener Gemäldezyklus an der Emporenbrüstung, von Johann Baptist Zimmermann gemalt, gibt Einblick in die Geschichte des Klosters und seines legendären Reliquienschatzes: wie nach dem Tod des seligen Rasso die Reliquien aus der von den Ungarn zerstörten Klosterkirche Wörth an der Amper, später Grafrath genannt, nach Andechs überführt werden; wie die Drei Heiligen Hostien auf die Burg kommen und ihre Geschichte. Die älteste Hostie soll diejenige sein, auf der ein blutiges Fingerglied erschien, als Papst Gregor der Große sie während der Messe einer ungläubigen Fürstin reichte. Ähnliches soll mit den beiden anderen Hostien geschehen sein. Es werden die vergeblichen Versuche geschildert, die Heiltümer von Andechs zu entfernen; wie die Mönche von Seeon schließlich vor Zerstörung der Burg den Schatz vergraben; seine wundersame Wiederauffindung durch die Maus und die Überführung der Reliquien nach München, wo aber göttliche Mahnungen die Herzöge veranlassen, die Heiltümer nach Andechs zurückzubringen.

Hochaltar
Der zweigeschossige Hochaltar der Kirche, von Johann Baptist Zimmermann entworfen und von Johann Baptist Straub ausgeführt, wurde 1755 geweiht. Die beiden Altarbilder stammen aus dem ebenfalls zweigeschossigen Vorgängeraltar. Am Ende des Mittelalters kam es in Andechs zu einem Wechsel des Kultobjektes. Waren es bisher nur die Heiltümer, zu denen die Wallfahrer pilgerten, so rückte nun die Verehrung des Marienbildes in den Vordergrund.

Das Gnadenbild des unteren Altars, eine 1468 geschaffene thronende Muttergottes, die dem Münchner Bildhauer Ulrich Neunhauser, genannt Kriechbaum,

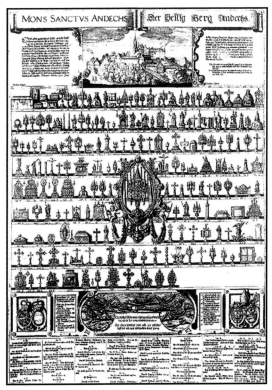

Großes Heiltumsblatt zu Andechs.

zugeschrieben wird, wurde der Legende nach 1632 vor den anrückenden Schweden in einer Höhle des Klostergartens verborgen. Die Schweden fanden das Versteck - aber plötzlich von großer Angst ergriffen, liefen sie eilends davon. Ein Versuch des Feindes, das obere Altarbild, eine 1608 von Hans Degler geschaffene Madonna, das inzwischen den Platz des unteren Marienbildes eingenommen hatte, mit Stricken loszureißen, scheiterte, weil das Bild sich rätselhafterweise nicht von der Stelle bewegen ließ.

Diese Begebenheiten, die ebenfalls an der Emporenbrüstung dargestellt sind und deren Wurzeln in der Zeit der Glaubenskämpfe liegen, sollen zeigen, dass in allen Bedrängnissen und Gefahren der rechte Glaube nicht erschüttert werden kann.
–> Grafrath

Steinrelief an der nordöstlichen Kirchenaußenwand

Das Ansehen und die Bedeutung des Andechser Grafengeschlechts ruht vorwiegend auf den Mitgliedern des Hauses, die als Selige und Heilige verehrt werden. Ein Relief an der Kirchenwand gegenüber dem Klosterein-

Kleines Wallfahrtsbild in Andechs von J.A. Zimmermann.

gang, das 1943 von dem Künstler Theodor Georgii geschaffen wurde, zeigt die drei heiligen Frauen aus dem Haus Andechs: Mechthild, Elisabeth und die heilige Hedwig, die Patronin Schlesiens, die ein Kirchenmodell in der einen Hand hält und eine Muttergottes in der anderen.

Die heilige Hedwig gehört zu den bekanntesten Frauengestalten Polens. Um 1174 in Andechs geboren, wurde sie als vierjähriges Kind zur Erziehung in das Benediktinerinnenkloster in Kitzingen gegeben und als Zwölfjährige mit Herzog Heinrich I. dem Bärtigen von Schlesien vermählt. Gemeinsam mit ihrem Gatten germanisierte und kultivierte sie das damals nur von Polen bewohnte Land. Waldrodungen und Städtegründungen wurden in Angriff genommen, Handel und Gewerbe gefördert. In den Jahren 1202/03 stiftete sie gemeinsam mit ihrem Gemahl das Kloster Trebnitz bei Breslau, für dessen Ausstattung beide viel Geld opferten. Als Landesmutter kannte ihre Wohltätigkeit keine Grenzen, sie liebte Schlesien über alle Maßen und war bereit, alle Opfer für ihr Land zu bringen. Im Jahr 1238 starb ihr Gatte und 1241 fiel ihr Lieblingssohn Heinrich II. in der Schlacht von Liegnitz gegen die Mongolen. Nach dem Tod ihres Gatten zog sie sich in ihr Kloster nach Trebnitz zurück und starb dort nach langer Krankheit 1243. Die Heiligsprechung erfolgte 1267, wodurch sich ihre Verehrung rasch ausdehnte. Im Jahr 1925 erhielt das Kloster Andechs eine Knochenreliquie der Heiligen und rückte nach dem 2. Weltkrieg in den Mittelpunkt der Hedwigsverehrung, als erste Schritte der Annäherung zwischen Deutschland und Polen unternommen wurden. Sie ist die Schutzheilige Schlesiens und wird von den schlesischen Heimatvereinen in Andechs als Patronin verehrt.

Als ihre Gebeine anläßlich der Heiligsprechung erhoben wurden, sollen der Legende nach drei Finger unverwest geblieben sein, da sie zu Lebzeiten immer das Bild der Muttergottes hielten.

Elisabethbrünnlein
An der Westseite des Andechser Berges, auf halber Höhe des Weges ins Kiental, steht über einer Quelle ein in der Mitte des 19. Jahrhunderts errichtetes neugotisches Sandsteinmonument, das die heilige Elisabeth mit einem Korb in der Hand darstellt, wie sie einem Armen Brot reicht. Über der Quelle stand bis zu Beginn des 18. Jahrhunderts eine kleine Kapelle, die dann einem größeren Kirchenbau weichen mußte, welcher aber während der Säkularisation wieder abgerissen wurde.

Dem Wasser des Brunnens, der Überlieferung nach auf das Gebet der Heiligen hin entsprungen, wird nicht nur Heilkraft zugesprochen, sondern es soll auch bei größter Trockenheit nicht versiegen. Wallfahrer trinken aus dem Brunnen und beten vor dem Bild der Heiligen.

Elisabeth von Thüringen wurde 1207 als Tochter des Königs Andreas II. von Ungarn und seiner Gemahlin Gertrud von Andechs geboren und kam schon als Vierjährige an den thüringischen Hof, wo sie gemeinsam mit den Kindern Landgraf Hermanns I. erzogen wurde bevor sie 1221 dessen Sohn Ludwig heiratete. Nach dem frühen Tod ihres Gatten (1227) wurde sie mit ihren drei Kindern von der Wartburg vertrieben, fand zunächst auf der fränkischen Burg Pottenstein Asyl und starb 1231 in dem ihr zugewiesenen Witwensitz Marburg. Elisabeths tiefe Frömmigkeit, besonders aber ihre tätige Nächstenliebe und ihre für die damalige Zeit beispiellose Fürsorge für Arme und Kranke bilden den Stoff eines überaus reichen

St. Elisabethen-Brünnlein

Legendenkranzes, der vor allem ihre Wohltätigkeit im Schenken und ihre Standhaftigkeit gegenüber den Vorwürfen und Verleumdungen ihrer Umgebung hervorhebt. Ihr früher Tod dürfte auf härteste Bußübungen sowie die aufreibende Tätigkeit in dem 1229 von ihr gegründeten Spital, wo sie selbst Pflege und Wartung aller Art übernahm, zurückzuführen sein. Im Jahr 1235 wurde sie von Papst Gregor IX. heiliggesprochen. Nach dem Tod ihres Gemahls reiste Elisabeth der Überlieferung nach in die Heimat ihrer Mutter; es ist anzunehmen, dass sie bei den Andechser Verwandten Zuflucht und Hilfe gesucht hat.

Der „Andechser Heiltumsschatz" bewahrt als kostbare Erinnerungsstücke Elisabeths Brautkleid sowie ein Brustkreuz, das sie von Papst Gregor IX. zum Geschenk erhalten haben soll. Tatsächlich stammt dieses sogenannte „Elisabethkreuz" ebenso wie das „Siegeskreuz" Karls des Großen erst aus späterer Zeit.

Die heilige Elisabeth wird neben dem heiligen Nikolaus und Maria in Andechs als Kirchenpatronin verehrt und gehört zu den herausragenden deutschen Heiligengestalten, die häufig zum Gegenstand künstlerischer Darstellungen wurden. Vor allem die Legende vom Rosenwunder ist häufig: Als Elisabeth wieder einmal mit einem tuchüberdeckten Korb die Burg verließ, um den Armen Brot zu bringen, begegnete ihr der Landgraf, der sie häufig wegen ihrer allzu grossen Freigebigkeit tadelte. Neugierig entfernte er das Tuch von ihrem Korb, aber durch ein geheimnisvolles Wunder hatte sich die Armenspende in duftende Rosen verwandelt.

ESTING
(Gemeinde Olching, Landkreis Fürstenfeldbruck)

Schloßkapelle
Der Ort Esting wird schon im 9. Jahrhundert erwähnt. Hier hatte der Gegner Kaiser Ludwigs des Bayern, sein Vetter Herzog Leopold von Österreich, sein Lager, bevor es 1322 zur Schlacht von Mühldorf kam.

An der Hauptstraße liegt die 1666 geweihte Schloßkapelle als nördlicher Teil des Vorwerks des ehemaligen Schlosses, in dem sich heute Wohnungen befinden. Nach Zerstörung wurde die Kapelle 1764 wiederhergestellt. Eine Zwiebelhaube krönt den runden, im Obergeschoß oktogonal angelegten Turm. In den Feldern der Blendarkaden sind Heilige, am südlichen Wohntrakt eine Prozession dargestellt.

Über die Entstehung der Kapelle erzählt die Legende: im Brucker Hart, westlich von Esting, hatte der Graf von Esting einst eine Jagd mit großem Gefolge veranstaltet. Wie so häufig, verirrte sich die Jagdgesellschaft in der Unwegsamkeit des Forstes. In seiner Verzweiflung betete der Graf zur Muttergottes und gelobte, bei geglückter Heimkehr eine Kapelle zu ihren Ehren zu erbauen, worauf die Jagdgesellschaft den Weg zum Schloß zurückfand.

ETTAL
(Landkreis Garmisch - Partenkirchen)

Abtei, Pfarr- und Wallfahrtskirche St. Maria

Kloster Ettal, im 900 m hohen Gebirgstal an der alten Handelsstraße Augsburg - Verona gelegen, ist eine Gelöbnisstiftung Kaiser Ludwigs des Bayern (1282 - 1347) und verdankt seine Entstehung der halblegendären Geschichte eines Marienbildes, zu dem sich später eine Wallfahrt entwickelte, die besonders zur Zeit der Gegenreformation einen großen Aufschwung erlebte.

Außergewöhnlich war die ursprüngliche Gründung eines Ritterstiftes in Verbindung mit dem Benediktinerkloster. Auch der Zentralbau der Kirche, ein Polygon, dessen gewaltige Mittelsäule das Gewölbe trug, war für die Zeit der Gotik ungewöhnlich. Der Kaiser hatte vermutlich die Idee, hier einen „Gralstempel" zu schaffen, in dem das Gnadenbild, eine Madonna mit Kind, als heiliger Gral verehrt wird. Das Ritterstift wurde bald nach dem Tod des Kaisers wieder aufgelöst

Kloster Ettal, Kupferstich von Matthäus Merian.

und das Kloster litt sehr unter den kriegerischen Ereignissen der darauffolgenden Jahrhunderte. Zu Beginn des 18. Jahrhunderts gründete der weltoffene Abt Plazidus II. Seiz (1709 - 1736), der auch den Neubau von Kirche und Kloster veranlaßte, eine Ritterakademie (Zwischenform von Gymnasium und Universität). Die Säkularisation ging auch an Ettal nicht vorbei, jedoch erwachten um 1900 Kloster und Schule zu neuem Leben. Freiherr von Kramer-Klett schenkte die erhaltenen Klosterbauten den Benediktinern, die 1905 ein Gymnasium mit Internat gründeten.

Bis zum Kirchenbrand 1744, dem der 1370 geweihte gotische Zentralbau zum Opfer fiel, stand das Gnadenbild auf dem Altar an der Mittelsäule, die - einer riesigen Palme gleich - das Gewölbe nach allen Seiten trug. Unter Beibehaltung eines schon zu Beginn des 18. Jahrhunderts erstellten Neubauplans von Enrico Zucalli (um 1642 - 1724) lag der Wiederaufbau nach dem Brand von 1744 in den Händen von Joseph Schmuzer (1683 - 1752) aus Wessobrunn. Die gotische Zwölfeckanlage des 14. Jahrhunderts wurde barock ummantelt und es entstand eine mächtige Rundkuppel über dem alten Grundriss; die Mittelsäule wurde entfernt.

Beim Betreten des Kirchenraumes wird der Blick auf das Deckenfresko des Kuppelraumes gelenkt, das der Tiroler Johann Jakob Zeiller (1708 - 1783) in den Jahren 1751/52 schuf: Engel reichen dem heiligen Benedikt das Gnadenbild, Bischöfe, Päpste und Heilige lobpreisen die heilige Dreifaltigkeit.

Im 18. Jahrhundert entstand an der Ostseite der querovale überkuppelte Chorraum. Dorthin wurde am Maria Himmelfahrtstag 1790 die Marienstatuette übertragen und in der goldenen Tabernakelnische aufgestellt. Madonna und Kind tragen eine mit Perlen, roten und grünen Steinen besetzte Goldkrone und sind seit der Barockzeit bekleidet.

Die legendäre Geschichte der 33 cm großen und 12 Kilogramm schweren Plastik aus Carrara-Marmor - ein Werk des Bildhauers Giovanni Pisano, das der Kaiser aus Italien mitgebracht hatte - wurde von Johann Jakob Zeiller auch über dem Chorbogen bildlich dargestellt: Ludwig der Bayer, der 1328 nach seiner Kaiserkrönung in Rom in Not geraten war, die seine Rückkehr über die Alpen in Frage stellte, betete der Überlieferung nach in einer Kapelle und rief die Gottesmutter um Hilfe an. Da erschien ihm ein Engel im Mönchsgewand, machte ihm das Marienbild zum Geschenk und erteilte ihm den Auftrag, das Kloster zu gründen. Als der Kaiser nach Wochen den heimatlichen Ammergau erreichte, fühlte er - so die Legende - wie das mitgeführte Marienbild immer schwerer wurde und sein Pferd schließlich vor einer Tanne an der Straße dreimal in die Knie sank. Der Kaiser sah das als Mahnung des Himmels, an dieser Stelle sein Versprechen der Klostergründung einzulösen. Er ließ den Wald rund um die Tanne roden und legte am 28. April 1330 den Grundstein zu Kirche und Kloster.

Ettaler Manndl (Mandl)

Nordöstlich von Ettal erhebt sich ein auffallender, 1633 m hoher Felsen, in dem man mit etwas Phantasie eine menschenähnliche Gestalt erkennen kann. Dieses sogenannte „Ettaler Manndl" ist im ganzen Voralpenland weithin sichtbar, eine Art Wahrzeichen, mit dem sich eine Sage verbindet:

Es heißt, dass der Gipfel in Wirklichkeit ein uralter starker Riese ist, der von seinem bevorzugten Platz die Gegend ringsherum bewacht. Solange die Menschen

Die Gründungslegende des Klosters Ettal dargestellt in einem Fresko von J.J. Zeiller über dem Chorbogen, 1752.

im Land fleißig und gut sind, ist das Manndl zufrieden. Wenn das aber mal nicht mehr der Fall sein sollte - so heißt es - steigt der Riese ins Tal hinunter und vernichtet alles mit seinen starken Fäusten. Erst wenn wieder Ruhe und Ordnung hergestellt sind, kehrt er ins Gebirge zurück.

ETTENBERG
(Marktschellenberg,
Landkreis Berchtesgadener Land)

Wallfahrtskirche Mariä Heimsuchung
Ein kleines Sträßchen führt von Marktschellenberg hinauf zu dem malerisch gelegenen, barocken Bergkirchlein (1723). Das heutige Gnadenbild in der spätbarocken Hochaltaranlage stellt eine stehende gekrönte Maria dar mit dem Kind auf ihrem Arm. Sie wird umgeben von Putten, welche die Symbole der Lauretanischen Litanei tragen, z.B. Goldenes Haus, Pforte des Himmels, Elfenbeinerner Turm.

Eine Wallfahrt auf die damals schwer zugängliche Höhe von 820 m ist seit 1695 nachweisbar. Zahlreiche Votivbilder im Altarraum veranschaulichen die Entwicklung der Wallfahrt. Das älteste Votivbild der Kirche stammt aus dem Jahre 1695. Es zeigt ein geschnitztes Marienbild in der Höhlung eines mächtigen Baumes. Ein Jahr später wurde um das Gnadenbild am Lindenbaum eine kleine offene Holzkapelle gebaut, die 1698 durch eine Holzkirche abgelöst wurde. Wie an zahlreichen anderen Orten von Baumkult und Marienverehrung steht am Anfang der Wallfahrtsgeschichte die Plazierung eines Marienbildes in einen Baum, hier in eine Linde. Die Legende berichtet von einem Muttergottesbild, welches ein Bauer in Unterettenberg an seinem Haus aufgehängt hatte. Eines Tages war das Bild verschwunden. Man fand es an einem Lindenbaum und brachte es wieder an seinen alten Platz zurück. Doch am nächsten Morgen hing es wieder an seiner selbstgewählten Stelle. - Auch heute noch erfreut sich die stille Wallfahrtskirche großer Beliebtheit.

ETTING
(Landkreis Eichstätt)

Wallfahrtskirche St. Michael

Die bestehende Kirche geht auf einen kleinen romanischen Bau des 12. Jahrhundert zurück, der gegen 1679 vergrößert und 1740 nochmals nach Westen verlängert wurde. Auf einem Deckengemälde sind die „drei Elenden (= Fremden) Heiligen" Archus, Herenneus und Quartanus dargestellt. Sie sind Volksheilige, die kirchlich nicht anerkannt sind. Der Kaufmann Archus stammte aus einer adligen Familie und verließ seine Heimat England mit seinen beiden Söhnen zur Zeit einer Christenverfolgung. Sie ließen sich hier nieder und wählten drei Höhlen als ihre Wohnstätten: Die erste mündet beim Altar der Heiligen in die Kirche und beginnt im Haus gegenüber der Kirche. Die zweite verläuft unter dem Pfarrhaus und mündet beim zweiten Grab in die Kirche; um 1660 entstand in ihr eine Quelle, deren heilkräftiges Wasser von vielen Wallfahrern geholt wurde. Der dritte Gang, der am dritten Grab gemündet sein soll, ist längst eingefallen. Früher konnte man durch ein Loch in die dritte Gruft kriechen, das mehrmals zugemauert wurde, sich aber über Nacht immer wieder von selbst öffnete. Diese drei Volksheiligen wurden als Pest- und Viehpatrone verehrt. Noch um 1800 gab es hier als Devotionalie tütenförmig gefaltete Bittzettel, die mit Sand aus den 3 Höhlen als Mittel gegen Gicht und Fieber gefüllt wurden.

In der Kirche befindet sich eine Bildtafel, die sich auf einen früheren Besitzer des Meierhofes bezieht. Jener Bauer hatte seinen Hof in der Nähe der Wallfahrt und wurde oft von den hungrigen und durstigen Pilgern angebettelt. Auch blieben die meisten Pilger über Nacht noch im Dorf und entwendeten dem Bauern viel Heu und Stroh. Der Bauer, der darüber sehr verärgert war, erhielt eines Tages den Besuch einer Hexe. Diese befahl ihm, in des Teufels Namen einen Rappen dreimal rückwärts um den Hochaltar zu führen und so wie das Pferd seine Farbe verlieren werde, genauso würden sich auch die Wallfahrer verlieren. Als der Bauer nach dem Teufelspakt die Kirche verließ, wurde das Roß mit einem furchtbaren Schlag zum Schimmel und der Mann ergraute. Als er nach einigen Tagen mit seinem Pferd beim Ackern war und dabei gotteslästerlich fluchte, erschlug ein Blitz das Pferd und der Teufel entführte den Bauern. Das Feld, auf dem sich der Vorfall ereignete, heißt seit jener Zeit „Höllriegel".

–> Ascholding; –> Enzelhausen; –> Georgenried

Osterbrunnen
Auf dem alten Friedhof in Etting befindet sich ein Brunnen, dessen Wasser als Heilmittel gegen die Pest diente. Dieser wurde ab 1627 durch eine neue Heilquelle ersetzt, die man außerhalb des Dorfes fand. Er heißt Osterbrunnen, entweder weil er sich östlich des Dorfes befindet oder weil die Leute besonders zur Osterzeit dorthin kamen und prozessionsweise um den Brunnen gingen. Dieses Wasser wurde sogar bis nach Wien an den kaiserlichen Hof gesandt. Sebastian Haydecker, ein ehemaliger Lehrer aus Etting, verlobte sich 1627 mit seiner Frau und ihren vier Kindern wegen der Pest den drei Heiligen und sie tranken Wasser aus dem Osterbrunnen, worauf die krankhaften Veränderungen verschwanden und zwei Kindern sogar lebende Würmer aus dem Mund gekrochen sein sollen - ein Zeichen, dass der Krankheitsdämon wirklich vertrieben war.

FRAUENBRÜNDL
(Gemeinde Baiern, Landkreis Ebersberg)

Wallfahrtskapelle Mariä Himmelfahrt
Die Wallfahrtskapelle steht völlig einsam in einem kleinen, von Wald umsäumten Tal, etwa 1 km südlich der Ortschaft *Weiterskirchen*.

Die Kapelle am Frauenbründl entstand um 1635 über dem Ursprungsort der Quelle, welche zu Füßen der Westwand hervorsprudelt und 1954 neu gefaßt wurde. An der Kapellenwand oberhalb des Beckens ist eine zinnerne Schöpfkelle zum Trinken des Quellwassers an einer Kette befestigt. Es soll Gesundheit und hohes Alter bewirken und nach alter Überlieferung vor allem heilsam gegen Augenleiden sein.

Über die Entstehung der Wallfahrt berichtet eine Tafel, die neben der Kirche in einer kleinen Tuffsteinsäule eingelassen ist. Noch während des 30jährigen Krieges gelobten die Bergangerer Frauen jedes Jahr an „Peter und Paul" einen Bittgang nach Frauenbründl. Nachdem der heutige Bau später datiert ist, dürfte damals an dieser Stelle eine Pestkapelle gestanden haben, denn 1635 wütete die Pest in Bayern.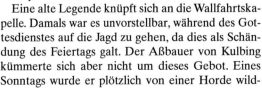

Eine alte Legende knüpft sich an die Wallfahrtskapelle. Damals war es unvorstellbar, während des Gottesdienstes auf die Jagd zu gehen, da dies als Schändung des Feiertags galt. Der Aßbauer von Kulbing kümmerte sich aber nicht um dieses Gebot. Eines Sonntags wurde er plötzlich von einer Horde wildgewordener Eichhörnchen verfolgt. In seiner Angst flüchtete er in die Kapelle von Frauenbründl. Da liessen die Tiere von ihm ab.

Das Gnadenbild der Wallfahrtskapelle, eine auf Leinwand gemalte Maria mit dem Kind, wurde vor Jahren von Kirchendieben gestohlen. Alte Votivtafeln haben sich kaum erhalten; jedoch deuten einige moderne Drucke und gerahmte Handzeichnungen mit „Maria hat geholfen" darauf hin, dass der Kult heute noch lebendig ist.

FRAUENWÖRTH
(Gemeinde Chiemsee, Landkreis Rosenheim)

Klosterkirche

Der *Chiemsee* ist mit 80 km² der größte See Bayerns und vor allem bei Sturm und Gewitter, die hier nicht selten von einer Minute zu andern aufziehen, sehr eindrucksvoll oder gar unheimlich.

Die Namen der beiden Inseln, *Herren-* und *Frauenwörth* bzw. *Herren-* und *Frauenchiemsee*, gehen auf zwei Benediktinerklöster zurück, die der Bayernherzog Tassilo III. um 770 gründete. Bei den Ungarneinfällen im 10. Jahrhundert wurden beide Klöster vollständig zerstört. In Herrenchiemsee folgten im 12. Jahrhundert Augustinerchorherren, deren Bauten nach 1803 größtenteils der Säkularisation zum Opfer fielen, sofern sie nicht als „Altes Schloß" überlebten. Im Jahr 1878 begann König Ludwig II. hier sein Neues Schloß, ein prachtvolles Gegenstück zu Versailles, zu errichten, mußte aber den Bau 1885, ein Jahr vor seinem Tod, aus Geldmangel einstellen lassen.

Wesentlich ruhiger verlief die Entwicklung des Klosters auf der nahegelegenen Fraueninsel, die noch heute von Benediktinerinnen bewohnt ist. Die berühmteste Äbtissin war im 9. Jahrhundert Irmengart, eine Tochter König Ludwig des Deutschen und Urenke-

Chiemsee, Kupferstich von Matthäus Merian.

lin Kaiser Karls des Großen. Sie wurde um 833 geboren und starb am 16. Juli 866. Seit 1004 ist sie als Selige anerkannt. Seit anlässlich der offiziellen Seligsprechung durch Papst Pius XI. im Jahr 1928 ihr Grab nochmals geöffnet wurde, befinden sich ihre Gebeine in der Irmengard-Kapelle der Klosterkirche unter der Altarmensa im Altartipes (hinter Glas), das Haupt seitlich in einem Rokokoreliquiar. Der leere Sarkophag, umschlossen von einem bemalten Holzgehäuse (1641), auf dessen Deckel Irmengart dargestellt ist, steht unter der Orgelempore. Die Tumba ist von einem gleichzeitig entstandenen kunstvoll geschmiedeten Eisengitter umgeben.

Die Legendenbildung um die selige Irmengard setzte offenbar schon bald nach ihrem Tode ein. Im benachbarten Kloster Seeon hatte der Abt Gerhard von den Wundern gehört, die sich seit dem Ableben der Äbtissin in Frauenchiemsee zugetragen haben sollen. Er ließ ihren Leib erheben und in einem Marmorsarg bei-

Die selige Irmengard, Votivbild von 1775.

setzen. In das Grab legte er ein von ihm selbst geschriebenes Bleitäfelchen, das heute im Bayerischen Nationalmuseum in München aufbewahrt wird.

Nach einer zweiten Grabesöffnung (1631) wurden die Gebeine in einen kleinen Zinnsarg übertragen. Um 1640 soll die selige Irmengard einigen Nonnen erschienen sein mit dem Wunsch, sie in ein „trockenes" Grab zu legen. Ein Jahr später wurde der Zinnsarg, weil er tatsächlich im Wasser stand, wieder in einen Steinsarkophag eingelassen und unter der Orgelempore ein Hochgrab errichtet.

Von der Hilfsbereitschaft Irmengards berichtet eine Legende: zwei Brüder fuhren an einem Sommerabend von Frauenwörth aus weit auf den Chiemsee hinaus, um zu fischen. Ein Gewitter braute sich zusammen und in kürzester Zeit wurde es so dunkel, dass die Männer weder Ufer noch Inseln sehen konnten. Der Wind ließ das Boot wie eine Nußschale auf den Wellen tanzen. Die Frau eines der beiden Brüder rannte mit ihren zwei Kindern zur Anlegestelle. Als sie das Boot nicht entdecken konnte, warf sie sich verzweifelt auf den Boden und flehte laut um Hilfe. Plötzlich stand Irmengard neben ihr und band eines der Boote los, mit dem die Frau in den wild schäumenden See hinausruderte. Zugleich erstrahlte weit über das Wasser ein helles Licht, so dass die Fischer die Umrisse der Fraueninsel erkennen und sicher ans Ufer gelangen konnten.

Mit den beiden Inseln im Chiemsee ist eine Sage verbunden, die an einen antiken Erzählstoff anknüpft und seit dem Mittelalter in ganz Europa in verschiedenen literarischen Gattungen verbreitet wurde. In Frauenwörth wird das tragische Schicksal des klassischen Liebespaares Hero und Leander - das durch ein tiefes Wasser, in welchem der Liebhaber bei einem seiner nächtlichen Besuche den Tod findet, voneinander getrennt ist - auf den klösterlichen Bereich übertragen - die Liebenden sind hier Mönch und Nonne:

Berthold, ein junger Mönch des Klosters Herrenwörth im Chiemsee, fuhr öfter mit dem Boot zur kleinen Insel Frauenchiemsee, um priesterliche Aufgaben zu verrichten. Dort gewann er die Liebe einer schönen jungen Nonne namens Mathilde. Ihr Vater, ein Ritter, hatte 1322 in der Schlacht bei Ampfing den Tod gefunden worauf ihr Oheim dessen Erbe an sich riss und Mathilde zwang, den Schleier zu nehmen - in adligen Familien damals kein ungewöhnliches Schicksal. Berthold besuchte seine Geliebte regelmäßig im Schutze der Dunkelheit, wobei ihm ein Licht aus ihrer Zelle den Weg über den See wies.

Auch als eines Abends schwere dunkle Wolken und leuchtende Blitze das Aufkommen von Sturm ankündigten, wagte er die Fahrt. Das Boot kenterte jedoch, Berthold ertrank. Mathilde, von einer dunklen Ahnung aus den Klostermauern getrieben, fand seine Leiche am Strand und starb vor Kummer, den Toten in den Armen. Ein alter Klausner soll - trotz Verbots des Abtes - die Liebenden heimlich in der Erde des Klosterfriedhofs begraben haben.
–> Murnau

FREISING
(Landkreis Freising)

Freising, eine der ältesten Städte Oberbayerns, war möglicherweise schon in vorgeschichtlicher Zeit besiedelt. Eine kontinuierliche Besiedelung ist allerdings erst seit der Agilofinger Zeit belegt. „Wer Freising nicht gesehen hat, kennt Altbayern nicht!" äußerte noch vor über hundert Jahren der Kulturhistoriker und Novellist W. H. Riehl. Dieser Satz kennzeichnet die überragende Bedeutung dieser Stadt für die Entwicklung des Landes. Über tausend Jahre stand Freising im Mittelpunkt altbayerischer Kirchengeschichte, war tonangebend auch in Kunst und Wissenschaft. Um 720 kam der fränkische Wanderbischof Korbinian nach Freising und fand dort auf dem Berg schon die herzogliche Burg der Agilofinger und eine Marienkirche vor. Mit seiner Mönchsgemeinschaft verrichtete er in der Marienkirche und im Stephanus-Heiligtum auf dem gegenüberliegenden Berg, dem späteren Weihenstephan, das Chorgebet. Hier gründete er auch ein kleines Kloster. Im Jahr 739 erfolgte die kanonische Errichtung des Bistums Freising durch Bonifatius. Im Laufe der folgenden Jahrhunderte entfalteten die Fürstbischöfe ihre geistliche und seit dem 13. Jahrhundert auch ihre weltliche Macht mit reichsunmittelbaren Territorien. Der Domberg mit der Marienkirche bildete bis zur Säkularisation 1803 einen Mittelpunkt Altbayerns. Im Jahr 1821 ging die Diözese Freising im neuen Erzbistum München-Freising auf.

Dom St. Maria und St. Korbinian
Der Freisinger Dom auf beherrschendem Standort gehört zu jenen glücklichen Bauschöpfungen, an denen fast alle Jahrhunderte mit einem Beitrag beteiligt waren, ohne dass der harmonische Gesamteindruck verloren ging.

Während der Agilofinger- und Karolinger-Zeit wurde der Baugrund abgesteckt, in der Hochromanik erfolgte der Bau der stattlichen Basilika und während der Gotik kam die Durchwölbung des Langhauses zustande. Unter dem Fürstbischof Veit Adam von Gepeckh (1618-1651) fand die erste frühbarocke Umgestaltung statt und unter Bischof Franz Joh. Eckher erfolgte mit der Neuausstattung des Doms 1723/24 durch die Brüder Cosmas Damian und Egid Quirin Asam eine der ersten und großartigsten Umgestaltungen mittelalterlicher Kirchen im 18. Jahrhundert.

Von Cosmas Damian Asam stammen die fünf Deckenfresken und 20 Querbilder an den Brüstungen der Emporen, die sich mit dem legendenumrankten Leben des heiligen Korbinian beschäftigen. Dazu gehört vor allem die Geschichte vom Bären, der einst das Reisegepäck des Heiligen zu tragen hatte. Sie prägte sich so tief in das Bewusstsein der Gläubigen ein, dass die Begebenheit auch in das Freisinger Stadtwappen aufgenommen wurde. - Während einer Romreise, die Korbinian im päpstlichen Auftrag des Papstes ein Bär bei nächtlicher Rast das Lasttier Korbinians. Dieser befahl seinem Diener, dem Bären zur Strafe das Gepäck des toten Tieres aufzuladen und der Bär trug willig diese Last.

Die Heiligen Korbinian und Sigismund.

Ein anderes Fresko berichtet über das Fischwunder: Ebenfalls auf dieser Reise bei einer Ruhepause an der toskanischen Küste kam der Heilige in die Verlegenheit, dass am Freitag keine Fastenspeise bereitet war. Daraufhin kam ein Adler und versorgte die Reisegruppe mit einer Fischmahlzeit.

Die Legende berichtet weiter, wie Korbinian als junger Mann in seiner Heimat Arpajon bei Paris auf einem Landsitz lebte und eines Nachts in heiligem Schweigen und Gebet versunken war, als er hörte, wie mit lautem Knall gärender Wein den Pfropfen aus einem Faß getrieben hatte. Um das Schweigen der Nacht nicht zu brechen, wies er die Diener an, erst am nächsten Morgen nachzusehen. Sie fanden das offene Faß noch voll, und der Wein hatte keinerlei Schaden erlitten.

Seit 1359 wird neben der Gottesmutter und Korbinian auch der heilige Sigismund, König von Burgund († 523), als Nebenpatron des Domes genannt. Die südlichen Lettern (Seitenemporen) im Dom beschließt der St. Sigismund-Altar. Die drei Fresken mit Darstellungen aus der Sigismund-Legende stammen von Anton Ranzinger (1920). Auch auf dem frühbarocken Hochaltar befindet sich eine Figur des heilige Sigismund als Gegenstück zum heiligen Korbinian, geschaffen vom Weilheimer Bildhauer Philipp Dirr Anfang des 17. Jahrhundert, wobei Reliquienteile bereits im 14. Jahrhundert durch Tausch nach Freising kamen. Sigismund trat vom arianischen zum katholischen Bekenntnis über und ließ 522 seinen Sohn aus erster Ehe, den er als Empörer verdächtigte, erdrosseln. Den Irrtum erkennend, legte er sich im Kloster strenge Buße auf. Die Franken besiegten ihn 523, nahmen ihn gefangen und stürzten ihn mit Frau und zwei Söhnen in einen Brunnen. Drei Jahre später wurde sein Leib - so die Legende - unversehrt geborgen. Die Wallfahrt zum hl. Sigismund überflügelte zeitweise die des Korbinian. Unter den vielen Votivgaben befindet sich als Sonderfall in einem Glaskästchen ein Menschenfuß. Um ihn bildete sich folgende Legende: Er soll einem Bauern aus Mamming abgefallen sein, als er die Teilnahme an der Wallfahrt verweigerte, worauf sein eigener Hund den abgefallenen Fuß nach Freising getragen haben soll.

Das Dankzeichen - die Votivgabe - wurde so zum Strafzeichen für die Missachtung der Wallfahrt umgedeutet. In Wahrheit ist der Fuß wahrscheinlich für eine Genesung geopfert worden.

Der Freisinger Dom besitzt eine große Anzahl bemerkenswerter Grabmonumente, so zum Beispiel im südlichen Seitenschiff den Grabstein des Otto Semoser vom Anfang des 13. Jahrhundert. Das Kalksteinrelief, das Reste einer zarten Bemalung aufweist, zeigt eine männliche Gestalt mit langem spitzem Bart, gekleidet in eine Art Tunika mit Gürtel. Die umlaufende Inschrift nennt den Namen des Verstorbenen. Eine aus dem 18. Jahrhundert stammende kleine Steinplatte in der Nähe des Grabsteins, gibt weiteren Aufschluß: „Otto Semoser, Türhüter unter Bischof Gerold". Dass dem einfachen Türhüter mit diesem aufwendigen Grab solche Ehre erwiesen wurde, lässt sich wohl nur durch sein besonders tugendhaftes Leben erklären. Dafür hält die Legende das Beispiel der wundersamen Brotumwandlung bereit: Bischof Gerold, herzlos und geizig den Bedürftigen gegenüber, überraschte Otto Semoser eines Tages, als dieser, verborgen unter seinem Gewand, Brote zu den Armen bringen wollte. Auf die Frage des Bischofs, was er verberge, entgegnete Semoser erschrocken, es seien Steine. Das erwies sich beim Überprüfen auch als richtig. Als der Bischof den Türsteher daraufhin gehen ließ, hatten sich die Steine wieder in Brote zurückverwandelt.

Kaiserin-Beatrix-Skulptur am Portal

Eine volkskundliche Besonderheit begegnet uns in der Vorhalle des Domas, wo auf der rechten Seite eine Skulptur von Kaiserin Beatrix, der ersten Gemahlin Kaiser Friedrichs I. Barbarossa, zu sehen ist. Zu ihren Füßen sitzt eine Kröte, die als Fruchtbarkeitssymbol gedeutet wird. Sie ist als Anspielung auf den Wunsch nach einem Thronfolger zu verstehen, da die Kaiserin bereits seit Jahren ohne Kindersegen war.

Steinsarkophage und Reliquiare in der Krypta

Der älteste Bauteil des Domas ist die vierschiffige Krypta mit der romanischen „Bestiensäule" in ihrer Mittelzeile. Kämpfende Drachen, Dämonen und Ritter sind in ihren Schaft gehauen. Der mächtige um 768 entstandene Steinsarg des heiligen Korbinian befindet sich auf der linken Seite. Auf ihm steht heute ein Reliquienschrein. Aus dem 12. Jahrhundert stammt der überlieferte Wunderbericht, nach dem der mit Tollwut infizierte Adlige Heinrich von Fahrenzhausen durch die Berührung des Sarkophags geheilt worden sein soll.

Auf der rechten Seite der Krypta befindet sich auch das Reliquiar des 957 gestorbenen Freisinger Bischofs Lantbert. Die Legende berichtet von ihm, dass er schon als Säugling die Fastentage beachtet und an solchen die Muttermilch zurückgewiesen habe. Nach einer anderen Überlieferung soll Lantbert den Dom und den Domberg während eines Ungarn-Einfalls gerettet haben: durch sein Gebet sei dichter Nebel heraufgezogen und habe die Kirche vor den Ungarn verborgen.

Ebenfalls auf der rechten Seite der Krypta steht der Steinsarg des heiligen Nonnosus aus dem Jahr 1161, welcher zum größten Teil in die Wand eingelassen ist, während der herausragende Teil zum Durchschlüpfen eingerichtet ist. Bis zum Anfang unseres Jahrhunderts war diese Form der Reliquienberührung als Wallfahrtsbrauch lebendig. Wer an Kreuzweh litt, kam hierher und schlüpfte dreimal durch die Lücke. Kranke Kinder wurden ebenfalls dreimal durchgezogen, um Heilung zu erwirken. Die Sitte des „Durchkriechens" bedeutet das Abstreifen der Krankheit und die symbolische Wiedergeburt als gesunder Mensch und ist als kultische Erscheinung über die ganze Erde verbreitet. Der heiligmäßige Abt lebte als Mönch des Silvesterklosters auf dem nördlich von Rom gelegenen Berg Soracte, wo er um 570 starb. Seine Reliquien gelangten im 11. Jahrhundert durch Bischof Nitker von Freising anlässlich einer Romreise in seine Domkirche.

Kruzifixus in St. Peter und Paul Neustift
In der ersten Hälfte des 12. Jahrhundert gründete Bischof Otto von Freising außerhalb der damaligen Stadt Kloster Neustift. Er ließ es durch Prämonstratenser besiedeln und erhoffte sich durch deren strenge Lebensform ein Vorbild für die Freisinger Geistlichkeit. Von zahlreichen Bränden heimgesucht, wurden Kloster und Kirche Anfang des 18. Jahrhundert völlig neu erbaut. Seit 1986 hat im Klosterkomplex des Freisinger Landratsamt seinen Sitz. Die Kirche zählt heute mit den Fresken von Johann Baptist Zimmermann, prächtig stuckiert von Franz Xaver Feichtmayr und eindrucksvollen Altären von Ignaz Günther und Christian Jorhan - alles aus der Mitte des 18. Jahrhunderts - zu den schönsten Barockkirchen Oberbayerns.

In der östlichen Kapelle befindet sich der Kreuzaltar mit skulptiertem Kruzifixus vom Anfang des 16. Jahrhunderts und Seitenfiguren der heiligen Helena und des guten Schächers von I. Günther. Wahrscheinlich im 16. Jahrhundert entstanden ist auch eine Kreuzwallfahrt. Der gekreuzigte Heiland in der Mitte des Altars stand beim Volk hoch in Ehren. Es war eine Figur mit echten Haupt- und Barthaaren, von denen die fromme Legende erzählt, sie wüchsen nach.

Seit ältester Zeit spielen Haupt- und Barthaare in der Vorstellung des Volkes eine große Rolle als Sitz der Kraft und des Lebens. Speziell die Haare heiliger

Personen wurden in Ehren gehalten. Die Sitte, Kruzifixe mit echten Haaren zu schmücken, war bereits im Spätmittelalter bekannt, als Ausdruck der Volksfrömmigkeit und Mystik. Sie erreichte ihren Höhepunkt in der Barockzeit. - Es ist sehr zu bedauern, dass von vielen sogenannten „Echthaar-Kruzifixen" aus Unkenntnis der kulturgeschichtlichen Hintergründe die Haare entfernt und durch geschnitzte Locken ersetzt wurden, so auch beim Neustifter Kreuz, bei dem 1962 nach gotischem Vorbild Kopf, Hände und Lendentuch neu geschnitzt wurden.

Ehemaliges Benediktinerkloster Weihenstephan

Freising durch den dahinterliegenden „Nährberg" bestimmt. Schon 768 sind Berichte über Hopfenanbau in dieser Gegend nachweisbar, weshalb sich Weihenstephan als älteste noch bestehende Braustätte der Welt bezeichnet.

Um 720 bestand hier schon ein „Oratorium sancti Stephani", als der heilige Korbinian eine Zelle errichtete, weil er nicht in Abhängigkeit vom Hof auf dem Burgberg wirken wollte. Anfang des 11. Jahrhundert wurde ein Benediktinerkloster gegründet und die bisher ansässigen Kanoniker vermutlich zum Klosterstift St. Veit, auf dem Weihenstephaner Plateau, transferiert. Im Jahr 1810 wurde die Kirche und ein Teil des Klosters abgebrochen. Der Westflügel, Teile des Südflügels, Wirtschaftsgebäude und Brauerei blieben erhalten. Seit 1920 gibt es auf dem Gelände eine Hochschule für Landwirtschaft und Brauereiwesen.

Ansicht des Klosters Weihenstephan mit der Kirche über dem Brünnl. Kupferstich aus dem 17. Jahrhundert.

Die Legende erzählt, dass Korbinian durch ein Lichtwunder in der schon bestehenden kleinen Stephanskapelle veranlasst wurde, sich hier mit seinen Mönchen niederzulassen. Während einer Krankheit konnte er nicht, wie üblich, mit seinen Brüdern zum Morgenlob in die Stephanskirche gehen. Aus der leeren Kirche strahlte jedoch ein wunderbares Licht und Chorgesang erklang.

Korbiniansbrünnl
Die Korbiniansquelle am Südhang des Weihenstephaner Berges zählt zu den ältesten bayerischen Quellheiligtümern. Die Quelle tritt am Ende eines zehn Meter langen in den Berg getriebenen Stollens aus. Im 9 Jahrhundert wurde sie mit einer ersten kleinen Kapelle überbaut. Im Laufe der Jahrhunderte gab es mehrere Erneuerungen, darunter 1720 eine durch die Brüder Asam. Im Jahr 1803 wurde die Kapelle größtenteils abgebrochen. Vom Zentralbau mit vorgestellten Säulen sind Teile der Nordwand als Ruine erhalten. Unterhalb befindet sich die Quellfassung aus dem 18. Jahrhundert.

Eine Legende besagt zum Ursprung der Quelle folgendes: Durch Klagen seiner Diener über das mühsame Heraufschleppen des Wassers veranlasst, soll Korbinian an dieser Stelle nach langem Gebet seinen Stab in die Erde gestoßen und so die wundersame Erweckung der Quelle bewirkt haben.

Jahrhundertelang schätzte man das Korbiniansbrünnl als heilsam bei Fieber, Augenleiden und Aussatz. Die spektakulärste überlieferte Heilung vollzog sich an Kaiserin Beatrix (1140-1184), Gemahlin Friedrich I. Barbarossa, welche durch Anwendung des Wassers vom Aussatz geheilt wurde. Heute wird vom spärlich tröpfelnden Wasser keine Heilung mehr erwartet.

FÜRSTENFELDBRUCK
(Landkreis Fürstenfeldbruck)

Pfarrkirche St. Bernhard,
ehemalige Klosterkirche St. Maria Himmelfahrt
Der Ort Bruck wurde vermutlich von Herzog Heinrich dem Löwen im 12. Jahrhundert gegründet. Im Jahr 1306 wird der Ort - der inzwischen als Reichslehen an das Geschlecht der Gegenpoint gefallen war - als Markt erwähnt. Nach deren Aussterben um 1400 kam Bruck durch Kauf an das Kloster Fürstenfeld.

Die Klostergründung war eine Sühnestiftung Herzog Ludwigs II. des Strengen (1253 - 1294), welcher auf bloßen Verdacht hin seine Gemahlin, Maria von Brabant, auf der Burg Mangoldstein bei Donauwörth enthaupten ließ. Kloster und Kirche wurden 1263 „in campo principum" - auf dem Fürstenfeld - erbaut.

Von der frühgotischen Klosterkirche ist nichts erhalten; sie wurde 1717 abgebrochen, um Platz für einen Neubau zu schaffen. Im Jahr 1701 legte der Baumeister Giovanni Viscardi (1645 - 1713) den Grundstein zu einer barocken Wandpfeilerkirche, welche 1741 geweiht wurde. Die Deckengemälde im Chor und Langhaus zeigen Begebenheiten aus dem Leben des heiligen Bernhard, des Patrons des Zisterzienserordens. Es sind Spätwerke von Cosmas Damian Asam (1686 - 1739). Eine frühgotische Sandsteinmadonna ist der Überlieferung nach ein Geschenk Kaiser Ludwigs des Bayern (1294 - 1347) und steht auf diesem Altar in der Eingangshalle rechts.

Zu beiden Seiten des Triumphbogens stehen die von Roman Anton Boos (1733 - 1810) geschaffenen Stifterfiguren: rechts Kaiser Ludwig der Bayer (1294 - 1347) und links dessen Vater, Herzog Ludwig II., der Strenge. Der Herzog, in spätmittelalterlicher Rüstung und in stolzer Herrscherpose dargestellt, trägt als Sühnezeichen ein großes goldenes, von einem Pfeil durchbohrtes Herz auf der Brust. Nach der Legende hatte ihm der Papst auferlegt, dieses Sühnezeichen zeitlebens zu tragen.

Nicht die Auffindung einer Reliquie oder ein wundertätiges Gnadenbild waren Anlaß dieser Klosterstiftung, sondern die Gewalttat eines eifersüchtigen und jähzornigen Herzogs. Es heißt, die Herzogin habe sich eine Vertraulichkeit gegenüber einem ihrer Höflinge, Graf Heinrich von Kyrburg, erlaubt und ihm das „Du" angeboten. Als sie ihn daran schriftlich erinnerte, kam es durch den Boten zur Verwechslung dieses Schreibens mit einem gleichzeitig an ihren Gatten gerichteten Brief. Der wütende Herzog, der bei seinen Truppen am Rhein weilte, ritt nach Donauwörth, wobei er mehrere Pferde zu Tode hetzte, und ließ seine Gemahlin auf der Stelle enthaupten, ohne sie überhaupt anzuhören. Als er später einsehen musste, dass er übereilt gehandelt hatte, gründete er zur Sühne das Zisterzienserkloster Fürstenfeld.

Lucienhäuschenschwimmen

Als vor mehr als 200 Jahren die Amper über die Ufer trat und den Ort überschwemmte, flehten die Einwohner in ihrer Not die heilige Lucia an. Das Hochwasser soll daraufhin zurückgegangen sein; da der Tag der Rettung auf den Namenstag der Heiligen (13.12.) fiel, deren Name Lichtbringerin bedeutet, legten die Bürger ein Gelübde ab: alljährlich am Lucientag basteln sie aus Dankbarkeit für die Errettung Nachbildungen ihrer Häuser aus Holz und Karton, stellen ein Licht hinein und setzen sie dann nach feierlicher Segnung auf die Amper, wo sie flußabwärts treiben. Nach einer Unterbrechung von fast 100 Jahren wurde der Brauch 1949 neu belebt. Das Fest ist heute ein ausgesprochenes Kinderfest der Grund- und Hauptschüler.

Die heilige Lucia erlitt um 310 unter Kaiser Diokletian das Martyrium. Laut einer Legende wollte sie sich einem Verehrer entziehen, indem sie sich die Augen herausriß. Die Muttergottes, so will es eine andere Legende, soll ihr aber noch schönere Augen wiedergegeben haben. Als man sie gefesselt in ein Dirnenhaus bringen wollte, waren tausend Männer und ein Ochsengespann nicht in der Lage, sie von der Stelle zu bewegen.

Bis zur Einführung des Gregorianischen Kalenders 1582 galt der 13. 12. als kürzester und dunkelster Tag im Jahr. Nach diesem Tag, dem Lucientag, sollten die Tage wieder länger werden. Der Lucientag ist in den skandinavischen Ländern, besonders in Schweden, bis heute ein beliebter Festtag. Bei weihnachtlichen Feiern erscheint Lucia dort mit einer brennenden Lichterkrone.

GAUTING
(Landkreis Starnberg)

Am Schnittpunkt zweier Römerstraßen gab es hier schon zwischen 14 - 27 n. Chr. eine Siedlung. Durch Gräberfunde ist ein bajuwarisches Dorf aus dem 7. Jahrhundert bezeugt. Die Karolinger hatten in diesem Gebiet große Besitzungen, was durch Schenkungen der fränkischen Prinzessin Kysila an das Kloster Benediktbeuern um 800 belegt ist. Im 12. Jahrhundert wird Gauting als Pfarrdorf erstmals erwähnt.

Reismühle und Stadtwappen

Am Eingang zum Mühltal, 2 km südlich von Gauting, liegt die Reismühle, die ihren Namen schon in einer Urkunde von 1314 trägt. Der Mühlenbetrieb wurde zwar inzwischen eingestellt, jedoch befindet sich seit 5 Jahren eine Kunstwerkstatt in dem Gebäude. Nach den Sagenbüchern ist die ehemalige Mühle ein Platz, der neben vielen anderen Orten Anspruch darauf erhebt, der Geburtsort Kaiser Karls des Großen zu sein. Allerdings hielt die Sage bisher keiner historischen Überprüfung stand.

Der bedeutendste karolingische Herrscher wurde vermutlich im Jahr 742 geboren und übernahm nach dem Tod des Vaters, des Frankenkönigs Pippin d. Kl. zunächst

Die Reismühle bei Gauting, Lithografie um 1812/15.

zusammen mit seinem Bruder Karlmann die Herrschaft. Nach dessen Tod im Jahr 771 regierte Karl (später „der Große") allein weiter. Am 25. 12. 800 wurde er in Rom zum Kaiser gekrönt und starb im Jahr 814 nach einem ereignisreichen Leben in Aachen. Um die Gestalt dieses geschichtlich bedeutsamen, im Jahr 1165 auf Betreiben Kaiser Friedrich Barbarossas heiliggesprochenen Karolingers ranken sich viele Legenden und Sagen. Vor allem der - quellenmäßig nicht lokalisierte - Ort seiner Geburt hat die Phantasie der Menschen beschäftigt und einer Sage nach soll Karl in der nahe Gauting gelegenen Reismühle zur Welt gekommen sein:

Als der Frankenkönig Pippin eine Weile auf der Burg Weihenstephan lebte, beauftragte er seinen Hofmarschall, die schöne Grafentochter Bertha - die ihm als Braut versprochen worden war - nach Freising zu geleiten. Aber der

Das Gautinger Stadtwappen.

untreue und hinterlistige Hofmeister ließ das Mädchen im Wald aussetzen und führte dem König seine eigene Tochter zu. Die unglückliche Braut irrte durch die Wälder, wurde schließlich von einem Köhler gefunden und fand Zuflucht in der Reismühle. Es vergingen Monate und Jahre. Eines Tages verirrte sich Pippin im Würmtal auf der Jagd und fand Aufnahme im Haus des Müllers. In dem ihm sofort sympathischen Mädchen - sie trug noch immer seinen Ring - erkannte der König seine entführte Braut. In der Nacht ihrer Begegnung soll Karl der Große gezeugt worden sein, wie es der Hofastrologe dem König vorausgesagt hatte. Das Gautinger Wappen zeigt auf blauem Grund ein silbernes Mühlrad mit zwölf Schaufeln, darüber eine goldene Kaiserkrone - ebenfalls zur Erinnerung an diesen populärsten Sohn der Stadt.
–> Leutstetten

Georgenried
(Gemeinde Waakirchen, Landkreis Miesbach)

Kirche St. Georg
Nahe der Verbindungsstraße von *Gmund* nach *Waakirchen* und *Bad Tölz*, ca. 4 km von Gmund entfernt, liegt dieses um 1528 erbaute spätgotische Kirchlein mit Stern- und Netzgewölben, wieder freigelegten Blattornamenten und drei Spätrenaissance-Altären mit wertvollen Kunstschätzen.

Zur Entstehung der Kapelle gibt es folgende Legende: Graf Georg von Waldeck (1407 - 1456) fiel 1444 in türkische Kriegsgefangenschaft und gelobte, drei Kirchen zu erbauen, wenn er wieder zu seiner Frau und den drei Kindern heimkehren dürfe. Als der tapfere Ritter nach abenteuerlichen Irrfahrten zurückkam, hielt er sein Gelöbnis und veranlaßte die Gründung und Errichtung der drei „Ried"-Kirchen: Georgenried nach seinem eigenen ritterlichen Namenspatron, Agatharied nach dem seiner Gemahlin und Frauenried nach der Patronin seiner Schwester Maria benannt. Von alten Bauern wird das Kirchlein Georgenried noch heute Schimmelkapelle genannt, was darauf hinweist, dass es ehemals eine Umrittkirche war: an bestimmten Tagen fuhr man mit geschmückten Rossgespannen um die Kirche und ließ die wertvollen Tiere vom Priester segnen (Pferdebenediktion), damit sie vor Krankheit und anderem Unheil geschützt seien.
–> Ascholding; –> Enzelhausen;
–> Ettling; –> Schliersee

GLONN
(Landkreis Ebersberg)

Sühnekreuz

Am Fußweg zwischen Glonn und dem naheliegenden Balkham steht ein verwittertes Steinkreuz, auf dem die Jahreszahl 1618 mit den davor gestellten Buchstaben CH kaum noch erkennbar ist. Der Überlieferung nach soll an dieser Stelle ein wandernder Händler, ein sogenannter „Federnträger", überfallen und beraubt worden sein. In Verbindung mit diesem Stein wurde folgende Sage erzählt:

Eine weise Frau, die sich leidender Menschen annahm, kam um Mitternacht an dem Sühnekreuz vorbei. Es war mondhell, und die alte Frau sah vor dem steinernen Kreuz einen großen, schwarzen Hund sitzen. Er glotzte sie mit feurigen Augen an und fletschte die Zähne. Sie bekam furchtbare Angst. Anstatt zu fliehen, bekreuzigte sie sich und ging entschlossen an dem Hund vorbei. Kurz darauf schaute sie sich um, und das Tier war verschwunden.

Steinkreuzsagen beinhalten das Motiv des Unheimlichen. Nach dem Volkglauben finden die armen Seelen von Ermordeten und Verunglückten keine Ruhe, weil sie vorzeitig aus dem Leben geschieden sind. Sie irren als Menschen ohne Kopf, in Tiergestalt oder als Irrlichter umher. Sühnekreuze sind letzte anschauliche Zeugnisse mittelalterlicher Rechtspraxis bei Todschlag. Zahlreiche erhaltene Sühneverträge des 13. bis 16. Jahrhundert sprechen ausdrücklich die Verpflichtung des Schuldigen zur Sühnekreuzsetzung aus. Eine andere wichtige Festsetzung solcher Verträge war die Verrichtung frommer Werke, der sogenannten „Seelengeräthe" Sie verfolgten den Zweck, die Seele des Getöteten, aus den Qualen des Fegfeuers zu erlösen. Diese Leistungen waren kostspielig und bestanden in Schenkungen an Kirchen und Klöster, Stiftungen für Bruderschaften und Seelenmessen, zur Unterhaltung eines ewigen Lichts, sowie in Wachsspenden und der Teilnahme an Pilgerfahrten. Die Einmeißelung eines Kreuzes an einem bereits verwitterten Sühnestein erklärt den deutlich kirchlichen Charakter.

–> Dettenschwang; –> Dietramszell;
–> Eppenhausen; –> Unterschweinbach

GRAFING
(Landkreis Ebersberg)

Leonhardikirche

An der alten Straße von *Rosenheim* nach *München* steht die älteste noch bestehende Kirche von Grafing: „Sankt Leonhard auf dem Feld", ein kleiner Saalbau des 14. Jahrhundert Die Zwiebelhaube und der Altar, auf dem die Muttergottes als Patrona Bavariae dargestellt ist (mit Kind, Krone und Zepter), stammen aus dem 17. Jahrhundert. Als Begleitfiguren stehen auf der rechten Seite der heilige Ägidius, Patron der Stadtpfarrkirche mit Stab und Buch und links der heilige Leonhard, der Kirchenpatron als schwarzgekleideter Mönch mit Abtstab und Kette.

Als einer der meistverehrten Heiligen in Süddeutschland gilt der heilige Leonhard, Patron der Pferde und Rinder, Zuflucht der Gefangenen, der Gebärenden und Helfer bei Geisteskrankheiten. Er lebte im 6. Jahrhundert aber seine Lebensgeschichte wurde erst im 11. Jahrhundert aufgezeichnet. Der Legende nach stammt Leonhard aus einem adeligen Geschlecht am Hof des Frankenkönigs Chlodwig. Durch sein hohes Ansehen erhielt er später die Aufgabe, über die Rechtmäßigkeit von Verurteilungen zu befinden. Dadurch konnte Leonhard zahlreichen Gefangenen die Freiheit erwirken. Nach seinem Tod 559 wurde er in dem von ihm gegründeten Kloster Noblac bei Limoges beigesetzt. Bald ereigneten sich Wunder an seinem Grab. Doch erst im 11. Jahrhundert, als sein Grab erhoben und die Reliquien öffentlich zur Schau gestellt wurden, erreichte der Leonhardskult sehr schnell den süddeutschen Raum. Besonders in der Barockzeit wurde Leonhard der Volksheilige schlechthin.

Leonhardi-Fahrt

Es wird angenommen, dass ein heute noch bestehender alter Brauch in Grafing, die Leonhardi-Fahrt, bis zur Erbauungszeit der St. Leonhards-Kirche um 1400 zurückgeht und seit 1708 urkundlich nachweisbar durchgeführt wird. Bei der Leonhardi-Fahrt umreiten bzw. umfahren jeweils am letzten Sonntag im Oktober die Teilnehmer dreimal die Kirche. Die Vorhalle der Grafinger Leonhardikirche diente ursprünglich dazu, die Pferde hindurchzuführen und dabei den Segen des Heiligen zu empfangen.

Über das Attribut der Gefangenenkette, die später auch als Viehkette gedeutet wurde, ist der heilige Leonhard als Kettenheiliger allmählich auch zum Eisenheiligen, zum „Eisenherrn", geworden. Im 17. Jahrhundert entwickelte sich der Brauch, dem heiligen Leonhard Abbilder der erkrankten Tiere aus geschmiedetem Eisen als Votive darzubringen, mit der Bitte um Schutz des gesamten Viehbestandes für ein weiteres Jahr.

An Votivgaben für den heiligen Leonhard sind nur wenige erhalten. Eisenvotive, stilisierte Kühe oder Pferde und ein in Silber getriebenes Augenvotiv werden in einer mit einem Gitter verschlossenen Nische aufbewahrt. Auf einer Votivtafel ist die Leonhardikirche dargestellt, in die (1683) gerade der Blitz einschlägt. Lediglich der Turm wurde dabei schwer beschädigt. Der Sohn des Mesners war gerade beim Glockenläuten und wurde dabei zu Boden geschleudert. Als er wieder zu sich kam, war das Seil abgebrannt, er selbst aber blieb unversehrt.

–> Bad Tölz; –> Dietramszell;
–> Kaufering; –> Leonhardspfunzen

GRAFRATH
(Landkreis Fürstenfeldbruck)

Wallfahrtskirche zum heiligen Rasso und Ortswappen

Im Jahr 1359 wird der Name Grafrath (Siedlung des Grafen Rath oder Rasso) erstmals urkundlich erwähnt.

Die heutige Kirche, eine Wandpfeilerkirche mit drei Jochen und eingezogenem Chor, hatte mehrere Vorgängerbauten und wurde in den Jahren 1688 - 1694 von dem Vorarlberger Baumeister Michael Thumb erbaut, 1752/53 ausgemalt und stukkiert.

Der Überlieferung nach steht die Kirche an der Stelle, an der Graf Rasso aus dem Geschlecht der Grafen von Andechs-Dießen um 950 ein Benediktinerkloster gegründet hat. Die Legende weiß zu berichten, dass er von seiner nahegelegenen Burg Wildenroth eine Lanze warf, um den Platz zu bestimmen, wo nach Gottes Willen das Kloster entstehen sollte. Eine Lanze ist auch noch heute im Wappen von Grafrath zu sehen.

Die Deckenfresken von Johann Georg Bergmüller (1688 - 1762) schildern Begebenheiten aus dem Leben des heiligen Rasso. In glänzender Rüstung und hoch zu Roß zeigt ihn das Gemälde über der Orgel. In der Kirchenmitte wird Rasso im Kampf gegen die Ungarn gezeigt, sein Eintritt ins Kloster und die Übergabe des Reliquienschatzes.

Graf Rasso soll die Ungarn zweimal siegreich bekämpft haben. Seine außergewöhnliche Körpergröße von 2,50 m - so wird überliefert - soll dem Feind Angst und Schrecken eingeflößt haben. Von einer Wallfahrt nach Rom und ins Heilige Land brachte er Reliquien mit und legte damit den Grundstein zum späteren Andechser Reliquienschatz. Als Laienbruder verbrachte er seine letzten Lebensjahre in dem von ihm gegründeten Kloster. Der Heilige starb 954, ein Jahr vor der Schlacht auf dem Lechfeld. Sein Grab, das vor der Zerstörung durch die Ungarn bewahrt blieb, wurde 1486 bei Erhebung der Gebeine in die Mitte der Kirche gesetzt (Vorgängerkirche). Die Rotmarmorplatte des gotischen Hochgrabes, gefertigt von dem Münchner Künstler Matthäus Haldner, ist erhalten und in den Fußboden eingelassen. Über dem Tabernakel des Hochaltars, der 1765 - 68 in der Werkstatt von Johann Baptist Straub entstand, ruhen die Gebeine des heiligen Rasso in einem Glasschrein. Das Fresko im Presbyterium zeigt den Heiligen, der als Kirchenpatron noch heute hoch verehrt wird, als Fürbitter für Kranke und Notleidende. Votivtafeln in der Kirche und auch die erhaltenen Mirakelbücher berichten von Heilungen und Gebetserhörungen.
–> Erling-Andechs; –> Untermühlhausen

Teufelsstein
Etwa 600 m südlich von Grafrath, an der Straße nach *Inning*, biegt ein Fußweg links ab, auf dem man in ca. 20 Minuten die Stelle erreicht, an der ein mächtiger Steinblock, ein Findling aus der Eiszeit, auf der linken Seite des Weges am Waldrand liegt.

Sein Vorhandensein erklärt die Sage so: in alter Zeit wollte der Teufel den Christen wieder einmal einen bösen Streich spielen. Er plante, die beiden Kirchen *Andechs* und Grafrath zu vernichten und holte sich zu diesem Zweck aus den Alpen einen mehrere hundert Zentner schweren Felsblock, den er bis in die

Nähe von Grafrath trug - dann gingen ihm die Kräfte aus. Ein altes Weib, das gerade des Weges kam, erschrak, als der Teufel sie fragte, ob es noch weit zur Rassokirche in Grafrath sei. Sie überwand alle Ängste und antwortete dem Teufel schlagfertig, dass sie alle Schuhe, die sie in der Schürze trage, auf dem Weg von der Rassokirche hierher durchgelaufen habe, der Weg sei also sehr weit und schlecht. Den Teufel ergriff die Wut; verärgert nahm er den Steinblock noch einmal hoch und ließ ihn dann mit einer solchen Wucht fallen, dass er zum Teil in der Erde versank. Mit schlotternden Knien lief die alte Frau heimwärts und vergaß, ihre abgelaufenen Schuhe zum Schuster zu bringen.

GROSSMEHRING
(Landkreis Eichstätt)

In Großmehring, das vermutlich auf eine römische Gründung zurückgeht, befindet man sich auf dem Boden der Sage. Die Stätte entspricht dem „Möhringen" des Nibelungenliedes, wo Hagen den Fährmann erschlug, weil er sich geweigert hatte, die Nibelungen über die Donau zu setzen. Kriemhild hatte dreizehn Jahre, nachdem Hagen ihren Mann Siegfried erschlagen hatte, die Werbung des Hunnenkönigs Etzel angenommen, mit dessen Macht sie hoffte, ihre Rachegelüste gegenüber dem Mörder zu befriedigen. Begleitet von ihren Brüdern Giselher und Gernot und einem etwa tausend Mann zählenden riesigen Gefolge kam sie an die Donau. Zu *Pförring* verabschiedeten sie sich und kehrten

Darstellung einer Wassernixe.

an den Hof in Worms zurück. Kriemhild hingegen zog mit ihrem Gesinde ins Hunnenland weiter. Nach wiederum dreizehn Jahren lud Etzel auf Kriemhilds Drängen ihre Brüder und auch Hagen zu einem großen Fest in seine Residenz ein. Hier an der Donau weissagten dem Hagen badende Wassernixen, als einziger werde der Kaplan die Heimat wiedersehen. Der Fährmann beim alten römischen Donauübergang, auf der Höhe von Feldkirchen-Manching, weigerte sich, die Nibelungen überzusetzen. Hagen erschlug ihn deswegen und fuhr mit seinem Schiff flußabwärts bis Großmehring und setzte sein Gefolge dort selbst über. Damit die Prophezeiung der Nixen sich nicht erfülle, stieß er den Kaplan ins Wasser, der sich jedoch ans Ufer retten konnte. Die Weissagung erfüllte sich, denn am Hof des Etzel wurden alle Burgunder getötet.

Katharinenberg

Etwa 4 km nördlich des Ortes liegt zwischen Großmehring und *Demling* der steil emporragende Katharinenberg. Das kleine Dorf gleichen Namens war früher vielleicht einmal Hörigensiedlung einer nicht mehr vorhandenen Burg. Die Pfarrkirche St. Katharina wurde ab 1447 im spätgotischen Stil erbaut. - Die Sage erzählt, der gerettete Kaplan habe hier aus Dankbarkeit eine Kapelle errichtet. Im Berg selbst soll ein Schatz liegen, den die Burgunden (auch Nibelungen genannt) auf dem Weg ins Hunnenland in einer seiner Höhlen vergraben haben. Dieser Schatz - offenbar identisch mit dem sagenhaften Nibelungenhort, den Siegfried einst dem Zwerg namens Alberich abgewonnen hatte - war nach seinem Tod an die Burgunderkönige gefallen. Es heißt aber, man soll sich vor dem Schatz hüten, da sein Gold jedem, der es findet, zum Fluch wird.
–> München

GRÜNSINK
(Gemeinde Weßling, Landkreis Starnberg)

Marienkapelle

Nordwestlich von *Weßling*, an der Straße nach *Etterschlag*, liegt in der Talmulde eine Kapelle, die der heiligen Maria geweiht ist. Der älteste Teil des Gotteshauses, ein quadratischer Bau, entstand in den Jahren 1762/63, der Erweiterungsbau nach Westen um 1774. Das Gnadenbild am Hauptaltar ist eine Kopie des Innsbrucker Mariahilf-Bildes von Lukas Cranach d. Ä. (1472 - 1553), während die kleine Terrakottafigur, welche sich heute in einer Wandnische neben dem Altar befindet, lange Zeit als ursprüngliches Gnadenbild angesehen wurde.

Eine Legende bringt die Entstehung von Kirche und Wallfahrt mit einem Jäger in Verbindung, der sich vor langer Zeit, als die Wälder noch undurchdringlich waren und es dort viele Wölfe gab, auf der Jagd verirrte. In seiner Not gelobte er die Aufstellung eines Marienbildes in einem hohlen Baum. Sehr bald schon wurde das Bild auch von anderen Menschen verehrt, was zum Bau des Gotteshauses führte.

In der Kirche sind zahlreiche Votivbilder zu sehen. Das älteste Bild - es wurde leider 1962 gestohlen - stammte aus dem Jahr 1744. Es zeigte noch keine Kapelle, sondern nur das am Baum befestigte Marienbild.

Grünsink ist noch heute Ziel der Wallfahrt; an den dortigen Festen im Juli und August wird unter den Bäumen hinter der Kapelle Messe gehalten.

GUNGOLDING
(Gemeinde Walting, Landkreis Eichstätt)

Gungoldinger Wacholderheide

Das etwa 70 Hektar große Naturschutzgebiet am nördlichen Hang des *Altmühltals* entstand im Mittelalter durch Rodung des Waldes und Viehbeweidung. Der Gemeine *Wacholder* (althochdeutsch „wehaltar" = lebendiger Baum) heißt so wegen seiner immergrünen, nadelförmigen Blätter. Der säulenartige, bis zu 11 m hoch wachsende Strauch, gedeiht in lichten Nadelwäldern, auf Heide, Moor oder, wie hier, auf Weideland. Alle Pflanzenteile sind geschützt - mit Ausnahme der blauschwarzen Beerenzapfen, die zweijährig heranreifen. Sie enthalten ätherische Öle, Harz, Invertzucker und Gerbstoffe, die vor allem harntreibend wirken.

Der Wacholder (Juniperus communis) ist eine uralte Heil- und Zauberpflanze, eine Art Wunderdroge, die man ehemals zu vielen Zwecken verwendete. In der Hauptsache wurde er bei Krankheiten wie Rheuma und Gicht, Magen-, Leber-, Nieren- und Blasenleiden eingesetzt; er diente aber auch als Potenz- und Fruchtbarkeits- sowie als Abtreibungsmittel. Räucherwerk aus Wacholderzweigen konservierte Wurst und Schinken und hielt böse Geister fern; über der Haustür oder im Stall aufgehängte Zweige erfüllten denselben Zweck. Aus Wacholderholz gefertigte Peitschenstiele sollten nach dem Volksglauben Pferde vor Verhexung schützen, Butterstöcke aus diesem Material den schädlichen Einfluß bösartiger Butterhexen verhindern. Angewendet wurde und wird der Wacholder sowohl innerlich (Tee, Sirup, Wein, Likör, Schnaps) wie äußerlich (Tinktur, Badezusatz). In der Küche sind Wacholderbeeren ein beliebtes Gewürz vor allem zur Bereitung von Fisch-, Fleisch-, Wild- und Sauerkrautgerichten.

In Sage, Legende und Märchen hat der Wacholder seinen festen Platz. Die in ihm enthaltenen antiseptisch wirkenden Terpene begründeten in Zeiten der Pest seinen besonderen Ruf als Schutzmittel; Sagen erzählen, dass die Menschen damals einen Vogel oder auch einen Engel rufen hörten:

„Eßt Kranewitt und Bibernell
So sterbt ihr nicht so schnell!"

(Kranewitt ist die süddeutsch-österreichische Bezeichnung des Wacholders; die Bibernelle (Pimpinella saxifraga) ist ebenfalls eine alte Heilpflanze.

Die Legende schildert den Wacholder als „Muttergotteskraut": Maria soll einen Kranz von Wacholder getragen haben, dessen immergrüne Blätter auf die Ewigkeit hinweisen.

Das bekannteste Märchen über den Wacholder ist wohl das vom „Machandelboom" in niederdeutscher Mundart aufgezeichnet vom Maler Philipp Otto Runge (1777 - 1810), welches 1812 in die Kinder- und Hausmärchen der Brüder Grimm aufgenommen wurde: Eine Stiefmutter tötet ihren Stiefsohn, kocht ihn und setzt ihn dem Vater als Speise vor. Die Schwester vergräbt die Knochen des Ermordeten unter einem Wacholderbaum. Aus ihnen ersteht ein schöner, herrlich singender Vogel, der die grausige Tat offenbart,

Ansicht einer Wacholderheide

Vater und Schwester reich beschenkt, die Stiefmutter aber tötet und sich schließlich wieder in den Bruder verwandelt. Die berühmten Verse lauten:

> *„Mein Mutter, der mich schlacht,*
> *mein Vater, der mich aß,*
> *mein Schwester, der Marlenichen,*
> *sucht alle meine Benichen,*
> *bind`t sie in ein seiden Tuch,*
> *legts unter den Machandelbaum.*
> *Kywitt, kywitt, war vör`n schöön Vagel bün ik!"*

GÜNZLHOFEN
(Gemeinde Oberschweinbach,
Landkreis Fürstenfeldbruck)

Ortswappen

Als „Cudinchova" erscheint der Ort erstmals 793 in einer Urkunde. Vom 12. bis zum 15. Jahrhundert lebte hier ein Rittergeschlecht, das um 1240 im Gefolge von Herzog Otto von Andechs-Meranien genannt wird.

Das Wappen von Oberschweinbach zeigt unter vier senkrechten Rauten einen silbernen Lindwurm, der als Attribut der heiligen Margarethe vermutlich in Zusammenhang mit ihrem Patrozinium in der Kirche von Günzlhofen steht.

Katholische Pfarrkirche St. Margarethe

Die spätgotische Saalkirche wurde im 18. Jahrhundert barockisiert und 1921 nach Westen verlängert. Der Hochaltar soll aus der abgebrochenen Klosterkirche von Wessobrunn stammen. In der Mitte des Altars steht eine Skulptur der heiligen Margarethe, zu ihren Füßen der Drache, in den sie mit der Rechten den Kreuzstab stößt; in der linken Hand hält sie die Märtyrerpalme.

Von der Heiligen berichtet die Legende, sie sei die Tochter eines heidnischen Priesters in Antiochia gewesen, wo sie im Jahr 307 für ihren christlichen Glauben den Märtyrertod erlitt. Der Stadtpräfekt Olybrius wollte sie heiraten; als sie sich weigerte, wurde sie grausam gefoltert und ins Gefängnis geworfen. Mehrmals erschien ihr dort der Teufel in Gestalt eines greulichen Drachen und drohte sie zu verschlingen - er zerbarst jedoch, als sie das Kreuzzeichen über ihn machte.

Margaretha gehört zu den Vierzehn Nothelfern; sie ist Patronin der Gebärenden und Schutzheilige des Nährstandes, weil ihr Fest, der 20. Juli, ein wichtiger Merktag für die Bauern war.

HAAG
(Landkreis Mühldorf am Inn)

Burgruine, Wappen und Grenzsteine
Inmitten des Ortes ragt als Symbol einer viele Jahrhunderte währenden Grafschaft der weithin sichtbare Schloßturm hervor. Die ausgedehnte Burganlage war ab 1245 im Besitz der Gurren und der Fraunberger. Im 16. Jahrhundert wurde sie zur Residenz ausgebaut und 1804 bis auf die heutigen Reste abgebrochen.

Die Gründungssage der Grafschaft Haag, welche auf das Jahr 1058 zurückgeht, ist ein bezeichnendes Beispiel für eine legendäre Grenzziehung in Altbayern. Damals stand auf der steilen Bergkuppe der Landzunge, über der Mündung des Nasenbachs in den Inn, die Burg Königswart. Darin hauste ein Zollgraf des Kaisers, der die Bauern auf dem Feld beraubte und die Innschiffe mit einer Sperrkette aufhielt und ausplünderte. Agnes, die Witwe Kaiser Heinrichs III. (1039-1056), versprach, dem Bezwinger des Raubritters soviel Land als freies Eigentum zu geben, wie er von Sonnenaufgang bis Sonnenuntergang mit dem besten Roß des kaiserlichen Marstalles umreiten könne. Kuno Maier, „ein kühner Mann von gemeiner Geburt", ließ getarnte Kähne den Inn hinabtreiben und überwältigte den Raubritter mit seinen Spießgesellen. Aus dem kaiserlichen Marstall wählte er eine prächtige Schimmelstute, welche er durch dichte Wälder, über Berge und Täler jagte. Die kaiserlichen Knechte folgten ihm, um den Hufschlag des Schimmels mit Stangen und Spießen zu markieren. Auf einem Hügel, den man fortan „Schimmelberg" nannte, blieb das abgehetzte Roß stehen. Mit den Worten „was, hältst du schon, Gurre?" (althochdeutsch: „Gurre" = weibliches Pferd) brachte es Kuno wieder auf die Beine. Kaiserin Agnes hielt ihr Versprechen. Kuno Maier baute sich einen festen Wohnsitz, setzte einen Schimmel in sein Wappen und nannte sich fortan „Gurre". Noch heute zeigt das Wappen von Haag einen springenden Schimmel auf rotem Grund.

Leider sind nur noch drei Grenzsteine von 1686 erhalten, mit dem Haager Schimmel und dem bayerischen Rautenwappen geschmückt. Sie stehen südlich der B 12 auf halbem Weg nach *Schützen*, in Schützen selbst und beim Sprinzenödhof bei *St. Christoph*, Gemeinde *Steinhöring* (Lkr. Ebersberg). Die Konturen des Schimmels sind noch deutlich zu erkennen. Aus den Farbresten beim eingemeißelten Wappen geht hervor, dass die Wappeneinfassung vergoldet war.

HABACH
(Landkreis Weilheim-Schongau)

Pfarrkirche St. Ulrich, ehemalige Kollegiatskirche und Ulrichsbrünnchen

Wenige Kilometer südwestlich des *Ostersees* liegt der Ort Habach. Im Jahr 1663 wurde die Pfarrkirche St. Georg mit der danebenstehenden Kollegiatskirche St. Ulrich, die 1073 von Bischof Embrico geweiht worden war, durch einen Neubau, eine Wandpfeilerkirche mit reicher Stuckdekoration, vereinigt.

In der Weiheurkunde wird auch das Ulrichsbrünnchen als „fons sancti Oudalrici" erwähnt. Es liegt unterhalb der Kirche am St. Ulrichsweg (südlicher Ortsausgang). Bischof Ulrich von Augsburg soll hier ein Eigenkloster besessen haben. Treppenstufen führen herab zur Quelle, die von einer schweren Steinmauer mit einem schmiedeeisernen Gitter umschlossen ist. Über dem Quellaustritt an der Mauer ist eine Tafel mit folgender Inschrift angebracht:

*„ An dieser Stätte weilte jährlich
in seinem Klosterstift der Hl. Ulrich,
Bischof von Augsburg „ . 923-973*

Eine Terrakottabüste des Heiligen steht in einer Mauernische und auf dem Sockel sind seine Attribute dargestellt. Der Überlieferung nach soll der Ulrichsbrunnen durch das Wassertrinken des Heiligen geweiht worden sein. - Im Ortswappen von Habach ist in der Mitte oben das Ulrichskreuz zu sehen.

–> Eresing; –> Höfen; –> Paterzell

HAUSEN
(Gemeinde Geltendorf,
Landkreis Landsberg/Lech)

Kirche Unserer Lieben Frau

Die aus dem 17. Jahrhundert stammende Pfarrkirche ist innen frühklassizistisch ausgestaltet. Besonders bemerkenswert sind die Deckengemälde von J. B. Anwander aus dem Jahr 1795, die Rokokomadonna des Hochaltares sowie die zwei spätgotischen Heiligenfiguren vom Ende des 15. Jahrhundert im Altarraum. Eine der Figuren stellt den 350 als Bischof von Myra (nahe Antalya in der heutigen Türkei) gestorbenen heiligen Nikolaus dar. Für das Nikolausfest, das an seinem Todes- und Begräbnistag am 6. Dezember in vielen Ländern der Erde gefeiert wird, und weitere zahlreiche Nikolausbräuche und -spiele ist die Jungfrauenlegende wichtig, nach der ein verarmter Vater seine drei Töchter zur Prostitution freigeben will, um ihren und seinen Lebensunterhalt zu bestreiten. Nikolaus ist Erbe eines großen Vermögens und hört von diesen Plänen. Er erscheint nachts vor dem Fenster der Mädchen und wirft drei Beutel mit Gold in das Haus des Verarmten, wodurch er den Jungfrauen ein ehrsames Leben ermöglicht.

Weniger bekannt ist die Legende von den drei eingepökelten Knaben, die im 11. oder 12. Jahrhundert in Frankreich entstand und vermutlich folgenden geschichtlichen Hintergrund hat: In der zweiten Hälfte des 11. Jahrhundert herrschte in Frankreich eine grausame Hungersnot. Aus übergroßem Hunger wurden damals gelegentlich Kinder mit Speisen angelockt, geschlachtet und verzehrt. Die Rettung der drei Buben dürfte daher als Gebetserhörung vor Menschenfresserei einzuordnen sein.

St. Nikolaus wird nicht nur als Patron der Kinder und Schüler, sondern auch der Advokaten, Apotheker, Bäcker, Bierbrauer, Fischer, Flößer, Fuhrleute, Gefangenen, Kaufleute, Knopfmacher, Küfer, heiratslustigen Mädchen, Metzger, Müller, Reisenden, Schiffer, Tuchmacher, Wachszieher und Weber verehrt.

HINTERSEE
(Ortsteil Ramsau, Markt Berchtesgaden,
Landkreis Berchtesgadener Land)

Antoniuskapelle
Nahe bei der Kapelle St. Anton, einem nach Westen offenen Bau aus dem 17. Jahrhundert, soll ein kostbarer Schatz vergraben sein. Niemand kennt den

Schatzgräber bei der Arbeit, Holzschnitt von 1532.

genauen Ort, es wird behauptet, dass zu bestimmten Zeiten, an der Stelle, wo der Schatz zu finden ist, ein helles Licht zu sehen sei. Wer dieses zufällig sieht, muß sofort einen Rosenkranz darumlegen, um zu verhindern, dass das Licht ausgeht, bevor er Werkzeug zum Graben geholt hat.

In Kriegszeiten vergrabene Schätze, antike Münzfunde oder auch in prähistorischen Gräbern gefundene, oft kostbare Grabbeigaben bilden die reale Grundlage von Schatzsagen. Viele volkstümliche Erzählungen berichten von Schatzsuche und - meist erfolgloser - Schatzgräberei, da bestimmte Regeln nicht eingehalten werden. Heidnische und christliche Vorstellungen vermischen sich: hier ist das magische Mittel der Rosenkranz, während die Vorstellung vom Schatzfeuer, das die genaue Lage der vergrabenen Reichtümer anzeigt, auf uralte Totenbrauchtum (Feuer am Grabhügel des Verstorbenen) hinweist.

HÖFEN
(Grafrath, Landkreis Fürstenfeldbruck)

Pfarrkirche und Ulrichsbrünnlein

Das auf einem Hügel um 1400 erbaute Gotteshaus - die Pfarrkirche St. Mariä Himmelfahrt - hat den höchsten gotischen Spitzturm der Umgebung. Der Sage nach soll die Kirche an der Stelle erbaut worden sein, an der einst die Burg des heiligen Rasso stand.

Am Fuße des Hügels, direkt am Amperufer, steht ein Ulrichsbrünnlein. Das Wasser quillt aus einer eisernen Röhre, über die ein Holzhäuschen gesetzt wurde. Die Vorderseite ist mit dem Bildnis St. Ulrichs bemalt und trägt die Inschrift:

*„Zur Labung für Groß und Klein
ladet die Quelle St. Ulrich ein".*

Bischof Ulrich (890-973), der erste kanonisierte deutsche Heilige (993), weihte der Überlieferung nach die Kirche in Grafrath. Er wurde in Augsburg geboren und erhielt seine Erziehung in der Klosterschule St. Gallen. Im Jahr 923 übertrug ihm Kaiser Heinrich I. die Augsburger Bischofswürde. Der Sohn eines schwäbischen Gaugrafen stand den ersten sächsischen Kaisern mit Rat und Tat zur Seite. Hoch zu Roß ritt er an der Spitze des Heeres; und verteidigte Augsburg gegen die anstürmenden Ungarn, die im Jahr 955 auf dem Lechfeld vernichtend geschlagen wurden.

Das Ulrichsbrünnlein am Amperufer

Der Legende nach erschien dem heiligen Ulrich viele Jahre vor der Schlacht im Traum die heilige Afra, zeigte ihm das Lechfeld und sagte den Sieg voraus. Nach der Ungarnschlacht soll er die Hunnen bis zur Rassoburg, die sie zerstört hatten, verfolgt haben. Weil die Hunnen außerdem den Brunnen vergiftet hatten, bat der Heilige Gott um Wasser für die Verwundeten. Daraufhin entsprang zu seinen Füßen eine Quelle, welche später als Taufbrunnen diente.
–> Eresing; –> Habach; –> Paterzell

HOHENBURG
(Markt Lenggries,
Landkreis Bad Tölz-Wolfratshausen)

Schloß
Das im Süden von Lenggries liegende Schloß Hohenburg wurde in den Jahren 1712 - 1718 anstelle einer 300 m weiter östlich liegenden und 1707 abgebrannten Burg errichtet. Die dreiflügelige Anlage war einstmals Stammsitz der Grafen Hörwarth - Hohenburg, dann im Besitz der Großherzöge von Nassau-Luxemburg, und ist seit Anfang der 1950er Jahre Heimschule der Ursulinen.

Wie in vielen alten Schlössern sollen auch in dem zu Hohenburg drei Frauen umgehen. Sie lebten einst auf der alten Burg, waren überaus schön, freigebig und fromm. Eines Tages überfielen Raubritter die Burg, um die drei Fräulein zu entführen. In ihrer Not stürzten sie sich die Felsen hinab. Auf diese Weise vor dem natürlichen Ablauf ihres Lebens gewaltsam zu Tode gekommen, finden sie keine Ruhe: bei Nacht klettern sie in langen, weißen Gewändern im Gestein herum, und in der Allerseelennacht wandeln sie ins Dorf hinunter und besuchen die Ahnen in der Kirchengruft.

Kalvarienberg

Bemerkenswert ist ein Kalvarienberg in der Nähe des Schlosses, ein umfangreicher Komplex mit Zugang an der steilen Westseite. Ein Kalvarienberg ist ein plastisch dargestellter Kreuzweg Christi, dessen Leidensstationen sich an einem Berg hinziehen und der mit der Kreuzigung auf dem Gipfel endet. Hier umfasst er eine symmetrische Treppenanlage aus dem Jahr 1694 mit fünf kleinen Kapellen, die fast lebensgroße Darstellungen der Leiden Christi zeigen, eine große Kreuzigungsgruppe (1703), eine Heilig-Grab-Kapelle (1698) und eine Kreuzkapelle mit Heiliger Stiege (1726). Diese ist eine Nachbildung der Scala Santa im Lateran in Rom. Die „Heilige Treppe" in Rom soll der Legende nach aus dem Palast des Pilatus zu Jerusalem stammen. Jesus soll sie vor seinem Tod betreten und die heilige Helena sie nach Rom gebracht haben. Diese „Scala Santa" im Lateran hat viele Nachbildungen erfahren, besonders gern bei Kalvarienbergen. Die Herkunft der Kreuzwegandacht geht auf die Zeit der mittelalterlichen Kreuzzüge zurück, und selbst als der Kreuzzugseifer Ende des 13. Jahrhundert erlahmte, blieb für viele Menschen die Pilgerfahrt ins Heilige Land das größte Anliegen ihres Lebens. Aber nur wenigen war es vergönnt, die Reise anzutreten. Als Ersatz entwickelte sich die sogenannte geistliche Pilgerfahrt, die spirituelle Vorstufe der späteren Kreuzwegandachten.

Die Entstehung dieser fast unverändert erhaltenen barocken Kalvarienberganlage, eine der ältesten in Bayern, ist eng mit der gräflichen Familie Hörwarth verbunden. Der Ort der Entstehung ist der Überlieferung nach einem Taschentuch zu verdanken: Ein Graf Hörwarth, der bei Hohenburg einen Kalvarienberg stiften wollte, konnte sich über den Platz nicht schlüssig werden. Da warf er bei einem Sturm sein Taschentuch in den Wind und gelobte, an der Stelle, wo es zu Boden fiele, den Kalvarienberg zu errichten.

HOHENPEISSENBERG
(Landkreis Weilheim-Schongau)

Wallfahrtskirche Mariä Himmelfahrt
Auf dem Gipfel des Hohenpeißenberg (988 m) erhebt sich weithin sichtbar die Pfarr- und Wallfahrtskirche Mariä Himmelfahrt. Anfangs stand hier für die umwohnenden Bauern eine Holzkapelle, die 1514 durch eine steinerne ersetzt wurde. Der herzogliche Pfleger von Schongau, Georg von Pienzenau, schenkte aus der dortigen Schlosskapelle eine geschnitzte Muttergottesfigur aus der Zeit der Spätgotik (1460 / 80), das heutige Gnadenbild. Es stellt Maria auf einer Bank sitzend dar; ihre Rechte hält einen Apfel, nach dem das Kind auf ihrem linken Arm die Händchen ausstreckt. Dieses Bild befindet sich auf dem Altar der Gnadenkapelle, die später mit der neuen Wallfahrtskirche zu einem Bau vereinigt wurde, das heißt: an den Chor der Kapelle wurde nach Osten hin - durch einen Durchgang verbunden - eine weitere Kirche angebaut. Das Langhaus schuf der Baumeister und Stukkateur Joseph Schmuzer (1683 - 1752), die Deckenfresken der Maler Matthäus Günther (1705 - 1788). Sein Gemälde schildert - eingebettet in das Panorama der heimischen Landschaft - die wichtigsten Ereignisse der Hohenpeissenberger Wallfahrtsgeschichte.

Die Geschichte der Wallfahrt Hohenpeißenberg ist eng verbunden mit dem Augustinerkloster Rottenbuch, das mehr als 200 Jahre lang das Heiligtum seelsorgerisch betreut hat. Während und nach dem 30-jährigen Krieg erlebte die Wallfahrt einen großen Aufschwung (damals entstand auch ein Gästehaus für Pilger); von den vielen Gebetserhörungen zeugen noch heute Votivbilder im Altarraum der Gnadenkapelle. Die Glanzzeit der Wallfahrt begann im 18. Jahrhundert. Als jedoch 1803 im Zuge der Säkularisation das Stift Rottenbuch enteignet wurde, war auch der Wallfahrt auf dem Hohenpeißenberg die Existenzgrundlage weitgehend abgeschnitten. Dennoch blieb die Kirche auf dem Hohenpeißenberg erhalten; in unmittelbarer Nähe befindet sich heute eine Wetterstation.

An der südlichen Längswand der Gnadenkapelle hängt in einem gläsernen Rahmen ein langes, schmales, als Votivgabe gestiftetes Messer. Es war 1892 dem fünfjährigen Krämersohn Hugo Schuster bei einem Unglücksfall zwischen Nase und linkem Auge sieben Zentimeter tief ins Gehirn eingedrungen und konnte erst nach längerer Zeit wieder entfernt werden. Der Knabe wurde wieder gesund; zum Dank ließen die Eltern das Messer fassen und in der Kapelle auf dem Hohenpeißenberg anbringen. Die wundersame Begebenheit ist ausführlich auf einer Tafel beschrieben, die man mittels eines Holzschiebers aus dem Rahmen ziehen kann.

Kapelle St. Georg am Hohenpeißenberg

Am bewaldeten Südhang des Hohenpeißenberges liegt das St. Georgs-Kapellchen, ein Kleinod unter den Kapellen des Pfaffenwinkels, dessen romanisches Kirchenschiff zu einer im 12. Jahrhundert erbauten Burg gehörte, die aber 1388 bei Streitigkeiten der Seefelder Grafen mit den bayerischen Herzögen zerstört wurde. An das romanische Kirchenschiff, das die Erstürmung der Burg überstand, wurde 1497 im Osten ein gotischer Chor angebaut.

Neben einer Vielzahl sehenswerter mittelalterlicher Kunstschätze findet man an der Nordwand der Kapelle Reste eines um 1400 von einem süddeutschen Meister geschaffenen Freskenzyklus mit Szenen aus dem Leben des heiligen Georg. Sie sind nach Legenden des 5. und 9. Jahrhundert gestaltet und als solche viel älter als die erst im 11. Jahrhundert entstandene bekanntere Legende vom Drachentöter.

Der Überlieferung zufolge wurde Georg um 280 in Kappadokien in der östlichen Türkei geboren und erwählte schon in jungen Jahren das Waffenhandwerk. Er war hoher Offizier im römischen Heer, bekehrte sich später zum Christentum und erlitt 305 unter Kaiser Diokletian den Märtyrertod. Dabei wurde er zahllosen Folterqualen unterworfen. Da die üblichen Martern nicht ausreichten, weil seine Wunden durch Gottes Hilfe stets auf wunderbare Weise heilten, musste man immer neue erfinden. Georg erhielt den Beinamen „Megalomartyr" (der große Märtyrer). Die noch erhaltenen Fresken in der Kapelle am Hohenpeißenberg schildern die Martern, die Georg - hier Georgius genannt - unter einem Perserkönig namens Dacian übersteht - darunter die recht seltene Darstellung einer Räderung. Schließlich wird ihm flüssiges Blei in den Mund gegossen und er in einen eisernen Ochsen geschoben, in dessen Inneren ihn Stacheln zu Pulver zermalen.

HOHENSCHÄFTLARN
(Gemeinde Schäftlarn, Landkreis München)

Birg

Östlich von Schäftlarn liegen auf einem Bergsporn hoch über dem Isartal die Überreste einer Fliehburg. Von ihrem Bestand zeugen ein Burgstall mit Erdwällen und dreifachem Halsgraben. Das Erdwerk stammt - basierend auf noch älteren Fundamenten aus keltischer und karolingischer Zeit - aus der ersten Hälfte des 10. Jahrhundert, wo es während der Ungarneinfälle als Refugium diente.

Diese Anlage „Birg" oder auch „Bürg" genannt, hat die Phantasie der Menschen beschäftigt und angeregt. Der Sage nach wurde sie vom Ritter Sachsenhauser bewohnt, dem Sohn eines Tyrannen. Er erschoß alle Leute, die auf den Flößen die Isar herabfuhren, bis das „Birgweibl", eine alte Frau, durch ihren klugen Rat die Menschen von diesem grausamen Ritter befreite: Als die Burg wieder einmal von Feinden belagert wurde, aber nicht eingenommen werden konnte, ging das Birgweibl zu den Belagerern und schlug ihnen vor, das Wasser der Burg abzugraben. Ein Roß, welches drei Tage lang kein Wasser bekomme, würde die Wasserquelle der Burg schnell finden. So geschah es: die Quelle wurde umgeleitet, und die durstigen Burgleute mußten sich ergeben. Der Ritter Sachsenhauser wurde in das Kloster Schäftlarn gebracht, in welchem alljährlich an „Pauli Bekehr" die Mönche das Erinnerungsfest feierten. Das Birgweibl soll noch öfter den Leuten im Gebiet zwischen Schäftlarn und Baierbrunn erschienen sein. Mit Strohhut, Stock und einem Korb auf dem Rücken fragte es nach dem Weg, kam aber nie ganz nach Schäftlarn oder Baierbrunn, denn es ist für immer in die Grenzen der Birg gebannt.

HOHENWACHT
(Landkreis Pfaffenhofen an der Ilm)

Richildiskapelle mit Richildis- und Wolfoldusschrein

Fährt man von *Pfaffenhofen* etwa 10 km in nordwestlicher Richtung, kommt man nach Hohenwacht, wo auf dem Klosterberg die Richildiskapelle liegt. Allerdings ist sie nur über die Pforte der Regens-Wagner-Stiftung, einer Behinderteneinrichtung, zugänglich. Schon im 11. Jahrhundert gab es hier eine Benediktinerinnen-Niederlassung, in deren Umfeld Wolfoldus als Wochner gelebt haben soll und Richildis als fromme Klausnerin in einer an die Kirche angebauten Zelle. Im Jahr 1895 wurde die Kapelle nach einem Brand neu gebaut. Heute wird die Stiftung von den Dillinger Franziskanerinnen betreut.

Über die Wallfahrt zu den beiden seliggesprochenen Volksheiligen geben alte Urkunden vom Ende des 15. Jahrhundert Zeugnis. Schreine, die in Höhlungen der rechten und linken Kapellenwand eingelassen sind, bergen die Reliquien der beiden Lokalheiligen. Viele Legenden und Berichte über Wunderheilungen ranken sich um Richildis und Wolfoldus. So wird berichtet, dass Wolfoldus jede Mitternacht zur Kirche ging, wenn die Nonnen die Mette sangen. Dabei soll sich das Kirchentor wunderbarerweise jedes Mal vor ihm geöffnet und nach seinem Weggang - ohne von Menschenhand bewegt zu werden - geschlossen haben. Im Winter habe er einmal, um nicht auf dem schlüpfrigen Berg auszurutschen, einen Pfahl aus einem Zaun gezogen. Als er dann vor der Kirchentür ankam, sei sie verschlossen gewesen - er habe das als Strafe erkannt, seinen kleinen Diebstahl bereut und den Zaunpfahl wieder zurückgetragen. Daraufhin sei ihm die alte Gunst wieder gewährt worden.

Die selige Richildis

Eine weitere Legende, die sogar in einer alten Pergamenturkunde von 1534 verzeichnet ist, berichtet über einen Schneider mit einem Steinleiden, den die Ärzte seines vorgerückten Alters wegen nicht mehr operieren wollten. Ihm seien im Traum ein Priester und zwei Jungfrauen erschienen, eine im Habit einer Klosterfrau. Der Priester habe dann mit Hilfe der Jungfrauen - eine davon war Richildis - den Stein aus seinem Leib entfernt und als er wach wurde - so die Überlieferung - hatte er den Stein in seiner Hand und war gesund.

Vom 17. Jahrhundert an tritt Richildis allein immer mehr in den Vordergrund bei den Wallfahrten. Der Richildis-Kult verknüpfte sich mit verschiedenen merkwürdigen Bräuchen: so läuteten die Wallfahrer zum Beispiel mit den Zähnen ein Glöckchen an ihrem Grab, um von Zahnschmerzen geheilt zu werden. Ferner gab es sogenannte „Richildislängen", aus Seidenschnüren bestehend, die am Richildisgrab berührt wurden und gerne von schwangeren Frauen in ihrer schweren Stunde getragen wurden. Heute ist die Wallfahrt gänzlich erloschen und nur selten kommen noch Besucher zur Richildiskapelle.

HOLZHAUSEN
(Landkreis Bad Tölz-Wolfratshausen)

Kath. Filialkirche St. Johann Baptist und Georg
Die Kirche in schöner Höhenlage, östlich des Starnberger Sees inmitten eines ummauerten Friedhofs gelegen, hat einen alten Turm von 1420 und ist durch die Jahrhunderte immer wieder verändert worden. Die letzte Renovierung stammt aus dem Jahr 1968. An der Chornordwand befindet sich ein Ölgemälde von 1743 mit der Darstellung der Gründungslegende:

Zu der Zeit, als eifrige Missionare den christlichen Glauben in Bayern verbreiteten, wollten sie auch in der Gegend von Holzhausen eine Kirche bauen. Bewusst vermieden sie bei der Auswahl des Standortes den Platz, der den Menschen früher als Kultstätte für ihre germanischen Götter gedient hatte. Aber immer wieder kamen - wie schon in vielen anderen Gründungslegenden erzählt - Vögel, trugen das Bauholz fort und brachten es zu dem früheren Opferberg. Zudem trugen ein Paar Ochsen, ohne von Menschen geleitet zu sein, einen großen Stein zu der Stelle, wo die Vögel das Bauholz hingebracht hatten. Daraufhin entschloß man sich, die Kirche am Ort des früheren heidnischen Heiligtums zu bauen.

HOLZKIRCHEN
(Landkreis Miesbach)

Teufelsgrube
Unterhalb von Holzkirchen führt die Münchner Straße durch einen breiten und tiefen Graben, der sich in nordwestlicher Richtung gegen die Isar hin erstreckt. Zu deren Ursprung wird folgende Sage überliefert: Ein Müller, der zu wenig Wasser für seine Mühle hatte, verschrieb dem Teufel seine Seele, wenn er ihm aus der Isar Wasser in Fülle verschaffe und ihm vor dem Hahnenschrei einen großen Wassergraben aus der Isar in die Mangfall vollenden würde. Der Müller sah mit Schrecken, wie bei Einbruch der Nacht das Tal von unsichtbaren Händen in Bewegung gesetzt wurde und der ungeheure Graben fast vollendet war. Da ergriff ihn große Reue, er weckte seinen Hahn, damit er vorzeitig krähe und wurde gerettet. Der Graben aber blieb unvollendet und wasserleer.

Die einsame Lage von Mühlen, das geringe Ansehen des Müllerberufs als „unehrlichem", nicht zunftfähigem Gewerbe, der ständige Verdacht, dass der Müller sich an dem ihm anvertrauten Mahlgut auf Kosten seiner Kunden bereichere - all dies waren wichtige Faktoren für die frühere Einstufung der Mühle als einem klassischen Spukort mit entsprechender Sagenbildung. Nicht selten hat der Müller sogar den Ruf, mit dem Teufel im Bunde zu stehen, den er allerdings durch einen Trick überlisten kann. Diese Geschichte ist eine ätiologische Erzählung, die eine besonders auffallende Landschaftsformation, den tiefen Graben, mit dem Wirken übernatürlicher Mächte erklären will.
–> Dachau

Ansicht einer Wassermühle

IGLING
(Landkreis Landsberg/Lech)

Schloß
Die einst wehrhafte Burg mit festen Türmen, tiefen Gräben und hohen Mauern nördlich vom Stoffersberg wurde über 350 Jahre vom Geschlecht der Donnersperg bewohnt, die in Stiftungen und Spenden gütig der Armen gedachten. - Die Sage erzählt von einer geizigen Verwalterin, die alljährlich von ihrer Herrschaft einen namhaften Geldbetrag erhielt, um jedem Handwerksburschen und Bettler, der am Tor eine Gabe erbat, einen Zehrpfennig zu reichen. In ihrer Habsucht hatte sie dieses Geld für sich behalten, was Ende 1828 mit ihrem Tode offenbar wurde, als man in ihren Habseligkeiten viele hundert Gulden fand. Zur Strafe fand sie im Grab keine Ruhe, sondern musste umgehen, spukte sogar am hellen Tage und warf in den Stuben alles durcheinander. Erst als man sie wieder ausgrub und in der sogenannten „Teufelskuchl" bei *Pitzling* verscharrte, wurde es ruhig im Schloß.
–> Pitzling

ILMMÜNSTER
(Landkreis Pfaffenhofen an der Ilm)

Katholische Pfarrkirche, ehemalige Kollegiatsstiftskirche St. Arsatius
Ilmmünster, dessen Ortsnennung schon um 765 als „ad ilmina" beurkundet wurde, ist eine der benediktinischen Urzellen, von denen aus das gesamte Gebiet an der Ilm und in der Hallertau missioniert wurde. Mitte des 8. Jahrhundert hatte der Mönch Eio (oder Uto), ein Mitglied der Huosi-Familie, die Gebeine des heiligen Arsatius aus Mailand an die Ilm gebracht. Schon zu Beginn des 9. Jahrhundert bestand in Ilmmünster ein blühendes Kloster mit einer bedeutenden Wallfahrt.

Die heutige dreischiffige Pfeilerbasilika hat einen Drei-Apsiden-Chor aus romanischer Zeit. Im Hochaltar von 1880 sind Flügel eines Vorgängeraltars (um 1490) mit acht Passionsszenen und vier Szenen aus dem Leben des heiligen Arsatius aus der Schule des Jan Pollack sowie vier Reliefs von Erasmus Grasser ebenfalls mit Darstellungen aus der Legende. In der geräumigen dreischiffigen Krypta ruhen die Gebeine des Heiligen. Ein großes Rotmarmor-Grabmal aus alten Grabsteinen von Chorherren, welches 1746 errichtet wurde, birgt nur wenige Reliquien. Der grössere Teil befindet sich im Osten der Krypta in einem Heiligenschrein eines weißen Altars, 1870 von J. Marggraff gefertigt.

In einer Vita des 15. Jahrhundert erhielt das Leben des heiligen Arsatius seine legendäre Ausschmückung. Danach lebte er im 4. Jahrhundert, war Schüler des heiligen Ambrosius und sein Nachfolger auf dem Mailänder Bischofsstuhl. Mit seinem Bruder brachte er die Reliquien der heiligen Drei Könige und die eherne Schlange des Moses von Konstantinopel nach Mailand (nach der Darstellung im Alten Testament errichtete Moses die eherne Schlange auf Gottes Geheiß, um das Volk Israels vor dem Tod durch das Gift feuriger Schlangen zu retten). Auch das Motiv des wilden Tieres, welches gezähmt den Heiligen dient, fehlt in der legende nicht: Der Wolf, der eine Kuh gerissen hat, zieht den Wagen mit den Gebeinen der heiligen Drei Könige.

Katholische Wallfahrtskirche Herrnrast

Etwas außerhalb von Ilmmünster an der Straße nach Paunzhausen steht der kleine Saalbau, der vermutlich um 1600 entstanden ist. Während des Schwedenkriegs wurde er stark beschädigt und erst 1689 erneuert, worauf die Jahreszahl am Chorbogen verweist. In den Jahren 1973/74 wurde das Gotteshaus noch einmal umfassend renoviert. Der frühbarocke Hochaltar beherbergt die Gnadenfigur des „Christus in der Rast".

Die plastische Darstellung zeigt Jesus nur mit einem Lendenschurz bekleidet, auf einem Stein sitzend, das Haupt in seine rechte Hand gestützt. Die Errichtung von Herrnrast fußt auf einer Legende. Danach sah ein Hirtenmädchen, während es die Tiere hütete, Christus den Hügel heraufkommen und sich auf einem Baumstamm zur Rast niederlassen. Diese Geschichte war Anlaß zum Bau einer Kapelle. Einer anderen Legende zufolge fand ein Schafhirte im Geäst eines Baumes, bei dem er ausruhte, ein Bild des rastenden Jesu. Er nahm es mit nach Haus und verwahrte es in einem Schrank. Am nächsten Morgen war es verschwunden. Er fand es wieder im Geäst desselben Baumes an dem Ort, wo heute die Kapelle steht.

INGOLSTADT
(Landkreis Ingolstadt)

Das Gebiet um Ingolstadt war schon seit dem 5. Jahrhundert v. Chr. besiedelt. Auch die Stadt selbst ist alt: ein fränkisches Hofgut des 8. Jahrhundert war ihr Ursprung - 806 wird die „villa Ingoldestat" erstmals erwähnt und in den Jahren 817 und 841 wird sie als Königsgut (curtis dominicata) gekennzeichnet. Unter den Wittelsbachern begann für die Siedlung ein neuer Abschnitt der Entwicklung. Nach einer Landesteilung im Jahr 1392 wurde sie Hauptstadt des Herzogtums Bayern - Ingolstadt und für 55 Jahre Residenz. Im Jahr 1472 wurde die Universität gegründet, welche bis in das Jahr 1800 bestand.

Liebfrauenmünster und Straße „Am Stein"

Ihre künstlerische Blüte erlebte die Stadt im 15. Jahrhundert als Herzog Ludwig der Gebartete († 1447) hier eine großzügige Hofhaltung nach französischem Muster einrichtete: es entstanden das Neue Schloß und die Obere Pfarrkirche, das sogenannte Münster, dessen Grundstein am 21. Mai 1425 gelegt wurde. Die Bauzeit zog sich sehr in die Länge: längst war Ludwig der Gebartete nach einer kriegerischen Auseinandersetzung mit seinem Sohn Ludwig dem Buckligen und seinem Landshuter Vetter Heinrich dem Reichen, im Kerker der Festung Burghausen gestorben - die von ihm geplante Grabstätte im Liebfrauenmünster ist nie realisiert worden - als die Ingolstädter noch immer um Geld für den Kirchenbau verlegen waren. Erst 1520 konnte das Münster fertiggestellt werden; die Türme, welche 86 m hoch werden sollten, wurden nie vollendet. Dieser Sachverhalt hat offenbar die Sagenbildung angeregt:

Als das Liebfrauenmünster erbaut wurde, wollte der Teufel den gewaltigen Bau vernichten; er schleppte nachts einen riesigen Steinblock herbei, hob sich da-

Ingolstadt mit Liebfrauenmünster, der unteren Pfarrkirche St. Moritz und dem Neuem Schloß in einem Kupferstich von Matthäus Merian.

mit in die Luft und warf ihn auf die Kirche hinab. Er fiel jedoch in den Friedhof und blieb dort liegen, weil sich keiner traute, ihn anzurühren oder in seine Nähe zu kommen. Ein mutiger Bürger kaufte 1814 diesen Stein, um ihn vor seinem Haus als Eckstein aufzustellen. Niemand wollte den Teufelsstein auf seinen Wagen laden, bis sich schließlich furchtlose Soldaten fanden. Nun wurde er am Bertholdschen Hause am Eck des Weinmarktes, des heutigen Schliffelmarktes, aufgestellt, wo er noch zu sehen ist. Die Straße, die an dem Block vorbeiläuft, führt den Namen „Am Stein".

Der ungewöhnliche Name der Stadtpfarrkirche „Zur Schönen Unserer Lieben Frau" geht auf ein von Herzog Ludwig dem Gebarteten geschenktes Marienbildnis zurück, eine 1801 leider zerschlagene Goldschmiedearbeit. Das Bild Mariä auf dem Thron erscheint auch im Wappen der später gegründeten Universität und ziert noch heute das Siegel der Ludwig-Maximilians-Universität in München.

Der mächtige gotische Ziegelbau mit seinen über Eck gestellten Fronttürmen, welche als Geschützstände in die Verteidigung der Stadt einbezogen waren, beeindruckt im Innenraum durch seine monumentale Größe (Länge: 96 m) und ist eine riesige Staffelhalle. Das Liebfrauenmünster hat Bedeutung als Universitätskirche, was in den Grabmälern und Gedenktafeln bedeutender Professoren im Chorgestühl und besonders im Hochaltar zu sehen ist. Letzterer wurde anläßlich des hundertjährigen Bestehens der Universität 1572 gestiftet und von Hans Mielich gestaltet.

 Vom Westgiebel des Münsters blickt die Patrona Bavariä - eine Statue der Muttergottes als Patronin Bayerns. Ein Student, der kurz vor dem Examen stand und bisher sein Studium nicht ernst genommen hatte, suchte der Sage nach in seiner Not die Fürbitte dieses Bildnisses und stieg des nächtens achtmal über den Frauenfriedhof, um sie anzuflehen und Besserung zu versprechen. Da flatterte ein Zettel mit allen Fragen, die dann tatsächlich in der Prüfung gestellt wurden, herab. Nach gründlicher Vorbereitung bestand er sein Examen mit Auszeichnung, führte von nun an ein tadelloses Leben und wurde sogar Schreiber des Herzogs.

 In der dritten nördlichen Kapelle befindet sich das Gnadenbild der „Dreimal Wunderbaren Mutter", eine Kopie des Maria-Schnee-Bildes in Maria Maggiore in Rom, zu dessen Verehrung 1595 der Jesuit P. Jacob Rem († 1618) das Kolloquium Marianum, eine Elitegruppe der Marianischen Bewegung, gründete. Die davor kniende Skulptur zeigt den Pater - ein Votivbild gibt das Geschehen von 1604 wieder: eine Marienvision des über dem Boden schwebenden Paters, der gerade die lauretanische Litanei betete. Die Muttergottes soll ihm dabei mitgeteilt haben, ihr sei der Titel „Mater admirabilis" besonders lieb, worauf der Pater die Anrufung Mariä noch zweimal wiederholen ließ, so dass der Name „Dreimal Wunderbare Mutter" entstand. Als er am nächsten Tag mit den Klosterbrüdern die Litanei betete und sie den Vers „Wunderbare" einflochten, wurde der kniende Pater dreimal nacheinander in die Höhe gehoben, was als deutliches Gnadenzeichen galt.

Gegenüber sieht man ein geschnitztes Kruzifix aus dem 12. Jahrhundert, welches der Jesuitenpater der Legende nach einmal auf den Wellen der Donau treiben sah. Er stellte das Kreuz in dieser Kapelle des Liebfrauenmünsters auf. Früher war es durch eine Glashülle geschützt, die an der Stelle des rechten Arms des Heilands ein Loch aufwies. Das wird so erklärt: Ein Student, der bei dem Pater beichtete, befreite sich nur von seinen kleinen Vergehen, aber verschwieg das Wesentliche. Da langte Christus mit seiner Rechten aus dem Glashaus heraus und gab ihm eine schallende Ohrfeige, so dass er sofort alles gestand.

Franziskanerkirche
Ursprünglich lag das Minoritenkloster vor dem nördlichen Auslaß der alten Stadtmauer. Die Kirche in der Harderstraße 4 wurde 1275 in den strengen Formen der Frühgotik begonnen und rasch zu Ende geführt. Sie wurde als dreischiffige, flachgedeckte Basilika errichtet, wobei die nüchterne Beschränkung auf die kubische Raumstruktur eine typische Eigenart der Bettelorden-Architektur ist.

Im südlichen Seitenschiff befindet sich die Kapelle der „Schuttermutter" mit dem Gnadenbild (um 1380) und vielen Votivkerzen. Die schlanke Statue der Muttergottes - sie und das nackte Kind mit prächtigen Kronen geschmückt - weist am Hals Spuren wie von einem Hieb auf. Eine antisemitische Erzählung berichtet, dass an der Stelle, wo bis 1945 die Untere Franziskanerkirche stand, in alter Zeit das Bethaus der Juden war. Die vertriebenen Juden sollen das Marienbild gestohlen, ihm den Kopf abgeschlagen, es die Donau hinaufgeschleppt und unter einem Gebüsch versteckt haben. Die Marienstatue und der Kopf schwammen nun wie von selber die Donau wieder herunter. Als sie in ihre Heimatstadt kamen, trieben sie die Schutter herauf, bis sie beim Kloster an Land geschwemmt und von den Bürgern geborgen wurden. Der Kopf hielt wie durch ein Wunder so fest wie zuvor, was viele Wallfahrer anlockte. Erst nach der Zerstörung der Unteren Franziskanerkirche gelangte die „Schuttermutter" an ihren jetzigen Standort. Auf dem Deckengemälde, einem Werk von Johann Baptist Zimmermann (1680 - 1758), ist die Geschichte in vier Einzelbildern dargestellt.

St. Johann im Gnadental
Das heute noch bestehende Frauenkloster der Franziskanerinnen gegenüber der Franziskanerkirche in der Johannesstraße 5 wurde bereits im 13. Jahrhundert gegründet. Der Kirchenbau hatte viel Geld verschlungen, so dass im Jahre 1488 die Schwestern wegen der hohen Schulden hungern mußten. Trotz der Entbehrungen blieben die Nonnen gottesfürchtig und fromm. Die Legende erzählt, es sei eines Tages, als sie überhaupt nichts mehr zu essen hatten, eine verschleierte Frau in langem blauen Mantel gekommen, die freundlich mit der Türhüterin sprach und ihr eine Pfanne voll Mus verabreichte. Dann verschwand sie plötzlich und die alte Schwester war der Meinung, es sei die Jungfrau Maria selbst gewesen. Das Mus ging nicht eher zu Ende, bis alle satt waren.

Als bald danach wieder Hunger herrschte, kam nach innigem Beten ein etwa zwölfjähriger schöner Jüngling an die Pforte, gab der Pförtnerin zehn Goldgulden und sagte er sei ein Diener des Allerhöchsten. Umflossen von hellem Glanz soll er wieder hinausgegangen sein, ohne dabei die Tür zu öffnen.

Pfarrkirche St. Mauritius (Moritz)
St. Moritz beherrscht den Schnittpunkt der beiden Hauptachsen der Stadt und besetzt somit eine zentrale Stelle des Stadtgefüges. Die Moritzkirche geht im wesentlichen auf das 13. Jahrhundert zurück und präsentiert sich als dreischiffige Basilika mit spitzbogigen Arkaden, die auf stämmigen Rundpfeilern ruhen.

Merkwürdig ist die Verteilung der beiden Türme, von denen einer an der Nordseite an der Naht von Langhaus und Chor steht - mit seiner schweren Architektur, durchbrochen von romanischen Klangarkaden, gehört er noch dem 13. Jahrhundert an.

Schlanker und leichter wirkt der gotische Turm an der Südseite (Pfeifturm). Er wurde in seinem Aufbau mehrfach verändert und diente der Stadt als Wachturm. An der Ecke auf einer Wappenkonsole sieht man einen überlebensgroßen leidenden Christus, der die Hände über die Stadt breitet. Diese Figur wurde 1601 gestiftet und ist vermutlich ein Werk des Ingolstädter Bildhauers Hiernoymus Sarder. Die offenbar als ungewöhnlich empfundene Gestik der Figur hat die Sagenbildung angeregt: Sie erzählt von einem adligen Polen, Adalbert von Benjowski, der 1621 die Ingolstädter Universität bezog. Er führte ein wüstes Leben, bummelte einmal nach Mitternacht die heutige Dollstraße herunter und lästerte mit furchtbaren Flüchen zu dem „Erbärmdechristus" am Pfeifturm hinauf. Da bewegte sich die Figur, breitete die Arme aus, als wolle sie ihr Entsetzen zum Ausdruck bringen und kreuzte sie wieder über der Brust. Der Frevler starb auf der Stelle und wurde am folgenden Tag unter dem Galgen vor dem Donautor eingescharrt.

Vor den Stufen des Hochchors befindet sich die Grabplatte des wegen seiner Wohltätigkeit besonders beliebten Geistlichen Konrad Ulmer (1442 - 1460). Auch nach seinem Tode ist er im Bewusstsein der Ingolstädter lebendig geblieben und gilt als Schutzpatron der Stadt, vor allem bei Feuergefahr. Ein Klopfen an seiner Grabplatte zeigt an, wenn in der Stadt ein Brand ausbrechen wird - auf seine Fürbitte hin wird jedoch nie mehr als ein Haus den Flammen zum Opfer fallen. Zuletzt soll Konrad Ulmer die Einwohner Ingolstadts 1945 während der Bombenangriffe des Zweiten Weltkriegs gewarnt haben.

Hohe Schule

Der rosa Bau in der Hohe-Schul-Gasse mit dem breiten Giebel, den ein Türmchen ziert, geht auf Ludwig den Gebarteten zurück, der ihn als Pfründnerhaus erstellte und mit seiner Stiftung dafür Sorge tragen wollte, dass an seinem Grab im Münster, das nie errichtet wurde, täglich gebetet werden sollte. Ludwig der Reiche erwirkte 1465 vom Humanisten-Papst Pius II. die Erlaubnis, die Einkünfte dieser Stiftung zur Gründung einer Landesuniversität verwenden zu dürfen, die 1472 eröffnet wurde. Somit wurde das Gebäude Sitz der ersten bayerischen Universität.

In der ehemaligen Hohen Schule, die heute Berufsschule ist, befand sich auch ein dunkler Karzer. Das Einsitzen im Karzer - einem kleinen Gefängnisgewölbe - war Teil des akademischen Strafvollzugs. Dort klopfte es der Sage nach manchmal an die Tür, und ein kleines Männlein ohne Kopf trat herein. Die Karzerinsassen gerieten daraufhin so in Furcht, dass sie Besserung gelobten.

Ein Hausmeister, der in der Ingolstädter Universität wohnte, begegnete wiederholt einem Geist, mit dem er so vertraut wurde, dass er ihn den „Petzen" (Name eines Schafes) nannte und der sich wie eine Magd anstellig erwies, Holz schleppte, einheizte und Wasser herbeiholte. Nach dem Empfang der heiligen Kommunion sprach ihn der Pedell einmal an, ob ihm zu helfen sei. Daraufhin führte der Geist den Pedell in die Schule der Theologie, stieg, als ob er einen Professor nachahmen wollte, auf die Kanzel, brummelte von dort allerlei Unverständliches und war seit jener Zeit verschwunden.

Deutsches Medizinhistorisches Museum

Jahrhundertelang hatte sich die medizinische Fakultät in Ingolstadt mit den ihr 1472 zugestandenen Räumlichkeiten in der Hohen Schule begnügt: Im Jahr 1722 wurde die Planung eines eigenen Gebäudes für die öffentlichen Demonstrationen der Anatomie und der Chirurgie sowie für die Botanik in der heutigen Anatomiestraße 18/20 in Auftrag gegeben, wobei als Baumeister Gabriel de Gabrieli vermutet wird. Gabrieli war der Baumeister des Eichstätter Bischofs, welcher, gemäß der Stiftung, auch Kanzler der Universität war.

Der dem Gebäude zugeordnete Garten ist ein Beispiel für die enge Verbindung zwischen Medizin und Botanik. Er zeigt heute eine Heilkräuteranpflanzung mit 132 verschiedenen Pflanzenarten.

Das 1973 eröffnete Museum ist im ehemaligen anatomischen Theater der vom Gründungsjahr 1472 bis zum Jahr 1800 in Ingolstadt ansässigen ältesten bayerischen Landesuniversität untergebracht. Es zeigt in seiner Schausammlung ca. 1.200 Gegenstände aus der Geschichte der Medizin verschiedener Zeitalter und Kulturkreise. Im ehemaligen Hörsaal der Fakultät im Obergeschoß des Museums - das „anatomische Theater" ist als solches leider nicht mehr erhalten - befinden sich seltene Totalpräparate für den medizinischen Unterricht.

Hier fühlt man sich an den 1818 erschienenen Roman „Frankenstein oder der moderne Prometheus" erinnert, den die Autorin Mary Wollstonecraft Shelley (1797-1851) - Tochter der Mary Wollstonecraft, einer der ersten englischen Frauenrechtlerinnen und Ehefrau des Dichters Percy Bysshe Shelley - nach Ingolstadt verlegt hat.

Der junge Schweizer Student, Victor Frankenstein, hat in der Fiktion Mary Shelleys in einem vollgestopften Laboratorium auf einem Ingolstädter Dachboden dieses Monstrum, eine Art Zombie, geschaffen. Hier in Ingolstadt studiert er die modernen Naturwissenschaften und gräbt auf dem Friedhof heimlich die Leichen aus, die er für sein Experiment braucht. In der „Alten Anatomie" lernt er das Sezierhandwerk. Sein Frevel rächt sich auf schreckliche Weise, denn das häßliche Geschöpf sehnt sich nach Liebe, erweckt aber überall nur Abscheu, wodurch es zum Dämon entartet und Frankensteins kleinen Bruder und Vater tötet. Nachdem sich Frankenstein geweigert hat, dem Monstrum eine Partnerin zu schaffen, tötet jenes auch den besten Freund und die junge Frau Frankensteins und treibt ihn, der es in seinem verzweifelten Haß vernichten will, durch viele Länder. Frankenstein stirbt schließlich in der Antarktis in den Armen des Nordpolforschers Walton, der in seinen Briefen und Tagebuchaufzeichnungen die Geschichte berichtet - der künstliche Mensch indes treibt verlassen auf einer Eisscholle.

Nicht umsonst machte Mary Shelley Ingolstadt zum Schauplatz der Handlung. Sie selbst interessierte sich sehr für Fragen der Naturwissenschaft und ihr Mann war Mitglied des 1783 von Professor Johannes Weishaupt gegründeten aufklärerischen Illuminatenordens. Dieser Roman hat im Zeitalter der Gendiskussion Aktualität mit der Frage: Wo endet die Freiheit des Forschers?

Mehrfach schon wurde die Geschichte dieses gänsehauterregenden künstlichen Geschöpfes verfilmt, einmal 1930 mit Boris Karloff als Monster oder in jüngster Zeit in der Inszenierung von Kenneth Branagh, der auch den Baron Frankenstein spielt. Der Darstel-

Die Straßenseite der ehemaligen Anatomie, von G. Schröpler, 1871.

ler des Monsters in diesem Film ist Robert de Niro. Der nicht nur künstlerisch, sondern auch kommerziell erfolgreiche Film hat dazu geführt, dass Ingolstadt Frankenstein erneut für sich entdeckt hat: unter dem Motto „It`s cool - Frankenstein-Trip in Ingolstadt!" werden Stadtführungen angeboten, die dem Besucher das historische Ingolstadt auf den Spuren Frankensteins näherbringen.

ISING AM CHIEMSEE
(Gemeinde Chieming, Landkreis Traunstein)

Wallfahrtskirche Mariä Himmelfahrt
Ising liegt weithin sichtbar auf einem Hügel am nordöstlichen Ufer des Chiemsees, nur wenige Kilometer östlich von Seebruck. Die früheste urkundliche Erwähnung der Kirche stammt von 1389. Mitte des 18. Jahrhundert wurde sie vom späteren Traunsteiner Stadtbaumeister Plazidus Nizinger barockisiert. Der Hochaltar wurde 1779 von Johann Michael Mattheo errichtet. Im Mittelpunkt steht die spätgotische Statue der Isinger Gnadenmutter mit dem Kind auf dem Arm, auf der Mondsichel stehend. Zeitweilig trägt sie einen barocken Prunkmantel in Weiß oder Blau, ein Zepter und wertvolle Rosenkränze mit einer Medaille, auf der beispielsweise die Befreiung Budapests von den Türken im Jahr 1686 dargestellt ist. Ein Strahlenkranz mit Puttenköpfchen und Wolken, 1761 von Johann Dietrich geschaffen, umgibt das Gnadenbild.

Vom Bau der Kirche erzählt eine Legende, dass das Gotteshaus zunächst im nahen Dorf Fehling errichtet werden sollte. Als sich aber ein Arbeiter bei den Bauarbeiten schwer verletzte, trug ein Vogel einen vom Blut dieses Mannes geröteten Holzspan nach Ising. Da entschloß man sich, die Kirche auf der Isinger Höhe zu bauen. Die Wallfahrt besteht seit dem 15. Jahrhundert, erlebte ihre Blütezeit jedoch erst im 18. Jahrhundert.

In den Votivbildern unter der Orgelempore werden vor allem Unglücksfälle auf dem Chiemsee dargestellt, u.a. ein Schiffsunglück des Jahres 1762 und eine „Wunderbare Errettung aus einem Eiseinbruch" aus dem Jahr 1771.

JESENWANG
(Landkreis Fürstenfeldbruck)

Das einige Kilometer westlich von *Fürstenfeldbruck* gelegene Jesenwang hat eine traditionsreiche Vergangenheit. Der Ort erscheint erstmals 773 in einer Freisinger Urkunde und es wird bestätigt, dass die Pfarrei 1314 an das Kloster Fürstenfeldbruck kommt. Im 30jährigen Krieg soll das Dorf durch die Schweden niedergebrannt worden sein.

Wallfahrtskirche St. Willibald
Die Kirche liegt östlich von Jesenwang - an der alten Römerstraße von Salzburg nach Augsburg - auf freiem Feld. Laut gotischer Inschrift wurde 1414 der Grundstein zu einer Kapelle gelegt, doch schon 1474 baute man eine grössere Kirche, die in ihrer baulichen Form bis heute erhalten ist. Die mit Blumen und Sternen bemalte Holzdecke, auf der 594 verschiedene Blumenornamente zu sehen sind, ist die größte gotische Flachdecke Bayerns.

Eine Sitzfigur des Kirchenpatrons - eine bemalte Holzplastik aus der Zeit um 1500 - bildet den Mittelpunkt des Hochaltars der Spätrenaissance. Eine Reliquie des hl. Willibald, ein Stück seiner Originalalbe, wird in einer Glasvitrine an der nördlichen Kirchenwand aufgehoben.

Willibald (um 700 - 787) stammt aus einer angelsächsischen Königsfamilie und ist ein Bruder der besonders in Eichstätt verehrten heiligen Geschwister Wunibald und Walburga. Nach einer mehrjährigen Pilgerreise nach Rom und nach Palästina lebte er von 729 - 734 als Mönch in Montecassino. Auf Bitten des heiligen Bonifatius schickte ihn der Papst zur Missionsarbeit nach Deutschland. In Eichstätt gründete er ein Kloster und baute den ersten Dom. Im Jahr 741 wurde er zum Bischof geweiht; seine Heiligsprechung erfolgte 1256.

Der Überlieferung nach soll der heilige Willibald an der Stelle, wo heute die Jesenwanger Kirche steht, eine längere Rast eingelegt haben, bevor er ins Tal der Altmühl weiterreiste. Daran erinnerte lange Zeit ein Bildstock, der 1414 dem spätgotischen Kapellenbau weichen mußte.

Ein großes Leinwandgemälde mit einer Darstellung des Heiligen als Schutzpatron des Ortes schmückt die Nordwand der Kirche; es wurde 1712 von der Gemeinde Jesenwang anläßlich einer schweren Viehseuche gespendet. Weil die Seuche daraufhin abklang, verehrten die Bauern der Umgebung den Heiligen als Pferdepatron und führten alljährlich zu seinen Ehren den sogenannten Willibaldsritt durch. Das Langhaus verfügt an der Nord - und Südseite über je ein großes Spitzbogenportal für den Durchritt. Innerhalb der Kirche mußten die Pferde einen Blick auf den Altar werfen, es sollte sie vor Krankheit und Unheil schützen. Das auf dem Kirchenboden verteilte Stroh wurde später wieder eingesammelt und unter das Futter der Tiere gemischt. Man versprach sich davon eine heilsame Wirkung. Nach jahrhundertealter Tradition findet der Umritt mit Segnung der Rösser noch heute statt, wobei der Durchritt durch die Kirche in Jesenwang eine Besonderheit im kirchlichen Brauchtum und mit grosser Wahrscheinlichkeit auch einmalig in Mitteleuropa ist. Der Termin wird alljährlich auf einen Sonntag um den 7. Juli, den Patroziniumstag des heiligen Willibald, festgesetzt.

Der heilige Willibald

Pestkapelle Mariae Trost
Die 1651 anläßlich einer Pestepidemie am südlichen Ortsausgang errichtete Votivkapelle wurde 1751 erneuert und mit einem runden, kuppelgedeckten Dach versehen. Aus dieser Zeit ist eine Begebenheit überliefert, die zwar sagenhafte Züge trägt, aber durchaus reale Grundlagen haben könnte, denn tatsächlich ist es in Pestzeiten nicht selten zu voreiligen Begräbnissen Scheintoter gekommen:

Als in einem Haus, das lange von der Seuche verschont blieb, der Mann erkrankte, sperrten ihn die hartherzigen Angehörigen in eine kleine Kammer. Eines Tages, so berichtet die Sage, war er so matt, dass er sich nicht mehr regen konnte. Da vermummten sich Mutter und Sohn und legten den wehrlosen Kranken in einen selbstgezimmerten Sarg und begruben den noch Lebenden außerhalb des Dorfes. Später strafte Gott sie für ihre schreckliche Tat: Nach dem Tod fanden ihre Seelen keinen Frieden mehr, sie mußten am Ort ihrer Tat umgehen. Nachts schwebten sie als Irrlichter umher und klagten so jämmerlich, dass sich die Bevölkerung nach Einbruch der Dunkelheit nicht mehr an den Platz, wo heute die Pestkapelle steht, wagte.

KAUFERING
(Landkreis Landsberg/Lech)

Leonhardskapelle
Am südlichen Ende von Kaufering liegt nahe des Lech das Leonhardskirchlein, das wegen seiner Umgürtung mit Eisenketten interessant ist. Der hl. Leonhard (um 500 - 570) wurde als Patron der Gefangenen verehrt; die Kette später zur Viehkette umgedeutet. Zu seiner Verehrung kennt man Eisenvotive vorrangig in Viehgestalt oder als Ketten, die entweder innen in den Kirchen aufgehängt oder mit denen die Kirchen außen regelrecht umgürtet wurden.

Zur Entstehung des Kirchleins wird erzählt, dass in der zweiten Hälfte des 17. Jahrhundert ein hölzernes Bild des heiligen Leonhard auf dem reißenden Lechstrom schwamm und einige Schritte oberhalb des Dorfes ans Land getrieben wurde. Ein Mann fand das Bild und stellte es in eine ausgehöhlte alte Eiche neben einer Quelle. Als er es nach einiger Zeit wieder aufsuchen wollte, war es von dort verschwunden und lag auf einer Wiese etwas oberhalb der Quelle. Auch als man das Bild des hl. Leonhard abermals in die hohle Eiche zurückbrachte, lag es am andern

Tage wieder auf der Wiese, was sich öfter wiederholt haben soll und das Volk glauben ließ, dass der heilige Leonhard hier verehrt werden sollte, weshalb die Gemeinde ihm auf der Wiese eine Kirche errichtete. Das Kirchlein entwickelte sich zu einer Wallfahrt, wo die Bauern Hilfe bei Viehseuchen suchten. Die Legende berichtet, dass bisweilen die Kirche nachts innen erleuchtet gewesen sei.
–> Bad Tölz; –> Dietramszell;
–> Grafing; –> Leonhardspfunzen

KIRCHWALD
(Gemeinde Nußdorf am Inn,
Landkreis Rosenheim)

**Einsiedelei und
Wallfahrtskirche Mariä Himmelfahrt**

Kirchwald liegt etwa 700 m hoch über dem Inntal auf dem Weg zum Heuberg, eine halbe Gehstunde von Nußdorf entfernt, inmitten einer Lichtung des Bergwaldes. Zur Wallfahrtskirche aus dem Jahr 1719 gehören die Klause aus dem Jahr 1717 sowie die kleine Wasserkapelle mit einer Heilquelle. Sie ist heute die letzte bewohnte Einsiedelei Oberbayerns.

Mittelpunkt des heutigen Hochaltars ist das Gnadenbild „Maria-Hilf" datiert auf das Ende 18. Jahrhunderts, eine freie Gestaltung des byzantinischen Ikonentypus der „Eleousa" (= die Zärtliche). Sie trägt das (meist blaue) Mantelkopftuch mit goldener Borte, einen goldenen Davidstern über der Stirn und zwei auf der Brust. Das Kind ist bekleidet.

Beachtenswert ist die Bemalung des hölzernen Türrahmens von 1758 in der Vorhalle der Kirche mit der Darstellung der von der Gegenreformation geprägten Gründungslegende: ein lutherischer Tuchmachergeselle, Michael Schöpfl aus Iglau in Mähren, wanderte 1643 nach Rom, wo er zum katholischen Glauben übertrat. Ein römischer Kardinal schenkte ihm zum Abschied ein Madonnenbildnis mit den Worten: „Gott wird Dir ein Zeichen geben, wo du bleiben und deinem Bild eine Hütte bauen sollst." Auf dem Heimweg löste sich der Bundschuh des Jesuskindes (heute noch auf dem Bild zu sehen). Dies war das Zeichen. Im Kirchwald fand Schöpfl eine verlassene Felsenwohnung und errichtete eine Klause, dazu ein Hüttchen für sein Marienbild. Ein Problem des frommen Einsiedlers, von nun an „Bruder Michael", blieb die im Morast austretende Quelle seiner Klause. Deshalb verlobte er sich zu einer Wallfahrt nach Weihenlinden, brachte von dort geweihtes Wasser mit, goß es in die zuvor gemauerte Quellfassung und bat Maria, durch ihre Fürbitte das Wasser genießbar zu machen. Bald ereigneten sich Wunder am Bild und am Brunnen, und Kirchwald wurde zu einer beliebten Wallfahrtsstätte. Votivgaben in der Wasserkapelle nahe der Klause erzählen auch heute noch von der wunderwirkenden Heilkraft der Quelle.

KLEINHELFENDORF
(Gemeinde Aying, Landkreis München)

Marterkapelle St. Emmeram
Gleich hinter *Aying* liegt der kleine Weiler *Helfendorf*. Etwa 500 m nach dem Ortsende führt eine Abzweigung nach Kleinhelfendorf. Der Ort bezeichnet die Stelle, an welcher der fränkische Wanderbischof Emmeram im Jahre 652 einen schrecklichen Martertod erlitten haben soll.

Um einen Granitblock, den Marterstein, wurde eine Kapelle errichtet, welche als einfacher rechteckiger Bau mit kleinem Türmchen noch auf zwei Votivtafeln zu sehen ist. In der Mitte der 1752 neu erbauten Kapelle, abgeschlossen durch ein Eisengitter, liegt der große Findlingsblock, auf dem, auf einer Leiter ausgestreckt, der entkleidete Emmeram gefoltert wird. Er ist umgeben von vier lebensgroßen Schergen mit grimmigen Gesichtern, Messer und Beile in ihren Händen. Die drastisch derbe Holzgruppe von 1789 ist farbig gefaßt und macht einen furchterregenden Eindruck.

Ungewöhnlich ist die Verbindung von Gespannwunder, Stromsage und magischem Schiffstransport, wie sie in der Legende des Heiligen berichtet wird. Nach der von Bischofs Arbeo von Freising 770 verfaßten Lebensbeschreibung stammt der heilige Emmeram aus Poitiers. Als Wanderbischof soll er drei Jahre in Regensburg geblieben und ein Kloster gegründet haben. Als die Herzogstochter Uta vom Sohn eines hohen Beamten verführt worden war, nahm Emmeram freiwillig die Schuld auf sich, um den wirklichen Vater des Kindes zu schützen. Auf seiner Pilgerreise nach Rom im Jahr 652 wurde er von Lantpert, dem Bruder Utas, überfallen und grausam gemartert, weil er ihn als Urheber der Schwangerschaft der Flucht verdächtigte. Der historische Hintergrund dieses Berichtes ist ungewiß.

Ein Bildstock bei der Marterkapelle bezeichnet die Stelle, wo die Einwohner des Ortes die abgetrennten Glieder des Heiligen gefunden und sie unter einem

Weißdorn verborgen haben. Sie glaubten, dass ein verstümmelter Leib wieder gesund werden könne, wenn die abgeschnittenen Gliedmaßen mit Erde bedeckt würden. Auf dem Marterstein getrocknete Kräuter brachten angeblich bei Viehseuchen Hilfe.

Emmeram starb aber noch nicht in Helfendorf. Der Gemarterte wurde vielmehr auf einen von Ochsen gezogenen Karren gelegt; ohne Führer überließ man sie sich selbst, und sie brachten den Heiligen zunächst nach Aschheim, wo er starb. Den Leichnam beförderten die Ochsen weiter bis Oberföhring an der Isar; hier blieben sie stehen. Die Leiche wurde auf ein bereitstehendes Schiff verladen, welches der Legende nach selbständig die Isar hinab und stromaufwärts auf der Donau nach Regensburg gefahren war, wo der spätere Heilige in seiner Bischofskirche begraben wurde. Die auf dem Schiff befestigten Kerzen sollen während der Fahrt nicht verloschen sein.

Einer anderen Version zufolge soll der Leichnam des heiligen Emmeram in der St. Peterskirche im nahen *Aschheim* beigesetzt worden sein. Von da an regnete es

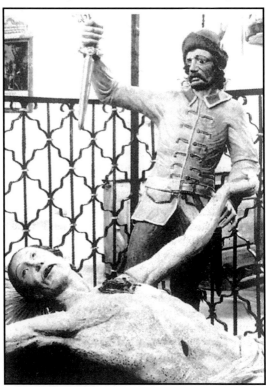

Das Martyrium des heiligen Emmeram, 1752.

dort 40 Tage und Nächte, woraus man den Schluß zog, der Heilige wolle hier nicht begraben sein. Als sich bald herausstellte, dass der fromme Emmeram gar kein Verhältnis mit der Herzogstochter Uta gehabt hatte, soll der Vater die übereilte Bluttat seines Sohnes Lantpert bitter bereut haben und den Heiligen in einem feierlichen Zug nach Regensburg überführt lassen haben.

Auf der anderen Straßenseite, nur wenige Meter von der Marterkapelle entfernt, befindet sich an einem Hang zwischen dem Wirtshaus und der Pfarrkirche St. Emmeram immer noch jene Quelle, aus welcher der heilige Emmeram getrunken und der Stein, auf dem er gerastet haben soll. Die Quelle gilt als heilkräftig bei Fieber und Augenleiden. Seit 1631 wird sie von einem kleinen Kapellenbau geschützt. Eine Tafel mit acht Versen am Giebel nennt als besondere Eigenschaft der Quelle: „...dass sein Wasser sich zu keiner Zeit verliert, auch in der schärfsten Kälte niemals gefriert. Denn dieses Wunder kommt von niemand anderem her, als von St. Emmeram, dem grossen Märtyrer".

KOCHEL AM SEE
(Landkreis Bad Tölz-Wolfratshausen)

Denkmal „Schmied von Kochel"
Die legendäre Gestalt des „Schmied von Kochel", Symbol für Freiheitsliebe und Vaterlandstreue, wurde 1900 mit einem Denkmal geehrt. Auf einem Platz in der Mitte des Ortes steht der Held in bayrischer Tracht auf einem Felssockel, in einer Hand die Fahne, in der anderen den Morgenstern (Stock mit Stachelkugel).

Als 1705 während des spanischen Erbfolgekrieges die kaiserlich-österreichischen Truppen München besetzt hielten, machten sich in der Christnacht mehrere tausend Oberländer auf, um sich gegen die Willkür und die drückenden Kontributionen der Besatzungsmacht zu wehren. Die Bauern waren größtenteils nur mit Sensen und Dreschflegeln bewaffnet und wurden vor den Toren Münchens, am alten Sendlinger Friedhof, in der berüchtigten „Mord-Weihnacht" von den Husaren regelrecht niedergemetzelt.

Auch der starke Schmied Balthes vom Kochelsee soll - so die Überlieferung - hinter den Mauern des Sendlinger Friedhofs gefallen sein, dort, wo sich der Rest der Bauern versammelt hatte, um ihr Leben im Kampf für die Freiheit zu geben. Als einer der letzten tat er, schon dem Tode nahe, mit den geflügelten Worten: „Lieber bayerisch sterb`n als kaiserlich verderb`n" den letzten Atemzug.

Aufgrund historischer Forschung ist die Existenz des Schmied Balthes nicht aufrechtzuerhalten. Der Historiker Max Fastlinger hat als Möglichkeit auf Balthasar Riesenberger hingewiesen, einen Schmied aus der Gegend von Holzolling. Aber auch diese Interpretation ist inzwischen zweifelhaft. Heute glaubt man, die Hochstilisierung des Volksaufstandes 1705 mit dem Schmied von Kochel als Anführer sei genau ein Jahrhundert später in Malerei und Literatur aktiviert worden, als das mit Napoleon verbündete Bayern wieder einmal auf eine antiösterreichische Politik eingeschwenkt war. Im Bewusstsein des Volkes aber ist der Schmied von Kochel unlösbar mit dem Volksaufstand von 1705 verbunden.

–> Bad Tölz

KÖNIGSWIESEN
(Gemeinde Gauting, Landkreis Starnberg)

St. Ulrichskirche

Südlich von Gauting liegt Königswiesen, das 934 erstmals erwähnt wird, vermutlich aus karolingischem Besitz hervorgegangen ist und 1280 an die Wittelsbacher fiel. Im 16. Jahrhundert haben die bayerischen Herzöge hier ein Jagdschloß gebaut. Bis auf das um 1500 erbaute St. Ulrichskirchlein wurden aber alle Gebäude im 19. Jahrhundert wieder abgerissen.

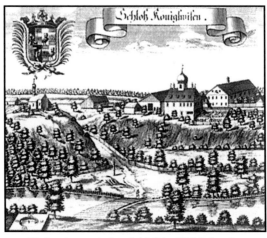

Königswiesen mit dem Schloß im 17. Jahrhundert.

Die Fresken am Chorbogen des einschiffigen Baus zeigen Wappen der wittelsbachischen Lehensherren, darunter auch das des bayerischen Herzogs Sigmund (1439 1501). Eine volkstümliche Überlieferung berichtet von einem Jagdabenteuer des Herzogs, der - wie sein Bruder Christoph - besonders stark gewesen sein soll:

Am Abend eines Jagdtages hatte man im Königswieser Forst die Zelte aufgeschlagen und sich nach einem ereignisreichen Tag zur Ruhe begeben. Plötzlich wurde es laut; der Herzog erhob sich von seinem Lager und erblickte am Zelteingang einen riesigen Braunbär. Sigmund, so wird überliefert, soll mit blossen Händen mit dem Bären gerungen haben, wobei diesem einige Knochen gebrochen wurden. Schließlich gelang es ihm, den Eindringling zu verjagen.

KONSTEIN
(Landkreis Eichstätt)

Dohlenfelsen

Am östlichen Ortsrand Konsteins, links der Straße nach *Aicha* stehen etwa 70 Meter hoch aufragende Felsen. Das heute vielbesuchte Kletterparadies ist im Zeitalter des weißen Jura vor etwa 150 Millionen Jahren entstanden, als der Raum der heutigen Frankenalb von einem Meer bedeckt wurde. Damals herrschte ein warmes, tropisches Klima, was das Wachstum von Schwämmen begünstigte, die zusammen mit Kalkalgen gewaltige Riffe aufbauten. Als sich vor ca. 140 Millionen Jahren der Meeresboden hob, starben die Riffe ab und bildeten in Millionen Jahren, beeinträchtigt durch die natürliche Erosion, unter anderem diese Felsenformation. Die Spitze eines dieser Felsen ist menschenähnlich geformt, was man besonders aus der Richtung von Aicha her deutlich sieht. Die Sage erklärt diese auffallende Formation so: der Herrscher auf der Burg bei Aicha pflegte verurteilte Delinquenten vor versammelter Bevölkerung vom Felsen in die Tiefe stürzen zu lassen. Eines Tages sollte wieder ein Urteil vollstreckt werden doch der Bischof von Eichstätt bat den Burgherren, von dieser schrecklichen Hinrichtung abzusehen. Jener erklärte, er werde dies nur auf ein Zeichen Gottes hin tun, da stieg der Bischof auf den Dohlenfelsen und betete. Als er wieder herunterkam, hatte sich seine betende Gestalt auf der Felsspitze in Stein verewigt. Auf dieses Wunder hin soll der Burgherr gelobt haben nie wieder jemanden in den Abgrund hinab zu stürzen.

KRAIBURG AM INN
(Landkreis Mühldorf am Inn)

Schloßbergkapelle St. Georg

Am rechten Ufer des Inns, südwestlich von *Mühldorf*, liegt der Markt Kraiburg, genannt nach den 1248 ausgestorbenen Kraiburger Grafen. Ihre Burg erhob sich bis ins späte 18. Jahrhundert auf dem Schloßberg, einem steilen Bergkegel, unmittelbar südlich über dem Marktplatz. Heute bekrönt ihn eine kleine neugotische Kapelle, welche der Schiffsmeister Georg Riedl 1832 für die Errettung seines an der Innbrücke in Braunau gekenterten und mit 1.000 Scheffeln Getreide beladenen Schiffszuges in größter Not gelobt hatte. Das gerissene Zugseil befindet sich heute noch im Presbyterium der Schloßbergkapelle.

Die Verehrung des heiligen Georg geht zurück auf einen jungen römischen Soldaten, der um das Jahr 303 unter der Regierung des römischen Kaisers Diokletian in Kleinasien wegen der Verteidigung seines christlichen Glaubens den Märtyrertod erlitten haben soll. Im Deutschen Reich war St. Georg durch die Initiative Kaiser Heinrichs II. (1002 - 1024) zum Schutzpatron des Adels geworden. Gegenstand und Anlaß der Georgsverehrung waren damals ausschließlich seine Glaubensstärke im Martyrium. Der Heilige wird aber auch als Drachentöter und Viehpatron verehrt.

Durch das völlige Fehlen von Urkunden und authentischen Berichten rankten sich bald Mythen und Legenden um Leben und Tod des heiligen Georg, die sagenhafte Ausdeutungen erhielten und durch Einflechten anderer Erzählungen die verschiedensten Versionen annahmen. Deshalb ließ Papst Paul VI. 1964 St. Georg aus dem offiziellen Heiligenkalender streichen, ohne jedoch die private Verehrung zu verbieten. Alljährlich am Georgitag (23. 04.) versammeln sich die Nachkommen der Stifterfamilie zum großen Dankgottesdienst mit anschließender historischer Brotspende auf dem Schloßberg.

KREUZBERG
(Gemeinde Wessobrunn,
Landkreis Weilheim-Schongau)

Kreuzbergkapelle

Nordwestlich von Wessobrunn steht an der Straße nach *Landsberg* eine dreijochige Saalkirche mit eingezogenem Chor, die 1771 neu ausgestattet wurde. Ursprünglich stand hier eine Holzkapelle, die man 1595

zum Gedächtnis an sechs Wessobrunner Mönche, die 955 zusammen mit ihrem Abt Thiento von den Ungarn enthauptet wurden, errichtet hatte. Im Innern der heutigen Kirche befindet sich der Stein, auf dem der Überlieferung nach Hinrichtungen stattfanden; er zeigt deutliche Einkerbungen von einem Schwert.

Das Deckengemälde wurde von Matthäus Günther (1705-1788) gemalt. Es zeigt Szenen aus dem Martyrium der Mönche sowie von der Auffindung des Heiligen Kreuzes in Jerusalem durch Kaiserin Helena (um 255 - um 330). Die Mutter Kaiser Konstantins des Grossen unterstützte die Ausbreitung des christlichen Glaubens, ließ viele Kirchen bauen und unternahm noch im hohen Alter eine Pilgerfahrt nach Palästina. Die Legende, die Helena die Auffindung des Kreuzes in Jerusalem zuschreibt, ist erst in späterer Zeit entstanden.

LANDSBERG AM LECH
(Landkreis Landsberg/Lech)

Burg
Im Jahr 1160 errichtete Heinrich der Löwe auf dem heutigen Schloßberg eine Burg „castrum landespurch", die dem Schutz der neu angelegten Lechbrücke dienen sollte und im 19. Jahrhundert abgebrochen wurde. Die vom Herzog in neue Bahnen gelegte Salzstraße von Reichenhall über München nach Oberschwaben querte hier den Fluß und schnitt die schon seit römischer Zeit in Nord-Süd-Richtung verlaufende Via Claudia Augusta. Am Schnittpunkt dieser zwei wichtigen Handelswege gelegen, brachten die Geschäfte, besonders aber die mit dem Salz, der aufstrebenden Marktsiedlung reiche Einkünfte.

In Landsberg werden romantische Stadtführungen bei Nacht durch die mittelalterliche Kulisse der Lechstadt angeboten. Die zwei Fremdenführer tragen die alten Gewänder der Magistrate und das mittelalterliche Kostüm der Nachtwächter, sind mit Fackeln ausgerüstet und zeigen den Teilnehmern alle wichtigen Sehenswürdigkeiten der Stadt.

„Haus der streitenden Brüder"
Dieses auffällige spätgotische Gebäude aus zwei Halbgiebelhäusern befindet sich in der Hubert-von-Herkommer-Straße in unmittelbarer Nähe des Hauptplatzes. - Die Sage erzählt dazu folgendes: Zwei Brüder errichteten im Mittelalter ein gemeinsames Haus, doch sie gerieten während der Bauzeit so in Streit, dass

sie statt eines gemeinsamen Dachgiebels zwei getrennte Pultdachgiebel als sichtbares Zeichen ihrer gegenseitigen Abneigung bauten. Zeichen ihrer Uneinigkeit ist auch, dass das Haus noch heute zwei Hausnummern - Nr. 115 und Nr. 116 - hat.

Ehemaliges Jesuitenkolleg

Das Landsberger Jesuitenkollegium auf dem steilen Hügel über der Altstadt entstand ab 1576 als Stiftung des Pflegers Graf Schwichardt von Helfenstein, um damit der sich ausbreitenden Reformation entgegenzutreten und den katholischen Glauben wieder zu stärken. Mit den heute noch fast gänzlich erhaltenen Kollegiatsgebäuden schuf man eine der frühesten deutschen Jesuitenanlagen. Nördlich an die Kirche anschließend, liegen sie rings um einen idyllischen Arkadenhof. Nach der Aufhebung des Jesuitenordens 1773 wurde die Kirche den Maltesern übergeben und nach der Säkularisation der Stadtpfarrkirche angegliedert. Die Kollegiatsgebäude dienen heute zum größten Teil als Altersheim sowie als Landwirtschaftsschule des Regierungsbezirks Oberbayern.

Während des 30jährigen Krieges soll der Sage nach im Haus des sogenannten Lechbaders ein großer Schatz angehäuft worden sein, auf dem jedoch der Teufel saß, so dass niemand mehr Zugriff dazu hatte. Mit Hilfe des Bannspruchs eines Jesuiten konnte der Schatz ins Kolleg transportiert werden, jedoch blieb der Teufel in Gestalt eines schwarzen Pudels mit feurigen Augen auf dem Fuhrwerk sitzen. Erst nach langen Exorzismen der Jesuiten verließ er die geweihte Stelle mitten durch die Wand. Das Loch war noch lange am Eingang in die Bräustätte der Malteser als Nachfolger der Jesuiten zu sehen und konnte erst nach 1800 zugemauert werden.

Lechstrudel

Südlich von *Pitzling*, in der Nähe von *Seiferstetten*, braust der Lech über einer Untiefe in einem wilden Strudel einher. Hierher wurden aus der ganzen Umgebung die Selbstmörder gebracht, die man auf einem christlichen Friedhof nicht begraben wollte. Man glaubte, dass tief unterhalb des Strudels ein Wesen sitzt, welches das Wasser zum Brodeln bringt.

Im 19. Jahrhundert erhängte sich in *Thaining* ein Mann, der vom Gerichtsarzt so stark zerschnitten wurde, dass er in einen Sack gebunden werden mußte. Die Thaininger mußten es zulassen, dass er als ortsbekannter Sünder auf ihrem Friedhof an einem abgesonderten Platz bestattet wurde, obwohl sie dem Gericht drohten, ihn wieder auszugraben, was dann auch geschah. Man begrub ihn in einem Wald, wo der Tote auf Gerichtsbefehl ausgescharrt und wieder auf dem Friedhof begraben wurde. So ging es dreimal hin und her. Acht Buben aus der Umgebung wollten den Thainingern allen Gerichten zum Trotz helfen und den Sack aus dem Grab nehmen, worauf sich der Sage nach der Leichnam heftig wehrte und von allen Seiten seltsame Ungetüme herbeiliefen. Ein Furchtloser zog den Sack hervor und hat ihn wohl in den Lechstrudel geworfen.

LENGGRIES
(Landkreis Bad Tölz-Wolratshausen)

Geigerstein
Östlich der Isar liegt bei Lenggries der 1491 m hohe Geigerstein. Wie er zu seinem Namen kam, erzählt folgende Sage:
Vor Zeiten lebte auf dem Berg ein frommer Einsiedler. Er ernährte sich von Beeren und Pilzen aus dem Wald, und was er sonst noch brauchte, trugen ihm die Bauern aus dem Tal herauf. Zum Dank hatte er immer Trost und Rat für ihre Sorgen. Sooft er Zeit hatte, spielte er am Abend auf der Geige. Das klang so schön, dass die Tiere des Waldes kamen und aufmerksam zuhörten. Einmal aber kam aus dem Gebirge ein mächtiger Adler, packte den Einsiedler und kratzte ihm die Augen aus, was der Alte nicht überlebte. Seitdem heißt der Berg Geier- oder Geigerstein.

Eine andere Version berichtet über eine arme Witwe aus Lenggries, deren einziger Sohn unbedingt Geiger werden wollte. Er wanderte nach Italien und wurde dort ein berühmter Geigenspieler. Eines Tages, als er in seine Heimat zurückgekehrt war, stieg er auf die Felswand hinter dem Dorf, um für seine Mutter ein Danklied zu spielen, das die ganze Gegend hören sollte. Da packte ihn ein Windstoß, stürzte ihn über die Wand hinab, und er wurde unten tot, mit seiner Geige in der Hand, aufgefunden.
–> St. Bartholomä

LEONHARDSPFUNZEN
(Gemeinde Stephanskirchen,
Landkreis Rosenheim)

Leonhards-Kapelle und -Brunnen

Von *Rosenheim* führt auf der gegenüberliegenden Seite des Inns eine Nebenstraße parallel des Flusses nach Norden Richtung Ortsteil *Hofau*. Nach 2,5 km liegt an der sehr engen Straße (Hinweisschild „Brunnen-Café") die Brunnenkapelle St. Leonhard. Das Patrozinium der Quellkapelle dürfte von der 500 m südöstlich gelegenen Dorfkirche herrühren. Der Name Leonhardspfunzen leitet sich vom lateinischen Wort für Brücke (pons) her. In der Umgebung der Kapelle wurden römische Begräbnisstätten und Reste eines Mithras-Heiligtums aus dem 1. - 4. Jahrhundert gefunden. Aus diesem Zusammenhang erklärt sich die Herkunft des steinernen Brunnentroges,

in dem man erst 1950 einen römischen Altarsockel erkannte. Aus einer Holzsäule, welche von einer Figur des heiligen Leonhard bekrönt wird, fließt das Wasser der Quelle, das als „natürliches Mineralwasser" abgefüllt und verkauft wird. Die Innenflächen des Troges sind vom Eisengehalt des Wassers braun gefärbt. Wie eine Votivtafel von 1735 zeigt, war der Brunnentrog kurz

nach der Entdeckung der Quelle schon vorhanden.

Die Entstehung bzw. Wiederentdeckung des Quellkultes im 18. Jahrhundert geht angeblich auf eine Traumerscheinung zurück, die auf einer großen Votivtafel vorgestellt ist: Christoph Riele bei der Innbrükke war schwer krank. Er vertraute sich dem heiligen Leonhard an, welcher ihm im Schlaf erschien und riet, bei der Leonhardskirche ein Bründl zu graben und das Wasser zu trinken: „...da ging Sand und Gris von ihm und er wurde gesund, 1734". Das Altargemälde (um

1760) mit dem Motiv des Ausgrabens der Quelle trägt die Aufschrift: „Kein Wasser war an selben Orth: Gott gab gleich Wasser auf sein Worth, da sich erzeigt als balt und schnell ein frisch und reicher Pronnen Quell".

Weitere Votivtafeln von 1735/36 berichten, dass ein „Leibschaden", ein „Fleischwurm" an der Brust und eine fünf Jahre währende Blindheit durch Bestreichen mit den auf dem Wasser schwimmenden „Zinden" (= rötliche, schaumartige Ausfällungen) geheilt wurden. Die jüngste Votivtafel ist 1951 datiert: „Gegen mein Magengeschwür trank ich aus diesem Brunnen, hier nun bin ich nicht mehr krank, dem hl. Leonhard sei dank".

An die Wallfahrt Leonhardspfunzen knüpft sich eine schwankhafte Teufelserzählung, die interessante kulturhistorische Einblicke vermittelt. Schon von alters her gilt die Schmiedekunst wegen ihrer großen Bedeutung und der hohen Kunstfertigkeit als Zauber und wird daher in Mythos, Volksglauben, Märchen und Sage vor allem von übernatürlichen Wesen ausgeübt. Auch der irdische Schmied ist zauberkundig. Er gilt sowohl als Teufelsbündner wie auch als Teufelsbanner, indem er diesen auf seinem Amboß kleinhämmert.

An der Stelle des heutigen Leonhardspfunzen soll früher eine Schmiede gestanden haben, in der eines Tages der Teufel auftauchte und den Schmied aufforderte, mitzukommen, weil seine Zeit verstrichen sei. Der Schmied antwortete: „Gleich komme ich, muß nur noch ein Hufeisen fertig machen, setze dich derweil auf den Amboß". Nun aber soll der Schmied mit seinem schweren Hammer auf den Teufel eingeschlagen haben, bis dieser die Flucht ergriff. Tage später war der Schmied im Wald, um Holzkohle für seine Esse zu holen - da sah er den Teufel zwischen den Stämmen daherkommen. Kurzerhand packte er ein altes buckliges Weiblein, welches gerade beim Holzsammeln war, und lud es auf seinen breiten Rücken. Der Teufel hielt diese Last für einen Amboß und fuhr für immer zur Hölle hinab.

–> Bad Tölz; –> Dietramszell;
–> Grafing; –> Kaufering

Hufschmiede, Holzschnitt v. Jost Amman, 16. Jahrhundert.

LEUTSTETTEN
(Landkreis Starnberg)

In einer Urkunde des Klosters *Benediktbeuern* wird Leutstetten, das etwa 3 km nördlich von *Starnberg* liegt, erstmals erwähnt. Die frühe Geschichte des romantischen Mühltals und der Leutstetten umgebenden weitflächigen Moorlandschaft, die heute ziemlich dicht besiedelt ist, hat in früheren Zeiten Phantasie und Sagenbildung angeregt.

Katholische Filialkirche St. Alto

Am Ortseingang von Leutstetten liegt die dem heiligen Alto geweihte Kirche, ein Bau der Spätgotik, welcher im 17. Jahrhundert umgestaltet wurde. Der heilige Alto lebte im 8. Jahrhundert und war ein Einsiedler aus schottischem Adel.

In einer Nische der Südwand ist ein 1643 geschaffenes Votivbild zu sehen. Es stammt aus der nahegelegenen, sogenannten „Einbettl-Kapelle" und war von einer Frau Sybilla Reisner von Starzhausen zum Dank für Gebetserhörung gestiftet worden. Drei heilige Jungfrauen mit Kronen - Ainpet, Gberpet und Firpet - der Legende nach Schwestern, sind darauf zu sehen. Wegen der gemeinsamen Endsilbe ihrer Namen auch die „drei Bethen" genannt, wurden diese Frauen in Leutstetten sehr verehrt. Obwohl über ihre Heiligkeit Zweifel bestehen, setzte sich die Volksfrömmigkeit über alle Bedenken der Wissenschaft hinweg. Bis ins 18. Jahrhundert wallfahrten Wöchnerinnen und unfruchtbare Frauen zu dem Altarbild in Leutstetten und erbaten Hilfe. - Die Legende weiß darüber noch mehr: Die drei heiligen Schwestern sollen Einsiedlerinnen gewesen sein, die gegenüber dem Petersbrunnen drei Zellen erbauten, bei der Heilquelle Kranke pflegten und heilten und andere gute Werke taten.

Über den religionshistorischen Ursprung der drei Bethen gehen die Meinungen der Experten auseinander und es werden zum einen eine dreifaltige Große Mutter-Göttin zum anderen auch Gestalten aus dem keltisch-römischen Matronenkult oder zum dritten germanische Schicksalsfrauen angenommen. Tatsache ist, dass gerade heilige Quellen schon früh mit einer weiblichen Trias in Verbindung gebracht wurden, die auch nach der Christianisierung nicht ganz aus dem Bewusstsein der Menschen verschwunden ist.
–> Petersbrunn

Karlsberg

Auf einem Moränenzug oberhalb von St. Alto lag ehemals die Karlsburg, eine mit Mauern, Gräben und Türmen befestigte Anlage, deren Steinreste heute im Dickicht vergraben liegen, aber noch leicht erkennbar sind.

Die Karlsburg soll die älteste Burg am *Starnberger See* gewesen sein. Vermutlich schon in karolingischer Zeit oder auch früher entstanden, ist sie mit Sicherheit erst im 12. Jahrhundert nachweisbar. Sie diente zur Sicherung des Mühltals; den Wittelsbachern auch als Vorposten an der Grenze zum Machtbereich der Andechser Grafen. Nach deren Aussterben im 13. Jahrhundert hatte die Burg an Bedeutung verloren. Während des Bruderkrieges im Hause Wittelsbach 1311-1316 wurde die Anlage zerstört. Rund 250 Jahre später hat man den Steinhaufen, der von der Burg übriggeblieben war, abgetragen und einen Kilometer südlich zum Bau von Schloß Leutstetten verwendet, das seit 1875 in Besitz der Wittelsbacher ist.

Der Name Karlsburg erinnert an den bedeutendsten Karolinger Karl den Großen (742-814), der 1165 heiliggesprochen wurde und um dessen Persönlichkeit sich zahlreiche Sagen und Legenden ranken. Da der Geburtsort des fränkischen Königs und späteren Kai-

Karl der Große, Holzschnitt von 1493.

sers im Dunkeln liegt, rivalisieren mehrere Orte um diese Ehre; mit der Karlsburg war ein standesgemäßer Geburtsort gefunden.

Eine andere Sage bringt die Mauerreste mit drei Schloßfräulein in Verbindung, die im Kellergewölbe der verfallenen Burg angeblich drei Schatztruhen bewachten. Es heißt, dass auf dem Karlsberg nachts Gespenster wandeln. Die Geister werden als drei Jungfrauen beschrieben, von denen zwei Menschengröße haben und weiß gekleidet sind, während die dritte ganz klein und halb weiß, halb schwarz gekleidet ist. Eines Tages erschienen sie dem Mühlknecht einer nahegelegenen Mühle und baten ihn, sie zu befreien. Er müsse durch neun eiserne Türen gehen, hinter denen böse Geister lauerten, die ihm aber nichts anhaben könnten. Wenn er alle Tore durchschritten und den Deckel der Truhen geöffnet hätte, sei der Zauber gebannt und sie seien erlöst. Der von ihnen bewachte Schatz sollte dann dem Mühlknecht gehören. Mutig legte dieser Hand an die erste Tür, aber dahinter ertönte plötzlich ein so grauenvolles Stöhnen, wie er es noch nie vernommen hatte, so dass er in panischer Angst die Flucht ergriff.
–> Gauting

LINDERHOF
(Gemeinde Ettal,
Landkreis Garmisch-Partenkirchen)

Schloß und Grotte

Über eine kleine Straße, die zwischen *Ettal* und *Oberammergau* nach Westen abbiegt, erreicht man das Graswangtal und Schloß Linderhof, eine Schöpfung des bayerischen Königs Ludwig II. (1845 - 1886), der sich nach den ersten für ihn enttäuschenden Regierungsjahren gern fern der Münchner Residenz im Gebirge aufhielt. Schon sein Vater Max II. besaß hier ein Jagdhaus, das Ludwig kannte und liebte, seit er es auf Jagdausflügen in die Ammergauer Berge bewohnt hatte. Er plante zunächst einen Palast im byzantinischen Stil, dann eine Nachbildung von Versailles, der Residenz Ludwig XIV., die später auf Herrenchiemsee verwirklicht werden sollte, und entschied sich dann, ein Rokokoschlößchen nach dem Vorbild des Petit Trianon im Park von Versailles zu bauen. Im Jahr 1874 begannen unter der Leitung des Architekten Georg Dollmann die Bauarbeiten, welche 1878 im wesentlichen beendet waren.

Linderhof gehört zu den feinsten Schlossschöpfungen des „Märchenkönigs", welches er in Anlehnung an den Wahlspruch des Sonnenkönigs „L`ètat c`est moi" (Der Staat bin ich) durch Umstellung der Buchstaben „Maicost Ettal" nannte und wo er sich wirklich heimisch fühlte. Schloß Linderhof verdankt seinen Reiz der schönen Landschaft und dem 50 ha grossen Ziergarten, den der Hofgärtner Karl von Effner nach französischem Vorbild gestaltet und mit romantischen Bauten (Pavillons, Tempel) bereichert hat. Die Hauptattraktion ist eine künstliche Grotte, die ursprünglich für Schloß Neuschwanstein geplant war und 1876/77 oberhalb von Linderhof angelegt wurde: die „Blaue Grotte" oder „Venusgrotte". Dank der Technik, die gerade zu dieser Zeit gewaltige Fortschritte machte, konnte der König hier seinen romantischen Schwärmereien nachgehen und seine Vorstellungen verwirklichen. Die Gestaltung der Grotte lag in den Händen des Landschaftsplastikers August Dirigl.

Man betritt sie durch eine felsige Öffnung und erreicht durch einen langen Gang den Hauptraum, wo ein von einer Wasserleitung gespeister Wasserfall in einen See plätschert, aus dem gipserne Stalaktitensäulen aufragen und den Eindruck einer natürlichen Tropfsteinhöhle vermitteln. Elektrische Beleuchtungsanlagen zaubern abwechselnd rotes, blaues und grünes Licht in die Höhle. Zur Stromversorgung benötigte man damals 24 Dynamomaschinen, die in einem Maschinenhaus oberhalb der Grotte untergebracht waren. Eine Wellenmaschine sorgt für die Bewegung des Wassers, auf dem künstliche Schwäne schwimmen. Die magisch erleuchtete Höhle mit einer 10 m hohen Haupt- und zwei Nebengrotten bildet die Kulisse ei-

Der König fährt im goldenen Muschelkahn in der „Blauen Grotte" umher.

nes Illusionstheaters aus Gips, Leinwand und Farbe, das den König je nach Wunsch in die Blaue Grotte von Capri oder in die Venusgrotte des Hörselbergs, dem Schauplatz des 1. Aktes von Richard Wagners „Tannhäuser" (1845) versetzen sollte.

Ludwig besuchte diese Zauberwelt nur nachts. In einem muschelförmigen, mit Kupfer beschlagenen und vergoldeten Kahn aus Eichen- und Lindenholz ließ er sich von einem Lakaien durch die Grotte und ihre Ausbuchtungen rudern. Vom Muschelthron, der auf der hinteren Plattform des Hauptraumes stand, konnte der Monarch einen Blick auf das monumentale Leinwandgemälde „Tannhäuser im Venusberg" von August Heckel am Ende der Zaubergrotte werfen.
–> Berg

MAMMENDORF
(Landkreis Fürstenfeldbruck)

Haldenburg

Mammendorf wird schon sehr früh unter Bischof Joseph von Freising (749-764) genannt. Die ausgedehnte Anlage des Ortes ist auf zwei Siedlungskerne des hohen Mittelalters zurückzuführen, wofür auch das Vorhandensein von zwei Kirchen spricht.

Etwa 750 m nordwestlich von Mammendorf lag die mittelalterliche Burg, die vermutlich Ende des 15. Jahrhunderts zerstört wurde. (Reste der ehemaligen Burganlage fand man vor einiger Zeit bei Erdarbeiten). In der Mitte des 15. Jahrhundert saßen dort die Haldenberger, ein Ministerialengeschlecht.

Mit der Haldenburg ist eine Frevelsage verknüpft, die das Verschwinden eines früher hier existierenden Bauwerks als göttliches Strafgericht deutet. Angeregt wurde sie offenbar durch den Fund auffallend großer Quarzkiesel: Als die Burgleute einmal nicht zu Hause waren, nutzte die Dienerschaft diese Situation und gab sich dem Müßiggang hin. Beim Kochen ließen sie die „Nudlbaunzn" (Dampfnudeln) anbrennen und benutzten sie, als sie hart wie Stein geworden waren, als Kegel. Da zog plötzlich ein Gewitter über den Berg, Blitze zuckten, ein Donner folgte - der Erdboden tat sich auf und die Burg versank in der Tiefe. Noch heute kann man an betreffender Stelle faustgroße Quarzkiesel von schöner gold-gelber Farbe finden, welche den „Baunzn" sehr ähneln!

MARIA BEINBERG
(Gemeinde Gachenbach,
Landkreis Neuburg-Schrobenhausen)

Wallfahrtskirche Unserer Lieben Frau
Auf einsamen Hügel, südlich von *Schrobenhausen*, erhebt sich die Kirche, die zwischen 1485 und 1497 errichtet wurde. Gestiftet wurde sie von Ritter Bernhard „dem Peisser", der Landpfleger des Gerichts Schrobenhausen war, und seiner Ehefrau Elisabeth. Etwa ab 1520 entwickelte sich eine rege Marienwallfahrt. Zu den frühen Pilgern gehörte auch Pfalzgraf Ottheinrich, bevor er zum evangelischen Glauben übertrat. Aus dieser Zeit stammt auch das Gnadenbild, eine Mutter Gottes mit Kind, die seit der Barockzeit in ein Prunkgewand gekleidet ist. Im Jahr 1767 wurde der gotische Bau innen umgestaltet und 1960 nochmals renoviert. An den Wänden befinden sich viele Votivtafeln und Szenen aus der Wallfahrtsgeschichte. Zwei rechteckige Freskobilder begründen die Marienverehrung, indem sie über zwei Beinberger Wunder berichten: Auf dem linken Bild hat ein zur Hinrichtung verurteilter Mörder eine Marienerscheinung. Rechts erhält ein an Kopfschmerzen leidender Priester, vor dem Beinberger Gnadenbild betend, von Maria Heilung.

Auch an den Namen Beinberg knüpft sich eine Legende: Um das Jahr 1000 soll hier eine Schlacht mit den Hunnen stattgefunden haben. Die Christen hatten für den Fall des Siegs einen Kirchenbau gelobt. Sie errangen auch den Sieg, aber um den Preis, dass der ganze Berg mit den Gebeinen der Erschlagenen bedeckt war. Das verlieh ihm seinen Namen. Es dürfte sich bei dieser Geschichte jedoch um eine volksetymologische Fehldeutung handeln.

MARIABRUNN
(Ampermoching, Gemeinde
Hebertshausen, Landkreis Dachau)

Wallfahrtskirche Maria-Verkündigung und Brunnen
Nur wenige Kilometer nördlich von *Dachau*, auf der Straße nach *Röhrmoos*, befindet sich der Abzweig nach Mariabrunn. Die Wallfahrtskapelle mit dem dazugehörigen Brunnen verdankt ihr Entstehen der wunderbaren Heilung eines Holzknechts im Jahr 1662. Nachdem Stefan Schleierböck von Ampermoching beim Holzhacken in der Nähe seines Dorfes aus einer kleinen Quelle getrunken hatte, wurde er schlag-

artig von seinem langjährigen Bruchleiden geheilt. Voll Freude dankte er Gott und „seiner werthen Mutter" und ließ die wunderbare Heilung amtlich beurkunden. Daraufhin ließ der Dachauer Landpfleger Georg Theissinger nicht nur die Quelle fassen und drei Wasserbehälter aufstellen, sondern auch ein Badehaus und die kuppelgedeckte Kapelle zu Ehren Marias errichten. Als Altarbild stiftete er eine Kopie des Gnadenbildes von S. Annunziata in Florenz, welches die Verkündigung Mariens zeigt.

Im 18. Jahrhundert erlangte Mariabrunn durch einen regelrechten Kurbetrieb Bedeutung. Weltbekannt wurde es in der zweiten Hälfte des 19. Jahrhunderts durch die berühmt-berüchtigte „Doktor-Bäuerin" Amalie Hohenester und ihre Kuren. Nach deren Tod 1878 schwand bald der Ruhm Mariabrunns.

Der nach Diebstählen übriggebliebene Rest der einst über 350 Votivtafeln zeigt deutlich, dass neben der medizinischen Badeanwendung auch auf das Eingreifen der Gottesmutter vertraut wurde. Abgesehen von sogenannten Fatimawallfahrten und Maiandachten ist es um Kirche und Brunnen - der seit 1867 in einem Rundbau mit Pumpe betrieben wird - heute ruhig geworden. In einigen der Gebäude wird seit Jahrzehnten eine Brauerei betrieben.

MARIA ECK
(Gemeinde Siegsdorf, Landkreis Traunstein)

Wallfahrtskirche Mariä Geburt

Der beliebte bayerische Wallfahrtsort liegt südwestlich von *Siegsdorf*, auf der Höhe des nordöstlichen Vorberges (= „Egg"). Kloster und Kirche stehen auf zwei Almhügeln, welche ab 1618 vom Benediktinerkloster *Seeon* erworben wurden. An Stelle einer kleinen „Maria Hilf"-Kapelle von 1626 wurde die heutige Kirche, mitten im 30jährigen Krieg, in zwei Phasen - 1635/36 Presbyterium und 1642-45 Langhaus und Turm - durch den Traunsteiner Baumeister Wolfgang König errichtet.

Der barocke Hochaltar enstand 1691. Das Altarblatt (erschaffen vor 1635 von einem Maler in der Nachfolge Peter Candids) ist eine freie Nachbildung des Wallfahrtsbildes „Salus Populi Romani" in S. Maria Maggiore in Rom, im Volksmund auch „Maria Schnee" genannt nach dem Schneewunder, welches nach der Legende den Ort der neuen Basilika bestimmt haben soll. Der „Maria-Schnee-Kult" fand im späten Mittelalter auch in Süddeutschland Eingang. Die über

Wolken auf einer schmalen Mondsichel thronende Muttergottes mit dem segnenden Kind in ihrem linken Arm wird von großfigurigen Engeln umgeben. Ihre Hand weist nach unten, wo sich die Schlange um die Mondsichel windet. Ihr blauer Umhang trägt den sechszackigen Davidstern. Ein Ratsherr und ein Mönch, sowie drei Pilger schauen kniend zu ihr auf. Der untere Bildteil zeigt die Kirche Maria Eck.

An der Orgelemporenbrüstung ist die Ursprungslegende der Kirche bildlich dargestellt: Während des 30jährigen Krieges sollen Holzhacker über dem dunklen Waldgebiet drei Lichter gesehen haben. Sie nahmen dies als Hinweis, einen Altar zu errichten. Als dann immer noch zwei Lichter aufleuchteten, wurden zwei weitere Altäre aufgestellt. Im neutestamentlichen Sinn legt Maria (Gnadenbild) Fürsprache ein beim dreifaltigen Gott. Diese Trinität wird in der (heutigen) Dreikonchenanlage des Altarraumes bildlich ausgedrückt.

Das Gnadenbild von Maria Eck.

Die linke Seitenwand der Kirche ziert eine kleine Kopie der im Kloster aufbewahrten russischen Muttergottes-Ikone; sie wurde 1631 vom polnischen Fürst Radziwill gestiftet. An den Wänden des barocken Kirchenbaues erinnern zahlreiche Votivgaben und -bilder an die jahrhundertealte Tradition dieser Wallfahrtsstätte. Viele stammen aus napoleonischer Zeit, dem Deutsch-Französischen Krieg 1870/71 und den beiden Weltkriegen. Bereits 1631 haben Gebetserhörungen stattgefunden: die in gefährlichen Geburtswehen liegende Maria Leithnerin stiftete ein Kind aus Wachs, das bis 1803 in der Kirche stand. Eine notarielle Bestätigung in der Kirche bezeugt, dass der stummgeborene 50jährige Simon Lahr auf die Fürbitte Mariens plötzlich sprechen konnte.

Mirakelbücher berichten, dass in Maria Eck Kerzen in der Körperlänge des Spenders gestiftet wurden und Wachsstöcke so lang sein konnten, dass sie ausgezogen um die Kirche reichten. An der Nordseite außerhalb der Kirche zeugen Kreuze und Krücken von menschlicher Not und erlangter Hilfe.

Ein beliebtes Wallfahrtsandenken waren (und sind) die sogenannten Maria-Ecker-Pfennige, auch „Linsen"- oder „Pfennigsteine" genannt. Es handelt sich dabei um Nummuliten, versteinerte Überreste prähistorischer Meerestiere (Rundfüßler) von linsen- oder scheibenförmigem Aussehen; die aus spiralig angeordneten vielkammrigen Umgängen bestehenden Kalkschalen können bis zu 6 cm Durchmesser erreichen. Besucher der Wallfahrtskirche pflegten solche aus dem dortigen Nummulitenkalk ausgewitterten „Eckerpfennige" als Glücksbringer mit nach Hause zu nehmen.
–> Bischofsried

MARKT INDERSDORF
(Landkreis Dachau)

Kloster und Bildstock

Markt Indersdorf wird durch die Glonn in zwei Bereiche geteilt: den Alten Markt und die Klosteranlage. Schon im 10. Jahrhundert taucht der Name „Undiesdorf" in Urkunden auf. Um 1120 wurde das Kloster als Sühnekloster durch Graf Otto von Scheyern-Wittelsbach gegründet und 1126 durch Augustiner-Chorherren besiedelt. Im Jahr 1783 wurde das Stift der Chorherren wegen finanzieller Schwierigkeiten aufgehoben. Heute ist es eine Schule unter Leitung der Barmherzigen Schwestern.

Die ehemalige Chorherrenstiftskirche - heute Pfarrkirche Mariä Himmelfahrt - erhielt im 18. Jahrhundert eine reiche Innendekoration durch den Wessobrunner Stukkateur Franz Xaver Feichtmayr d.Ä. und den Augsburger Hofmaler Matthäus Günther.

Im 12. Jahrhundert lebte im Kloster der fromme Laienbruder Maroldus, von dem man sich folgende Legende erzählt: An der Straße von Indersdorf nach Strassbach, kurz vor dem Ortsschild, befindet sich ein Bildstock mit einem Christus am Kreuz. An dieser Stelle soll auch früher schon ein Kreuz gestanden haben, an dem Bruder Maroldus immer zum Gebet ausruhte, wenn er vom Indersdorfer Kloster nach Strassbach ins Siechen- und Pilgerhaus musste, um dort zu helfen. Vom reich gedeckten Tisch der Chorherren blieb immer Brot und Wein übrig, und Maroldus trug diese Reste zu den Siechen und Armen. Eines Tages erwartete der Probst des Klosters ihn an dieser Stelle, um ihn des Diebstahls zu überführen, fand aber nur Lauge zum Säubern der Siechen und Späne für das Feuer im Korb. Der völlig verängstigte Maroldus gestand dem Probst daraufhin jedoch seine Verfehlung und dieser - betroffen durch das Verwandlungswunder - erlaubte weiter die Gaben an die Siechen.

Nach einem Jahr starb Bruder Maroldus am Bild des Gekreuzigten an der Straße; die Glocken des Klosters begannen von selbst zu läuten und hörten nicht auf, bis die Mönche Maroldus gefunden hatten.

Schmederer Kreuz
Wenn man vom Kloster Indersdorf über die Glonnbrücke in den Ort will, sieht man direkt am Ufer ein überdachtes Holzkreuz, das die Familie Schmederer zur Erinnerung errichten ließ, nachdem der junge Münchner Arzt Dr. Heinrich Schmederer unweit dieser Stelle im Juni 1880 beim Baden ertrunken war. Bald danach ging im Markt das Gerücht um: beim Schmederer Kreuz spuke es. Einmal soll ein Geist erschienen sein, ein andermal will man einen großohrigen Hund gesehen haben. Seit dieser Zeit wurde der Weg am Kreuz vorbei bei einbrechender Dunkelheit gemieden.
–> St. Bartholomä; –> Tegernsee

MARZOLL
(Bad Reichenhall,
Landkreis Berchtesgadener Land)

Pfarrkirche St. Valentin

St. Valentin liegt nahe der österreichischen Grenze und ist bereits seit 798 als eine der ältesten Kirchen des Berchtesgadener Landes urkundlich erwähnt. Die Kirche steht südlich des Schlosses Marzoll mitten im Friedhof. Die romanische Kirche wurde zuletzt Mitte des 18. Jahrhundert grundlegend umgebaut. Der Innenraum präsentiert sich in den Formen des höfischen Rokoko durch den Stukkateur Benedikt Zöpf († 1769 in Salzburg). Der Hochaltar wurde 1729 vom Salburger Simon Thaddäus Balauf errichtet. Das Hochaltarbild (um 1780) zeigt den lebensgroßen Kirchenpatron mit den bischöflichen Insignien. Links unten ist eine Heilung durch den heiligen Valentin in Anwesenheit eines Papstes und eines Bischofs dargestellt. Der heilige Valentin war Wanderbischof im rhätischen Gebiet und starb 470 in Mais (Tirol). Seine Gebeine kamen 761 durch Herzog Tassilo von Bayern nach Passau. Er trägt immer Pontifikalkleidung.

An der Südwand des Presbyteriums hängt ein Historienbild mit Szenen aus dem Leben des heiligen Valentin von Isfried Jaud († 1865 in Salzburg). Es wurde 1827 gemalt und stellt die Heilung von Kranken in der Bischofskirche von Terni dar. Als Helfer gegen die Fallsucht soll der heilige Valentin den verkrüppelten Sohn eines römischen Rhetors geheilt haben und wurde enthauptet, weil er die Anbetung eines Götzenbildes verweigerte. Daher gelten bei ihm der Krüppel und auch das Schwert als Attribut.

Als 1496 ein 12jähriger Knabe aus Thalgau und Wolfgang Ehrlich aus Wals von der Epilepsie geheilt wurden, förderte der Passauer Bischof Wiguleus um 1500 die Wallfahrt zum heiligen Valentin, welche im 17. und 18. Jahrhundert immer mehr aufblühte. Hinter dem Hochaltar stand einst eine Steige für die als Votive geopferten Hühner. Seit sich eine schwarze Henne plötzlich in eine weiße verwandelt haben soll, wurden im Jahr 70 bis 140 Hennen und Tauben geopfert.

Volkskundlicher Forschung nach wurden schwarze Hühner ursprünglich gegen Fraisen (Krämpfe) geopfert, weil sie als Teufelstiere galten. Epilepsie und Fraisen waren „teuflische Krankheiten". Infolge ihres oft dramatischen Auftretens und ihres Verlaufs wurden sie auf Behexung und teuflischen Einfluß zurückgeführt. Auch die Farbe des Teufels ist schwarz.

Die Beziehung des schwarzen Huhnes scheint weniger zum Heiligen - es taucht nirgends als Attribut St. Valentins auf - als zu den Fraisen zu bestehen. Das Fraisenpatronat (Valentin = hinfallen = fallende Sucht) hat seine Breitenwirkung mehr dem äußeren Gleichklang der Worte als dem legendären Geschehen der Heilung eines epileptischen Knaben, zu verdanken.

MÜHLBERG
(Markt Waging am See, Landkreis Traunstein)

Wallfahrtskirche Mariä Heimsuchung
Die Wallfahrtskirche liegt auf einer Anhöhe im Ortsteil Mühlberg, welcher seit 1670 Wallfahrtsort ist. Die barocke Anlage von 1713 wurde 1753 erweitert und der heutige Turm errichtet. Mitte des 19. Jahrhundert hat man die Kirche durchgreifend renoviert. Im Deckengemälde von Jos. Rattensperger (1858) wird die Entstehung der Wallfahrt erzählt. In der Monstranz über dem Tabernakel mit dem prächtigen Metallrahmen, 1774 von Johann Karl V. Butermann in Augsburg geschaffen, hängt heute eine Nachbildung der Muttergottes von Ettal aus Papier. Ein zweites, aus Birnbaumholz geschnitztes Gnadenbild, eine sitzende Muttergottes mit Kind, Krone und Zepter, befindet sich an der Nordwand der Kirche. Am Westeingang hängen mehr als 300 Votivtafeln, deren älteste aus dem Jahr 1671 stammt.

Die Wallfahrt auf den Mühlberg soll der Legende nach auf Grund einer Vision der Magd des Bauern Laminger entstanden sein: Im Jahr 1669 hatte diese auf dem Weg von Waging nach Mühlberg bei einem Birnbaum eine wunderschöne, von Glanz umgebene Frau gesehen, die auf ein am Boden liegendes Andachtsbild der „Ettaler Madonna" hinwies. Dieses auf Papier gedruckte Muttergottesbild soll Adam Laminger um 1655 von einer Wallfahrt nach Ettal mitgebracht, auf ein kleines Brett genagelt und an einem Birnbaum aufgehängt haben. Einige Meter westlich der Kirche steht ein achteckiger kupfergedeckter Brunnen. Für Entstehen und Aufblühen der Wallfahrt war die nahegelegene Quelle, deren Wasser seit der Marienerscheinung als heilkräftig galt, ebenso wichtig wie der legendäre Birnbaum. Das Mirakelbuch von 1797 dokumentiert, dass die Magd noch am selben Tag auf wunderbare Weise von einem Fußleiden geheilt worden sei.

Mühlberg verfügt über den weitaus größten Votivtafelbestand im südostbayerischen Raum. Etwa 150 Heilungen von Fußleiden, inneren Krankheiten, Augen- und Frauenleiden werden zwischen 1669 und 1750 genannt. Neben Wachsstöcken und Rosenkränzen wurden auch Leinenstücke und rote Bänder niedergelegt. Vermutlich sollten die an der Quelle zurückgelassenen „Textilopfer" Krankheiten „festbinden" oder von Leibschmerzen befreien. Die zum Waschen benutzten Leinenlappen wurden meist zurückgelassen.

Die kirchliche Anerkennung der neuen Gnadenstätte verlief offenbar nicht ohne Komplikationen; davon zeugt u.a. die legendäre Überlieferung, das wundertätige Marienbild sei dreimal vom Waginger Pfarrer in die dortige Pfarrkirche übertragen worden - aber stets von selbst auf den Mühlberg zum Birnbaum, den man 1708 durch einen ersten Kapellenbau ersetzte, zurückgekehrt. Die einst vielbesuchte Quelle ist weitgehend in Vergessenheit geraten.

Darstellung des Gnadenbildes von Mühlberg (nach einer Goldschmiedearbeit von 1774), Kupferstich, Salzburg um 1775, heute in Privatbesitz.

MÜHLDORF AM INN
(Landkreis Mühldorf am Inn)

Anlegestelle der früheren Innschiffer im Stadtteil Lände

Hinter dem Altöttinger Tor leitet die Unterführung bei der Innbrücke direkt auf den Innfußweg in den Stadtteil „Lände", nach der Anlegestelle der früheren Innschiffer benannt.

Trotz ihrer großen Verbundenheit mit der christlichen Religion pflegten die Schiffsleute ein oft von heidnischen Riten gekennzeichnetes Brauchtum. So hängten sie den Zugpferden, um sie vor Unheil zu schützen, durchlöcherte Steine, sogenannte „Drudensteine", um den Hals im Glauben, dass der Flußgott das Recht habe, sich jedes Jahr drei Opfer zu holen. Fiel ein Schiffer über Bord, so konnte ihm niemand helfen, weil auch die Besatzung meistens nicht schwimmen konnte. Lediglich der Hut wurde geborgen, und die übrigen Schiffsleute riefen dem Ertrinkenden zu: „Gib di Jackl, der Herr will's!"

Hatte der Fluß seine drei Opfer erhalten, waren die Schiffer beruhigt. Passagiere, die auf dem Schiff pfiffen, wurden von Bord gejagt, da man glaubte, Pfeifen auf dem Wasser locke den Wind an.

Rathaus mit „Hexenkammerl"

An der Ostseite des Mühldorfer Stadtplatzes liegt das Rathaus mit dem Stadtwappen, einem achtschaufeligen Mühlrad als namensgebendes Emblem, an seiner Fassade. Im Erdgeschoß befindet sich das berüchtigte „Hexenkammerl", ein völlig dunkler und unbeheizbarer Raum, mit einer einen halben Meter über dem Boden angebrachten Holzpritsche ausgestattet. Etwa ein Meter über dem Boden ist eine rechteckige, doppelte Holztür eingelassen, die wie ein Backofenloch mit einem Guckloch anmutet. Durch diesen Eingang wurde auch die 16-jährige Kindsmagd Marie Pauerin in die Hexenkammer gezwängt, in der sie über 22 Monate auf den Ausgang ihres Prozesses warten mußte. Im Oktober 1750 wurde sie in Salzburg mit dem Schwert hingerichtet und anschließend verbrannt - eine der letzten Hexenhinrichtungen im deutschen Sprachraum.

Die junge Dienstmagd Marie Pauer war beim Höllschmied Jakob Altinger in der Katharinenvorstadt, heute Haus Nr. 24 am Katharinenplatz in Mühldorf, beschäftigt. Im Januar 1749 hatte sie im Auftrag ihrer Dienstherrin bei den Kapuzinern „etwas Geweihtes" geholt, das im wesentlichen aus Weihrauch und einem Ablaßpfennig bestand, welcher nach altem Brauch als schützendes Amulett in ein frisch gefülltes Federbett vernäht wurde. Als sie das Haus betrat, gerieten Werkzeuge und Einrichtungsgegenstände der Schmiede in Bewegung, flogen eiserne Kugeln, Gewichte und Schmiedehämmer durch das Haus, stieg teuflischer Schwefelgestank aus dem Kamin. Alle flüchteten aus dem Haus, darunter auch Marie Pauer. Es wurde sofort ruhig; aber sobald das Mädchen wieder aufgetaucht war, wiederholten sich die unheimlichen Begebenheiten. Keiner der Zeugen kam auf den Gedanken, dass Marie Pauer die Gegenstände selbst geworfen haben könnte. Man glaubte selbstverständlich an Geister und übernatürliche Kräfte. Poltergeist-Erscheinungen gehören in den Bereich des. sogenannten personengebundenen Spuks. Sie haben immer einen Urheber, meistens weibliche Jugendliche in der Pubertät, bei denen in besonders affektiven Situationen aktuelle psychische Spannungen in bisher ungeklärter Weise auf materielle Systeme einwirken können. Weil die Spukerscheinungen immer in Gegenwart der Pauerin auftraten, wurde der 16-jährigen nachgesagt, sie stehe mit dem Teufel im Bunde. Nachdem auch ein Kapuziner-Pater die Kindsmagd nicht vom Teufel „reinigen" konnte, mußte sie eingesperrt werden; denn Pakt und Buhlschaft mit dem Teufel bedeutete Abfall von Gott und der Kirche. Während ihrer Inhaftierung wurde sie immer wieder zum Verhör nach einem ausgearbeiteten Frageschema vorgeführt. Der Fragenkomplex umfaßte 557 Fragen und bezog sich inhaltlich auf die typischen Tatbestandsmerkmale des Hexereidelikts: Besuch des Hexensabbats, Gabelfahrt und Blutverschreibung mit dem Teufel. Diese Verhöre und die unmenschlichen Haftbedingungen haben bei Marie Pauer wahrscheinlich Selbsttäuschungen hervorgerufen. Am Ende des Prozesses glaubte sie selbst, im Sinne der Anklage schuldig zu sein. Sie gab u.a. an, dass sie des öfteren vom Teufel besucht werde und nannte ihn „Gelbrock": er habe mit ihr Unkeusches getrieben und sie mit ihm auf Festen getanzt.

Der Hexenwahn gab den Richtern immer Anlaß, nach weiteren Mitschuldigen zu fragen. Daher griff der Mühldorfer Hexenprozeß auch auf die Mutter der Maria Pauer über. Diese lenkte, wie üblich in solchen Fällen, den Verdacht auf eine dritte Person, die Gusterer Liesel, die ebenfalls wie sie aus Neumarkt stammte. Beide Frauen wurden 1749 in Landshut hingerichtet.
–> München

MÜNCHEN

Stadtwappen

Das heutige Stadtgebiet war archäologischen Zeugnissen zufolge bereits in vor- und frühgeschichtlicher Zeit besiedelt. Ins volle Licht der Geschichte tritt München jedoch erst mit dem Schiedsspruch Kaiser Friedrich Barbarossas auf dem Augsburger Reichstag 1158 im machtpolitischen Streit zwischen Herzog Heinrich dem Löwen und Bischof Otto I. von Freising. Der Welfe Heinrich war bereits Herzog von Sachsen und wurde 1156 von Kaiser Friedrich Barbarossa mit dem Herzogtum Bayern belehnt. Er ließ die dem Bischof von Freising gehörende zollpflichtige Isarbrücke bei Oberföhring, über die das lebensnotwendige Salz transportiert wurde, zerstören und verlegte den Flußübergang in die Nähe einer flussaufwärts gelegenen Mönchssiedlung „apud munichen". Daran erinnert das Stadtwappen: es zeigt einen Benediktiner-Mönch in Kutte und Kapuze. Als Teil des Stadtwappens ist der Mönch bereits 1304 nachgewiesen. Die Verniedlichung zum weltbekannten Münchner Kindl, dem Wahrzeichen der Stadt, hat im 16. Jahrhundert eingesetzt. Friedrich Barbarossa bestätigte am 14. 6. 1158 (Stadtgeburtstag), dass die Brücke, Markt und Münzrecht in München bleiben durften. Heinrich der Löwe legte 1175 den ersten Mauergürtel um die ca. 45 Tagwerk große „Heinrichstadt"; ein zweiter entstand vor 1300. Nachdem Bayern 1180 an die Wittelsbacher gefallen war, wurde München 1255 Residenzstadt und Verwaltungszentrum Oberbayerns. im Jahr 1505 machte Albrecht IV. es zur alleinigen Hauptstadt Bayerns.

Stadtsiegel   Stadtsiegel   Stadtsiegel
1268-1302   1304-1398   1323-1356

Der Mönch als „redendes" Spiegelbild ist seit 1239 belegt, wurde 1808 zunächst aufgegeben, aber 1818/1835 wieder eingeführt und ist bis heute als „Münchner Kindl" das Siegel- und Wappenbild der Stadt München.

Affentürmchen im Alten Hof

Die an der Ostseite des Neuen Rathauses beginnende Burgstraße mündet in den „Alten Hof", heute Sitz des Zentralfinanzamtes. Seit 1253 war hier die Stadtresidenz der Wittelsbacher, welche bis zum 16. Jahrhundert nach dem Erbauer Ludwig der Strenge (1253-1294) „Ludwigsburg" genannt wurde. Westlich des südlichen Torturms befindet sich im Innern des Hofes ein spätgotischer Erker, „Affenturm" genannt.

Wie die Überlieferung berichtet, hatte Herzog Ludwig der Strenge einen Affen als Haustier. Dieser sah oft, wie die Amme den Sohn des Herzogs, den späteren Kaiser Ludwig der Bayer (1294-1347), aus der Wiege nahm, ihn liebkoste und mit ihm spielte. Als er sich wieder einmal langweilte, hob er den kleinen Prinzen aus seinem Bettchen. Die Amme kam dazu und schrie so fürchterlich, dass der Affe in panischer Angst mit seinem „Spielzeug" in die Spitze des Erkertürmchens floh. Der Herzogin gelang es schließlich, die Amme und das Tier auf seinem gefährlichen Sitz zu beruhigen. Als der Affe merkte, dass ihm niemand etwas tat, brachte er das Kind unversehrt in seine Wiege zurück.

Residenz

Nachdem der Bürgeraufstand von 1385 niedergeschlagen worden war, errichteten die Herzöge nordöstlich vom Alten Hof in mehreren Bauabschnitten die „Neuveste" (Neue Münchener Residenz). Jahrhundertelang war die Residenz Wohn- und Regierungssitz der Herrscher Bayerns und zugleich kulturelles Zentrum des Landes.

Im Durchgang zum Brunnenhof kann man sich heute noch von der körperlichen Stärke des Wittelsbachers Herzog Christoph (1449-1493) überzeugen. Hier ist ein großer, etwa drei Zentner schwerer, Stein

Die Münchner Residenz, Kupferstich von Michael Wening.

an einer Kette befestigt. Eine Inschrift daneben berichtet, dass der Herzog den schweren Stein „ohne Anstrengung" durch die Luft geschleudert habe. Außerdem sind in über zwei Meter Höhe drei dicke Nägel in die Wand eingeschlagen; sie sollen anzeigen, wie hoch er springen konnte.

Herzog Christoph war bei den Bürgern sehr beliebt. Schon von Jugend an galt seine Leidenschaft dem Reiten und Ringen. Er galt als einer der stärksten Männer seiner Zeit und war der Held vieler Abenteuer und Turniere. Um ihn ranken sich Anekdoten und Heldengeschichten.

Eines Tages war ein Graf zu Gast in der Hofburg und prahlte, dass er mit einem Bären ringen und ihn in die Flucht schlagen könne. Herzog Christoph, der

Bärenjagd

gerade auf der Jagd war, wurde von einem Boten seines Bruders, dem regierenden Herzog Albrecht IV. (1465-1508), benachrichtigt. Christoph lachte und versprach, dem großsprecherischen Ritter den Schneid abzukaufen. Am Abend traf der Herzog - umringt von vielen Leuten - ein und führte zwei gewaltige Bären mit sich. Überrascht mußte der angeberische Graf eingestehen, dass er zwar die Kraft habe, mit einem Bären zu kämpfen, nicht aber den Mut, zwei Bären an den Ohren zu packen. Um den Ritter noch weiter einzuschüchtern, zwickte Christoph die Bären ins Ohr, so dass sie sich aufrichteten und bedrohlich brummten.

Eine weitere Sage erzählt: Eines Tages ließ Herzog Christoph sein Pferd beim Schmied in Sendling beschlagen. Dieser war bekannt wegen seiner riesengroßen und kräftigen Gestalt. Während der Schmied arbeitete, nahm der starke Christoph eine Eisenstange, bog sie mit bloßen Händen zu einer Brezel und sagte: „Deine Eisen taugen grad nit viel." Der schlaue Schmied, der den Herzog längst erkannt hatte, meinte, so etwas hätte sonst nur der Herzog Christoph gekonnt. Als das Pferd beschlagen war, bezahlte der Herzog. Da nahm der Schmied das Geldstück in die Hand, zerbrach es zwischen den Fingern und bemerkte: „Gnädiger Herr, Euer Gulden ist keineswegs besser als mein Eisen."

Als das Pippinger Kirchlein St. Wolfgang im Stadtteil Obermenzing Mitte des 15. Jahrhundert eine neue Glocke erhielt, begleiteten Herzog Christoph und sein Bruder Sigismund (1460-1467) den feierlichen Zug von

Älteste Gesamtansicht von München, Holzschnitt von 1493.

München zur Glockenweihe. Nicht weit vom Ziel entfernt brach ein Rad des Fuhrwerks entzwei, auf dem die geschmückte Glocke befördert wurde. Da sprang Herzog Christoph von seinem Pferd und schleppte die schwere Last auf seinem Rücken ohne abzusetzen bis zum Kirchturm hinauf. Die Bevölkerung jubelte, und Christoph meinte bescheiden:
*„Gilt es Gottes Lob und frommes Ding,
wird mir das Schwerste leicht und g'ring."*

Nibelungensäle
Im westlichen Erdgeschoß des im Auftrag König Ludwigs I. (1826-1835) von Leo von Klenze errichteten Königsbaus liegt eine aus fünf Sälen bestehende Raumflucht, die nach ihren Fresken „Nibelungensäle" heißen. Sie sind das Werk des Malers und Zeichners Julius Schnorr von Carolsfeld, einem der großen bildenden Künstler der Romantik. Schnorr von Carolsfeld wurde am 26. März 1794 als Sohn eines Malers in Leipzig geboren. Nach der künstlerischen Ausbildung an der Wiener Akademie ging er für fast zehn Jahre nach Rom, wo er sich der an der „altdeutschen" Kunst orientierten Künstlergruppe der Nazarener anschloß. Im Jahr 1825 berief Ludwig I. ihn als Akademieprofessor nach München, wo er 20 Jahre lang wirkte. Seit 1846 lebte er in Dresden, wo er am 24. Mai 1872 starb.

Die großen Münchner Fresken - Wandgemälde aus dem Nibelungenlied und der deutschen Kaisergeschichte - entstanden im Auftrag Ludwigs I. als Aus-

stattung der Empfangs - und Repräsentationsräume. Die Ausmalung erfolgte während der Jahre 1827-1834 und 1843-1867, teilweise unter Mitarbeit von Schülern des Künstlers, Friedrich von Olivier und Wilhelm Hauschild. 1955-1960 wurden die Bilder restauriert.

Die Fresken in den Nibelungensälen, die auf den heutigen Betrachter allzu pathetisch wirken mögen, sind die erste monumentale Darstellung des mittelalterlichen Nibelungenlieds. Diese in 34 Handschriften überlieferte Dichtung ist das Werk eines namentlich nicht bekannten Dichters aus dem Donauraum, der um 1200 vermutlich am Hof Bischof Wolfgers von Passau den heldischen Stoff im Sinne zeitgenössischer höfischer Poesie umgestaltete. Die Nibelungensage selbst ist aus verschiedenen Stoffkreisen erwachsen, die sich ursprünglich getrennt entwickelten, erst allmählich miteinander in Beziehung gebracht und schließlich literarisch zusammengefaßt wurden. Die wichtigsten Stoffkerne sind die von Siegfrieds Tod und Kriemhilds Rache. Beide haben reale historische Grundlagen: die offenbar konfliktbeladene Einheirat eines Merowingerfürsten in das burgundische Königshaus einerseits - den Untergang des Burgundenreiches und den Tod des Hunnenkönigs Attila oder Etzel (453) andererseits. In Sagen und Liedern hat dieser berühmte Eroberer, dessen Reich im Osten bis zum Kaukasus, im Westen fast bis an den Rhein reichte, weitergelebt.

Hagen tötet Siegfried, Wandgemälde von Julius Schnorr von Carolsfeld im Saal des Verrats. Das Fresko, welches zu den gelungensten Werken der Folge gilt, illustriert eine der Schlüsselszenen des Nibelungenepos.

Siegfried, ein niederländischer Königssohn, wirbt nach zahlreichen Abenteuern mit stark märchenhaften Zügen (Drachenkampf, Gewinnen eines großen Goldschatzes) um Kriemhild, die Schwester der drei Burgunderkönige Gunther, Gernot und Giselher. Er heiratet sie, nachdem er die isländische Königin Brunhild mit Hilfe seiner Tarnkappe in Kampfspielen überwunden und für Gunther zur Frau erworben hat. Bei einem Rangstreit der beiden Königinnen verrät Kriemhild das Geheimnis der Werbung und der Hochzeitsnacht.

Siegfried wird daraufhin von Hagen, einem entfernten Verwandten der drei Könige, auf der Jagd erschlagen, nachdem Kriemhild seine einzige verwundbare Stelle preisgegeben hat. Als Gattin des Hunnenkönigs Etzel übt sie Jahre später furchtbare Rache, der Hagen und das burgundische Königsgeschlecht zum Opfer fallen: Sie lädt die Burgunden zu einem Fest an den Hof nach Ungarn ein; dort kommt es zu einem Saalkampf, in dem auf beiden Seiten alle Helden fallen. Kriemhild selbst wird von Hildebrand, dem Waffenmeister Dietrichs von Bern, getötet.

Die Nibelungensäle in der Münchner Residenz tragen die Namen: Saal der Helden; Saal der Hochzeit; Saal des Verrats; Saal der Rache und Saal der Klage. Die großformatigen Bilder zeigen die Doppelhochzeit zu Worms, den Streit der Königinnen vor dem Münster; die Ermordung Siegfrieds an einer Quelle; die Verfluchung Hagens durch Kriemhild an Siegfrieds Leiche; Kampf und Untergang der Burgunden am Hof König Etzels.
–> Großmehring

Mariensäule

Seit der Gründung Münchens 1158 durch Heinrich den Löwen ist der Marienplatz das Herz der Stadt geblieben. Bis 1854 wurde er „Schrannenplatz" oder einfach nur „der Platz" genannt. Im Jahr 1315 verfügte Ludwig der Bayer, den Platz nicht zu bebauen, „..daz der margt des lustsomer und dest schöner und dest gemachsomer sey Herrn, burgaern, gesten und allen laeuten, di darauf zu schaffen haben!". Die offizielle Umbenennung erfolgte nach der in der Mitte des Platzes stehenden Mariensäule als Dank für die Hilfe der Gottesmutter bei der Überwindung einer gefährlichen Cholera-Epidemie.

Die Mariensäule entstand 1638 als Votiv-Denkmal. Sie wird bekrönt von einer überlebensgroßen ölvergoldeten Figur der Muttergottes aus dem Jahr 1597, die Hubert Gerhard zugeschrieben wird und sich ursprüng-

Der Münchner Marienplatz mit der Frauenkirche, im Hintergrund die Marienkirche, Kupferstich, 17. Jahrhundert.

lich auf dem Hochaltar der Münchner Frauenkirche befand. Sie stellte Maria auf der Mondsichel stehend dar, in der rechten Hand ein Zepter, das segnende Jesuskind auf dem linken Arm. Auf dem Säulensockel kämpfen vier bronzene „Heldenputti", mit Helm, Panzer, Schwert und Pfeil ausgerüstet, gegen Drache, Löwe, Schlange und Basilisk (=Hahn mit Schlangenschwanz). Diese Tiere erscheinen als Symbole der vier großen Plagen der Zeit: Der Drache verkörpert den Hunger, der Löwe den Krieg, die Schlange den Unglauben, die Häresie und der Basilisk die Pest.

Anlaß für die Stiftung der Mariensäule war die Eroberung Münchens durch die Schweden im Jahr 1632. Um die Stadt und auch Landshut vor der sonst üblichen Brandschatzung zu bewahren, gelobte der bayerische Kurfürst Maximilian I. (1597-1651) „ein gottgefälliges Werk" mitten auf dem „Platz", eine Säule mit „Unser Lieben Frauen Bildnis" errichten zu lassen. Ein weiterer Beweggrund für die 1638 erfolgte Errichtung der Mariensäule war sicher auch die Pest, welche allein im Jahr 1634 etwa 7.000 Todesopfer in München forderte. Auf der Vorderseite der Säule sind folgende Worte eingemeißelt: „Rem, Regem, Regimen, Regionem, Religionem Conserva Bavaris, Virgo Maria, tuis" (Die Habe, dem Herrscher, die Regierung, das Land, die Religion - erhalte, Jungfrau Maria, deinen Bayern).

Figur Heinrichs des Löwen am Alten Rathaus

An der Ostseite des Marienplatzes steht das von Jörg von Halsbach 1470-75 errichtete Alte Rathaus. An seinem Ostgiebel wurde 1960 die Figur Heinrichs des Löwen von Konrad Knoll angebracht. Sie zeigt ihn in Ritterrüstung, jedoch ohne sein Attribut, den Löwen. Schon sein Vater, Heinrich der Stolze, trug den Beinamen „der Löwe" und einen Welpen im Wappen. Der

Sohn Heinrich (1129-1195), Herzog von Sachsen und Bayern, Vetter Kaiser Friedrich Barbarossas und einer der reichsten und mächtigsten Männer im Reich, erwies sich als politisch weitsichtig und war lange Zeit sehr erfolgreich, was ihm allerdings die Feindschaft anderer Fürsten einbrachte. Als er später dem Kaiser militärische Hilfe versagte, kam es zu einem schweren Zerwürfnis; Heinrich wurde geächtet, verlor seine Herzogtümer und ging 1180 nach England in die Verbannung. Nach seiner Rückkehr blieb er auf den welfischen Eigenbesitz um Braunschweig-Lüneburg beschränkt. Heinrich der Löwe liegt im Braunschweiger Dom begraben.

Die Gestalt dieses wohl berühmtesten Welfenherzogs, sein wechselvolles Leben mit Siegen und Niederlagen haben die Mythisierung und Sagenbildung um seine Person angeregt. Am bekanntesten ist eine Geschichte, die als „Heimkehrersage" auch von anderen Rittern erzählt wird und ikonographisch an den Löwen als Herrschaftssymbol anknüpft: Bei einer Seefahrt - gemeint ist wohl die Pilgerreise nach Jerusalem, die Heinrich im Jahre 1172 tatsächlich unternommen hat - gerieten er und seine Begleiter in unbekannte Gewässer, ohne Land zu sehen. Als die Vorräte zu Ende gingen und der Hungertod die Reisenden bedrohte, losten sie, wer von ihnen den anderen als Nahrung dienen sollte. Schließlich waren nur noch der Herzog und ein Knecht übrig. Das Los

Heinrich besiegt den Drachen und gewinnt die Dankbarkeit des Löwen. Miniatur aus der im Jahr 1474 gefertigten Abschrift von Wyssenherres Gedicht.

fiel auf Heinrich - doch der Knecht wollte dieses Opfer nicht annehmen; er nähte den Herzog in einen ledernen Sack ein und gab ihm ein Schwert bei. Bald darauf kam der Vogel Greif (ein mythisches Tier, halb Adler, halb Löwe), packte den Sack und trug ihn übers Meer in sein Nest als Nahrung für seine Jungen. Als der Vogel erneut auf Beute ausflog, befreite sich Heinrich mit dem Schwert und erschlug die jungen Greife, bevor diese über ihn herfallen konnten. Auf der Suche nach einer Behausung hörte er einen fürchterlichen Lärm und sah einen Lindwurm mit einem Löwen kämpfen, der zu unterliegen drohte. Heinrich griff ein, tötete den Lindwurm mit seinem Schwert. Hierauf wurde der dankbare Löwe fortan sein treuer Begleiter.

Bald darauf baute sich Heinrich ein Floß, denn er wollte versuchen, nach Hause zurückzukehren. Da erschien eines Tages der Teufel auf dem Floß und berichtete, dass Heinrichs Ehefrau sich noch am selben Abend erneut vermählen wolle, da sie nach sieben Jahren die Hoffnung auf die Rückkehr ihres Mannes aufgegeben hätte. Der Teufel erklärte sich aber bereit, den Herzog sowie den Löwen noch rechtzeitig nach Braunschweig zu bringen - unter einer Bedingung: finde er bei seiner Rückkehr den Herzog schlafend, dann sei dieser ihm verfallen. Heinrich ging auf die Bedingung ein; der Teufel trug ihn durch die Lüfte und legte ihn auf einem nahe der Heimat gelegenen Berg ab, um den Löwen zu holen. Als er mit diesem zurückkam, erblickte das treue Tier noch aus der Luft seinen Herrn, der tatsächlich eingeschlafen war. Er brüllte so fürchterlich, dass der Herzog erwachte, und der Teufel hatte somit sein Spiel verloren.

Neues Rathaus

Der monumentale Bau des unmittelbar am Marienplatz gelegenen Neuen Rathauses entstand in den Jahren 1867-1909 nach flandrischem Vorbild nach Plänen von Georg Hauberrieser.

Wurmeck

Die westliche Ecke zur Weinstraße heißt „Wurmeck". Zwei Deutungen des Namens sind möglich: die eine leitet ihn her vom Hausnamen einer Metzgerfamilie Wurm, die im 13. Jahrhundert das Eckhaus Weinstraße/Marienplatz bewohnte; wahrscheinlich ist er aber auf ein früher hier angebrachtes Fresko, das den Drachenkampf des heiligen Georg zeigte, zurückzuführen.

Im Zusammenhang mit dem Bau des Neuen Rathauses entstand am Rathauseck die Plastik eines sich windenden großen bronzenen Lindwurms mit Drachenkopf, Adlerklauen und riesigen Fledermausflügeln. Der Sage nach blies dieses schreckliche Ungeheuer die Pest in alle Gassen und Wohnungen der Bürger, welche sich daraufhin in ihren Häusern einschlossen. Als sich der Lindwurm wieder einmal am Wurmeck niederließ, gelang es den Männern der Hauptwache, ihn mit einem einzigen Kanonenschuß zu töten. Aus Freude darüber sollen die Schäffler ihren Tanz an dieser Stelle zum erstenmal aufgeführt haben.

Drachen, phantastische Mischwesen aus verschiedenen bekannten Tieren (besonders Schlange, Echse und Vogel), nehmen in den mythologischen Vorstellungen vieler hochkulturen eine zentrale Stellung ein. In der Heldendichtung tritt der Drache als Widersacher des Helden, von dem er überwunden wird, auf; im christlichen Kontext ist er eine Allegorie des Teufels. Im Volksglauben gilt er oft als Verursacher von Unwetter und Überflutungen; sein Atem ist giftig, er kann töten oder - wie hier - Epidemien hervorrufen.

Glockenspiel im Rathausturm

Ähnlich wie das Münchner Neue Rathaus dem Brüsseler Rathaus nachempfunden wurde, ist auch das Glockenspiel eine Nachahmung belgischer Carillon-Kunst. Das von C.M. Rosipal gestiftete, aus 43 Glocken bestehende Spielwerk wurde 1908 in den doppelgeschossigen Erker des 60 m hohen Rathausturmes eingebaut. Der obere Teil erinnert an das Ritterturnier anläßlich der Hochzeit (1568) Herzog Wilhelms V. mit Renata von Lothringen. Im unteren Teil des Erkers tanzen die Schäffler (Faßbinder, Böttcher, Küfer) den „Schäfflertanz". Dieser Zunfttanz ist der

Der Schäfflertanz im Jahr 1844, Lithografie von G. Kraus.

bekannteste Münchner Stadtbrauch. Achtzehn Reifenschwinger in ihrer schmucken Tracht, mit bogenförmigen Girlanden in der Hand, bewegen sich im Polkaschritt. Die Tänze sind vorgeschrieben und beginnen mit der sogenannten „Schlange"; es folgen „Laube", „Kreuz", „Krone", „Changieren" und „Reifenschwung". Der Kasperl springt zwischen Tänzern und Zuschauern umher und schwärzt jungen Mädchen und Kindern die Nase, was an die Pest, den „Schwarzen Tod", erinnern soll. Obwohl das Ungeheuer am Wurmeck, welches die Pest verbreitete, getötet worden war, wagte sich, so die Sage, niemand auf die Straße, Fenster und Türen blieben verschlossen. Da zogen die mutigen Schäffler vor die Häuser, führten Freudentänze auf und lockten mit ihren Späßen die Bewohner aus ihren dunklen Wohnungen. Als Dank dafür wird der Schäfflertanz alle sieben Jahre im Fasching in den Straßen der Stadt aufgeführt. Die lokale Überlieferung, wonach der Schäfflertanz auf eine Pestepidemie des Jahres 1517 zurückgehen soll, hat sich als nicht stichhaltig erwiesen. Tatsächlich ist er eine Sonderform der vom modernen Tourismus vielerorts betriebenen Folklore-Darbietungen; in München wird er seit dem frühen 19. Jahrhundert gepflegt und gilt als ein „Markenzeichen" der Stadt. Das Glockenspiel mit dem Schäfflertanz am Neuen Rathaus wird täglich um 11 Uhr vormittags in Gang gesetzt.

Onuphrius-Haus

Das an der Südseite des Marienplatzes neben Rischart's Backhaus gelegene „Onuphrius-Haus" hat seinen Namen von dem an der Fassade angebrachten Mosaik, einer überlebensgroßen Darstellung des heiligen Onuphrius, einer jener legendären Einsiedler, die in den ersten christlichen Jahrhunderten in der thebäischen Wüste lebten. Seiner Herkunft nach ein abessinischer Fürstensohn, verzichtete er auf die ihm angebotene Nachfolge, um in einem der abgelegenen Felsenklöster von Göreme/Kappadokien in andächtiger Betrachtung zu leben. Ende des 4. Jahrhundert soll er hier gestorben sein.

Im Abendland wurde der Onuphrius-Kult durch die Kreuzzüge verbreitet; in Deutschland finden sich im 15. und 16. Jahrhundert zahlreiche bildliche Darstellungen, an die auch das Mosaik am Neubau des Onuphrius-Hauses (es wurde 1951 von Max Lacher gefertigt und ersetzt ein Bild des Heiligen an der Fassade eines Hauses am ehemaligen Eiermarkt neben dem Alten Rathaus, das im Zweiten Weltkrieg zerstört worden ist) ikonographisch anknüpft: Onuphrius ist nur mit einem Blätterschurz um die Lenden bekleidet. Sein Haupt mit wallendem Haar und Bart trägt eine Krone; in der einen Hand hält er ein Doppelkreuz, in der anderen einen Pilgerstock. Es wird erzählt, Onuphrius hätte die Wüste, in der er als Einsiedler lebte, verlassen und sei auf seiner Wanderschaft nach München gekommen, wo er einen großen Brand gelöscht habe. Weil der Heilige sehr früh mit dem heiligen Christophorus in Verbindung gebracht und schließlich auch mit ihm verwechselt wurde, nannten ihn die Münchner „Christophel am Eiermarkt". Man glaubte, dass der bewußt gesuchte Anblick des Heiligen vor einem jähen Tod schütze. Deshalb wurden im Mittelalter überlebensgroße Darstellungen des heiligen Onuphrius an Kirchen, Türmen und Häuserfassaden angebracht. Nach einer Stadtsage soll Heinrich der Löwe um 1170 das Bild und eine Kopfreliquie des sogenannten Wüstenheiligen von einer Pilgerfahrt ins Heilige Land mitgebracht haben, und der heilige Onuphrius der erste Stadtpatron Münchens gewesen sein.

Gasthaus „Hundskugel"
Im Hackenviertel, einem der ältesten Stadtviertel Münchens, befindet sich seit 1440 die Gaststätte „Zur Hundskugel" in der Hotterstraße Nr. 18. An der Hausfassade ist ein Relief angebracht, welches sechs mit einer Kugel spielende Hunde darstellt. Dieses besonders originelle Hauszeichen stammt von Roman Anton Boos, dem Schwiegersohn des Hofbildhauers Johann Baptist Straub. Beide haben im 18. Jahrhundert dieses Haus bewohnt. Die „Hundskugel" ist eine Örtlichkeitsbezeichnung, die

Das Hauszeichen des Gasthauses „Hundskugel"
mit den sechs kugelspielenden Hunden.

überlebt und zur Entwicklung von mehreren Deutungen geführt hat. Über die Entstehungsgeschichte des Reliefs gibt es verschiedene Versionen:

1. Ursprünglich befand sich an diesem Haus anstelle des heutigen Reliefs ein Fresko, das eine Kegelstätte darstellte, auf welcher sich der Sage nach einige Hunde mit Kegelschieben vergnügten und die Kugel an diesem Haus niedergelegt hätten. Unter dem Fresko stand der Spruch:

*„Bis diese neun Kegel umscheiben die Hund´
können wir heilen noch manche Stund´.
Hundsfottbad armer Leut."*

2. An dieser Stelle stand ein Haus mit Bad und Garten, das von einem Chirurgen geführt wurde und in dem arme Leute (Hundsfüter) gepflegt wurden. Die Bezeichnung »Hundsfüter«, »Hundsfott«, »Hundsfüt« war im 15. Jahrhundert kein beleidigendes Schimpfwort, d.h. Bild und Spruch waren zur damaligen Zeit offenbar ein Aushängeschild für den Bader.

3. Mit dem Bad verschwanden auch Fresko und Spruch. Der Name „Hundskugel" war geblieben. Er geht auf „Gugel" zurück, einer bis auf zwei Augenlöcher geschlossenen Mönchskapuze, die im Mittelalter während der Beerdigung von Stadtarmen von den so genannten Klageweibern benutzt wurden. Es heißt auch, dass Verbrecher nach der Folterung und vor der Hinrichtung im Hause gebadet wurden. Diese armen Sünder wurden aktenmäßig „Hundsfut" - Futter für die Hunde - genannt. Daraus sei die Bezeichnung „Hundsfütbad" entstanden.

4. Anstelle der heutigen Hundskugel könnte sich aber auch eine „Hundskuchel" (Küche) für die Hundemeuten der Bürger befunden haben. Ein Hundskoch wurde 1742 urkundlich erwähnt.

Falkenturmstraße

Am Max-Joseph-Platz (Nationaltheater) beginnt die Maximilianstraße. Auf der rechten Seite führt eine kleine Abzweigung in die Falkenturmstraße. Nichts außer dem Namen erinnert daran, dass hier der Turm (Bestandteil der Stadtmauer) stand, in dem die Familie Pappenheimer und ihre Mitangeklagten im Jahr 1600 der Hexerei angeklagt, gefangen und verhört wurden. Mit der Durchführung des Pappenheimer-Prozesses sollte ein Exempel statuiert werden zur Abwehr des Bösen, zum Sieg über Teufel und Dämonen und nicht zuletzt zur Abschreckung von Straßenräubern und Mordbrennern.

Schon lange vor dem Dreißigjährigen Krieg, wo der Name aus anderen Gründen sprichwörtlich wurde, nannte man gemeinhin die Leute „Pappenheimer", die Aborte ausputzten. Die Landfahrerfamilie Pappenheimer zählte zu den Habenichtsen aus der Unterschicht. Ihr Leben spielte sich hauptsächlich auf niederbayrischen Straßen ab. In den Städten schlossen sie sich gelegentlich dem Bettelvolk an. Betteln war im 16. Jahrhundert ein zunftmäßig betriebenes Handwerk; die Bettler mußten sich mit einem „Bettelbrief" ausweisen.

Zwei Pappenheimer-Söhne sollen von einem Dieb, den man erhängte, verraten worden sein. Wie die Anklage zustande kam, läßt sich nicht mehr genau nachweisen. Unter Folter gestanden die Pappenheimer im Falkenturm die abstrusesten Verbrechen - darunter den Mord an schwangeren Frauen, um an die zu magischen Zwecken benötigten „Kindshändel" zu gelangen, eine zentrale Rolle spielt - und denunzierten etwa 400 Personen. Herzog Maximilian, der spätere Kurfürst von Bayern, war 1600 oberster Gerichtsherr. Sitz des Hofrats, der die Überstellung der in Niederbayern aufgegriffenen Landfahrer nach München angeordnet hatte, war damals der Alte Hof. Der Herzog soll selbst in das Verfahren gegen die Pappenheimer eingegriffen haben. Die Verhöre erfolgten durch drei Hofratskommissare in Anwesenheit des Rentschreibers. Durch die Tortur, von der verschiedene Formen und Härtegrade im Gebrauch waren, wurde der Gefangene zur gewünschten Aussage gezwungen. So wurden ihm die Hände auf den Rücken gebunden, und man zog ihn an den Armen an einem Flaschenzug auf, bis er frei im Raum schwebte. Durch das Anhängen

Darstellung der angeblichen Untaten der Pappenheimer und ihrer Hinrichtung.

von Steingewichten wurde die Folter noch verschärft. Nach einem Protokoll vom 3. Mai 1600 belastete Michel Pämbs alias Pappenheimer unter dem Druck der Folter seine Mutter der Hexerei, die ihn „das Pulver aus den Kindshäntln machen und hat Prennen lernen". Mit diesem Pulver hätte er „Menschen und Vich" Schaden zugefügt, wofür ihn der Teufel in Gestalt eines rotbärtigen Mannes gelobt hätte. Etwa ein Jahr später sei ihm der Teufel in Weibsgestalt erschienen, um ihn zu Unzucht und Teufelsbund zu verführen. Der jüngste Sohn, der 10jährige Hänsel, mußte schließlich mit ansehen, wie seine Familie knapp drei Monate nach Gefangennahme am 29. Juli 1600 auf dem Galgenberg außerhalb der Stadt nach diversen strafverschärfenden Quälereien (u.a. Reißen mit glühenden Zangen; der Mutter schnitt man die Brüste ab) bei lebendigem Leib verbrannt wurde. Am 26. November ist er zusammen mit vier weiteren Personen ebenfalls hingerichtet worden.

–> Mühldorf am Inn

Relief am Kaufhaus Hirmer („Hirmer-Eck")

Wo die Kaufingerstraße in die Neuhauser Straße übergeht, stand einst das Westtor aus der Zeit der ersten Stadtumwallung. Es wurde 1807 abgebrochen, eine Pflastermarkierung im Boden vor dem Hirmerhaus zeigt noch die Umrisse dieses Turms, den man wegen seiner Bemalung „Schönen Turm" nannte; eine Tafel an der Hausfassade weist ebenfalls auf ihn hin.

Das Kaufhaus Hirmer (Kaufingerstraße 28) ist 1915 als Geschäftshaus entstanden, wurde im Zweiten Weltkrieg zerstört und später im alten Stil restauriert. An der Ecke seiner Fassade ist ein steinernes Relief zu sehen: es zeigt einen gebückten Mann, der den Torturm auf seinem Rücken trägt.

Die Sage weiß zu berichten, dass ein tüchtiger und ehrsamer Goldschmied am Schönen Turm seine Werkstatt hatte. Eines Tages brachte ein vornehmer Herr ein kostbares Geschmeide, um ein Duplikat anfertigen zu lassen. Als der reiche Kunde aber den Schmuck abholen wollte, war er verschwunden. Der Goldschmied beteuerte hoch und heilig seine Unschuld - doch niemand glaubte ihm, weil seine Haustür nicht aufgebrochen war. Er wurde zum Tode verurteilt. Einige Wochen nach seiner Hinrichtung mußte der Turm ausgebessert werden. Als ein Maurer zu diesem Zweck ins Glockentürmchen stieg, flog eine Elster aus dem Dachfenster und es stellte sich heraus, dass diese der Dieb war: das glänzende Geschmeide fand sich in ihrem

Nest. Daraufhin wurde der Leichnam des unschuldigen Goldschmieds vom Friedhof außerhalb der Stadtmauer feierlich auf den Friedhof am Frauenbergl überführt.

Kirche St. Peter
Die Peterskirche liegt südöstlich des Marienplatzes und ist die älteste Pfarrkirche Münchens. Über einem westwerkartigen Unterbau erhebt sich der 90 m hohe Turm, der „Alte Peter", eine weiteres Wahrzeichen der Stadt. Über den Stümpfen der beiden Westtürme vom Ende 13. Jahrhunderts ragt in der Mitte der originelle Turmhelm mit Kuppel und Laterne aus dem frühen 17. Jahrhundert empor.

Trotz der furchtbaren Zerstörung im Zweiten Weltkrieg ist die Kirche heute wieder mit kostbaren Kunstwerken aus allen Stilepochen ausgestattet und präsentiert sich dem Besucher in großer Harmonie.

Der hochbarocke Choraltar wurde nach den Entwürfen des Hofarchitekten und Theatermalers Nikolaus Gottfried Stubers (1730-34) errichtet. Im Zentrum der Säulenarchitektur thront der Apostelfürst Petrus,

Das Nordende des Rindermarktes mit Blick zum „Alten Peter". Aquarell von Carl August Lebscheé aus dem Jahr 1863.

ein spätgotisches vollplastisches Schnitzwerk von Erasmus Grasser (um 1493/95), umgeben von vier überlebensgroßen Barockstatuen aus Holz, den Kirchenlehrern, von Egid Quirin Asam (1732/33) geschaffen. Tiara, die dreifache Krone (vom Münchner Goldschmied Joh. Michael Ernst um 1720/30), Ornat und Buch stellen den heiligen Petrus als Papst dar. Noch heute ist es Brauch in der Peterskirche, beim Tod eines Papstes bis zur Inthronisation des neuen Oberhauptes der katholischen Kirche die Tiara abzunehmen.

Gnadenbild Maria-Hilf

Als alte Stadtpfarrkirche besaß St. Peter im Laufe seiner Geschichte viele Gegenstände, die als gnadenbringend verehrt wurden. Das bedeutendste Gnadenbild der Kirche ist der Blickfang des Maria-Hilf-Altars im südlichen (rechten) Seitenschiff. Das Kernstück ist eine Kopie des Innsbrucker Gnadengemäldes (um 1537 von Lucas Cranach d.Ä.(1472-1553). Es wurde 1653 vom Münchner Maler Joh. Carl Loth (1632-1678) im Auftrag der Brauerswitwe Barbara Ostermayr geschaffen. Die Stifterin ließ es in der Peterskirche aufhängen. Der prunkvolle Rahmen ist ein 1775/76 entstandenes Werk Joh. Friedrich Canzlers.

Bei dem Maria-Hilf-Bild handelt es sich um ein halbfiguriges Gemälde. Maria hält das Kind fest umschlungen, das seinen rechten Arm nach der Mutter ausstreckt. Sie neigt ihr von einem Schleier bedecktes Haupt zärtlich zu ihm hinab. Typisch sind die strampelnde Bewegung des Jesusknaben und der zärtliche Gestus der rechten Hand am Kinn der Mutter. Dieser Bildtypus der Eleousa, die „zärtliche" Muttergottes mit dem „hilfesuchenden" Jesuskind vom sächsischen Hofmaler Lucas Cranach befand sich angeblich um 1537 in der Kreuz-Kirche in Dresden. Vorbild für den Maler soll eine aus der Mitte des 14. Jahrhundert stammende ikonenhafte Darstellung sienischer Herkunft gewesen sein, welche Cranach während eines Aufenthaltes in den Niederlanden (1508) in der Kathedrale in Cambrai (Belgien) gesehen haben könnte.

Von der wunderbaren Hilfe des Gnadenbildes berichtet ein großer anonymer Kupferstich, der heute in der Graphischen Sammlung des Münchner Stadtmuseums aufbewahrt wird: Als die bayerische Armee unter Kurfürst Max Emmanuel 1683 gegen die Türken zog, hielten die Münchner eine 30-tägige Andacht vor dem Maria-Hilf-Bild. Nach seiner glücklichen Rückkehr stiftete der Kurfürst deshalb dem Gnadenbild zwei Silberampeln.

Das Gnadenbild „Maria Hilf", Kupferstich aus der Grafischen Sammlung des Münchner Stadtmuseums.

Heilig-Geist-Kirche

Gegenüber der Peterskirche, an der Ecke Tal/Viktualienmarkt, liegt die Kirche des 1811 an eine andere Stelle verlegten Heilig-Geist-Spitals, das aus einem von Herzog Ludwig dem Kehlheimer 1204 gestifteten Pilgerhospiz hervorgegangen ist.

Im nördlichen Seitenschiff steht gleich neben dem vorderen Seiteneingang der Marienaltar. In einem vergoldeten Schrein auf der Mensa befindet sich das Gnadenbild der sogenannten „Hammerthaler Muttergottes". Die um 1490 von einem unbekannten Meister geschnitzte Figur stammt aus dem Kloster Tegernsee. Erst 1802 kam sie aus der säkularisierten Münchner Augustinerkirche hierher. Der Legende nach unternahm das Gastwirtsehepaar Hammerthaler aus dem Tal im Jahr 1620 eine Wallfahrt nach Tegernsee. Die Frau bekam dort vom Abt eine kleine spätgotische Madonna als Andachtsfigur, welche sie in ihrer Hauskapelle aufstellte. Frau Hammerthaler, die vermutlich unter rheumatischen Schmerzen litt, wurde bald darauf geheilt. Auf diese Nachricht hin kamen so viele Leute, dass das Gnadenbild 1624 in die Augustinerkirche übertragen werden mußte.

Im Zentrum des Mittelschiffes erstreckt sich über drei Joche das große ovale Deckenfresko von Cosmas Damian Asam (1696-1739). Es wurde von Karl Manninger 1975 nach fotografischen Vorlagen rekonstruiert. Es zeigt die Gründung des Spitals (1253) unter dem Wittelsbacher Herzog Otto II. Auf den Stufen einer großen Freitreppe, die nach links hin zum Portal ansteigt, sitzen und liegen Arme und Kranke. Linkerhand erscheint ein Kopf des Brezenreiterschimmels, der an die Wadlerspende von 1318 erinnert, eine der berühmtesten Bürgerstiftungen des Mittelalters. Diese soll in München so populär gewesen sein, dass noch im 18. Jahrhundert auf den Meßgewändern der Heilig-Geist-Kirche Brezenmotive auftauchten. Die Überlieferung berichtet, dass der Münchner Bürger Burkhart Wadler in der Nacht zum 1. Mai jedem Bedürftigen zwei Brezen stiftete, welche von einem Schimmelreiter in der Stadt verteilt wurden. Im Jahre 1801 wurde der Brezenreiter verprügelt, weil die „Wadlerspende" ausgegangen war. Deshalb wurde von da an auch der Brauch verboten.

Frauenkirche

Die Münchner Frauenkirche - Metropolitankirche zu Unserer Lieben Frau - wurde anstelle einer dreischiffigen Pfeilerbasilika von 1240, in den Jahren 1468-1488 von Jörg von Halsbach († 1488) als dreischiffige Halle mit Chorumgang errichtet. Die kraftvollen Türme der mächtigen Backsteinkirche mit ihren erst 1525 aufgesetzten Zwiebeldächern, den sogenannten „welschen Hauben", sind das Wahrzeichen der Stadt. Aus Anlaß der fünfhundertsten Wiederkehr ihrer Weihe 1994 wurde die Münchner Frauenkirche grundlegend renoviert. Seitdem erstrahlt der Innenraum in der ursprünglichen Farbigkeit der Gotik. Zahlreiche Kunstwerke, die seit dem letzten Weltkrieg an anderen Orten verwahrt worden waren, kehrten zum größten Teil wieder an ihren alten Platz zurück.

München 197

Die Kirche „Unser Lieben Frauen" (Frauenkirche), Kupferstich von Johann Stridbeck vom Anfang des 18. Jahrhunderts.

„Teufelstritt" in der Vorhalle

Betritt man die Frauenkirche vom Hauptportal aus, so stößt man in der Vorhalle auf eine Bodenplatte mit einem großen schwarzen Fußabdruck, dem sogenannten „Teufelstritt". Sie markiert einen Punkt, von dem aus sämtliche Seitenfenster unsichtbar sind, weil sie durch die Pfeiler des Kirchenschiffes verdeckt werden. Früher war auch das Chorfenster durch den barocken Hochaltar mit dem riesigen Gemälde „Himmelfahrt und Krönung Mariens" von Peter Candid (1620) weitgehend verdeckt Das Altarbild hängt heute seitlich über dem Eingang der Sakristei.

Vermutlich handelt es sich bei dem Fußabdruck um ein Steinmetzzeichen, das bei der Neupflasterung der Kirche im Jahr 1671 angebracht worden ist. Eine bekannte Münchner Stadtsage erzählt, dass der Baumeister, als er den Auftrag zum Bau der Frauenkirche erhielt, einen Pakt mit dem Teufel geschlossen hatte, um mit dessen Hilfe die schwierige Aufgabe besser zu bewältigen. Dieser verpflichtete sich, beim Bau zu helfen, wenn das Gotteshaus ohne Fenster errichtet würde. Andernfalls sollte dem Höllenfürsten die Seele des Baumeisters gehören. Als die Kirche mit der unermüdlichen Hilfe des Satans vollendet war, führte ihn der Baumeister zu der Stelle, von wo aus kein einziges Fenster zu sehen war. Zornig und vor Wut fast zerspringend, weil der Baumeister seine Seele gerettet hatte, stampfte der Teufel so fest auf, dass heute noch der Fußabdruck in der Vorhalle zu sehen ist.

Nach einer anderen Sage hatte Meister Jörg die Frauenkirche fast vollendet, als der Teufel davon erfuhr. Wutentbrannt fuhr er Feuer und Schwefel speiend, aus der Hölle zu seinem Freund, dem Sturm, der ihm riet, die noch nicht geweihte Kirche zu betreten und innen zu zerstören - er, der Sturm, werde sie von außen angreifen. - Nach einer anderen Version verwandelte der Teufel sich selbst in einen heftigen Sturmwind und versuchte, den Bau zum Einsturz zu bringen, was ihm jedoch nicht gelang. Doch soll er noch immer sein Unwesen treiben und so kommt es, dass unter den Türmen der Frauenkirche meist ein heftiger Wind weht.

Sagen, in denen der Teufel als Baumeister oder als Helfer eines solchen auftritt, sind vom Motivbestand her ursprünglich Riesensagen; wie diese wird er durch listige Versprechungen zur Mitarbeit bewegt, dann aber von dem ihm intellektuell überlegenen Menschen um den versprochenen Lohn geprellt, wodurch die Geschichte schwankhafte Züge erhält.

Benno-Kapelle

Im südlichen Kirchenschiff befindet sich vor dem Chorumgang die Benno-Kapelle, welche über dem Gitter gekennzeichnet ist durch die Attribute des Heiligen: Fisch und Schlüssel.

Benno wurde im Jahr 1010 als Sohn einer sächsischen Adelsfamilie geboren, war nach seiner Ausbildung zunächst Kanoniker in Goslar und wurde 1066 zum Bischof von Meißen ernannt. Er widmete sich vor allem der Missionsarbeit bei den slawischen Wenden, starb 1106 und wurde zunächst im Dom zu Meißen begraben. Während der Reformationszeit wurde der Kult des Heiligen unterdrückt und, nachdem Sachsen zum protestantischen Glauben übergetreten war, sein Grab im Dom zerstört. Seine Gebeine hatte man jedoch zuvor heimlich in Sicherheit gebracht. Der bayrische Hof, Zentrum der Gegenreformation in Bayern, erlangte 1576 vom Meißner Bischof die Herausgabe der Reliquien, die durch Herzog Albrecht V. (1550-1579) nach München überführt und in der Frauenkirche zur Verehrung ausgesetzt wurden. Der Translationsakt am 16. Juni 1580 wird seither als Fest des Heiligen gefeiert; Benno ist Schutzpatron Münchens und Bayerns.

An der Altarwand der Benno-Kapelle steht ein kostbarer Schrein aus Ebenholz, das Reliquiar mit den Gebeinen des heiligen Benno. Hinter einer Scheibe ist sein mit Perlenstickerei versehenes Haupt sichtbar. Im Sockel des Altars liegt der Benno-Stab mit einer Krümme aus Walbein. Die hochbedeutende Silberbüste (1604) wird Paulus von Vianen zugeschrieben. Sie stellt den Heiligen in bischöflichem Ornat mit

Der heilige Benno, Kupferstich.

Pluviale, Mitra und Bischofsstab dar. Der auf einem Buch liegende Fisch - das Attribut des heiligen Benno - an dessen Maul zwei Schlüssel hängen, weist auf eine Legende hin, die auf das Jahr 1088 zurückgeht: Damals soll Benno, der während des Investiturstreites wegen seiner Parteinahme für den Papst von Kaiser Heinrich IV. abgesetzt und 1085 aus Meißen vertrieben worden war, bei seiner Flucht die Kirchenschlüssel in die Elbe geworfen haben. Als er nach einer Romreise, als Pilger verkleidet, in sein Bistum zurückkam und unerkannt in einem Gasthaus einkehrte, fanden sich im Bauch eines gefangenen Fisches, der für ihn zubereitet wurde, eben diese Schlüssel - Zeichen der gottgewollten Wiedereinsetzung ins Bischofsamt, das er 1088 tatsächlich wieder übernehmen konnte. Der Fisch ist als Symbol für Christus zu deuten, der Schlüssel als Sinnbild für die Binde- und Lösegewalt, die Christus auf Petrus, den Oberhirten der Kirche, übertragen hat.

Der Ruf des heiligen Benno als Patron der Fischer und Tuchmacher, als Regenspender und Schützer gegen Pest und Augenleiden löste einen ungeheuren Strom von Wallfahrern aus. Die Legende berichtet, dass einmal bei glühender Hitze eine große Menschenmenge um den Heiligen versammelt war, um seine Predigt zu hören. Sie waren durstig, und ringsum war kein

Wasser. Da klopfte der heilige Benno mit seinem Hirtenstab auf die Erde, und sogleich strömte eine Quelle frischen Wassers hervor.

Von den vielen Votivgaben sind noch die „wächsernen Prinzen" vorhanden, welche in der Benno-Kapelle neben dem neugotischen Schreingehäuse (1867), in dem der Mantel des Heiligen aufbewahrt wird, auf Kissen knien. Um sie dem Schutz des heiligen Benno anzuvertrauen, ließ Kurfürst Maximilian (1597-1651) seine Söhne, den vierjährigen Thronfolger Ferdinand Maria Ignatius Wolfgang 1640 und 1644 den fünfjährigen Sohn Maximilian Philipp Hieronymus lebensgroß in Wachs nachbilden.

Epitaph der Stromairin

An der nördlichen Außenwand der Frauenkirche ist links neben dem Eingang zur Sakristei die Grabplatte der reichen Witwe Petronella Stromairin eingelassen. Die Verstorbene ist liegend dargestellt. Sie stützt sich mit dem linken Ellenbogen auf einen Totenkopf, in der rechten Hand hält sie einen Rosenkranz. Neben ihrem Kopf ist eine verlöschende Kerze als „memento mori" zu erkennen. Die reiche Witwe starb 1601 in hohem Alter. Eine volkstümliche Überlieferung will wissen, dass die Stromairin durch ihre Heirat sehr wohlhabend geworden und nach dem Tod ihres Mannes, obwohl sie nicht mehr jung war, wegen ihres Geldes begehrt gewesen sei. Die schlaue Witwe vertröstete ihre Freier von Jahr zu Jahr. Als einer der Bewerber nach drei Jahren noch immer um ihre Hand anhielt, willigte sie in die Ehe ein, gewährte ihm aber vorher noch einen Einblick in ihre Habe und ihr Testament. Nachdem er gelesen hatte, dass nicht er der Erbe sei, sondern die eine Hälfte ihres Vermögens an ihre treue Hausverwalterin, die andere an die Armen ihrer Geburtsstadt Nürnberg gehen sollte, verschwand der Freier auf Nimmerwiedersehen.

Bürgersaalkirche

Die Bürgersaalkirche in der Neuhauser Straße 8 war Versammlungsraum der seit 1610 von den Jesuiten geleiteten Marianischen Männerkongregation „Mariä Verkündigung". Sie wurde 1709/11 nach Plänen von Antonio Viscardi durch Joh. Georg Ettenhofer als Saalbau über einem niedrigen Untergeschoß errichtet. Im unteren Teil des Gebäudes befindet sich das Grab des 1987 seliggesprochenen Pater Rupert Mayer (23.01.1878-01.11.1945), der sich während des Dritten Reiches durch seine mutigen Predigten und sein Engagement für die verfolgten Juden hervortat und deshalb zeitweise inhaftiert war. Die auch heute noch liturgischen Zwecken dienende Kirche im oberen Stockwerk ist vor allem zur Weihnachtszeit Ziel von Besuchern, die hier ein Bild des Christkinds, das „Augustinerkindl", verehren. Es handelt sich um ein sogenanntes „Fatschenkindl", dessen Leib bis zu den Schultern eng umwickelt (gefatscht) ist; der wächserne Kopf hat Augen aus Glas. Um das Jahr 1600 hatte die ehemalige Augustinerkirche dieses Christkindl als Geschenk erhalten; nach der Säkularisation wurde es auf Veranlassung des Kronprinzen Ludwig, dem späteren König Ludwig I. (1825-1848), dem Bürgersaal übergeben, wo es alljährlich von Weihnachten bis Maria Lichtmeß (2. Februar) gezeigt wird. Höhepunkt der Verehrung ist der Dreikönigstag (6. Januar), an dem das Christkindl, begleitet von Präses, Präfekten und allen Vorstandsmitgliedern der Kongregation in feierlicher Prozession durch die Kirche getragen wird.

Über den Ursprung der Wallfahrt erzählt die Legende, die Figur sei einst einem Augustinerpater aus der Hand gefallen, wobei das Wachsköpfchen am Boden zerschellte. Der Pater versteckte die Stücke - doch auf wundersame Weise fügten sie sich bis zur Weihnachtszeit wieder zusammen, und von dem Tag an wurde das Christkindl zum Gnadenkind.

Herzogspitalkirche
Als Altersheim und Krankenhaus für Hofbedienstete wurde 1552-70 das Herzogspital unter dem Wittelsbacher Herzog Albrecht V. (1550-1579) in der Herzogspitalstraße Nr. 9 gegründet. Die Kirche zu Ehren der heiligen Elisabeth, Patronin der Armen, Kranken und Hilfsbedürftigen, wurde 1572 eingeweiht und bald zur bedeutenden Wallfahrtsstätte. Anlaß war zunächst die Statue der Schmerzenmutter, eine trauernde Maria mit überkreuzten Händen auf ihrer Brust. Sie ist das Werk des Bildhauers Tobias Bader, der sie zusammen mit einem großen Kreuz und der Figur Christi 1651 aus Birkenholz geschnitzt hatte. Anfangs stand das Gnadenbild in der Mitte der Kirche. 1676 wurde es an die linke Kirchenwand versetzt. Heute steht es auf der rechten Seite im kostbaren barocken Gewand, ein Tränentüchlein in der Hand, ihre Brust von einem Degen durchbohrt. Zu Füßen der mit einer goldenen Krone und einem goldenen Kranz geschmückten Gnadenstatue steht ein altes Kreuz, davor ein moderner Tabernakel mit der Emmaus-Szene. - Schon aus frühester Zeit sind Erhörungen bekannt. Entscheidend aber

Das Gnadenbild der Herzogspital-Madonna.

war das Wunder der Augenwendung, welches sich zum ersten Mal 1690 ereignete, als die zehnjährige Maria Franziska Johanna Schott während des Singens der Lauretanischen Litanei bemerkte, dass die Marienfigur die Augen bewegte. Dieses Geschehen wurde später auch noch von anderen Gläubigen wahrgenommen. Die Kunde von der wunderbaren Augenwende verbreitete sich rasch in der Stadt und entwickelte sich zu Münchens größter Wallfahrt. Ein 1696 gedrucktes Mirakelbuch verzeichnet bereits 400 beglaubigte Wunder. Im 18. Jahrhundert war die Herzogspital-Muttergottes die bedeutendste Gnadenstätte Münchens. Kurfürst Max III. Joseph ließ 1777 das Gnadenbild sogar an sein Sterbebett in die Residenz bringen. Eine Kopie des um 1720/35 geschaffenen Brustbilds der Herzogspital-Madonna, das in Stichen weite Verbreitung fand, wird heute im Diözesanmuseum Freising aufbewahrt neben Rosenkränzen (17./18. Jahrhundert) aus kostbarem Material, Broschen, Münzen, Orden und Ketten als Votivgaben. Auch Eheringe wurden dargebracht, mit denen sich die Eheleute nach dem Tod des Partners der Himmelsmutter anverlobten. Die Kirche selbst wurde nach den Zerstörungen im Zweiten Weltkrieg von Branca und Groethuysen 1954/55 in Backstein und Sichtbeton neu gestaltet.

Dreifaltigkeitskirche
Zwischen Lenbachplatz und Promenadeplatz befindet sich in der Pacellistraße die Votivkirche der Münchner Stände und ehemalige Klosterkirche der Karmeliterinnen. Sie wurde von 1711-1718 von den Baumeistern Antonio Viscardi, Johann Georg Ettenhofer und Enrico Zuccalli errichtet. Zwei steinerne Inschrifttafeln im Eingangsraum erinnern auf der linken Seite in deutscher, auf der rechten Seite in lateinischer Sprache, an den Anlaß der Gründung: „Die Stadt läg in dem grund, wan diese Kirch nit stund".

Den Anstoß zum Bau der Kirche hatte die damals 47-jährige Mystikerin Maria Anna Lindmayr (1657-1726) gegeben. Die Tochter eines herzoglichen Kam-

Maria Anna Lindmayr als Terziarin.

merdieners, mit elf Geschwistern in einer Atmosphäre strenger Religiosität aufgewachsen, war seit 1712 Karmelitin im Münchner Dreifaltigkeitskloster - zuvor hatte sich ihr Wunsch zum Klosterleben wegen heftiger nervöser Krankheitszustände (während derer sie häufig Visionen hatte) immer wieder zerschlagen. Ihre mystischen Anwandlungen, die sich vor allem auf arme Seelen konzentrierten, erhielten bei Ausbruch des Spanischen Erbfolgekrieges (1701-1704) neue Nahrung und einen starken Zug ins Prophetische: auf ihre Vision, die Stadt München werde vor Verwüstung verschont bleiben, falls eine Kirche zu Ehren der heiligen Dreifaltigkeit errichtet würde, gelobten die Bayrischen Landstände und die Münchner Bürgerschaft 1704 die Stiftung einer Votivkirche, die 1711 begonnen und 1718 geweiht wurde. In dem angegliederten Kloster hat Maria Anna Lindmayr am 22. März 1713 die Profeß abgelegt. Ihre Grablege wurde im Zuge der Säkularisation zerstört; erhalten blieb die Kirche selbst mit einer Darstellung der Dreifaltigkeitsvision der Mystikerin auf dem Hochaltarbild (1704/1714).

Wallfahrtskirche Maria Ramersdorf

Der Wallfahrtsbezirk liegt im südöstlichen Stadtgebiet Münchens. Die Kirche wurde vermutlich Anfang des 11. Jahrhundert als adelige Eigenkirche erbaut. Das Marienpatrozinium Mariä Himmelfahrt wird erstmals in einer Urkunde von 1381 erwähnt. Bereits zu Beginn des 14. Jahrhundert dürfte ein Marienbild das Ziel von Wallfahrten gewesen sein. Aus einem Kircheninventar von 1761 geht hervor, dass im Jahre 1379 Herzog Otto V. (1341-1379), ein Sohn Kaiser Ludwigs des Bayern (1294-1347), der Ramersdorfer Kirche eine Kreuzreliquie schenkte. Es handelt sich dabei um ein Kreuzpartikel, den der Kaiser anläßlich seiner Krönung 1328 in Rom von Papst Nikolaus V. erhalten und in einem kostbaren Umhängekreuz ständig bei sich getragen haben soll. Um die Reliquie zur Verehrung aussetzen zu können, schuf man um 1530 ein silbernes Standkreuz zur Aufnahme des Umhängekreuzes. Diese Kreuzmonstranz ist der wertvollste Schatz der Kirche.

Durch zusätzliche Stiftungen verschiedener Benefizien hatte wahrscheinlich die Doppelwallfahrt zum Heiligen Kreuz und zur Muttergottes einen so großen Zustrom, dass ein Neubau der Kirche im 15. Jahrhundert notwendig wurde. Aus dieser Zeit stammt das Gnadenbild, datiert um 1465, im barocken Hochaltar. Die spätgotische Schreinfigur des Schnitzaltars ist eine thronende Muttergottes mit Kind. In der neueren Forschung wird Ulrich Neunhauser, alias Kriechbaum († 1472) als Meister, welcher dieses Marienbild schuf, genannt.

An der Nordwand der Kirche steht heute der gegen Ende oder erst nach der Fertigstellung des Neubaus gestiftete, um 1482 datierte Kreuzaltar. Er wird dem Bildschnitzer Erasmus Grasser (um 1450-1518) zugeschrieben. Die Gemälde an den Flügelaußenseiten stammen vermutlich aus der Werkstatt Jan Polacks (1435-1519). Im geschlossenen Zustand (Werktagsseite) wird auf vier Tafeln die Stiftungslegende des Kreuzpartikels geschildert: Schenkung der Reliquie an den Kaiser Ludwig den Bayern durch den Papst (1328); Übergabe des Kreuzpartikels an den Sohn Ludwigs des Bayern; Überfahrt auf dem Meer, auf welcher der Kaisersohn die Stiftung der Reliquie nach Ramersdorf gelobt und schließlich die Schenkung des Kreuzpartikels an die Kirche.

Als wertvoller Wallfahrtsbestand sind drei große Votivbilder erhalten geblieben. Sie hängen im Chorraum und sind mit ausführlichen Texten und mit Hinweisen auf die Votanten versehen. Das Votivbild der Schwedengeiseln (Matthias Kager, gest. 1634) an der Südwand des Chors wurde 1635 von den während des 30jährigen Krieges durch Gustav Adolf von Schweden genommenen Geiseln gestiftet, welche 1632 gelobt hatten, bei glücklicher Rückkehr nach München eine Wallfahrt nach Ramersdorf abzuhalten und ein Votivbild zu stiften. An die Not des Österreichischen Erbfolgekrieges (1740-1748) erinnert das Votivbild der Österreichergeiseln an der Chornordwand, welches von zwanzig Münchnern als Dank für ihre glückliche Rückkehr aus österreichischer Geiselhaft gestiftet wurde.

Stich nach dem Votivbild der Schwedengeiseln von 1635 in der Ramersdorfer Kirche

Das Votivbild der Münchner Loderer an der Nordwand des Chores aus dem Jahre 1733 bezieht sich auf ein Gelöbnis von sieben Münchner Tuchmachern, welche während des Großen Türkenkrieges (1683-1699) mit der Muttergottes von Ramersdorf ein „Verbündniß" schlossen, um „das Vaterland vor bevorstehenden Unheil zu befreien". Das Bild ist zugleich Stiftungsurkunde und zeigt die sieben Tuchmacher, die nach der geglückten Abwehr der Türkengefahr den sogenannten „Frauendreißiger" stifteten: eine 30 Tage dauernde, zwischen Mariä Himmelfahrt (15. August) und dem Fest der Kreuzerhöhung (14. September) abgehaltene Marienverehrung, welche in Ramersdorf bereits drei Jahrhunderte überdauerte.

Wo heute die Kirche steht, befand sich früher ein einsames Heidegebiet, das als Spukort galt. Um Mitternacht sollen sich dort Geister zu einer gespenstischen Gerichtssitzung versammelt haben, während der Henker, das große Richtschwert in den Händen, dabei saß. In dem Moment, als der Angeklagte enthauptet wurde, schlug es vom Ramersdorfer Kirchturm ein Uhr und sofort war der Spuk vorüber.

Maria Thalkirchen

Der Stadtteil Thalkirchen ist eine alte Flößersiedlung. Der barock anmutende Kirchenbau der Pfarr- und Wallfahrtskirche erhebt sich am linken Ufer der Isar auf einer kleinen Anhöhe des Talgrundes zwischen dem Fluß und der steilen Böschung. Der originelle fünfgeschossige Turm ist das Wahrzeichen des Ortes. Eine romanische Kapelle, die Mönche des Klosters Schäftlarn (im 9. oder 10. Jahrhundert) gegründet hatten, wurde von den Fraunberger Grafen als Dankesstiftung gotisch umgestaltet. Die heutige Ausstattung des Kirchenraumes stammt aus der Barockzeit. Der Meister der Münchner Rokokoplastik Ignaz Günther (1725-75) gestaltete um 1759 aus gotischen und barocken Teilen einen neuen Hochaltar. Das Gnadenbild ist eine um 1485 aus Holz geschnitzte Muttergottes in barocker Fassung. Maria ist frontal sitzend dargestellt mit dem nackten Kind auf dem rechten Knie. Es blättert in einem Buch, das Maria aufgeschlagen hält.

Wie es zur Errichtung der Wallfahrtskirche gekommen ist, berichten zwei Votivtafeln aus dem 18. Jahrhundert, welche links und rechts im Kirchenschiff über den Seiteneingängen aufgehängt sind. Sie datieren ein Gelübde von 1372, welches die Grafen Wilhelm und Christian von Frauenberg und Haag abgelegt hatten, die bei einer kriegerischen Auseinander-

Abbildung der Maria zu Thalkirchen

setzung mit den Augsburgern von diesen verfolgt und bei Thalkirchen bis über die Isar zurückgedrängt worden waren. Im Fall ihrer Rettung gelobten sie die Errichtung einer Kirche und eines Klosters. Während der Kirchenbau ausgeführt wurde, unterblieb die Klostergründung, weil Graf Christian auf einem Kreuzzug 1396 ums Leben gekommen war. Die Wallfahrt nach Thalkirchen begann vermutlich schon bald nach dem Gelöbnis der Grafen von Frauenberg. Im „Frauendreißiger" (15. August - 14. September) erlebt das Wallfahrtsjahr heute noch seinen Höhepunkt.

Heilig Kreuz in Forstenried

Forstenried liegt im südwestlichen Stadtgebiet Münchens. Dort, wo eine wichtige Ostwestverbindung die Ortslage quert, steht die Kirche zum Heiligen Kreuz mit ihrem achteckigen und mit einer Rokoko-Zwiebel bekrönten Turm. Seit Ende des 12. Jahrhundert gab es hier nur einen einzelstehenden, dem Kloster Polling gehörenden Gutshof mit einer Bartholomäuskapelle. In der ersten Hälfte des 15. Jahrhundert wird eine Wallfahrt bezeugt, und es entstand ein Neubau mit dem Wechsel des Patroziniums. Die Innenausstattung der Kirche stammt hauptsächlich aus dem Rokoko, Mitte des 18. Jahrhundert.

Das Gnadenbild, ein überlebensgroßes spätromanisches Kreuz, präsentiert sich in einem barocken Altaraufbau. Es soll im deutschsprachigen Raum das älteste Exemplar des „Drei-Nagel-Typus" sein, bei dem beide Füße übereinandergelegt und mit nur einem Nagel ans Kreuz geheftet sind. Der Corpus in seiner ursprünglichen byzantinischen Fassung (um 1200) soll angeblich ein Werk des Benediktiners Alban von Seeon sein. Bis 1229 war das Kreuz in der Burgkapelle von Andechs. Das Haupt des Gekreuzigten trug früher eine barocke Goldkrone, in die angeblich ein echter Dorn aus der Dornenkrone Christi eingefügt war. Daher wurde der Kruzifixus besonders verehrt.

Im Altarbereich hängen drei Votivbilder. Das kleinere Ölbild an der linken Wand beschreibt das Gespannwunder des Heiligen Kreuzes in Forstenried: Während der machtpolitischen Auseinandersetzungen der Familien Wittelsbach und Andechs (1229) wollten die beiden Burgkapläne Isaak und Berthold mit einem großen Kreuz, welches sich schon in Andechs wundertätig gezeigt hatte, ins ruhigere Kloster Seeon flüchten. Sie kamen aber nur bis nach Forstenried. Hier konnten sie das Kreuz nicht mehr von der Stelle bewegen, die Zugtiere gingen keinen Schritt mehr weiter. Das verstanden die beiden Geistlichen als Fingerzeig Gottes und brachten das Kreuz in die Dorfkirche. Das größere Ölbild an derselben Wand zeigt den blutschwitzenden Kruzifixus in Gegenwart des Grafen Heinrich von Andechs. Das Gnadenbild soll ihm acht Tage lang blutüberströmt, die Zerstörung der Burg Andechs angekündigt haben.

Das Votivbild auf der rechten Seite der Chorwand berichtet von der wunderbaren Hilfe des Kreuzes bei einem großen Brand 1775 in Forstenried: Als die Bewohner mit ihren Löscheimern und Spritzen das Feuer nicht bändigen konnten, brachte Pfarrer Bauweber das Kruzifix aus der Kirche, stellte es neben der Brandstätte auf und betete. Voll Vertrauen auf die Hilfe Gottes setzten die Bewohner ihre Löscharbeiten fort, und weitere Häuser blieben von den Flammen verschont.

MURNAU AM STAFFELSEE
(Landkreis Garmisch - Partenkirchen)

Stadtwappen und Skulptur am Rathaus

Murnau verdankt seine frühe Entwicklung der günstigen Lage am Verkehrsweg von und nach Italien. Kaiser Ludwig der Bayer (1282 - 1347) erhob die Siedlung 1322 zum Markt und schenkte sie zehn Jahre später seiner Lieblingsgründung Kloster Ettal.

Das Wappen der Stadt zeigt einen linksgewendeten rot bewehrten grünen Drachen mit mächtigen Klauen, weitaufgesperrtem Rachen und Flammenzunge. Er tritt schon im ersten Siegel auf, das anlässlich der Verleihung des Marktrechts entstanden sein dürfte und ist auch auf der Front des Rathauses zu sehen.

Dieses Wappentier hat Anlaß zu zahlreichen gelehrten und volkstümlichen Bedeutungen gegeben. Im 19. Jahrhundert meinte man, „Murn" bedeute ein sagenhaftes Ungeheuer; nach einer anderen Auffassung soll die Stadt ursprünglich Wurmau geheißen haben. Tatsächlich meint der Ortsname eine moorige Aue.

Das Murnauer Stadtwappen

Die Sage erzählt, dass in grauer Vorzeit ein riesiger Lindwurm den Ort bedrohte und der Bevölkerung großen Schaden zufügte. Sein giftiger Atem vernichtete Gärten und Felder und verschonte auch Menschen und Tiere nicht. Lange Zeit wußten die Murnauer sich nicht zu helfen, doch dann kam eines Tages ein fremder Wandergeselle über die Berge ins Dorf. Er ließ die Bewohner ein fettes Kalb schlachten, füllte die Haut mit ungelöschtem Kalk und ließ den Lindwurm den vermeintlichen Braten verschlingen. Das Ungeheuer verendete und da der Retter Korbinian Murr hieß, nannten die Bewohner den Ort fortan Murnau. An der Stelle, wo der Lindwurm zugrunde ging, soll lange Zeit eine Säule mit Inschrift gestanden haben, die der Nachwelt das Geschehen überlieferte.

Pfarrkirche St. Nikolaus

Die heutige Barockkirche, welche von 1717 - 1727 erbaut wurde, ersetzte eine mittelalterliche Vorgängerkirche. Der Architekt war vermutlich Enrico Zucalli (um 1642 - 1724), der zur gleichen Zeit die barocke Umgestaltung im nahegelegenen Kloster Ettal leitete.

Während das Äußere der Kirche einen rechteckigen Grundriß zeigt, wandelt sich das Innere in einen Zentralraum mit einem kreisrund überkuppelten Oktogon. Der Hochaltar wurde wahrscheinlich 1771 aus Kloster Ettal übertragen und von dem einheimischen Künstler Bartholomäus Zwinck mit anderen Zutaten reich gestaltet. Über dem Tabernakel mit Abendmahlsrelief glänzt der Rokoko-Schrein mit dem Gnadenbild der „Schmerzhaften Muttergottes". Die aus dem 17. Jahrhundert stammende Figur aus Lindenholz ist bei den Murnauern sehr beliebt. Ihre kostbare Kleidung wird - den Zeiten des Kirchenjahres entsprechend - gewechselt. Sieben Schwerter durchbohren das Herz der Gottesmutter. Im Jahr 1723 wurde die Figur aus der Friedhofskapelle in die Pfarrkirche übertragen und stand zunächst auf dem Kreuzaltar, ab 1777 auf dem Hochaltar. Bei der Fronleichnamsprozession wird sie noch heute mitgetragen.

Am 28. Mai 1756 soll - so wird überliefert - der Kaplan Josef Sutor beim Messelesen vier große Wassertropfen unter dem rechten Auge der Muttergottes bemerkt haben - angeblich Tränen, die 24 Stunden sichtbar blieben. Dieser Vorfall wiederholte sich noch dreimal. Auch soll das Gnadenbild öfters die Gesichtsfarbe geändert haben. Es heißt, dass durch die Fürbitte der Schmerzensmutter 1746 die Ausbreitung einer schlimmen Krankheit verhindert worden sei.

Gnadenbild der „Schmerzhaften Muttergottes" ohne Attribute.

Staffelsee

Der westlich von Murnau gelegene Staffelsee verdankt seine Entstehung den Moränen der Würmeiszeit; er ist ein Ausschürfungsbecken des Loisachgletschers, 7,7 km groß, bis 35 m tief, mit sieben Inseln. Ein um 780-800 gegründetes Kloster auf der Insel Wörth wurde in den Ungarnkriegen zerstört. Umfangreiche Ausgrabungen sollen Aufschluß verschaffen über die ehemalige Bedeutung der Insel Wörth für die Missionierung des Pfaffenwinkels.

Die Sage schreibt die Entstehung des Staffelsees ganz anderen Umständen zu: Anknüpfend an die Geschichte der Aphroditepriesterin Hero in Sestos und ihres Geliebten Leander aus Abydos, der allnächtlich beim Licht ihrer Lampe über den Hellespont zu ihr schwamm, bis er in einer Sturmnacht ertrank, erzählt sie folgendes: Auf dem Moosberg bei Murnau lebte vor langer Zeit ein junges Mädchen, das einen Ritter von der Felsenburg bei Ohlstadt liebte. Da der Moosberg ganz von Wasser umgeben war, schwamm der junge Mann nachts über den See und nur eine Kerze am Fenster der Geliebten half ihm, sein Ziel

Der Staffelsee, Stich um 1783.

zu finden. Eines nachts aber war sie eingeschlafen; ein Sturm kam auf und löschte das Licht; der Ritter verlor sein Ziel aus den Augen und ertrank in den Wellen. In ihrer Verzweiflung und Trauer verwünschte das Mädchen den See; dieser verschwand und dafür entstand der Staffelsee.

Tatsächlich war das Tal um den Moosberg einst ein See, der sich aber einen Ausgang gesucht hat und nun Sumpfgebiet ist.

–> Frauenwörth

NEUBURG AN DER DONAU
(Landkreis Neuburg-Schrobenhausen)

Die Stadt ist eine der auf römischen Siedlungsboden gewachsenen bayerischen Altstädte. Aus der römischen Festung wurde die civitas nova, das Niwinburg des 8. Jahrhundert. Die weiteren Stationen waren ein Bischofsplatz im 9. Jahrhundert und ein fränkischer Königshof mit Pfalzfunktion, der von Kaiser Heinrich II. im Jahr 1002 in ein Benediktinerinnenkloster umgewandelt wurde. Mitte des 13. Jahrhunderts wurde das Neuburger Land als Wittelsbacher Landvogtamt organisiert. Der Höhepunkt der Stadtgeschichte ist die Gründung des Fürstentums Pfalz-Neuburg im Jahr 1505 und die anschließende Zeit unter dem Pfalzgrafen Ottheinrich, der als Bauherr das Stadtbild entscheidend prägte. Seine Bauprojekte und sein Lebensstil waren allerdings so kostspielig, dass er zeitlebens am Rande einer finanziellen Katastrophe stand.

Residenzschloß

In den Jahren 1530-1555 ließ Ottheinrich die drei Flügel, Nord-, West- und Südflügel, des alten Residenzschlosses völlig neu erbauen und schuf damit eine der ersten Renaissance-Residenzen in Bayern (erst unter Pfalzgraf Philipp Wilhelm wurde ab 1665 der frühbarocke Ostflügel neu hinzugebaut). Die Vierflügelanlage, welche von bedeutenden Künstlern - unter anderem dem Baumeister Hans Knotz - gestaltet wurde, hat einen besonders stimmungsvollen Innenhof mit mehrgeschossigen Laubengängen aus dem 16. und 17. Jahrhundert, die besonders schöne, von Hans Schroer nach 1555 geschaffene Sgraffiti (Malereien in Ritztechnik) mit Szenen aus dem Alten Testament zeigen.

Pfalzgraf Philipp Wilhelm hegte zeitlebens eine große Verehrung zum heiligen Erzengel Michael. So entstand folgende Legende: Ein Bauer, der in Not geraten war, traf einmal auf einem Feld bei Neuburg einen Jüngling, der sich Michael nannte und ihn um die Ursache seine Kummers befragte. Als der Bauer ihm seine Not klagte, empfahl ihm der Jüngling, zum Pfalzgrafen in die Residenz zu gehen und den Hofbedienten aufzutragen, den jungen Prinzen Philipp Wilhelm in ein anderes Zimmer zu bringen. Der Bauer tat, wie ihm geraten worden war. Bei Hof wunderte man sich über den Auftrag, fand aber bei näherer Besichtigung die Zimmerdecke baufällig und beschloß, dem Rat Folge zu leisten. Bald darauf stürzte die Decke ein. Der Bauer hatte mit seinem Rat großes Unheil verhindert und wurde reichlich belohnt.

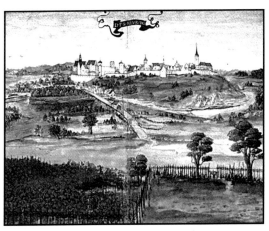

historische Ansicht von Neuburg a. d. Donau

Philipp Wilhelm war auch sehr freigebig gegen die Armen und trug immer einen Almosenbeutel bei sich. Als er einmal bei einer Wildschweinjagd von einem Eber angefallen wurde, bohrten sich die Zähne des Wildschweins genau in den Almosenbeutel und der Herzog blieb unverletzt.

Eine andere Legende erzählt folgendes: Anno 1632 sollen 16 Störche sich um die Storchennester auf der Residenz zu Neuburg gestritten haben. Bald gewann diese, bald jene Partei die Oberhand, doch behaupteten am Ende jene den Besitz, die schon vorher die Nester eingenommen hatten. Einer jedoch, der größte von ihnen, setzte sich auf den Teil des Daches, unter dem die Wohnung lag, in der sich später König Gustav Adolf von Schweden aufhalten sollte. Auf einer alten Abbildung der Stadt Neuburg bei Merian sieht man noch einen Storch auf dem Dach stehen, eine Anspielung auf obige Begebenheit, die, wie der Chronist beifügt, bei den alten Heiden große Bedeutung hatte und Vorzeichen großen Unheils war.

Alle zwei Jahre kehrt in Neuburg wieder höfisches Leben ein. In Erinnerung an den Pfalzgrafen Ottheinrich feiert die Bevölkerung ein Fest der Renaissance. Eine Besonderheit dabei ist der Streckenreitertanz, ein Kindertanzspiel, das sich auf ein sogenanntes Rossballett und ein ritterliches Turnier bezieht, welches Ottheinrich als junger Prinz mit seinem jüngeren Bruder zu Ehren eines hohen Gastes veranstaltete. Der farbenprächtige Aufzug mit Reitern, Herolden, Pagen und Edelfräulein spiegelt den ganzen Prunk zur Blütezeit des Neuburger Hofes wieder. Für Ottheinrich und seinen Bruder, die schon in frühester Kindheit verwaist waren, wurde 1505 das Fürstentum Pfalz-Neuburg geschaffen. Das Neuburger Stadtwappen am Oberen Tor bezieht sich auf die beiden Kinder, wie sie auf einem Steckenpferd reiten.

Alte Burg

Die Ruine liegt ca. 3 km westlich von Neuburg dicht über dem Donau-Hochwasserdamm. Die Burg, wohl im Hochmittelalter erbaut, wurde im Krieg Bayerns gegen den Rheinbund Ende des 14. Jahrhundert zerstört. Eine Sage berichtet über die Grafen von Altenburg, die einstmals dort lebten: Sie beraubten die Schiffe, die auf dem Fluß vorbeikamen und häuften auf diese Weise große Schätze an, welche im Schoß des Berges gehortet wurden. Schließlich aber ließ der Kaiser - dieses Treibens müde - die Burg zerstören und die Schätze aus dem Berg holen. Eine Kiste aber soll dabei übersehen worden sein. Dieser Schatz ist bis zum heutigen Tag nicht gehoben, da er von einem schwarzen Hund mit feurigen Augen bewacht wird.

Jagdschloß Grünau
Die Anlage besteht aus zwei durch hohe Mauern verbundenen Schlossbauten aus der Mitte des 16. Jahrhunderts, die in mehreren Abschnitten errichtet wurden. Pfalzgraf Ottheinrich ließ den Komplex für seine Gemahlin Susanne als Jagdschloß errichten. Der ältere Teil ist noch der Spätgotik verhaftet, woran der Treppengiebel erinnert; der neuere Bau zeigt schon Merkmale der Renaissance. Im alten Schloß befinden sich Räume mit den bedeutendsten profanen Renaissancefresken Bayerns, geschaffen von Jörg Breu d.J. (1537-1542) und Hans Windberger (1555). Ottheinrich ließ sich nach dem Vorbild französischer Schlösser eine sogenannte „Roßtreppe" im Turm einbauen, auf der man bis ins oberste Stockwerk reiten konnte. Diese Tatsache war im Bewusstsein des Volkes so phantastisch, dass sie als Sage erzählt wurde. So entstand hier die Geschichte vom Herzog, der mit seinem Pferd die Stiege hinauf bis in sein Wohnzimmer ritt.

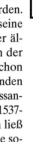

Im großen Wald, der das Jagdschloß umgibt und sich zu beiden Seiten der Donau bis Ingolstadt erstreckt, hatte sich einst ein Prinz aus Neuburg verirrt. Ein Manchinger Fischer rettete ihn. Dafür soll der Prinz den Fischern von Manching ihr Donau-Fischrecht verliehen haben.

NEUFAHRN
(Landkreis Freising)

Kruzifix in der Katholischen Kirche Hl. Geist
Die erste urkundliche Erwähnung des Ortes geht auf das Jahr 804 zurück. Etwas später wird ein Vorgängerbau der jetzigen Kirche, die wahrscheinlich aus dem 15. Jahrhundert stammt, genannt. Die ursprünglich St. Bartholomäus, heute dem Heiligen Geist geweihte Kirche stand im 18. und 19. Jahrhundert unter dem Patronat der heiligen Wilgefortis, wie die heilige Kümmernis auch genannt wird. In dieser Zeit entwickelte sich Neufahrn zu einem vielbesuchten Wallfahrtsort. Das Ziel der Wallfahrer war ein romanisches Kruzifix, das als heilige Kümmernis oder heilige Wilgefortis verehrt wurde und Neufahrn zum Mittelpunkt der Kümmernisverehrung in ganz Süddeutschland machte.

Im Zentrum des Hochaltars befindet sich das Kreuz, wohl vom Ende des 12. Jahrhundert, mit der Skulptur eines Christus, der mit langem Gewand bekleidet ist und eine Krone trägt. Er erinnert an ein berühmtes Gnadenbild im Dom zu Lucca/Italien, das Volto Santo (Heiliges Antlitz). Zu Beginn des 16. Jahrhundert wurde dieses Kreuz schon als wundertätig angesehen und verehrt. Hiervon berichten die sieben Tafelbilder von 1527 an den Chorwänden, die über die Auffindung des Christusbildes erzählen. Die Legenden, dargestellt auf den großen Andachtsbildern, gehören zum Sagenkreis der Strom- und Blutwunder. Sie berichten über die Auffindung des Kreuzes, das auf der Isar schwimmt und zu bluten beginnt, als Holzfäller versuchen, es mit der Axt an Land zu ziehen. Der Bischof von Freising kann es bergen. Da man seinen Aufstellungsort Gott überlassen will, lässt man es von freilaufenden Ochsen zu seinem Bestimmungsort tragen - nach Neufahrn. Die Bilder zeigen die wundersame Heilung eines Lahmen und eines Blinden und die Legende vom Maler, der das Bild restaurieren soll und es rot statt wie vorher blau anmalt. Zur Strafe erblindet er. Und erst als er gelobt, es in den ursprünglichen Farben zu malen, gewinnt er sein Augenlicht zurück.

Im frühen 17. Jahrhundert wurde dann auf das Neufahrner Kreuz wegen des vermeintlichen „Weibergewandes" die aus Flandern stammende Legende von der heiligen Kümmernis oder Wilgefortis übertragen. Wilgefortis ist wohl eine Verstümmelung der Bezeichnung „virgo fortis" (starke Jungfrau) und Kümmernis steht möglicherweise in Beziehung zur flandrischen Ontcommer (Entkümmerin). Wilgefortis, der Legende nach eine sizilianische oder portugiesische Königstochter, die Christin geworden war, verweigerte die Ehe mit einem heidnischen Prinzen und wurde daraufhin von ihrem Vater in den Kerker geworfen. Auf ihre Gebete, sie zu verunstalten, wuchs ihr ein Bart. Der erzürnte Vater ließ seine Tochter ans Kreuz schlagen, damit sie so ihrem himmlischen Bräutigam gleiche.

 Der Schalldeckel der Kanzel aus dem 17. Jahrhundert erzählt von einem weiteren Wunder: Ein Spielmann kniet vor einer Figur der heiligen Kümmernis. Der Legende nach hatte sich deren Vater später auch taufen und eine silberne Figur der Heiligen mit goldenen Schuhen anfertigen lassen, vor der sich viele Wunder ereigneten. Einem armen Musikanten soll die Figur dabei - als er zu ihren Ehren spielte - einen goldenen Schuh zugeworfen haben. Des Diebstahls bezichtigt, bat er darum, noch einmal vor der Heiligen spielen zu dürfen, worauf sie ihm vor Zeugen den zweiten Schuh zuwarf. Damit war ihre Unschuld bewiesen.

OBERAMMERGAU
(Landkreis Garmisch - Partenkirchen)

Der Ammergau ging mit dem Ende der Karolingerzeit an die Welfen über und fiel mit dem Konradinischen Erbe 1269 an die Wittelsbacher. Durch die Lage an der alten Römerstraße bedingt, kam Oberammergau schon früh zu Wohlstand. Spätestens im 15. Jahrhundert war es das Schnitzhandwerk, das großen Einfluß auf das Wirtschaftsleben nahm. Weltbekannt wurde der Ort durch ein Gelöbnis der Ammergauer während der Pestzeit 1633, alle zehn Jahre das Spiel vom Leiden und Sterben Christi aufzuführen.

Schwurkreuz in der Kirche St. Peter und Paul

Die Kirche der Apostel Petrus und Paulus wurde in den Jahren 1736 - 1742 an Stelle einer baufällig gewordenen gotischen Kirche vom aus Wessobrunn stammenden Joseph Schmuzer (1683-1757) erbaut und von Matthäus Günther (1705-1788) freskiert. An dem von Franz Xaver Schmädl (1705-1777) geschaffenen Kreuzaltar befindet sich ein Kruzifix aus dem 16. Jahrhundert - das so genannte „Schwurkreuz" - vor dem der Überlieferung nach im Jahr 1633 das Passionsgelübde abgelegt wurde, mit dem die Festspiele ihren Anfang nahmen.

Zwischen 1632 und 1634 wütete eine verheerende Pestepidemie in ganz Bayern. Viele Orte waren davon betroffen und fast ausgestorben. Da beschlossen die Oberammergauer, ihr Tal zu schützen und niemand über die Berge zu lassen, die den Ammergau vom übrigen Land trennen. Lange Zeit ging das gut, so berichtet die Sage. Eines Tages aber schlich ein junger Taglöhner, Kaspar Schisler, der in Eschenlohe jenseits der Berge arbeitete, bei Nacht auf unbekannten Wegen durchs Gebirge, da ihm zum Kirchweihfest die Sehnsucht nach seiner Familie keine Ruhe ließ. Er trug aber die Krankheit schon in sich, die sich in wenigen Tagen über das ganze Tal ausbreitete. In ihrer Verzweiflung erflehten die Oberammergauer die Hilfe Gottes und gelobten, alle zehn Jahre das Spiel vom Leiden und Sterben Christi aufzuführen, wenn die Pest ein Ende nähme. Da von diesem Zeitpunkt an keiner mehr an dieser Krankheit starb, fanden die Passionsspiele schon im darauffolgenden Jahr statt. Sie üben bis heute große Anziehungskraft aus, besonders auf Besucher aus aller Welt.

Festspielhaus

Bis 1810 fanden die Passionsspiele auf dem Friedhof vor der Dorfkirche statt, doch 1830 verlegte man sie auf die Wiese vor dem Dorf, wo im Jahr 1900 ein großer Zuschauerraum entstand, der 1930 nochmals vergrößert wurde. Das heutige Festspielhaus hat im überdachten Zuschauerraum 5.200 Sitzplätze und die 45 m breite und 16 m tiefe Freilichtbühne ist die größte der Welt. Die Laiendarsteller (124 Sprechrollen) sind ausschließlich Oberammergauer Bürger; bei Mas-senszenen sind bis zu 800 Personen auf der Bühne versammelt.

Das Spiel um die Passion Christi steht in der Tradition geistlicher Volksschauspiele, die früher in Altbayern und Tirol sehr verbreitet waren. Der Text des Oberammergauer Spiels ist in seiner mehr als 360-jährigen Geschichte häufig geändert worden. Bis heute behauptet hat sich die - wegen ihrer antisemitischen Züge vielfach angegriffene - Version des Pfarrers Alois Daisenberger von 1850. Der in einer Handschrift von 1662 erhaltene älteste Text ist eine Kompilation aus zwei Augsburger Passionsspielen. Im Jahr 1750 schrieb der Benediktinerpater Ferdinand Rosner eine Neufassung mit barocken Erweiterungen, Chorauftritten, allegorischen Szenen und Einführung von „Vorbildern" aus dem Alten Testament, die einen Bezug zu den Ereignissen des Neuen Testaments herstellen sollen. Diese „lebenden Bilder" erscheinen im Hintergrund der Bühne, während vorn Begeben-

Darstellung der Oberammergauer Passionsspiele.

heiten aus dem Leben Jesu zur Aufführung kommen. Das Schauspiel beginnt mit dem Sündenfall und dem Einzug Jesu in Jerusalem; es endet mit seinem Tod und der Auferstehung.

Märchenhäuser
Nicht nur die Passionsspiele locken Besucher aus aller Welt nach Oberammergau; der Ort ist auch berühmt für seine Holzschnitzereien und Fassadenmalereien. Dargestellt werden vorwiegend biblische Themen mit Bezug auf die Passion Christi. Der bekannteste Vertreter der so genannten „Lüftlmalerei" war der Maler Franz Seraph Zwinck (1748-1792), der u.a. die Malerei „Christus vor Pilatus" am Pilatushaus schuf.

Eine weitere Attraktion sind die Fresken der Oberammergauer „Märchenhäuser" in der Ettaler Straße am südlichen Ortsausgang. Es handelt sich um ein Heim für schwererziehbare Kinder und Jugendliche aus der Stadt München, das von Schwestern des 1849 gegründeten Ordens „Vom göttlichen Erlöser" geleitet wird. Zwei dieser Häuser wurden 1922 aus Mitteln einer privaten Stiftung gekauft, später kam noch ein drittes hinzu. In den Jahren 1925 und 1953 hat der Münchner Kunstmaler Max Strauß die Gebäude mit Motiven bekannter Märchen der Brüder Grimm bemalt.

In einem Ort, in dem die Fassadenmalerei üblich ist, würden Fresken mit Märchenmotiven wohl kaum Aufsehen erregen, wenn sie nicht inhaltlich vom Grimmschen Märchentext abwichen. In ein christliches Gewand verpackt, was die zugehörigen Schriftbänder noch unterstreichen, werden die Märchen zu biblischen Geschichten, die nicht nur dem Charakter des Passionsdorfes und dem christlichen Weltbild der Ordensschwestern entsprechen, sondern auch den gefährdeten Jugendlichen den richtigen Weg vor Augen führen sollen.

Auf der Fassade des „Hänsl-und-Gretl-Heimes" erzählen elf Einzelbilder die Geschichte von Hänsel und Gretel, die im Wald - von den Eltern ausgesetzt - in die Klauen einer Hexe geraten. Aber als gute Christen müssen die Kinder nicht verzagen, worauf das Spruchband hinweist:

*„Laßt Mut und Hoffnung niemals sinken
Solange Gottes Sternlein blinken".*

Nicht von der Hartherzigkeit der bösen Stiefmutter ist hier die Rede, die im Grimmschen Märchen die hungernden Kinder verstößt, sondern vom mangelnden Vertrauen einer Mutter in die Güte Gottes:

*„Gottvertrauen und froher Sinn -
bringen Glück nur und Gewinn"*

Während im Grimmschen Märchen die Mutter am Ende stirbt; eilt sie hier mit ausgestreckten Armen gemeinsam mit dem Vater den heimkehrenden Kindern entgegen:

*„Es wendet Sorg und Leid und Not
zum Guten stets der liebe Gott".*

Gott schaut auf die Menschen und hält von oben seine schützende Hand über sie. Das ist auch der Inhalt der Geschichte, die auf acht Einzelbildern auf dem 30 Jahre später entstandenen „Rotkäppchenhaus" dargestellt wird: nicht das Fehlverhalten Rotkäppchens, das trotz der mütterlichen Ermahnungen und Verbote vom vorgeschriebenen Weg durch den Wald abweicht, auf dem es Kuchen und Wein der kranken Großmutter bringen soll, sondern sein richtiges Tun wird hier hervorgehoben:

*„Der liebe Gott lohnt alles gut
was man an Armen und Kranken tut".*

Das dritte Märchenhaus zeigt zwei Szenen aus dem Märchen „Der Wolf und die sieben jungen Geißlein": wie die Geißenmutter fortgeht und dafür der Wolf herbeikommt - und wie dann die Mutter bei der Rückkehr das geschehene Unglück wiedergutmacht, indem sie ihre lebend verschlungenen Kinder dem Wolf aus dem Bauch schneidet.

Auf einem Anbau des „Hänsl-und-Gretl-Heims" sind rings um eine Darstellung der Anna Selbdritt als Hüterin der Kinder, einem Schutzengel, einem Bild der Stifterin Marie Mattfeld sowie dem Münchner Wappen mit dem „Münchner Kindl" weitere Märchenfiguren zu sehen: der gestiefelte Kater, Rumpelstilzchen, Hase und Igel aus der Sammlung der Brüder Grimm sowie Zwerg Nase aus dem gleichnamigen Märchen des Dichters Wilhelm Hauff (1802-1827).

OBERAUDORF
(Landkreis Rosenheim)

Gasthof „Feuriger Tatzelwurm"
Von der Ausfahrt Oberaudorf (Autobahn München - Salzburg in Richtung Kufstein) erreicht man nach 8 km auf der steil berganführenden, kurvenreichen Tatzelwurmstraße den Alpengasthof „Feuriger Tatzelwurm".
Die ältesten Teile des Gebäudes stammen noch aus dem 19. Jahrhundert, jedoch wurde das Gebäude inzwischen erweitert und modernisiert. An der Hausfassade ist das vom badischen Hofmaler August Fischer geschaffene Bildnis eines sagenhaften Untiers zu sehen. Der Tatzelwurm (auch Spring-, Beiß-, Stollenwurm oder Bergstutzen genannt) wird beschrieben als reptil- oder salamanderähnliches Geschöpf von etwa einem halben Meter Länge mit Schuppen, Stummelflügeln und -füßen und dem Kopf einer Schlange oder Katze. Sein Blick ist scharf, sein Atem giftig und trotz der Stummelfüße kann es pfeilschnell laufen.

Es gibt kaum eine Landschaft in den Alpen, wo der Tatzelwurm nicht gesehen worden sein soll, wobei die Beschreibungen jedoch stark variieren. Das mythische Tier ist vermutlich eine Mischung aus tatsächlichen Beobachtungen (etwa Schlangen, Molchen,

Der „Tatzelwurm", Darstellung aus dem Jahr 1723.

Fischottern, Mardern u.ä.) und traditionellem mythologischem Material wie dem Drachen. Volkssagen siedeln den Tatzelwurm im Hochgebirge, in Höhlen und dunklen Wäldern an, stets aber an einsamen Orten.

Ein Jäger will in einer Höhe von 1700 m auf ein solches Tier gestoßen sein, das ihn angriff. Das Waidmesser, mit welchem er es zu töten versuchte, drang erst nach mehreren Stichen durch die harte Haut. Das verwundete Tier verschwand mit einigen großen Sprüngen in einer schmalen Felsspalte; trotz aller Bemühungen gelang es dem Waidmann nicht, den Tatzelwurm zu fangen.

OBERHAUNSTADT
(Stadt Ingolstadt)

Krautbuckel

Der Ortsname „Hunestat" wird erstmals 1087 erwähnt, doch war das Gebiet um Ober- und Unterhaunstadt nachweislich schon seit dem Ende der Jungsteinzeit (ca. 6000 - 1800 v.Chr.) besiedelt. In einer sumpfigen Wiese zwischen den beiden Ortsteilen liegt ein etwa acht Meter hoher, künstlich aufgeworfener Hügel, der von einem zehn Meter breiten Graben umgeben ist. Auf diese Weise schützte man in früheren Jahrhunderten Burgen und Schlösser. Mauerreste oder andere Fundstücke sind nicht erhalten - nur die Sage weiß von zwei Schwestern, die hier eine mächtige Burg bewohnten, die über Nacht verschwand. Die beiden sollen mit dem Teufel im Bund gewesen sein, der nach Ablauf der Frist seine Opfer holte: eines Nachts zog ein schreckliches Gewitter auf, die Erde bebte, und die Burg, aus welcher Gelächter und Weheklagen ertönten versank spurlos im Boden. Nur ein kegelförmiger Hügel, der „Krautbuckel", ist noch zu sehen.

OBERPFRAMMERN
(Landkreis. Ebersberg)

Pietà in der Pfarrkiche St. Andreas

Die einschiffige Andreas-Kirche wurde 1687 fertiggestellt. Im linken Seitenaltar wird ein kleines Vesperbild in barocker Fassung von Pilgern als großes Mirakel verehrt. Die Pietà, Maria als trauernde Mutter, den toten Sohn auf ihrem Schoß haltend, ist um 1520 entstanden und wird als eine Werkstattarbeit des Meisters von Rabenden († im frühen 16. Jh.) bezeichnet.

Das Wallfahrtsbuch aus dem Jahre 1704 berichtet, dass angesichts der Greuel des Spanischen Erbfolgekrieges vom Bild „liechter Schweiß geronnen" sei. Eine Votivtafel in der Kirche erzählt von einer Gebetserhörung: „Im Jahre 1878 verlobte sich zum heiligen Vesperbild hierher, Isidor Sigl Schattenhofer in Niederframmern bei Ausbruch einer gefährlichen Krankheit unter dem Rindvieh, und blieb auf die Fürbitte Mariens alles weitere im Stalle befindliche Vieh verschont."

ODELZHAUSEN
(Landkreis Dachau)

Schloß

Von der wahrscheinlich seit dem 12. Jahrhundert bestehenden Burg in Odelzhausen, die während der Jahrhunderte mehrfach umgebaut wurde, blieben nach Abbruch des Haupttraktes nur noch Reste der Seitenflügel und ein Rundturm, in dem heute ein Hotel untergebracht ist.

Mitte des 19. Jahrhundert gehörte das Schloß der Freifrau von Mettingh, die sich allerdings dort nie wohl gefühlt haben soll. Um ihr den Besitz zu verleiden und ihn billig erwerben zu können, machte man ihr weis, eine schwarze Frau gehe im Schloß um. Besonders der reiche Bauer Anton Bader verstärkte den angeblichen Spuk im Schloß, indem er mit einigen Saufkumpanen selbst herumgeisterte. Das hatte auch Erfolg: die Freifrau verkaufte schließlich ihren Landbesitz. Der Bauer allerdings musste für seine Habgier schwer büßen. Seine geliebte Tochter starb auf der Hochzeitsreise an Typhus, und bei ihrer Beerdigung brach Anton Bader am Grab vom Schlag getroffen zusammen und starb.

Um 1900 trieb in den Wäldern um Odelzhausen der Räuber Matthias Kneissl sein Unwesen. Er nahm von den Reichen, wurde bewundert von den Armen, weil er auf die verhassten Gendarmen schoß. Das Volk erwies ihm seine Reverenz in einem Lied, wie es das bei Wilderern und Freiheitshelden zu tun pflegt. Im Jahr 1902 wurde er als Räuber und Mörder in Augsburg hingerichtet.

Katholische Filialkirche St. Maria im Ortsteil Taxa

Im ehemaligen Klosterbereich Maria Stern der Augustiner-Barfüßer in Taxa steht heute eine kleine Kirche, die 1848 zur Erinnerung an die einst bedeutende Marianische Gnadenstätte errichtet wurde. Kloster und Wallfahrtskirche Maria Stern wurden während der Säkularisation 1802 vollständig abgetragen.

Zu Beginn des 17. Jahrhundert soll der Hofmarksherr von Odelzhausen auf einer seiner Reisen in Seenot geraten sein. Er gelobte „Maria dem Meerstern" im Falle einer glücklichen Heimkehr den Bau einer Kapelle. - Lange vergaß er das Versprechen, bis er durch eine wunderbare Begebenheit daran erinnert wurde. Abraham a Sancta Clara, der wortgewaltige Bußprediger der Augustiner-Eremiten, berichtete später darüber in seinem 1685 erschienenen Wallfahrtsbüchlein: Der Verwalter des Hofmarksherrn hatte eines Morgens auf einem Ziegelstein ein Ei gefunden, auf dem war „gantz deutlich ein strahlender Stern gezeichnet und ausgedrückter zu sehen, in dessen Mitten ein schön gebrenntes und wohlsichtbares Frauen-Haupt". So wurde die Kapelle 1618 in Form eines Sterns errichtet. Das Gnadenbild der thronenden Maria stiftete der Wittelsbacher Herzog Wilhelm V.. Durch den großen Andrang von Wallfahrern musste nach einigen Jahren eine weitere Kirche hinzugebaut werden, und 1654 entstand ein Augustinerkloster. Das Gnadenbild und vier Ölbilder, auf denen die Entstehungslegende von Taxa zu sehen ist, befinden sich seit der Säkularisation in der katholischen Pfarrkirche St. Benedikt in Odelzhausen.

Nach einem Bericht in der Zeitschrift „Charivari" sollen die Hühner in der Gegend um Taxa immer noch gelegentlich solche „Sterneier" legen, die auf einer Seite oval abgeflacht sind. Am Rand bildet sich dadurch ein ausgeprägtes Fältchenrelief, welches als Strahlenkranz gesehen werden kann. Man vermutet als Ursache eine Eileiterstörung, die auf erbliche Veranlagung zurückgehen könnte.

Um die alte Gnadenstätte Taxa gibt es viele Geschichten, wie die von schwedischen Soldaten, die das Gnadenbild rauben oder das Gotteshaus als Stall entweihen wollten. Immer aber wurden sie durch eine unsichtbare starke Macht von ihrem bösen Tun abgehalten. - Die Entstehung solcher konfessionellen Warn- oder Ketzersagen, wie der Volkskundler Kriß sie nennt, ist oft bedingt durch kirchenfeindliche Bewegungen oder Kriege, wie hier zum Beispiel durch den 30jährigen Krieg.

Auch beim Transport der Madonna von Taxa nach Odelzhausen soll es merkwürdig zugegangen sein: Die Stangen zum Tragen des Gnadenbildes zerbrachen und alle Männer, die geholfen hatten, starben eines unnatürlichen Todes.

OHLSTADT
(Landkreis Garmisch - Partenkirchen)

Fieberkircherl
Etwa 600 m nördlich von Ohlstadt liegt das Fieberkircherl mit einer angebauten, derzeit nicht bewohnten, Einsiedelei. Die Kapelle wurde aufgrund eines Gelöbnisses während des 30jährigen Krieges um 1640 erbaut wurde, als das Pest - „Fieber" Ohlstadt und Umgebung heimsuchte. Ein großer Teil der Bevölkerung wurde auf dem Pestacker begraben.

Das Kirchlein ist der „Maria vom Rosenkranz" geweiht; ihr Bild befindet sich am Hochaltar. Zahlreiche Votivtafeln im Inneren erinnern an die rege Wallfahrt in den vergangenen Jahrhunderten. Ein auf Leinwand gemaltes Votivbild von 1734 wurde von der Wirtin Maria Schredter gestiftet. Der Überlieferung nach steckte 25 Jahre ein gläsernes Ringlein in ihrem rechten Ohr, das starke Schmerzen verursachte und auch durch ärztliche Kunst nicht zu entfernen war. Als sie eines Tages die Kirche betrat, fiel der Ring

Altarbild im Fieberkircherl „Maria vom Rosenkranz".

von selbst aus dem Ohr. (Die Votivtafel befindet sich z. Zt. im katholischen Pfarramt von Ohlstadt).

Ungefähr 120 m nördlich vom Fieberkircherl steht - beschattet von einer 300jährigen hohlen Linde - eine Marmorbildsäule mit Inschrift. - Eine Legende berichtet, dass ein Pilger aus Schlehdorf 1686 an dieser Stelle schwer erkrankte und seinen Begleiter bat, einen Priester zu holen. Dieser kam - aber plötzlich tiefhängende Wolken nahmen ihm die Sicht. Da hob der Geistliche sein Kreuz hoch, die Wolken lösten sich auf, und er konnte dem Kranken die letzte Ölung geben. Der Sterbende bat, an dieser Stelle, wo man den Teufel, angeblich Verursacher des Unwetters, besiegt hatte, eine Denksäule zu errichten. Die Inschrift der Bildsäule nimmt Bezug auf dieses Ereignis:

*„Der göttlichen Liebe und Barmherzigkeit,
welche an dieser Stelle Satans Anschläge vereitelte und die Möglichkeit gewährte, einem
Sterbenden die heilige Wegzehrung zu reichen"*
F. P. A. M. 1686

PALZING
(Gemeinde Zolling, Landkreis Freising)

Weißberg

Nördlich von *Freising* liegt im Ampertal die Gemeinde Palzing. Der Höhenzug östlich, der bis an die nach *Zolling* führende Straße heranreicht, heißt der Weiße Berg.

Vor langer Zeit, so erzählt man sich, stand hier eine stolze Burg. Agnes, eine hochgewachsene und hartherzige Frau herrschte über die Burg und das zugehörige Land. Ihre Dienstboten und Knechte hatten ein schweres Leben. Sie mussten bis in die Nacht hinein arbeiten, und ihre karge Nahrung bestand nur aus schwarzem Brot und Wasser. Wagte es jemand, seine Unzufriedenheit zu äußern, wurde er streng bestraft. Agnes ließ ihn in ein Weinfaß stecken, das zugenagelt vom Berg in die Amper hinabgerollt wurde, wo der Betreffende jämmerlich ertrinken musste. Viele Jahre trieb sie so ihr Unwesen, bis auch sie ihre Strafe erhielt. Eines Nachts, bei einem schweren Gewitter, fing die Burg Feuer, brannte vollständig aus und die schlimme Agnes fand in den Flammen den Tod. Bis heute hat sie - so erzählt man - aber noch keinen Frieden gefunden. Zur Geisterstunde muß sie den steilen Berg ein Faß hinaufrollen, doch nie erreichet sie ihr Ziel. Fast oben, entgleitet ihr das Faß und kugelt in die Tiefe zurück, und die lange Agnes muß ihr Werk von vorne beginnen, bis es Tag wird.

Die Geschichte aus dem umfangreichen Kreis der Totensagen verbindet das Motiv der schon aus der Antike bekannten „Sysiphos-Arbeit" mit dem der spiegelnden Bestrafung und stark sozialkritischen Zügen.

PATERZELL
(Gemeinde Wessobrunn,
Landkreis Weilheim-Schongau)

Ulrichskapelle und Brünnchen am Waldrand

In Paterzell, Ecke Peißenberger Straße und Ulrichsweg, entstand 1865 ein Kapellchen als Ersatz für eine baufällig gewordene Quell- und Wallfahrtskapelle, welche während der Säkularisation abgerissen wurde und etwa 300 m höher am Waldrand lag, wo heute noch das Quellwasser aus dem Boden sprudelt. Eine Schnitzfigur des heiligen Ulrich blieb erhalten und steht auf dem Altar der neuen Kapelle. Über der Quelle am Waldrand erhebt sich heute nur noch ein steinerner Bildstock. Eine in Stein gehauene Mitra nebst Ulrichskreuz zieren den oberen Teil des Steines; auf dem Sockel steht die Inschrift: „St. Ulrich 1865".

Einer Legende nach kam 964 der heilige Ulrich (923-973), Bischof und Schutzpatron des Augsburger Bistums, auf seiner zweiten Rom-Reise an diesen Platz. Da es sehr heiß war und Durst den Heiligen quälte, soll er mit dem Finger ein Kreuzzeichen auf den Boden gemacht haben, worauf die Quelle entsprang. Die St. Ulrichsquelle wurde der Überlieferung nach wegen ihrer heilenden Wirkung bei Augenleiden von der Bevölkerung sehr verehrt.

–> Eresing; –> Habach; –> Höfen

PEISSENBERG
(Landkreis Weilheim - Schongau)

Wallfahrtskirche Maria Aich

Der vor dem Ortseingang in der Aich-Straße gelegene barocke Saalbau entstand in den Jahren 1732-1734 aus einer Zusammenarbeit des Baumeisters und Stukkateurs Joseph Schmuzer (1683-1752) mit dem Maler Matthäus Günther (1705-1788). Das Gnadenbild der Madonna auf der Mondsichel aus dem frühen 16. Jahrhundert wurde in den Rokokoaltar einbezogen.

Dort, wo heute die Kirche steht, befand sich früher eine Kapelle, die der Bauer Matthäus Liebhart 1631 gemeinsam mit seiner Ehefrau errichtet hatte, um ein in seinem Besitz befindliches Muttergottesbild in den Notzeiten des 30jährigen Kriegs der allgemeinen Verehrung zugänglich zu machen. Während des Kapellenbaus sollen der Legende nach die Hühner der Eheleute mit goldenen Strahlen verzierte Eier gelegt haben - ein Ereignis, das Pilger von nah und fern anlockte.

PEITING
(Landkreis Weilheim - Schongau)

Schloßberg
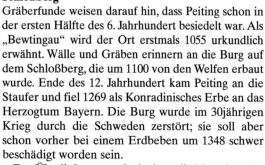
Gräberfunde weisen darauf hin, dass Peiting schon in der ersten Hälfte des 6. Jahrhundert besiedelt war. Als „Bewtingau" wird der Ort erstmals 1055 urkundlich erwähnt. Wälle und Gräben erinnern an die Burg auf dem Schloßberg, die um 1100 von den Welfen erbaut wurde. Ende des 12. Jahrhundert kam Peiting an die Staufer und fiel 1269 als Konradinisches Erbe an das Herzogtum Bayern. Die Burg wurde im 30jährigen Krieg durch die Schweden zerstört; sie soll aber schon vorher bei einem Erdbeben um 1348 schwer beschädigt worden sein.

Der Überlieferung nach glaubten die Menschen, denen Naturgewalten unbegreiflich waren, dass sich böse Geister auf dem Schloßberg zu schaffen machten. Feurige Räder und Gespenster wollten die Bauern auf dem Berg beobachtet haben, und ein riesiger Hund mit glühenden Augen soll auf dem Burgwall als Wächter eines versunkenen Schatzes erschienen sein.

Krankheiten und Seuchen, deren Ursachen man früher oft nicht kannte, haben in der Phantasie des Volkes tiefe Spuren hinterlassen. Man sah in ihnen das Wirken der Dämonen, die in unterschiedlichen Formen auftreten konnten: als Wolke, Nebeldunst oder Flämmchen, als Tier oder als Pfeil. Schwere Seuchen wie Pest oder Cholera, durch die ganze Landstriche entvölkert wurden, glaubte man durch menschengestaltige Dämonen verursacht. Auf dem Peitinger Burgplatz soll das gefürchtete „Pestweiblein" eines Tages einem kleinen Mädchen beim Viehhüten erschienen sein und ihm ein Paar rote Strümpfe geschenkt haben. Beim Anziehen der Strümpfe erkrankte das Kind an der Pest und steckte die Menschen der umliegenden Dörfer an.

Wallfahrtskirche Maria Egg

Die ursprünglich auf dem „Peitinger Feld" (heute südlicher Stadtrand) gelegene Kirche, ein einschiffiger lichter, tonnengewölbter Bau des Wessobrunner Baumeisters Joseph Schmuzer (1683 - 1752), wurde 1737 an Stelle einer kleinen Kapelle erbaut, deren Gnadenbild, eine Marienfigur mit Kind, heute über dem Tabernakel am Hochaltar steht. Die qualitätvolle und reiche Ausstattung des Gotteshauses stammt zum grossen Teil noch aus der Erbauungszeit. Ursprünglich war das Marienbild an einem Bildstock angebracht, als aber nach dem 30jährigen Krieg die Wallfahrt zu diesem Bild einsetzte, baute man 1655/58 eine Kapelle, die 1665 geweiht wurde. Von der Entstehungsgeschichte der Kapelle und damit auch der heutigen Kirche erzählt die Legende:

Ein Bewohner des Dorfes, der Schneider Lorenz Ette, erkrankte eines Tages schwer und keine Mittel konnten seine Leiden lindern. Da erinnerte er sich im Traum an die mahnenden Worte seiner Großmutter, einen Bildstock an der Stelle zu errichten, wo man die Pesttoten des Ortes begraben hatte, damit ihre Seelen Ruhe fänden. Der Schneider tat so und wurde wieder gesund. - Eine reale Grundlage hat diese Geschichte insofern, als Bildstock bzw. Kapelle und Kirche auf dem Gelände eines alemannischen Gräberfeldes errichtet wurden.

Votivbilder und -gaben erinnern an die einst recht lebendige Wallfahrt. Ein besonders kostbares kulturgeschichtliches Dokument ist die in der ersten Hälfte des 16. Jahrhunderts entstandene Jakobsbrudertafel rechts vom Eingang. In 16 Einzeldarstellungen erzählt sie von Jakobpilgern, Vater und Sohn: Auf ihrer Wallfahrt zum Grab des heiligen Jakobus nach Santiago di Compostela gerieten sie in die Hände eines falschen und hinterlistigen Wirtes, der heimlich einen goldenen Becher im Gepäck des Vaters versteckt und ihn dann des Diebstahls bezichtigt hatte. Der Vater wurde verurteilt und sollte den Tod durch den Strang erleiden, doch der Sohn bot sich an seiner Stelle an. Für die Menschen unsichtbar hatte aber der heilige Jakobus die Füße des Gehenkten auf seine Schultern gestellt, so dass er am Leben blieb. Der Wirt, der sich gerade anschickte zwei gebratene Tauben zu verzehren, lachte über das Vorgefallene und rief: „So wenig wie die Tauben wieder lebendig werden, so wenig ist der Gehenkte am Leben!" Da bewegten sich die Tiere und flogen davon. Der wahre Schuldige, der betrügerische Wirt, wurde daraufhin hingerichtet.

Der heilige Jakobus d. Ä. gehörte zu den bevorzugten Jüngern Christi, die dieser an vielen bedeutenden Ereignissen seines Lebens teilnehmen ließ. Die Legende lässt ihn gleich nach der Himmelfahrt in Spanien das

Ausschnitt der Jakobsbrudertafel aus dem 17. Jahrhundert.

Evangelien verkünden. Historisch nachweisbar ist seine Missionstätigkeit in Samaria und Jerusalem, wo König Herodes Agrippa ihn im Jahr 44 zum Tode durch das Schwert verurteilte. Seine Gebeine wurden während des 7. Jahrhundert nach Santiago di Compostela in Nordspanien übertragen, wo schon bald seine Verehrung einsetzte. Compostela war neben Rom und Jerusalem der berühmteste Wallfahrtsort des Mittelalters.

Die Geschichte vom unschuldig Gehenkten, dem der hilfreiche Apostel auf so wunderbare Weise das Leben rettet und von den gebratenen Vögeln, die zum Beweis, dass Tote lebendig werden können, vom Teller fliegen, ist eine der bekanntesten Jakobuslegenden.

Schnalzhöhlen
Südöstlich des Ortes Peiting liegen in der über einen Fußweg zu erreichenden Ammerschlucht mehrere Höhlen aus Sandstein, die sogenannten „Schnalzhöhlen", um die sich verschiedene Sagen ranken:

Hier sollen zu Kriegszeiten die Schätze des Klosters Rottenbuch versteckt worden sein; auch soll es nach dem abendlichen Aveläuten in den Höhlen gegeistert haben. Es heißt, einem Mann sei dort zur Abendstunde eine Schlange erschienen, die er verjagte. Das Tier verschwand, aber statt dessen setzte sich ein Wesen in Menschengestalt auf seine Schultern und drückte ihn so, dass er mit Mühe und Not das nächste Haus erreichte, wo er vor Schrecken starb.

Diese Vorstellung vom Alp als einem heimtückischen Druckgeist, der als Gegenstand, als Tier oder auch in menschlicher Gestalt erscheinen kann, hat ihren Ursprung in Angstzuständen, Alpträumen oder auch in bestimmten Krankheitsbildern, beispielsweise der bei Asthma oder Angina pectoris oft auftretenden Atemnot.

Pelka
(Gemeinde Hohenkammer,
Landkreis Freising)

Katholische Filialkirche St. Georg
An der alten Heerstraße von *München* nach *Ingolstadt*, der heutigen B 13, liegt der kleine Weiler Pelka mit seiner auf einem Hügel gelegenen Georgskapelle. Der Bau stammt aus dem 15. Jahrhundert und wurde im 17. Jahrhundert umgestaltet.

Der Legende nach ist im Jahre 1632, als die Schweden sengend und raubend durchs Land zogen, auch die Kirche auf dem Hügel in Brand gesteckt worden. Mitten in den Flammen, als schon alles Mauerwerk zusammenfiel, soll sich der Pfarrer von Pelka mit dem Allerheiligsten ins Presbyterium gestellt haben, und wie durch ein Wunder blieb der Altarraum vom Feuer unberührt. Die ganze Nacht stand er so Wache; am nächsten Morgen verließ er die Stätte seines langjährigen Wirkens und keiner hat ihn jemals wiedergesehen.

Der antikonfessionelle Zug dieser Überlieferung - ein katholischer Priester rettet mit göttlicher Hilfe sein Gotteshaus vor den protestantischen Schweden - ist ein typisches Produkt der religiösen Auseinandersetzungen während des Dreißigjährigen Krieges, wegen des Pamphlet-Charakters nicht unproblematisch.

PERCHA
(Landkreis Starnberg)

Nepomukbrücke

Percha liegt am nordöstlichen Ufer des Starnberger Sees und wurde 785 in einer Vermächtnisurkunde an das Kloster Schäftlarn noch „Perchach" oder „Birkach" (Birkengehölz) genannt. Am Seeufer in Percha, dort wo der Würmfluß aus dem Gewässer austritt, steht eine hölzerne Zugbrücke. Seitlich davon wurde eine ausdrucksvolle, in einen Stamm geschnitzte Figur des heiligen Nepomuk aufgestellt, die der Pöckinger Künstler Helmut Ammann 1981 geschaffen hat.

Johannes von Nepomuk, zwischen 1340 und 1350 in Pomuk/Böhmen geboren, studierte Theologie und Rechtswissenschaften und hatte nach der Priesterweihe (1380) viele kirchliche Ämter inne. Im Jahr 1389 ernannte ihn der Prager Erzbischof Johann von Jenzenstein zum zum Generalvikar; als Archidiakon von Saaz war er zudem Mitglied des Domkapitels. Sein energisches Eintreten für die Rechte der Kirche brachte ihn in Gegensatz zu König Wenzel IV. (1361 - 1419), der ihn gefangen setzen, grausam foltern und am 16. Mai 1393 schließlich von der Karlsbrücke in die Moldau stürzen ließ.

Die Frage, warum Johann von Nepomuk wirklich sterben musste, ist bis heute ungeklärt. Eine erst nach seinem Tod entstandene, wohl eher legendäre Überlieferung erzählt, er habe sich als Beichtvater der Gemahlin König Wenzels dessen Haß zugezogen, weil er sich standhaft weigerte, das ihm von dieser in der Beichte Anvertraute preiszugeben. Bei der 1729 erfolgten Heiligsprechung hat diese Annahme jedenfalls

Johann von Nepomuk.

Berücksichtigung gefunden, und mit ihr begann auch die große Zahl der Darstellungen Johann von Nepomuks als Brückenheiligen: als Priester mit Chorrock, Stola und Birett, in den Händen Kreuz und Märtyrerpalme. Als man 1719 seinen Sarkophag im Prager Veitsdom öffnete, soll seine Zunge unverwest gewesen sein - daher trägt er auf vielen Darstellungen häufig seine Zunge in der Hand bzw. hält die Finger an den Mund. Sein Haupt umgeben fünf Sterne, weil fünf helle Lichter die Stelle in der Moldau angezeigt haben sollen, wo der Leichnam an der Oberfläche des Wassers schwamm.

Johann von Nepomuk ist einer der beliebtesten Heiligen der Kirche. Als zweiseitige Doppelgestalt stand und steht er auf vielen Brücken - er ist der Schutzpatron der Schiffer, Flößer, Müller sowie der Priester und Beichtväter.

Brücken, diese Wunderwerke menschlicher Technik, haben von alters her und weltweit in Mythos und Volksglauben eine große Bedeutung; oft gelten sie als sagenumwobene Spukorte. Die Brücke in Percha soll früher von einem Geisterhund, einem riesigen schwarzen Pudel mit stechenden Augen, bewacht worden sein, der jedem, der noch nach Mitternacht ans andere Ufer wollte, den Weg versperrte.

PETERSBERG
(Gemeinde Flintsbach am Inn, Landkreis Rosenheim)

Wallfahrtskirche St. Peter

Die etwa seit dem Jahr 925 bestehende benediktinische Zelle wurde um 1139 von Graf Sibito von Falkenstein auf dem weithin sichtbaren Kleinen Madron wieder errichtet (Madron kommt von „Maderan" und bedeutet „Berg der Gemeinschaft"). Die Bergwallfahrt hat ihre Ursprünge vermutlich aus vorchristlicher Zeit und erreichte ihre Blüte durch Reliquien, die Graf Rasso von Dießen-Andechs im 10. Jahrhundert aus dem Heiligen Land mitbrachte. Das Peterskirchlein mit seinem behäbigen Sattelturm war seit 1163 Freisinger Propstei und Wallfahrtsstätte und wurde 1803 säkularisiert. Die heute fast unverändert erhaltene Anlage verdanken wir zwei Bauern auf der Hohen Asten, welche sich verpflichtet haben sollen, „auf ewige Zeiten" für die Kirche zu sorgen, wenn sie nicht abgebrochen würde. Seit 1972 nimmt die Wallfahrt zum Petersberg wieder zu. Das Propsteigebäude aus dem Jahr 1696 beherbergt heute ein Gasthaus.

Im Giebelfeld der äußeren Westwand steht eine Petrusfigur mit dem Himmelsschlüssel in der Hand, die älteste Steinplastik Oberbayerns. Von der herausragenden Stellung des Apostels Petrus zeugen viele volkstümliche Erzählungen, in denen der Heilige auch als Gegenspieler des Teufels auftritt, wobei letzterer stets den kürzeren zieht: Einst stritten Petrus und der Teufel, wer wohl von Flintsbach aus zuerst auf dem Kleinen Madron ankomme. Der Teufel fuhr durch den Felsen, blieb aber darin stecken, so dass Petrus unterdessen zu Fuß den Gipfel des Berges, den heutigen „Petersberg", erreichen konnte.

Ein andermal hatten beide gewettet, wer als erster in die Sakristei der Peterskirche gelange. Der Teufel war zwar aufgrund seiner übernatürlichen Kräfte zuerst am Ziel, während Petrus den langen steilen Weg zu Fuß hinaufgehen musste - doch konnte er die Sakristei nicht betreten, weil diese geweiht war - und so gewann Petrus die Wette.

Hundsgraben am Großen Madron

Eine zwischen dem Petersberg und dem Großen Madron bei Flintsbach am Inn gelegene tiefe Schlucht trägt den auffallenden Namen „Hundsgraben". Hier ist eine Wandersage lokalisiert, die als „Vielgeburtssage" in verschiedenen Ausprägungen in ganz Deutschland verbreitet ist: Vor langer Zeit soll hier ein Graf gelebt haben, dessen Gemahlin, während er auf der Jagd war, zwölf Knaben zur Welt brachte. Sie befahl einer vertrauten Dienerin, zehn davon in einer Klamm beim damaligen Schloß Falkenstein zu ertränken. Auf der Rückkehr von

Das Antlitz des Teufels.

der Jagd begegnete der Graf jedoch der Magd - die angeblich junge Hunde ertränken wollte - und konnte sie an der Ausführung ihres schrecklichen Auftrages hindern.

Den Hintergrund dieser Sage bildet die früher verbreitete Auffassung, eine Frau könne beim Verkehr mit einem Mann nur ein einziges Kind empfangen; Zwillings- oder gar Mehrlingsgeburten konnten nur aus dem Verkehr mit mehreren Partnern stammen und galten somit als Beweis für Ehebruch.
–> Burgheim

PETERSBRUNN
(Gemeinde Leutstetten, Landkreis Starnberg)

Kapelle und Heilquelle
Zwei Kilometer nörlich von *Starnberg*, an der Straße nach *Gauting*, liegt über einer ehemaligen Heilquelle das Kapellchen Petersbrunn, welches an das einst weltberühmte Heilbad Petersbrunn erinnert.

Im Jahr 1513 wurde die Kapelle von Herzog Wilhelm IV. erbaut, vermutlich zeitgleich mit einem Bad. Für das neue „Wildpad" erließ der Herzog noch im gleichen Jahr eine Badeordnung. Anfangs erfreute sich das Bad großer Beliebtheit; der Badebetrieb flaute aber in den folgenden Jahrhunderten ab. Auch der Bau eines Hotels zu Beginn des 19. Jahrhundert konnte das Heilbad nur für kurze Zeit wiederbeleben. Die Werkstatt wurde vor ein paar Jahren abgerissen. Im Jahr 1988 wurde die Quellfassung zur Bausicherung des kleinen Gotteshauses aus dem Kapelleninneren nach außen verlegt.

Der Überlieferung nach war das Quellwasser heilkräftig, besonders bei Rheuma, Gicht und Unterleibsleiden. Die Menschen des Umkreises holten sich das

Petersbrunn, Lithografie um 1817.

Wasser auch für ihre Felder. Peterswasser soll die Kohlpflanzen vor Wurmbefall geschützt und den jungen Flachs von Erdflöhen befreit haben.
–> Leutstetten

Pfaffenhofen an der Ilm
(Landkreis. Pfaffenhofen/Ilm)

Strasshof Gundamsried

Westlich von Gundamsried liegt an der B 13 der nach 1803 entstandene Strasshof, heute ein Bauernhof. Im Volksmund wurde er „Batzenwirt" genannt, weil früher die durstigen Fuhrleute, die hier vorbeikamen, für einen kühlen Trank manchen Batzen springen ließen. Die Bauern, die ihren Kohl nach Pfaffenhofen zum Markt fuhren, wurden an dieser Stelle immer von einem großen schwarzen Hund erschreckt, der vor ihnen über die Straße lief. Die Pferde waren dann jedes Mal so verstört, dass man sie nur mit Mühe zum Weitergehen brachte.

Pitzling
(Landkreis Landsberg)

Teufelskuchel und Brücke

Zwischen Pitzling und Landsberg liegt eine tiefe Schlucht, über die eine Brücke führt. Hier wurden früher manche verscharrt, die man gebannt hat. Die 1828 verstorbene Verwalterin von Schloß Igling, die ihrer Herrschaft die für die Armen bestimmten Gelder unterschlagen hatte, musste der Sage nach solange als Geist umgehen, bis man sie ausgrub und in der Teufelskuchel gleich unter dem Steg verscharrte.

Aus Pitzling stammte auch ein Mädel, das bei einem reichen Bräu in Landsberg, der auch Ratsherr war, diente. Zwischen den beiden entstand ein Liebesverhältnis, weshalb das Mädchen von der Ehefrau aus dem Haus gejagt wurde und sich mit dem Ratsherrn in der Nähe ihres Heimatortes traf. Nach einem solchen Stelldichein glitt er auf dem Steg aus und starb elend in der Schlucht. Da das Verbrechen des Ehebruchs mit dem Tod durch das Schwert gesühnt wird, muß er nach dem Volksglauben nun dort umgehen ohne Kopf.
–> Igling

PLANEGG
(Landkreis München)

Wallfahrtskirche Maria Eich
Maria Eich liegt westlich von *München*, in unmittelbarer Nähe der S-Bahnstation Planegg. Der Wallfahrtsort besteht aus Gnadenkapelle, Kirche und Augustinerkloster und liegt versteckt in einem alten Eichenhain. In den Jahren 1744-1746 wurde an Stelle einer hölzernen Kapelle ein Steinbau errichtet. Der Hochaltar von 1746 ist ein Werk des Münchner Hofbildhauers Johann Baptist Straub. Über dem Tabernakel (1793) steht in einem goldenen Strahlenkranz das Gnadenbild, ein kostbar bekleidetes Muttergottesfigürchen, umgeben von einer geschnitzen Dreifaltigkeitsgruppe.

Seit 1733 besteht die Wallfahrt zu dieser kleinen Marienplastik aus Ton, welche nach der Legende zwei Schmiedsöhne aus Planegg um das Jahr 1710 an einer Eiche befestigten. Lange Zeit blieb die Statue unbeachtet, bis sich eine schwerkranke Magd an das „Frauerl in der Aichen" erinnerte. Sie gelobte eine Wallfahrt „kriechend auf den Knien" und wurde gesund. Nachdem auch die fünfjährige Magdalena nach einem Gebet an der Eiche von ihrer lebensgefährlichen Krankheit geheilt worden war, ließ ihr Vater Georg Wastian 1732 eine kleine offene Holzkapelle um die Eiche errichten. Als 1805 ein Blitz in die Krone des Baumes einschlug, blieb nur der Stumpf des Stammes übrig. Er ist heute, vom Klosterladen aus, hinter dem Hochaltar in einer Glasverkleidung zu sehen. Der Schaukasten ist umgeben von vielen modernen Votivtafeln, handschriftlichen Votivzetteln und Dankesbriefen.

Zahlreiche Votivbilder vom Anfang des 19. Jahrhunderts schmücken die Seitenwände der Gnadenkapelle. Das interessanteste ist an der östlichen Außenwand links neben dem Kapelleneingang angebracht: Das Bild berichtet von einer Hetz- und Treibjagd, welche der bayerische Kurfürst Max III. Joseph im Jahr 1775 im Wald um Maria Eich veranstaltete und bei der ein Hirsch in seiner Todesangst in den umfriedeten Bereich der Kapelle flüchtete. Der Schutzsuchende wurde vom Kurfürsten verschont und durfte entkommen. Dieses Ereignis gehört auch zum festen Bestand der Szenenbilder einer Jahreskrippe im Klosterladen.

POLLING
(Landkreis Weilheim - Schongau)

Pfarrkirche Hl. Kreuz und Tassilo - Kreuz

Fünf Kilometer südlich von *Weilheim* liegt das ehemalige Augustinerchorherrenstift, das nach der historischen Überlieferung - ebenso wie Wessobrunn - die Gründung eines Grafengeschlechtes des Huosigaues ist. Das vermutlich 750 errichtete Kloster wurde in den Ungarnkriegen verwüstet und im Jahr 1010 von Kaiser Heinrich II. (973 od. 978-1024) neu gegründet. Im Jahr 1414 fielen die Bauten aus dem 12. und 13. Jahrhundert einem Brand zum Opfer; eine neue Kirche (die erste romanische Kirche stand am Friedhof), eine dreischiffige gotische Hallenkirche auf Achteckpfeilern wurde jenseits des Tiefenbachs erbaut. In den Jahren 1623-1628 erfolgte eine Kirchenerweiterung nach Osten hin; Jörg Schmuzer aus Wessobrunn stukkierte das Kircheninnere. Eine letzte Bereicherung erfuhr das Gotteshaus 1761-1765, als es im Stil des Rokoko dekoriert wurde.

Die mit Stuck ummantelten Achteckpfeiler leiten den Blick zum Chor und zum Hochaltar, der 1623 von Bartholomäus Steinle als Doppelaltar entworfen und im 18. Jahrhundert vom Hofbildhauer Johann Baptist Straub (1704-1784) zu einem Bühnenaltar umgewandelt wurde. Straub schuf auch den Tabernakel mit den Stifterfiguren des Kaiserpaares, Heinrich II. und Kunigunde. Das wohl hervorragendste Kunstdenkmal in der heutigen Kirche ist die 1526/27 von Hans Leinberger (1480/85-nach 1530) geschnitzte thronende Muttergottes mit Kind vom gotischen Vorgängeraltar. Im Mittelpunkt des mächtigen Hochaltars befindet sich das Pollinger- oder Tassilokreuz, eines der ältesten Tafelgemälde Deutschlands. Um 1180 wurde das Kreuz mit Pergament überzogen und das Bild des Gekreuzigten mit Wasserfarben darauf gemalt. Wieviel Verehrung dem Gnadenbild zuteil wurde - ein Kreuz ziert noch heute das Pollinger Ortswappen - zeigte sich 1704 zu Beginn des Spanischen Erbfolgekrieges, als es neben der Ettaler Madonna und der Andechser Drei-Hostien-Monstranz in einer Bittprozession mitgetragen wurde. Früher war das Gnadenbild Ziel vieler Wallfahrten und es verhalf dem Kloster Polling zu einer schönen Gründungslegende:

Herzog Tassilo III. (741-795/97) war einmal auf der Jagd, als eine von den Jagdhunden verfolgte Hirschkuh plötzlich stehenblieb und ein vergrabenes Kreuz aus dem Boden scharrte. Zu Ehren des Erlösers ließ

Herzog Tassilo III. an dieser Stelle ein Kloster bauen und die Hirschkuh wurde später ins Klosterwappen aufgenommen.

In der Alten Pinakothek München befinden sich Überreste eines älteren Pollinger Kreuzaltars, dessen Flügel Szenen aus der Gründungslegende zeigen. Sie wurden um 1440/50 von einem namentlich nicht näher bekannten Meister geschaffen.
–> Entraching; –> Wessobrunn

PONLACH
(Gemeinde Tittmoning, Landkreis Traunstein)

Wallfahrtskirche Maria Ponlach,
Wallfahrt Maria Brunn

Die westlich von Burg und Stadt *Tittmoning* auf der südlichen Hangterrasse des tiefen bewaldeten Ponlachgrabens gelegene Wallfahrtskirche hat ihren Ursprung in einer hölzernen Kapelle am südlichen Ufer des Ponlachbaches, in der unter dem Gnadenbild einer spätgotischen Marienfigur Quellwasser austrat. Der Salzburger Erzbischof Paris Graf von Lodron ließ 1624 an Stelle dieses Vorgängerbaus eine Brunnenkapelle in Stein errichten. Für den rasch einsetzenden wallfahrtsmäßigen Besuch der „Graben-Capelle" war die als heilkräftig bewertete Quelle ausschlaggebend. Sie führte schon früh zur Bezeichnung „Maria Brunn".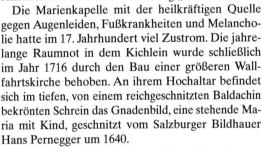

Die Marienkapelle mit der heilkräftigen Quelle gegen Augenleiden, Fußkrankheiten und Melancholie hatte im 17. Jahrhundert viel Zustrom. Die jahrelange Raumnot in dem Kichlein wurde schließlich im Jahr 1716 durch den Bau einer größeren Wallfahrtskirche behoben. An ihrem Hochaltar befindet sich im tiefen, von einem reichgeschnitzten Baldachin bekrönten Schrein das Gnadenbild, eine stehende Maria mit Kind, geschnitzt vom Salzburger Bildhauer Hans Pernegger um 1640.

Ein gelblicher Stein, beim östlichen Seiteneingang in den Boden eingelassen, erinnert an die „schmerzhafte" Entdeckung einer weiteren heilsamen Quelle während des Baus der neuen Kirche. Ein Arbeiter, der Erdreich abtrug, soll von einem großen Stein getroffen worden sein, unter welchem ein „hellfließendes" Wasser hervorquoll. Da der Schwerverletzte diese Quelle hauptsächlich „als ein Medicin" verwandte, soll er nach wenigen Tagen völlig geheilt gewesen sein. Für den Austritt dieser Quelle wurden zwei halbrunde Nischen in die südliche Stützmauer eingebaut.

*Ansicht von Maria Ponlach,
Augsburger Kupferstich um 1720.*

Eine andere Legende berichtet von einem Wallfahrer, der nach dreimaligem Besuch in Ponlach von seinem fünfjährigen Fußleiden befreit wurde.

 Seit 1815 ca. einen Kilometer südlich von *Ponlach* in einem Tuffsteinbruch, in den Überresten einer Quellgrotte, ein römischer Weihestein an die Nymphen gefunden wurde, weiß man von der alten Tradition der Quellverehrung im Tittmoninger Gebiet. Um 200 n. Chr. soll ein Römer („C. H. L.") diesen zierlichen Stein zur Einlösung eines Gelübdes gestiftet haben. Den Nymphen und ihrem heilsamen Wasser verdankte er wahrscheinlich Genesung.

PUCH
(Stadt Fürstenfeldbruck)

Kirche St. Sebastian und Edigna-Linde

Zwei Kilometer westlich von *Fürstenfeldbruck* liegt auf einer Anhöhe der Ort Puch - eine ehemalige Römersiedlung - der 770 erstmals erwähnt wird. Auf dem Friedhof steht westlich der Kirche die so genannte „Edigna-Linde" oder 1000jährige Linde, die allerdings im Laufe der vielen Jahrhunderte mehrere Wandlungen durchgemacht hat und von der nur noch Reste erhalten sind. Im Stamm dieser ehemals hohlen Linde soll der Überlieferung nach eine Klausnerin namens Edigna 35 Jahre ihres Lebens verbracht haben.

Die selige Edigna stammte aus königlichem Geschlecht. Sie war die Tochter des französischen Königs Heinrichs I. (1031 - 1060) aus dem Haus der Kapetinger und einer russischen Prinzessin. Zu ihren Verwandten gehörten zwei Kiewer Großfürsten, die während des 9. Jahrhundert das byzantinisch-slawische Christentum eingeführt hatten: die beiden russischen Heiligen und Märtyrer Boris und Gleb und die Einsiedlerin Aurelia, die im Regensburger Kloster St. Emmeram lebte und dort als Selige verehrt wird.

Auch die um 1050 geborene Edigna hatte ihr Leben Gott geweiht. Einer von den Eltern geplanten Heirat entzog sie sich durch die Flucht. Nachdem sie bayerischen Boden betreten hatte, nahm ein Bauer sie auf seinem Ochsenkarren mit, auf dem ein Hahn saß und eine Glocke angebracht war. In Puch, dessen erste Kirche bereits im 8. Jahrhundert errichtet wurde, blieben der Legende zufolge die Zugtiere ohne äußeren Anlaß stehen; der Hahn krähte und das Glöckchen fing von selbst an zu läuten. Edigna sah darin ein göttliches Zeichen, an diesem Ort ihre Reise zu beenden. Sie nahm im Hohlraum einer mächtigen Linde nahe der Kirche Wohnung und führte bis zu ihrem Tod im Jahre 1109 ein heiligmäßiges Leben. Als Lehrerin, Katechetin und heilkundige Frau wurde sie zur Wohltäterin der Bevölkerung, von der sie noch heute verehrt wird.

Aus dem Stamm der Linde soll nach ihrem Tod ein heilkräftiges Öl geflossen sein. Die Quelle versiegte aber, als die Menschen mit der Arznei Handel treiben wollten. Die Gebeine der Seligen ruhen etwa seit dem Jahr 1600 in einem kostbaren Glasschrein am linken Seitenaltar der jetzigen, 1453 geweihten Kirche. Ihr Grab wurde 1978 anläßlich einer Innenrestaurierung der Kirche im Altarbereich wiederentdeckt.

Die selige Edigna.

Die Deckengemälde, welche dem 1738 verstorbenen Brucker Maler Joseph Krenauer zugeschrieben werden, zeigen die selige Edigna mit Hut und Nonnenkleid im Stamm der Linde sitzend, Hahn und Glöckchen an ihrer Seite, im Chor ihre Aufnahme in den Himmel. Die Glocke wird noch heute in der Kirche aufbewahrt.

Im Innern der Kirche hängen mehrere Votivtafeln hohen Alters. Von historischem Wert ist eine Tafel aus dem Jahr 1654. Sie zeigt, dass die Edigna-Verehrung auch bei Hofe Eingang fand und erzählt, dass Kaiser Ferdinand II. (1578 - 1637) den Verlust eines wertvollen Schmuckstückes beklagte, worauf sich seine Gemahlin, seine Schwiegermutter und eine weitere Fürstin nach Puch verlobten. Der Schmuck fand sich wieder, und die Fürstinnen stifteten die Tafel sowie einen silbernen Kelch mit Meßkännchen und Teller.

Puch ist fast ein Jahrtausend Erinnerungsstätte geblieben, aber erst seit 1958 wird alle zehn Jahre am dritten Wochenende im März ein Festspiel zu Ehren der seligen Edigna aufgeführt.

–> Ainhofen; –> Aufkirchen; –> Breitbrunn

Kaisersäule
Östlich von Puch, auf der Straße nach *Fürstenfeldbruck*, steht ein Obelisk aus weißem Ettaler Marmor, den König Max I. Joseph (1756 - 1825) im Jahr 1808 in Erinnerung an Kaiser Ludwig den Bayern (1294-1347) errichten ließ.

Auf der Vorderseite der Säule ist ein Medaillonbildnis des Kaisers zu sehen, das von dem Münchner Bildhauer Roman Anton Boos (1730-1810) modelliert wurde. Die lateinische Widmungsinschrift entwarf der Historiker Felix Josef Lipowsky (1764 - 1842). Das kaiserliche Wappen schmückt die Rückseite der Säule mit einer weiteren Inschrift, die sich auf den Tod des Kaisers bezieht, der hier am nahegelegenen „Kaiseranger" 1347 auf der Bärenjagd in den Armen eines Bauern starb.

Nach Überlieferungen galten des Kaisers letzte Worte der Muttergottes, die er um Beistand im Tod bat:

> *„Mutter Gottes, Himmelskunigin,*
> *bis bi miner schidung"*

Daraufhin sollen die Sterbeglocken im Land von selbst geläutet haben und die Gotteshäuser öffneten sich, die infolge des päpstlichen Interdikts verschlossen waren. Den Menschen war es ein Zeichen dafür, dass Gott dem Kaiser - über den 1324 der Kirchenbann verhängt worden war - verziehen hatte.

Anlaß des Kirchenbanns war ein Konflikt mit der Kurie. Der Papst beharrte auf der Forderung, dass die Entscheidung über die Thronfolge im Reich ihm zustände; die deutsche Krone habe sich Ludwig angemaßt! Ludwig der Bayer war der einzige Wittelsbacher, der im Mittelalter (17. 1. 1328) zum Kaiser gekrönt wurde, wenngleich auch nur von einem selbsternannten Gegenpapst. Seine letzte Ruhestätte fand er wahrscheinlich im Hochgrab seiner ersten Gemahlin Beatrix in der Münchner Marienkirche, obwohl sein Kirchenbann nie aufgehoben wurde.
–> München, Frauenkirche

PÜRTEN
(Stadt Waldkraiburg, Landkreis Mühldorf/Inn)

Pfarr- und Wallfahrtskirche
Maria speciosa ad portam

Pürten liegt südlich von *Mühldorf* an einer Innschleife. Bereits im Jahr 1050 stand hier eine Kapelle, die wahrscheinlich zum Besitz des Aribonengrafen Chadalhoh gehörte. Von 1177 an bis zur Säkularisation war Pürten dem Augustiner-Chorherrenstift Au am Inn angeschlossen. Heute ist es selbstständige Pfarrei. - Für die Ursprünge der Wallfahrt nach Pürten gibt es zwei Anknüpfungspunkte. Der eine liegt in der Verehrung des Gnadenbildes (1425) „Sancta Maria speciosa ad portam", der andere in einem um 900 entstandenen Evangelienbuch und der damit verbundenen Legende der seligen Alta.

In einem fensterartigen, vergitterten Wanddurchbruch zwischen der heutigen Gnadenkapelle und dem Langhaus befindet sich das Grab der seligen Alta. Das Alter der Bestattung ist nicht genau nachweisbar. Im 18. Jahrhundert erhielt sie ein neues Grabmal. Die Verstorbene wird dargestellt mit der rechten Hand auf der Brust, die Linke in Schlafstellung an den Kopf gelegt. Ihr gekröntes Haupt ruht auf dem Evangeliar.

Die Legende berichtet, dass die als schwerkranke französische Königstochter in Pürten Heilung suchte, den Ort aber nicht mehr lebend erreichte. Zwei Esel trugen die Tote bis zu diesem Ort, wo sie beigesetzt wurde. Gemäß ihrem letzten Willen wurde das von ihr mitgebrachte Evangelienbuch der Kirche übergeben. Heute wird es als Birkner Evangeliar in der Bayerischen Staatsbibliothek in München aufbewahrt.

Votivtafeln in der Gnadenkapelle berichten, dass dieses Buch, welches gegen 18 Kreuzer ausgeliehen werden konnte, hauptsächlich bei der Heilung von Geisteskrankheiten eine Rolle gespielt haben soll. Man legte es aufgeschlagen vier Nächte lang unter das Haupt der Kranken, jede Nacht mit dem Bild eines anderen Evangelisten. Besonders bemerkenswert ist eine Darstellung der seligen Alta auf dem Votivbild von 1728: Auf einem Tisch liegt die Kranke, mit dem Kopf auf dem Buch; neben ihr kniet ihr Stiefvater als Stifter. In einer Wolke kniet Alta vor der Madonna und weist auf die Kranke hin. Hier soll deutlich gemacht werden, dass die Kraft zur Heilung nicht von Alta und ihrem Buch direkt ausgeht, sondern von Maria über diese Vermittlung gespendet wird. Alta erscheint 1790 letztmalig auf einer Votivtafel. Ihre Verehrung hat offenbar niemals diejenige Mariens übertroffen. Dagegen ist Maria ohne unmittelbaren Bezug auf Alta verehrt worden.

Das bedeutende Gnadenbild „Sancta Maria speciosa ad portam", (Heilige, Schöne Maria zu Pürten), dessen Entstehung etwa auf das Jahr 1425 datiert wird, wurde während der Errichtung des gotischen Neubaus (1398-1428) erworben. Es steht auf dem Altar der Gnadenkapelle (1693). Die lebensgroße Figur der Muttergottes mit Kind gehört zum Typus der „Schönen Madonnen" und wird dem Meister von Seeon zugeschrieben (genannt nach seinem Hauptwerk der „Thronenden Muttergottes aus Seeon" im Bayerischen Nationalmuseum München). In der Gnadenkapelle befinden sich auch, als besonderer Schatz der Kirche, drei fast lebensgroße aus Wachs gegossene und bemalte Votivfiguren. Aus ihrer Tracht nach sind sie um 1700 entstanden, gehören aber nicht zuammen.

Bei der Figur des Mannes in mittelständischer Tracht dürfte es sich um das 1687 überlieferte Wachsbild des Georg Schwiberer von Neuperkirchen handeln, welcher sich einem „wäxernen bild so schwer als er ist, zu Unser Lieben Frauen nach Pürten verlobt". Die beiden anderen Figuren, in adeliger Kleidung, könnten als eine Adelige und ihr Sohn zusammengehören.

Im Bereich der Volksfrömmigkeit galt reines Bienenwachs als Symbol der Reinheit. Da die meisten Schöpfungen dieser Art längst eingeschmolzen wurden, sind diese Wachsfiguren eine Rarität.

RAST
(Gemeinde Langenbach, Landkreis Freising)

Katholische Wallfahrtskirche St. Maria
Rast mit seiner Wallfahrtskirche St. Maria vom Ende des 15. Jahrhundert liegt zwischen *Freising* und Moosburg an der B 11. Im Hochaltarretabel befindet sich das Gnadenbild, eine thronende Muttergottes mit Jesuskind, eine Arbeit der Landshuter Schule um 1480.

Die Gründung einer Vorgängerkapelle an diesem Ort gehört in den Bereich der Legende. Ludwig IV. der Bayer (1294-1347), welcher 1314 zum König und 1328 zum Kaiser gekrönt wurde, soll sie gestiftet haben zum Dank für seinen Sieg in der Schlacht von Gammelsdorf 1313, als er gegen den österreichischen Herzog Friedrich den Schönen und niederbayerische Adelige kämpfte. Sie wollten ihm seine Rechte auf die Regierung von Niederbayern streitig machen.

Lange Zeit war Rast ein gut besuchter Wallfahrtsort, Bittgänge - vor allem um Regen - wurden hierher zu Maria der Gnadenspenderin unternommen. Die Langhausfenster von 1888 zeigen Wappen der bayerischen Städte, die Parteigänger Ludwigs des Bayern waren, der im Jahr 1340 Herzog des vereinten Ober- und Niederbayern wurde.

RAUHENLECHSBERG
(Gemeinde Reichling, Landkreis Landsberg)

Burgruine

Burg und Gericht Hohenlechsberg werden erstmals 1310 erwähnt. Bis 1802 war die Burg Mittelpunkt eines eigenen bayerischen Pfleggerichts gleichen Namens. Die Pfleger wohnten ab 1750 bereits in Landsberg; die Burg war jedoch, obwohl einsturzgefährdet, noch bis 1820 bewohnt. Heute sieht man noch eine auffällige Geländeerhebung mit Halsgraben, die sich wie ein Querriegel in die Landschaft schiebt, in welcher aufgehendes Mauerwerk im Boden erkennbar ist.

Aus der Spätzeit der Burg ist eine ungewöhnliche Räubergeschichte überliefert: Eines Abends bat ein reisender Händler, auf Rauenlechsberg übernachten zu dürfen, und da man ihn als ehrlichen Mann kannte, wurde er von der Hausmagd in die untere Baustube geführt. Hier lag auf dem Boden ein verschnürter Sack, der, wie die Magd sagte, soeben im Auftrag des Landsberger Pflegers gebracht worden war. Als der Händler den Sack betrachtete, schien es ihm, dass dieser sich bewege. Er ging daher fort, um den Schergen und den Jäger zu holen. Als die Magd nun den Sack sich deutlich bewegen sah, bekam sie es mit der Angst und gab mit dem Gewehr des Jägers einen Schuß auf ihn ab - da ertönte ein Schrei und Blut floß heraus. Als der Händler mit Verstärkung zurückkehrte, verrammelten sie schleunigst die Tore und legten sich mit geladenen Gewehren auf die Lauer. Kurz darauf erschienen sieben Räuber, die eine in der Amtsstube aufbewahrte größere Geldsumme stehlen wollten - doch man bereitete ihnen einen heißen Empfang. Es stellte sich heraus, dass in dem merkwürdigen Sack ein Spießgeselle der Räuber steckte, den die Magd erschossen hatte.

REICHERSBEUERN
(Landkreis Bad Tölz - Wolfratshausen)

Schloß Sigriz

Zwischen *Bad Tölz* und *Waakirchen* an der B 472 liegt Reichersbeuern mit Schloß Sigriz. Im Jahr 1350 wird die Feste erstmals erwähnt. Die ausgedehnte Anlage mit drei Rundtürmen war einst Lehen des Klosters Tegernsee, seit 1627 für längere Zeit im Besitz der Grafen von Preysing, dann der Familie von Sigriz, und seit 1938 ist es Landerziehungsheim. Bemerkenswert sind einige guterhaltene spätgotische Innenräume mit schönen Holzdecken von 1514-1519.

Um die angeblich im Schloß spukenden Geister gibt es allerlei Geschichten. Von einem Klopfgeist wird erzählt, der an besonderen Buß- und Fastentagen des Kirchenjahres in Gängen und Zimmern des Schlosses zu hören ist. Eine frühere Schlossverwalterfrau hatte auf dem Sterbebett ihrer Tochter 100 Gulden für eine Messe nach ihrem Tod gegeben. Die aber gab das Geld für Kleidung und Vergnügen aus. Darum ist sie nun verdammt, im Schloß umzugehen. Einem Bauern soll sie einmal am Fenster erschienen sein und jämmerlich um Hilfe gebeten haben.

Eine andere Sage erzählt von schleppenden Schritten im Treppenhaus und Diener berichteten, wenn sie nachts die Stiege hinaufgingen, sei ihnen ein Hund mit feurigen Augen begegnet. Habe man aber ein Licht angezündet, sei der Spuk wieder verschwunden.

Auch die so häufig erscheinenden Drei Jungfrauen gibt es im Schloß. Sie sitzen im Keller - wo einst ein geheimes Gericht gewesen sein soll - auf eisernen Truhen und hüten einen Schatz. Man sagt, in den zwölf Losnächten sollen sie zu sehen sein. - Unter „Losnächten" oder „Zwölften" versteht man im deutschen Sprachgebiet die im Volksglauben und -brauch besonders beachtete Zeit zwischen dem Thomastag (21. Dezember) und dem Dreikönigstag (6. Januar), speziell in Bayern die Zeit von Thomastag bis Neujahr (1. Januar).

REISCHACH
(Landkreis Altötting)

Marienkapelle und ehemalige heilsame Quelle

Bis zum Jahr 1943 besaß Reischach am südlichen Ortseingang zwei dem heiligen Antonius von Padua (1195-1231) geweihte Andachtsstätten. Dann jedoch wurde die kleine, tiefer gelegene Kapelle in ein Marienheiligtum umgewidmet. Franz Probst, ein Straubinger „Bürger und Prandtweinprenner", rief 1665 in schwerer Krankheit den heiligen Antonius um Hilfe an und gelobte im Falle seiner Genesung eine Wallfahrt nach Altötting und Aufstellung einer Figur des Heiligen an geeigneter Stelle der Pilgerstraße von *Straubing* nach *Altötting*. Im Jahr 1676 befestigte er die Heiligenfigur an einem Apfelbaum; vermutlich hielten die Pilger hier bei einem Brunnen seit jeher Rast vor der letzten Etappe ihres Weges. Im gleichen Jahr errichtete ein benachbarter Bauer eine Holzkapelle zum Schutz des Bildnisses. Wegen verschiedener Diebstähle baute man 1695 eine weitere, gut abschließbare Wallfahrtskirche aus Stein. In der Kapelle sieht man eine Bildtafel, welche die damalige Ortssituation belegt: Neben der Kapelle zwischen Baum und Wegkreuzung fließt aus einer Brunnensäule reichlich Wasser und wird in einem Becken aufgefangen. Auch als die vielverehrte Antoniusfigur in die Steinkirche übertragen wurde, blieb die Holzkapelle beim Brünnl das Hauptziel der Wallfahrt. Allerdings löste die Verehrung der Altöttinger Madonna, von der man ersatzweise eine Kopie aufstellte, im Lauf der Zeit die Verehrung des heiligen Antonius ab. Als 1731 anstelle der baufälligen Holzkapelle ein Steinbau errichtet wurde, leitete man den Quellzufluß in das Kapelleninnere, wobei das Wasser in ein Rotmarmorbecken floß, welches das Familienwappen des Kapellenstifters, eines Reischacher Wirtes, trägt. Eine kleine Antoniusfigur steht noch immer, das imaginäre Wasser segnend, das inzwischen versiegt ist, in der Mauernische über dem Becken. Ehemals wurde das Wasser bei Sehschwäche verwendet; auch suchte man die Kapelle früher bei Zahnschmerzen auf und vollzog folgendes Ritual: Mit den Zähnen zog man an einem Glockenseil, um durch das Läuten den hl. Antonius aufmerksam zu machen. Vielleicht benetzte man zusätzlich die Zähne mit dem heilsamen Quellwasser.

REUTBERG
(Gemeinde Sachsenkam,
Landkreis Bad Tölz - Wolfratshausen)

Kloster- und Wallfahrtskirche Mariä Verkündigung
Fährt man auf der B 13 von *München* in Richtung *Bad Tölz* und biegt in Sachsenkam rechts ab, kommt man auf einer Nebenstraße zu dem auf einem Hügel gelegenen Kloster. Im Jahr 1606 wurde hier durch den

Hofmarksherrn von Reichersbeuern, Graf Johann Jacob Papafava und seine Gemahlin Anna geb. von Pienzenau, eine der ersten Kapellen des Loretokultes in Deutschland gegründet, zu welcher 1618 ein Kapuzinerinnenkloster hinzukam. Heute unterhalten Franziskanerinnen hier ein kleines Gästeheim für Erholungsuchende.

Das Vorbild für die alte Wallfahrtskapelle war die Casa Santa di Loreto, das heilige Haus von Loreto in Mittelitalien, das als Wohnhaus der Heiligen Familie in Nazareth gilt. Der Legende nach wurde dieses, als sich im Heiligen Land der Islam ausbreitete, in den Jahren 1291-1294 von Engeln zunächst nach Dalmatien und von dort nach Loreto getragen, wo es am 7. September 1295 in einem Lorbeerhain (lat. lauretum) seinen endgültigen Platz fand. Der eigentliche Ursprung der Wallfahrt war wohl ein schon 1193 in Loreto urkundlich nachweisbares Marienheiligtum, in welchem ein Gnadenbild der Madonna mit Kind verehrt wurde. Im 14. Jahrhundert setzte die eigentliche Wallfahrt ein und wurde so bedeutend, dass sie auch über die Grenzen hinweg bekannt wurde, in ganz Europa sogenannte „Sekundär-Wallfahrten" auslöste und überall Kapellen nach diesem Vorbild entstanden.

In Bayern wurde die Loretowallfahrt um 1560 bekannt und volkstümlich. Der 1733-35 entstandene Neubau der Reutberger Kirche hat einen sich verengenden Raum für den Hochaltar. Dieses sogenannte „Loretohaus" entspricht in seinen Abmessungen, seiner dunklen Erscheinung und den seitlich aufgemalten Steinen dem Vorbild in Italien. Das blaue Gewölbe, mit Sternen bemalt, willl das Firmament ver-

Klosterkirche Reutberg

sinnbildlichen. Auf dem Hochaltar befindet sich das Gnadenbild, die Madonna mit dem Jesuskind, mit Mantel, Schleier und schöner Krone, die von den Klosterschwestern gefertigt wurde. Auch die in der Kirche verteilten Anrufungen der Lauretanischen Litanei auf Bildern und Spruchbändern zeigen uns, dass Reutberg eine Loreto-Kirche ist. Die Lauretanische Litanei ist ein Wechselgesang mit Ehrentiteln zum Lobe Mariens, erstmals 1531 in Loreto bezeugt und daher so genannt. Ein Fresko über dem Chorbogen zeigt die Loreto-Legende.

Reutberger Jesuskind

Die Kirche des Frauziskanerinnenklosters beherbergt eine weitere Besonderheit, das Reutberger Jesuskind aus Bethlehem, ein so genanntes „Fatschenkindl". In der Heiligen Nacht wird es - in einer Krippe liegend - zum rechten Seitenaltar gebracht und bleibt dort bis Epiphanie (6. Januar). Auch an anderen Kirchenfesttagen ist es dort ausgestellt als der „kleine König" mit Krone und kostbarem Brokatgewand. Die gewickelten („gefatschten" - von lat. fascia = Binde, Band) Jesuskind-Darstellungen entstanden im süddeutschen Raum in den Frauuenklöstern, wo sich unauslebbare mütterliche Triebe der Nonnen dergestalt ein Ventil suchten. Sie verstanden sich bei der Zuwendung zum Jesuskind in der Nachfolge Mariens. Im Barock wurden die Fatschenkindl, die meist wächserne, zart bemalte Köpfe haben, mit immer reicher verzierten Stoffkleidern ausgestattet und mit Schmuck und Edelsteinen behängt.

Wiegen- oder Fatschenkindl aus dem 18. Jahrhundert.

Die wahrscheinlich aus Spanien stammende Holzfigur des „Reutberger Jesulein" ist um 1740 durch den aus dem Heiligen Land zurückkehrenden Pater Nicephorus Vischer (Maler des Wandfrescos im Schwesternchor: Die klugen und die törichten Jungfrauen) nach Reutberg gebracht worden. Davor soll es 100 Jahre an der Geburtsstätte Jesu in Bethlehem gelegen haben.

Grabstätte M. Fidelis Weiß
Die Reutberger Klosterkirche ist auch Grablege der Ordensschwester Maria Fidelis Weiß (12.06.1882 - 11.02.1923). Die als Eleonore Margarete geborene Tochter eines kinderreichen Kemptener Schneidermeisters ließ sich nach Schulbesuch und kurzfristiger Tätigkeit als Verkäuferin in Handarbeiten und Orgelspiel ausbilden; als 20-jährige trat sie ins Kloster Reutberg ein, wo sie als Schwester Maria Fidelis eingekleidet wurde und bis zu ihrem Tod als Organistin und Handarbeitslehrerin der kleinen Mädchenvolksschule wirkte. Sie starb im 41. Lebensjahr an Kehlkopftuberkulose. Von ihrem heiligmäßigen Leben und ihrer von vielen körperlichen (Sühne)leiden begleiteten „mystischen Begabung" erfuhr man erst nach ihrem Tod durch ihren Seelenführer, den Spiritual Mühlbauer. Der 1936 eingeleitete Seligsprechungsprozeß ist 1982 abgeschlossen worden.

Das Grab von Fidelis Weiß, deren Leib 1938 von der Klostergruft in die Kirche übertragen wurde, ist Ziel von Wallfahrern; Votivtafeln („Schwester Fidelis hat geholfen") zeugen von Gebetsbitten und -erhörungen. Inschriften auf der Grabplatte rühmen ihre Treue: „Weil du im kleinen getreu gewesen, gehe ein in die Freude dienes Herrn" und mahnen den Besucher: „Esto fidelis! Sei getreu, so will ich dir die Krone des Lebens geben".

ROSENHEIM
(Landkreis Rosenheim)

Stadtwappen am Mittertor
Von den alten Stadttoren Rosenheims ist nur noch der Ostabschluß, das Mittertor, aus dem 14. Jahrhundert erhalten. Aufgrund seiner Lage zwischen dem Max-Josefs-Platz und dem Ludwigsplatz erhielt es seinen Namen. Sein Zwiebelturm gilt neben dem der Stadtpfarrkirche St. Nikolaus als Wahrzeichen der Stadt. In dem mehrfach veränderten Bau ist heute das Heimat-

 museum untergebracht. An seiner Fassade befindet sich das Stadtwappen Rosenheims, eine gefüllte weiße Rose auf rotem Feld, die auf den Ortsnamen hinweist. Im Jahr 1243 berichten die Urkunden erstmals vom Schloß Rosenheim, eine Burg der Wasserburger Hallgrafen, aus deren Wappen die Rose bereits 1374 das Siegel des Marktes zierte.

Volkstümlicher Überlieferung nach hat Rosenheim seinen „wohlriechenden" Namen von den vielen Rosen erhalten, welche in dieser Gegend zur Zeit der römischen Niederlassungen gezüchtet wurden. Als die Römer vertrieben wurden, sollen die Rosen gewuchert und einen „Rosenhain" gebildet haben, woraus später der Name „Rosenheim" entstanden sei.

Innbrücke

 Schon im 16. Jahrhundert gab es in Rosenheim eine Brücke, die man im Zusammenhang mit den Reichenhaller Salztransport gebaut hatte. Die heutige Autobrücke hat ihre Anfänge im 19. Jahrhundert. Seit alters her und weltweit haben wie bereits geschildert Brücken

Ansicht von Rosenheim, Kupferstich von 1678

in Mythologie, Volksglauben und Brauchtum eine hervorragende Bedeutung und sind oft von Sagen umwoben. Sie gelten traditionell als Spukorte, an denen Geister und Dämonen ihr Wesen treiben; vor allem der Teufel hat eine Vorliebe für sie.

An die Rosenheimer Innbrücke knüpft sich eine Warnsage von deutlich christlicher Ausprägung: Ein Knecht aus der Umgebung Rosenheims, der weder an Himmel noch Hölle glaubte, verbrachte die Sonn- und Feiertage in der Regel beim Zechen und Kartenspiel. An einem Sonntagmorgen besuchte er die Messe in der Rosenheimer Klosterkirche und kommunizierte ohne vorherige Beichte. Anschließend vertrieb er sich die Zeit im Wirtshaus, bis es dunkelte und machte er sich dann auf den Heimweg. Auf der Innbrücke saßen links und rechts schwarze Katzen, die ihn mit wildfunkelnden Augen anglotzten. Als er sie vertreiben wollte, sprangen sie ihn an und zerkratzten sein Gesicht. In seiner Not zog er einen Rosenkranz aus der Tasche und bekreuzigte sich. In In diesem Augenblick verschwanden die Katzen im Dunkel der Nacht, und der Knecht konnte unbehelligt nach Hause gehen.

Loretokapelle

Nördlich außerhalb der Altstadt (Ebersberger Str. 1) befindet sich die Votivkapelle (1635) des Rosenheimer Bürgers Georg Schaur. Mittelpunkt auf dem Altar von 1687 ist die Kopie des Loreto-Gnadenbildes, eine geschnitzte Marienfigur (1636) ohne Arme mit dem Kind im Barockgewand. Beachtenswert sind die großen Votivtafeln über den Pandureneinfall und die Beschiessung des Marktes Rosenheim (1744) sowie das Votivbild der Gemeinden *Brannenburg* und Degerndorf, welches nach einem Bergrutsch im Jahre 1851 gestiftet wurde.

Die Rosenheimer Loretokapelle

Auf einer Pilgerreise nach Rom und Loreto bei Ascona wurde Georg Schaur schwerkrank und gelobte, bei seiner Genesung der Muttergottes in Rosenheim eine Kapelle zu bauen. Sie wurde eine Nachbildung der „Casa Santa" in Loreto, dem legendären Haus der Heiligen Familie, welches Engel auf ihren Flügeln im 13. Jahrhundert von Nazareth dorthin getragen haben sollen. Während der Säkularisation 1806 mußten zwei Fenster ausgebrochen werden, „damit die Kapelle nicht mehr den Charakter des heiligen Hauses von Loreto habe."
–> Reutberg

ROTT AM INN
(Landkreis Rosenheim)

Pfarrkirche, ehemalige Abteikirche

Das ehemalige Benediktinerkloster wurde zwischen 1081 und 1085 durch Pfalzgraf Kuno von Rott gegründet und 1803 durch die Säkularisation aufgelöst. Die heutige Pfarrkirche wurde 1759-1763 neu gebaut.

Im westlichen Hauptraum steht auf der linken Seite am rechten Altar die Statue der heiligen Notburga, eine der reizvollsten Schöpfungen von Ignaz Günther aus dem Jahr 1762. Sie ist sonntäglich gekleidet, eine Mischung aus volkstümlicher Tracht und höfischem Kostüm. In ihrer Schürze trägt sie Brote, in der linken Hand hält sie eine Sichel.

Notburga wurde der Überlieferung nach 1268 als Tochter eines Hutmachers geboren und kam mit 17 Jahren als Magd auf die Burg der Grafen von Rottenburg. Sie versorgte die Armen und Kranken der Umgebung mit Speiseresten von der herrschaftlichen Tafel, bis ihre Arbeitgeber dies entdeckten und verboten. Als Notburga einmal sich selbst vom Mund abgesparte Lebensmittel in einem Korb zu den Hilfsbedürftigen bringen wollte, begegnete ihr der Graf und fragte, was sie trage - worauf der Inhalt des Korbes sich in Essig und Späne verwandelte. Später verdingte Notburga sich bei einem Bauern im Weiler Eben am Achensee/Tirol, der sie zwingen wollte, auch am Vorabend von Sonn- und Feiertagen nach dem Vesperläuten die Arbeit auf dem Feld fortzusetzen. Die Magd aber, die sich ohne Rücksicht auf dringende Erntearbeiten an die kirchlichen Feierzeiten hielt und in einem nahegelegenen Kirchlein auf den Feiertag vorbereiten wollte, warf ihre Sichel in die Luft - wo sie scheinbar im Nichts hängenblieb, bis Notburga sie nach ihrer Andacht wieder in die

Hand nahm. Später kehrte sie auf Bitten des Rottenberger Grafen in seinen Dienst zurück. Sie starb am 14. September 1313 und wurde in der Ebener Rupertikapelle am Fuß des Rofangebirges, wo sie so oft gebetet hatte, beigesetzt. Heute steht dort eine barocke Wallfahrtskirche mit einem kostbaren Reliquienschrein. Kurz vor ihrem Tod soll Notburga gebeten haben, ihren Leichnam auf einen mit zwei Ochsen bespannten Wagen zu legen und an der Stelle zu begraben, wo die Tiere von selbst anhalten würden. Die Ochsen zogen zum Inn hinunter, dessen Wasser sich teilte, zogen die jenseitige Passstrasse hinauf und blieben erst vor der Rupertikapelle stehen.

Engelsrieder See
Dieser ruhig gelegene, versumpfte See 2 km südlich von Rott soll der Sage zufolge entstanden sein, als auf dem Eichberge (jetzt Kalvarienberg) bei Rott eine große Burg stand, auf der Graf Engildeo lebte. Dieser hatte eine herzensgute mildtätige Tochter, die man den „Engel von Rott" nannte. Als plötzlich ein gräulicher Drache in einer nicht weit entfernten wilden Waldschlucht auftauchte, Menschen und Tiere vernichtete, versprach er demjenigen, der den Drachen töten würde, die Hand seiner Tochter.

Die heilige Notburga.

Was edle Ritter vergebens versuchten, gelang einem riesigen bösen Ritter aus Dießen, der zuvor von dem Fräulein abgewiesen worden war. Da seine Tochter so verzweifelt über die vom Ritter geforderte Trauung war, wies ihn der Graf aus dem Schloß. Dieser legte sich aber in den Hinterhalt, um das Mädchen zu rauben. Es konnte jedoch fliehen und sich in einer Hütte am „Kappenzipfel" verbergen. Der Verfolger steckte die Hütte in Brand. Doch auf die Gebete der Ärmsten in den Flammen sprangen plötzlich Quellen zu Tal, Brunnen brachen aus der Tiefe, die Wasser löschten die Flammen, der Ritter floh, die Jungfrau wurde gerettet und die Wasser bildeten an der tiefsten Stelle des Tales einen See, der durch seinen Namen noch heute an den Engel von Rott erinnert.
–> Ammersee; –> Starnberg; –> Walchensee

SANDIZELL
(Stadt Schrobenhausen,
Landkreis Neuburg - Schrobenhausen)

Schloß

Schon im 11. Jahrhundert ist das Adelsgeschlecht derer von Sandizell nachweisbar. Das heutige Wasserschloß wurde in den Jahren 1749-1755 als Dreiflügelanlage an Stelle eines älteren Baus errichtet.

Der Sage nach gab es vor langer Zeit einen besonders harten Schlossherrn. Er wurde so gefürchtet, dass alle bei seinem Tod erleichtert aufatmeten. Doch bald gab es neuen Schrecken, denn jetzt ging im Schloß ein böser Geist um. Jedes Mal um Mitternacht flogen Türen auf und zu, Lärm und Geschrei wie von hereindringenden Feinden schallte durch das Haus. Endlich holte man den Pfarrer von Langenmosen. Der brachte zwölf starke Männer zur Hilfe mit, aber der Geist warf alle zu Boden. Nachdem sie sich wieder erhoben hatten, fing der Pfarrer mit dem Exorzismus der ruhelosen Toten an. Der böse Geist wurde von einem Zimmer zum anderen getrieben, bis er schließlich flehentlich bat, an irgendeinem Ort im Schloß bleiben zu dürfen, was ihm jedoch nicht erlaubt wurde. Der Pfarrer bannte ihn in eine mitgebrachte Flasche, die er im Kreuter Moos vergrub. Von da an kehrte endlich wieder Ruhe im Schloß ein.

ST. BARTHOLOMÄ
(Gemeinde Schönau am Königssee,
Landkreis Berchtesgadener Land)

Wallfahrtskirche St. Bartholomäus
Die Halbinsel ist ein Werk des Eisbaches, welcher seit der Eiszeit unermüdlich Schutt und Geröll herbeischafft und in den See ergießt. Unmittelbar am Ufer des Königssees, vor der mächtigen und beeindruckenden Kulisse der steilaufragenden Ostwand des Watzmann befindet sich St. Bartholomäus. Die Kirche ist bereits seit dem Jahr 1134 urkundlich erwähnt als „Basilika Chunigsee". Seine heutige Form erhielt der Sakralbau im 17. Jahrhundert. Der sechssäulige Hochaltar mit dem Altarblatt der Marter des Kirchenpatrons ist wahrscheinlich kurz vor dem Jahr 1700 von Johann Degler erschaffen worden.

Der heilige Bartholomäus stammte aus Galiläa und gehörte zu den Jüngern Christi. Der Überlieferung nach wählte der Apostel Indien, Mesopotamien und Armenien für seine Missionstätigkeit. In Armenien gewann er König Polymius, dessen Gemahlin und viele Einwohner für den christlichen Glauben. Dies erregte den Zorn der Götzenpriester, die den Bruder des Königs aufstachelten, Bartholomäus zu töten. Er ließ den Apostel ergreifen, ihm bei lebendigem Leib die Haut abziehen und ihn dann um 70 n.Chr. enthaupten. Aus diesem Grund erhielt der Heilige ein Messer als Attribut. Wegen der Art seines Martyriums wurde er zum Patron aller Häute verarbeitenden Gewerbe, wie z. B. Gerber, Metzger, Fellhändler, Schuhmacher, Buchbinde etc. und aller Berufe, die mit Tieren Umgang haben, wie Hirten, Sennerinnen, Almbauern und Landleute), woraus sich auch die besondere Verehrung des Heiligen in St. Bartholomä erklärt.

St. Barholomä am Königssee.

Steinkreuz und Votivtafel

Alljährlich am Sonntag nach dem Fest des Heiligen, am 24. August, findet eine Wallfahrt nach St. Bartholomä statt. An der mächtigen Falkensteinerwand gegenüber dem Malerwinkel ist ein Steinkreuz mit einer Inschrift angebracht. Es erinnert an den Untergang eines Wallfahrerschiffes im Jahr 1688, bei dem 70 Menschen aus Maria Alm im Königssee den Tod fanden.

Das Unglück ist auf einem heute im Berchtesgadener Heimatmuseum aufbewahrten Votivbild dargestellt: Es zeigt einen am Ufer stehenden Mann, den Vierhofbauern, der sich hatte retten können, weil er seine Tochter, die sich an seinem Fuß festzuklammerte, abgeschüttelt hatte, so dass sie ertrank. Mit ihrem tragischen Tod scheint er seelisch nicht fertiggeworden zu sein, denn er starb drei Monate nach der Katastrophe.
–> Markt Indersdorf; –> Tegernsee

Steinernes Meer

Der Talkessel von St. Bartholomä wird von hohen Gebirgszügen umschlossen. Südlich des Königssees liegt das so genannte „Steinerne Meer", ein Gebirgszug, der die Grenze zwischen Bayern und Österreich bildet. Über seine Kuppe führt ein alter Wallfahrtsweg, auf welchem früher Gläubige aus dem Österreichischen nach St. Bartholomä kamen; unterwegs machten sie gewöhnlich an dem 1.601 m hoch gelegenen Funtensee Rast. Von Zeit zu Zeit sind hier polternde Geräusche zu vernehmen, die vermutlich von Steinschlägen herrühren.

Die Sage berichtet jedoch, dass hier der Teufel in einer Mühle Goldstücke mahlen soll, um die Menschen zu verführen. Ein Jäger, der eines Tages ein solches Goldstück fand, lief damit hinunter in die Berchtesgadener Stiftskirche, wo er es tief in den Weihwassekessel tauchte. Das blinkende Metall verwandelte sich daraufhin in ein Stück Felsgestein, womit sein Unwert bewiesen und der Teufel als ewiger Lügner und Betrüger entlarvt war.

Kuchlerloch

In der Nähe der Anlegestelle Kessel, direkt gegenüber dem Watzmann und der Archenwand, befindet sich seitlich an einer steil abfallenden Felswand eine Höhle, „Kuchlerloch" genannt, von der nur der oberste Teil sichtbar ist, während sie unterhalb der Seeoberfläche weit in den Berg hineinreicht. Da, wo der letzte Winkel dieser schwarzen Höhle zu vermuten wäre, soll ein böser Seegeist hausen, der die Seelen der Ertrunkenen festhält. Es wird von ihm erzählt, er besitze tausende von tönernen Gefäßen, in denen die unglück-

Der Wassermann oder Seegeist vom „Kuchlerloch".

lichen Seelen der Verstorbenen so lange ausharren müssen, bis ein lebender Mensch so mutig ist, in die grauenvolle Tiefe hinabzutauchen und sämtliche Gefäße umzustoßen - erst dann fänden sie Ruhe.

Geigerwand
Eine steil in den Königssee abfallende Felswand, welche schräg gegenüber dem Kuchlerloch liegt, heißt „Geigerwand". Die Sage berichtet von einem seltsamen, riesengroßen Mann, der bei Vollmond auf den Kuppen der Felswände seiner Geige wunderbare Klänge entlockt, welche weit über das Gebirge hinaus zu hören sind. Ohne den Bogen abzusetzen und sein Lied zu unterbrechen, hüpft er mühelos von einer Felsspitze zur anderen.
–> Lenggries

ST. QUIRIN AM TEGERNSEE
(Gemeinde Gmund, Landkreis Miesbach)

Quelle und Wallfahrtskapelle
Die Gebeine des heiligen Quirinius wurden um 766 - 769 von Rom nach Tegernsee überführt. An der Stelle, wo der Schrein mit den Reliquien bei einer Rast niedergesetzt wurde, geschah das erste Wunder: eine Quelle, die sich bald als heilkräftig erwies, entsprang. Über der Wunderquelle wurde zunächst eine kleine hölzerne Kapelle errichtet und 1450 das heute noch

bestehende Kirchlein erbaut. Das Innere wurde mit reichen Stukkaturen Miesbacher Art (1676) ausgestaltet. In der Mitte des Schiffes fällt der achteckige Brunnentrog aus Rotmarmor auf, der die wundertätige Quelle des heiligen Königs und Märtyrers Quirinius faßt. Über dem Brunnen erhebt sich ein Gestell, das aus vier schmiedeeisernen gedrehten Stangen besteht und die Figur des Heiligen trägt.

Der Hochaltar aus dem Jahr 1638 zeigt den heiligen Quirin, flankiert von den Heiligen Petrus und Paulus, darüber schwebend Gottvater. Er ist vermutlich ein Werk des Miesbachers Stephan Zwinck, dem auch die Altäre in Georgenried zugeschrieben werden.

Zum Votivbrauchtum berichtet uns folgende Legende: Vor langer Zeit lag ein Babenberger Ritter bei seinen Feinden in Gefangenschaft und rief in seiner Verzweiflung St. Quirin an, wobei er versprach, er wolle ihm sein Bestes, was er daheim habe, verloben, wenn er aus der Gefangenschaft gerettet würde. Nach erfolgter Befreiung führte er sein Liebstes, sein Pferd, nach Tegernsee und band es fest an die Kirchentüre. Nun reute ihn sein Versprechen, und er wollte das Tier mit Geld auslösen, legte einen Schilling auf den Altar und wollte sein Roß wegführen. Jedoch brachte er das Tier erst von der Stelle, als er insgesamt sieben Schilling hingelegt hatte.
–> Tegernsee

ST. SALVATOR
(Gemeinde Rimsting, Landkreis Rosenheim)

Wallfahrtskirche St. Salvator

Die heutige gleichnamige Ortschaft an der Straße von *Prien* nach *Wildenwart* entstand erst in der Mitte des 19. Jahrhunderts. Die Gründung der Kirche jedoch fällt höchstwahrscheinlich ins ausgehende 12. Jahrhundert. Der Innenraum des Gotteshauses erhielt seine heutige barocke Form im Jahre 1765.

Nach der Volksüberlieferung soll die Wallfahrtskirche 1472 wegen eines hier geschehenen Hostienfrevels entstanden sein: Vor über 800 Jahren empfing eine Frau aus Siggenham die heilige Kommunion, obwohl sie mit Schuld beladen war. Von Gewissensbissen gequält, legte sie die Hostie an der Stelle des heutigen Hochaltars nieder, wo sie vor ihren Augen im Erdboden versank.

Die Wallfahrt zu „Unserm lieben Herrn ober Prien" blühte nachweislich schon im Spätmittelalter und erreichte im 17. Jahrhundert ihren Höhepunkt. Heute ist sie weitgehend erloschen.

ST. WOLFGANG
(Landkreis Erding)

Pfarr - und Wallfahrtskirche St. Wolfgang
Sieben Kilometer südlich von *Dorfen* liegt St. Wolfgang mit der gleichnamigen Kirche, dem ältesten Wolfgangsheiligtum der Erzdiözese München - Freising.
  Zwei Türme, ein knapp 70 m hoher Turm im südlichen Chorwinkel mit Spitzhelm und ein kleines achteckiges Spitztürmchen über dem Seitenschiff kennzeichnen von außen den Kirchenbau. Auch im Inneren bewahrt das Gotteshaus eine Eigenart: eine kleine Brunnenkapelle aus der Zeit nach 1400 wurde um 1430 mit einer fünf Stufen höher gelegenen zweischiffigen Wandpfeilerkirche mit Netzgewölbe überbaut. Die heutige Barockausstattung stammt aus der Zeit von 1675/80. Mehrere kunstgeschichtlich bedeutsame Holzschnitzwerke aus der gotischen Kirche sind erhalten; zahlreiche Legendentafeln weisen darauf hin, dass hier der heilige Wolfgang verehrt wird.
  Eine gotische Figur des Heiligen steht auf dem Rokokoaltar der lichtdurchfluteten Brunnenkapelle, flankiert von den Heiligen Petrus und Paulus. Unter dem Altar entspringt die Wolfgangsquelle, deren Kupferfassung mit Deckel und Schöpfkelle sich links neben dem Altar befindet. Möglicherweise gab es schon um das Jahr 1000 ein Kapellchen über dieser Quelle. Im Mittelalter lebte die Wallfahrt zum „Heilbrünnl" auf; die Quelle ist bis heute nicht versiegt.
  Der heilige Wolfgang entstammte einem schwäbischen Adelsgeschlecht; er wurde vermutlich um 924 in Pfullingen geboren und im Kloster Reichenau erzogen. Im Jahr 972 wurde er zum Bischof von Regensburg ernannt und starb 994. Das Grab des Heiligen befindet sich in der Krypta von St. Emmeram in Regensburg. Nach Erhebung der Reliquien fand um 1052 die Heiligsprechung durch Papst Leo IX. statt. Historisch gesichert ist, dass Bischof Wolfgang von 974 - 977 Regensburg verließ, um nicht in die Auseinandersetzungen zwischen Kaiser Otto II. (955 - 983) und Herzog Heinrich II., dem Zänker (951 - 995) hineingezogen zu werden. Er wich in die österreichischen Besitzungen des Hochstifts Regensburg aus. - Der heilige Wolfgang soll der Sage nach auf dem Weg entlang der alten Römerstaße ins Exil hier eine Rast eingelegt haben, um Gebeine gefallener Märtyrer aus der Zeit der Ungarnkriege zu begraben. Da die Menschen hier Wasser brauchten, erweckte er durch sein Gebet, mit dem Bischofsstab auf den Boden schlagend, die heilkräftige Quelle.

St. Wolfgang
(Gemeinde Altenmarkt,
Landkreis Traunstein)

Wallfahrtskirche St. Wolfgang

Die kleine gotische Kirche mit dem romanischen Tuffsteinturm und ihrem schindelgedeckten Steildach liegt ca. 3 km westlich von *Altenmarkt* und ist von weitem auf dem Höhenzug der B 304 sichtbar. Der Ort war früher ein Rastplatz an der Salzstraße sowie die letzte Station des mittelalterlichen Pilgerweges auf bayrischem Boden, welcher von Franken über Regensburg nach St. Wolfgang am Abersee, dem heutigen Wolfgangsee im Salzkammergut führte. Dieses berühmte Wolfgangsheiligtum in dem von Bayern neu erschlossenen Rodungsland des 10. Jahrhundert wurde zum Wallfahrtsort und Modell vieler solcher Kultstätten in Altbayern.

Der heilige Wolfgang war eine außergewöhnliche Erscheinung seiner Zeit, deren gesellschaftlicher und politischer Führungsschicht er als Reichsbischof angehörte. Um seine Gestalt ranken sich viele Legenden. Die vielen bildlichen Darstellungen seit dem 11., vor allem aber seit dem 14. Jahrhundert, bezeugen ihn als einen der meistverehrten Heiligen Deutschlands. Wolfgang ist Patron für Bayern, Ungarn, das Bistum Regensburg und den Schweizer Kanton Zug. Er schützt besonders die Zimmerleute, Hirten und Bildschnitzer und wird bei schwerer Krankheit als Fürbitter angerufen. Bildliche Darstellungen zeigen ihn meist in bischöflichen Messgewändern mit Krummstab und Kirchenmodell; häufig wird er auch mit einer Axt abgebildet. Die betreffende Legende erzählt: Wolfgang - der auch als Bischof weitgehend nach mönchischen Idealen lebte - habe einst Regensburg verlassen und sei an den Abensee gewandert, um dort das Leben eines Einsiedlers zu führen. Auf dem Falkenstein baute er zunächst eine provisorische Klause, die ihn vor Wetterunbilden schützte. Um von Gott ein Zeichen zu erhalten, wo er ihm am besten würde dienen können, schleuderte er sein Beil ins Tal hinab - an der Stelle, wo er es wiederfinden würde, sollte eine Kapelle entstehen. Hinter diesem Beilwurf-Motiv der Legende steht, kulturhistorisch gesehen, ein altgermanischer Rechtsbrauch zur Grenzmarkierung. In der Wallfahrtskirche St. Wolfgang stellt ein Ölbild an der Westempore diese Legende dar.

In dem im Jahr 1720 barockisierten Langhaus vor dem Chor befindet sich der so genannte „Wolfgangstein", ein von einer Balustrade aus rotem Marmor umgebener „Schlupfstein" mit natürlichen Erosionsvertiefungen. Dieser ausgehöhlte Fels wölbt sich aus dem Boden mit einer gerade so großen Öffnung, dass sich ein schlanker Mensch noch hindurchzwängen kann. Der Stein soll glattpoliert worden sein vom jahrhundertelangen Durchschlüpfen der Pilger, welche nach altem Volksglauben auf diese Weise von Kreuz- und Gliederschmerzen befreit wurden. Der heidnische Brauch, Krankheiten durch Kriechrituale gleichsam „abzustreifen", wurde mancherorts in die christliche Glaubenswelt übernommen, wo man besonders zuversichtlich durch Schlupfstellen unter Altären und Sarkophagen von Heiligen hindurchkroch. Die Öffnung muß immer so eng sein, dass der kranke Körperteil mit dem umgebenden Stoff, Holz oder Stein direkt in Berührung kommt, um die Krankheit abzustreifen.

Ein weiterer Steinblock mit Vertiefungen befindet sich in der Vorhalle der Kirche im Turm-Erdgeschoß. Er steht im Zusammenhang mit der Wolfgangslegende, welche berichtet, dass sich der Hei-

St. Wolfgang findet das Beil auf einem harten Fels liegend. Holzschnitt von Johann Weyssenberger, 1515.

lige eines Tages als Bußübung Hände, Knie und Füße blutig schlagen wollte, wobei „der harte Stein weich wie ein Teig" wurde, und derartige Vertiefungen entstanden sein sollen.

Von den vielen bekannten Wallfahrerzügen früherer Zeit blieb nur einer bestehen: die im Jahr 1675 wegen einer Viehseuche gelobte Fußwallfahrt der Pfarrei *Aschau* im Chiemgau.

–> Thaining

SCHEYERN
(Landkreis Pfaffenhofen a.d. Ilm)

Scheyerer Kreuz in der Klosterkirche

In der Heilig-Kreuz-Kapelle im rechten Seitenschiff der Benediktinerabteikirche befindet sich Scheyerns größter Schatz, eine Reliquie vom Kreuz Christi. Über eine Landschenkung von Graf Otto II. und seiner Gemahlin Haziga an das Reformkloster Hirsau war die Benediktinerniederlassung nach Scheyern gekommen. In den Jahren 1127/28 wurden das Kloster und die dazugehörige Kirche geweiht. Der Kern der spätromanischen Anlage ist noch erhalten, jedoch wurde sie im 16. und 18. Jahrhundert weitgehend verändert. Nach der Aufhebung des Klosters während der Säkularisation 1803 setzte sich König Ludwig I. im Jahr 1837 für die Rückkehr der Mönche ein.

Der Kreuzaltar von 1738 in der Heilig-Kreuz-Kapelle enthält ein um das Jahr 1600 geschaffenes großes Renaissancekreuz mit flankierenden Engeln, welche die Leidenswerkzeuge Jesu halten. Im Tabernakel darunter befindet sich die Reliquie vom Kreuz Christi, die in der Form eines Doppelkreuzes gefasst ist, zur Erinnerung an ihre Herkunft aus Jerusalem. Das Doppelbalkenkreuz ist die nur Erzbischöfen und Patriarchen zustehende Kreuzform. Die prunkvolle Rokoko-Monstranz für diesen Kreuzpartikel wurde 1738 von J.G. Herkommer aus Augsburg gefertigt. Charakteristisch für das Scheyerer Kreuz ist die kegelförmige Aufstecktülle am unteren Ende, die auch bei den vielen Nachbildungen immer vorhanden ist. Kranken Kindern wurden aus dieser Tülle, dem „Kelchlein", einige Tropfen Wasser eingeflößt, was nach den Mirakelbüchern augenblicklich Heilung brachte. Man erhoffte sich vom Scheyerer Kreuz Schutz vor Blitz und Feuer, Bewahrung der Feldfrüchte vor Hagel und Ungeziefer und Abwehr gegen „Zauber- und Hexereyen". Die Kreuzreliquie, die zum Zweck des Almosensammelns im Jahr 1155 durch den Patriarchen von Jerusalem ins Abendland gesandt worden war, befand sich zuerst im Besitz des Grafen Konrad II. von Dachau. Erst um 1180 kam sie, nach Aussterben der dortigen Familie, nach Scheyern. Auf welch merkwürdige Weise sie dorthin gelangte, erzählt folgende Legende:

Die Überführung der kostbaren Reliquie machte den Verantwortlichen viel Kopfzerbrechen, weil sie fürchteten, diese könne gestohlen werden. So griff man zu einer List. In dem feierlichen Zug, der sich aus Dachau auf Scheyern zubewegte, schritt ein festlich gekleideter Mann voran mit einem großen Vortragekreuz, von Leuchterträgern begleitet. Es folgte ein vierspänniger Wagen mit einem Schrein, in dem die Reliquie zur Schau gestellt wurde. Daneben ritten bewaffnete Soldaten. Ganz am Ende der Prozession hinkte ein Pilger in armseliger Kleidung, der offensichtlich eine Wallfahrt machte. Er hatte nur einen

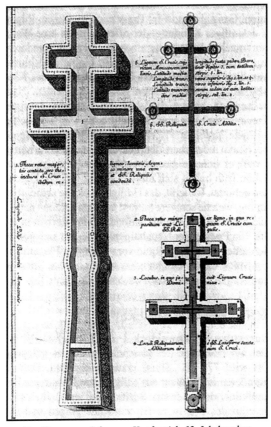

Das Kreuz von Scheyern, Kupferstich, 12. Jahrhundert.

Stiefel an, den anderen trug er in der Hand. Obwohl sein bloßer Fuß blutig war, hielt der Büßer durch, bis sich die Tore des Klosters hinter der Prozession geschlossen hatten. Nun stellte sich heraus, dass der im Schrein gezeigte Kreuzpartikel nur eine Nachbildung war. Die echte Reliquie hatte der Pilger in seinem Stiefel getragen. Bei einem möglichen Überfall - so hatte man vermutet - wäre er sicher unbeachtet geblieben.

Schon früh haben sich um das Kreuz weitere Legenden gebildet. Es heißt, das Heiligtum bleibe unsichtbar für die, welche schwere Schuld auf sich geladen hatten und auch für die, die im laufenden Jahr sterben müssten. Ein Priester der Nachbargemeinde, der sich anlässlich eines mit der Reliquie veranstalteten Flurumritts ein Stück davon abschneiden wollte, verlor Sprache und Augenlicht und starb innerhalb von drei Tagen.

SCHLIERSEE
(Landkreis Miesbach)

Burgruine Hohenwaldeck

Der am Nordende des gleichnamigen Sees gelegene Ort wird 779 als „Slyrs" erstmals erwähnt. Damals gründeten fünf Brüder aus adliger Familie hier ein Benediktinerkloster, dessen Besitzungen im 10. Jahrhundert ins Eigentum des Freisinger Bischofs übergingen und das später in ein Chorherrenstift umgewandelt wurde. Im Jahr 1492 übersiedelten die Bewohner an die neuerbaute Münchner Frauenkirche, wo man Bedarf an Klerikern hatte.

Grundherren des Gebietes *Miesbach*-Schliersee waren die Grafen von Waldeck, die in der Schlierseer Kirche - der heutigen Pfarrkirche St. Sixtus - ihre Grablege hatten. Um 1200 bauten sie am Ostufer des Sees auf einem Felsvorsprung des Leitnerberges eine Burg, die nach dem Aussterben des Geschlechtes (1483) wieder aufgegeben wurde und verfiel. Heute sind nur noch 6 m hohe dicke Mauerreste vorhanden. Die Ruine, von der man einen herrlichen Ausblick auf den See hat, ist auf einem am südlichen Ortsende beginnenden Wanderweg zu erreichen.

Von den Hohenwaldecker Grafen sind verschiedene Geschichten überliefert: So soll Graf Georg von Waldeck (1407-1456) auf Grund eines Gelübdes, das er in großer Not ablegte, der Erbauer der drei „Ried"-Kirchen *Georgenried*, *Agathenried* und *Frauenried* sein.

Es wird auch von einem Waldecker Ritter erzählt, der als Kreuzfahrer ins Heilige Land zog. Seine schöne Gemahlin hatte er in der Obhut des Burgvogtes zurückgelassen, der sich bald in sie verliebte. Um sie für sich zu gewinnen, ließ er ihr die falsche Nachricht zukommen, ihr Mann sei in der Fremde den Heldentod gestorben. Als der Kreuzritter bei seiner Rückkehr seine Frau in den Armen eines anderen fand, ließ er auf der gegenüberliegenden Insel Wörth das Paar in einem eigens errichteten Turm einkerkern, wo sie verhungern mussten. Der Platz, an dem sich dieser Turm befand, heißt noch heute „Beim Hungerturm".
–> Georgenried

Schöffau
(Gemeinde Uffing am Staffelsee,
Landkreis Garmisch - Partenkirchen)

Kirche St. Anna, ehemalige Wallfahrtskirche
Das Dorf Schöffau liegt etwa 6 km westlich von *Uffing* im bayerischen Voralpenland. Im Jahr 1552 vernichtete ein Feuer die alte gotische Kirche. Unter Wiederverwendung alter Mauerreste wurde die St. Anna Kirche um 1621 wieder aufgebaut. Das ehemalige Gnadenbild, eine Thronende Muttergottes mit Kind aus dem 14. Jahrhundert, ist heute an der nördlichen Langhauswand angebracht; eine andere Thronende Muttergottes aus der Zeit um 1500 ziert den Hochaltar.

Lange Zeit bestand eine Wallfahrt zu der kleinen Kirche und den Schnitzfiguren, über deren Ursprünge es mehrere Legenden gibt: Einmal heißt es, dass die aus dem 14. Jahrhundert stammende Maria von einem pflügenden Bauer gefunden wurde und alle Versuche, ihr eine Neubemalung zukommen zu lassen, nicht angenommen wurden. Eine zweite Darstellung über die Entstehung der Schöffauer Wallfahrt berichtet, dass sich Ende des 17. Jahrhundert die auf dem Seitenaltar stehende Muttergottes (um 1500) als wundertätig erwiesen habe und man sie deshalb auf den Hauptaltar setzte. Als aber 1696 zwei schlimme Unwetter heranzogen, führte man das auf den Figurentausch zurück und gab ihnen ihren ursprünglichen Platz wieder zurück, wogegen aber das bischöfliche Ordinariat Einspruch erhob.

Ein Mirakelblatt aus dem Jahr 1517 berichtet außerdem von einem Wunder, das mit dem zweiten Gnadenbild in Beziehung steht: ein dreieinhalbjähriger Knabe hatte sich, auf einem Steckenpferd reitend, verirrt und überlebte mehrere Tage im Moor. Seine Rettung schrieb man der Muttergottes zu, zu welcher der Vater in seiner Not gepilgert war. Das Flugblatt wird heute in der Münchner Staatsbibliothek aufbewahrt.

SCHÖNGEISING
(Landkreis Fürstenfeldbruck)

Sunderburg

Nur noch eine Gedenktafel und die für eine Wehranlage typische Erdformation erinnern an die einst steil über der Amper gelegene Burg, deren Anfänge in vorrömische Zeit zurückgehen. Im 10. Jahrhundert soll Graf Friedrich von Dießen-Andechs, ein Bruder des heiligen Rasso, die Burg bewohnt haben. Im Hochmittelalter war sie Sitz eines Ministerialengeschlechts und wurde im 16. Jahrhundert zum Jagdhaus umgebaut.

Als Graf Friedrich von Dießen-Andechs von hier ins Heilige Land pilgerte, vertraute er die Burg und alle seine Schätze der Obhut seiner beiden erwachsenen Töchter an. Eines Tages, so berichtet die Sage weiter, wurde die Burg von Feinden umzingelt und angegriffen. Die beiden Mädchen, die keine Rettung mehr sahen, versenkten alle Schätze in der Tiefe des Brunnens und stürzten sich hinterher. Als Graf Friedrich nach seiner Rückkehr von dem Geschehen erfuhr und die vom Feind zerstörte Burg sah, soll er nach Dießen zurückgekehrt sein. Die beiden Töchter aber lebten in der Erinnerung des Volkes weiter, und auch der versunkene Schatz ließ den Menschen keine Ruhe. Viele haben dort gegraben, aber außer Glasscherben nichts entdeckt. Auch ein armer Bauer aus Schöngeising soll eines Tages eine solche Glasscherbe gefunden haben; als er sie zu Hause auspackte, hatte sie sich in Gold verwandelt. Der Sage nach sinkt der Schatz immer tiefer in den Boden, damit er den Grafentöchtern nicht genommen werden kann.

Jexhof und Kuchelschlag

Zwei Kilometer südlich von Schöngeising liegt, umgeben von Wald und Feldern, die Einöde Jexhof, die als Hofanlage im 15. Jahrhundert erwähnt wird. Heute befindet sich hier ein Bauernhofmuseum.

Südlich vom Jexhof gab es in dem bereits im Landkreis Starnberg gelegenen Waldgebiet eine heute nicht mehr vorhandene Höhle. Hier soll um 1770 ein berühmter Räuberhauptmann, der „Bayerische Hiasl", mit seiner Bande für eine Weile gehaust haben. - Mit bürgerlichem Namen hieß der Räuber Matthias Klostermayer. Der 1736 in Kissing bei Augsburg geborene Sohn eines Taglöhners und Viehhirten verdiente seinen Lebensunterhalt zunächst als Hirt und Knecht; seine große Liebe aber gehörte der Jägerei, die er heimlich betreiben musste, weil die Jagd dem Adel (Landesfürsten und Grundherren) vorbehalten war. Im Schwäbischen wurde er Mitglied einer Gruppe von Wildschützen und im Mai 1765 verurteilte man ihn wegen Wilddieberei zu einer mehrmonatigen Zuchthausstrafe. Nach seiner Entlassung scheint er, obwohl er Frau und Kind hatte, nicht mehr in die Gesellschaft zurückgefunden zu haben - er wurde Anführer einer Räuberbande. Im Januar 1771 wurde er gefangengenommen, wegen Landfriedensbruch, Raub und Totschlag in 9 Fällen zum Tod verurteilt und am 6. September 1771 in Dillingen mit dem Rad hingerichtet.

Das Andenken an den „Bayrischen Hiasl" ist im Volk lebendig geblieben, auch wenn Matthias Klostermayer schon lange tot ist. Gleich nach seiner Hinrichtung begann eine rege Produktion von Biographien, Fliegenden Blättern, Dramen und Kolportageromanen. Es gibt zahl-

Der „Bayrische Hiasl" mit seinem Buben und seinem Hund.

reiche Volkslieder über ihn. Die Erzählüberlieferung hat Motive, die auch von anderen populären Räubern überliefert sind, auf den „Bayrischen Hiasl" übertragen und ihn mit magischen Fähigkeiten ausgestattet, die ihn in die Nähe eines Teufelsbündners rücken. So berichtet die Sage, dass einst Soldaten die Räuberhöhle im Kuchelschlag entdeckt hatten; Hiasl und seine Anhänger mußten ihr Versteck Hals über Kopf verlassen, wobei sie viele wertvolle Schätze zurückließen. Vertiefungen, die noch heute in dem hügeligen Gelände sichtbar sind, stammen der Überlieferung nach von Schatzgräbern, die sich diese Diebsbeute aneignen wollten. Es heißt, dass die Schätze bei jedem Versuch sie zu bergen immer tiefer im Boden versinken und vom Teufel bewacht werden.

Die Polularität des „Bayrischen Hiasl", der schon zu Lebzeiten bei der Bevölkerung oft Rückhalt und Unterschlupf fand, dürfte vor allem damit zusammenhängen, dass man die Wilddieberei als willkommenen Beistand gegen Wildschaden auffasste, unter dem besonders die kleinen Bauern zu leiden hatten. Von fanatischem Gerechtigkeitssinn getrieben, kämpft der „edle Räuber" gegen politisch-gesellschaftliche Missstände, gegen die Obrigkeit. Als Beschützer der Armen erlegt er Wild, das die Felder der Bauern verwüstet und so die Ernte schmälert.

–> Türkenfeld; –> Westenhofen

SCHWARZLACK
(Gemeinde Brannenburg,
Landkreis Rosenheim)

Wallfahrtskirche Mariahilf und St. Nepomuk

Hinter dem BrannenburgerSchloß führt ein bewaldeter Fußweg in 30 Minuten nach *Schwarzlack*. Dort ließ sich 1659 der Eremit Georg Tanner bei einem moorigen Weiher, der „schwarzen Lacke" nieder und erbaute eine hölzerne Klause mit Kapelle für das „Mariahilf-Bild", welches er angeblich bei einem Baumstock gefunden hatte. Einer Legende nach ließ Ferdinand von Hundt, der damalige Herr auf Brannenburg, dieses Marienbild zweimal auf sein Schloß bringen - es kehrte jedoch auf wunderbare Weise immer wieder zur „schwarzen Lacke" zurück. Wegen der sich ausbreitenden Wallfahrt wurde die einfache Holzkapelle in den Jahren 1752-1763 zur Kirche ausgebaut.

Mittelpunkt des Hochaltars (1765) ist das Gnadenbild „Mariahilf", eine Kopie des von Lucas Cranach um 1520 gemalten Innsbrucker „Mariahilfbildes", welches den meistverbreiteten Marienbildtypus repräsentiert.

In der Wallfahrtskirche befindet sich eine Votivtafel aus dem 19. Jahrhundert, auf der geschrieben steht: „Gott sei Dank und Maria, weil die Kuh von Sixtus Lechner, Kogler, welche 25 Klafter tief durch ein Loch hinunterfiel, nach drei Tagen glicklich heraufgezogen worden ist 1843" - ein rührender Einblick in bäuerliche Nöte.

SEEFELD
(Landkreis Starnberg)

Schloß
Seefeld war während des 12. und 13. Jahrhunderts Sitz adliger Herren, die in der Umgebung ausgedehnten Grundbesitz hatten. Schon im 12. Jahrhundert wird ein Burgschloß urkundlich erwähnt. Der heutige Bau, der teils im Privatbesitz ist, teils musealen und kommerziellen Zwecken dient, vermittelt trotz tiefgehender Veränderungen, die er im Lauf der Zeit erfahren hat, noch immer den Eindruck einer mittelalterlichen Burganlage. Nach mehrmaligem Besitzerwechsel kam Seefeld 1472 an die Grafen Toerring, die noch heute Inhaber des am Ostufer des Pilsensees bei *Oberalting* gelegenen Schlosses sind.

Aus der Frühzeit des Burgschlosses ist ein sagenhafter Vorfall überliefert, der ein international verbreitetes Erzählmotiv ist, zuerst in der Chronik Thietmar von Merseburgs (975-1018) Erwähnung findet und in zahlreichen Varianten überliefert ist, deren bekannteste die im Rheingau lokalisierte Sage vom Mäuseturm bei Binden sein dürfte: Zur Strafe für seine Hartherzigkeit gegen die Armen wurde ein Mainzer Erzbischof namens Hatto von Mäusen überfallen, bis in einen auf einer nahen Rheininsel gelegenen Turm, wo er Schutz suchte, verfolgt und bei lebendigem Leibe aufgefressen.

Auch in Seefeld gibt es diese Geschichte von einem bösen Herrn, der jedoch glimpflicher davonkommt: Vor vielen hundert Jahren sollen Schloß und Hofmark einen steinreichen, aber hartherzigen Besitzer gehabt haben, der in der Zeit einer großen Teuerung Arme und Bettler in eine Scheune sperren und verbrennen ließ. „Hört das Wimmern der Ratten und Mäuse", rief er dabei aus. Da traf ihn der Zorn Gottes: Ratten und Mäuse drangen in sein Schloß ein und selbst in seinem Bett soll der Schloßherr vor den Tieren nicht mehr sicher gewesen sein. Er floh auf eine kleine Insel im nahegelegenen Wörthsee, aber das Ungeziefer folgte ihm auch dorthin. Erst als er in seiner Not Gott um

Die Sage vom Mäuseturm, Holzschnitt von 1557.

Hilfe anflehte und versprach, künftig den Armen Gutes zu tun, verschwanden die Tiere. Man konnte in Seefeld und auf der Insel im Wörthsee wieder unbehelligt und in Ruhe leben. Der See wird allerdings im Volksmund noch heute Maussee genannt.

SIGMERTSHAUSEN
(Gemeinde Röhrmoos, Landkreis Dachau)

Deckenfresco und Gnadenbild in St. Vitalis

Auf den Fundamenten der romanischen Vorgängerkirche St. Vitalis entstand in den Jahren 1754/55 unter Johann Michael Fischer die Hofmarks- und Wallfahrtskirche, ebenso wie *Altomünster* ein Spätwerk des berühmten Baumeisters.

Die Anfänge der Marienwallfahrt gehen allerdings schon zu Beginn des 18. Jahrhundert zurück, als nach der Legende der damals 13-jährige Thomas Hofwirth beim Viehhüten eine aus Ton gebrannte Muttergottesfigur mit Jesuskind fand. Ein Schafbock, so erzählt man, habe die kleine Figur aus dem Boden gescharrt. Die Madonna wurde daraufhin in der alten Hofmarkskirche ausgestellt, und bald darauf erfolgten auch Gebetserhörungen.

Im Jahr 1731 besuchte der Kurfürst Karl Albrecht von Bayern mit dem damals fünfjährigen Kronprinzen die Madonna von Sigmertshausen und auch der Kronprinz fand Heilung. Ab 1754 kamen Hofmark und die dazugehörige Kirche durch Verkauf in den Besitz des Freiherrn von Ruffini, der dann die Kirche umbauen ließ.

Das Deckenfresko, von Franz Joseph Degle 1755 erstellt und signiert, zeichnet die ganze Wallfahrtslegende und Entstehungsgeschichte nach. Darin beschützt die Mariengestalt im reichen Gewand alle, die sich um sie scharen: Gesunde und Kranke, Geistlichkeit, Fürsten und auch den Maler. - Das Gnadenbild selbst befindet sich auf dem Hochaltar und wird „Fraumantel" - unsere liebe Frau im Mantel - genannt.

SIGRÜN
(Gemeinde Pleiskirchen, Landkreis Altötting)

Corona-Kapelle
Nördlich von *Winhöring* liegt die Einöde *Sigrün*. Hier steht am Rande eines Buchenwaldes die in der zweiten Hälfte des 15. Jahrhunderts erbaute Kolomanskirche und etwa 100 m unterhalb die holzverkleidete Corona-Kapelle, benannt nach einer legendären Märtyrerin des 2. Jahrhundert. Diese Kapelle wurde 1603 über (oder neben) einer Quelle erbaut, die vor etwa 30 Jahren versiegt ist und deren Wasser man mit einer noch vorhandenen gußeisernen Pumpe heraufholen konnte; diese steht heute, vom eigentlichen Andachtsraum abgetrennt, im hinteren Teil der Kapelle. Das Wasser dieser Quelle galt als heilkräftig; es fand bei Augenleiden und besonders bei Zahnbeschwerden Verwendung - häufig in Verbindung mit einem Löffelopfer. Ein kirchliches Visitationsprotokoll von 1745 bezeugt, dass in der Kapelle von Sigrün Löffel zusammen mit einem Ei und Salz niedergelegt wurden. Im Jahr 1930 entdeckte man neben Wachsvotiven auch blecherne Löffel und Zähne, die mit einem Band an die Löffel angebunden waren.

Ihre heutige Gestalt erhielt die Kapelle wohl erst im 19. Jahrhundert. Das frühere Corona-Patrozinium ist zugunsten der Marienverehrung in den Hintergrund getreten.
–> Birnbach

Starnberg
(Landkreis Starnberg)

Starnberger See

Die Landschaft des Starnberger Sees verdankt ihre Enstehung der Würmeiszeit - etwa 11.000 bis 10.000 v. Chr. Diese vorläufig letzte Eiszeit wurde vor etwa 70 Jahren von einem bedeutenden Eiszeitforscher des Alpen- und Voralpengebietes, Albrecht Penck, nach dem Würmfluß benannt. Vom 8. bis zum 12. Jahrhundert hieß der Fluß „Wirmina" oder „Wirmin" = schnell strömend. Der See bedeckt eine Fläche von 56,36 km² und hat eine Länge (Nord - Süd) von etwa 21 km. Erst 1962 wurde die Bezeichnung „Starnberger See" amtlich festgelegt.

In früherer Zeit nannten ihn die Menschen nur Würmsee, denn der Sage nach soll auf dem Boden des Sees seit Erschaffung der Welt ein riesiges wurmartiges Ungeheuer liegen, das seinen Kopf unter dem Leib versteckt hält. Irgendwann aber, so heißt es, wird das Tier mit dem Schlangenleib erwachen und aus dem See kriechen, das Land überfluten und alles Leben vernichten.

Die Sage vom wurmartigen Ungeheuer basiert auf einer volksetymologischen Fehlinterpretation des Wortes „Würm". Der Wasserdrache ist die mythische Verkörperung einer realen Gefahr, der Überschwemmung.
–> Ammersee; –> Rott am Inn; –> Walchensee

Stein an der Traun
(Stadt Traunreut, Landkreis Traunstein)

Burgruine Stein

Kurz vor der Mündung der Traun in die Alz verengt sich ihr Tal und schließt ostwärts mit einer senkrechten Nagelfluhwand von 48 m Höhe und über 500 m Länge ab. Hier liegt der Ort Stein, der weithin sichtbar von der gleichnamigen Burgruine beherrscht wird. Die Anlage besteht aus drei deutlich zu unterscheidenden Teilen: der oberen Burg oder dem Hochschloß, der Felsen- oder Höhlenburg und dem unteren oder neuen Schloß, die durch einen in den Fels gehauenen unterirdischen Gang verbunden sind. Die Herren von Stein werden seit 1130 urkundlich belegt. Die Burg war von Anfang des 13. Jahrhundert bis 1662 im Besitz der Grafen von Toerring.

Wie ein „Raubritternest" an der Felswand klebend präsentiert sich die sagenumwobene Höhlenburg mit einem verfallenen runden Turm, der im Volksmund als „Hunger"- oder „Leichenturm" bezeichnet wird. Die museal genutzten Räume und Gänge vermitteln einen Eindruck von mittelalterlichen Wohnverhältnissen und Lebensformen eines Adelsstandes, der zum Raubrittertum abgesunken war.

Die Burg ist Schauplatz einer Begebenheit, die auch in volkstümlicher und literarischer Überlieferung geläufig ist. Unter dem Titel „Der Mörderbräutigam" versteht man eine Gruppe von Erzählungen, in denen von einem mörderischen Freier und der Rettung der Heldin aus seiner Gewalt berichtet wird. Typische Vertreter sind die wahrscheinlich im Mittelalter entstandene, in zahlreichen Varianten über ganz Europa verbreitete Mädchenräuberballade sowie die Grimmschen Märchen „Fitchers Vogel" und „Der Räuberbräutigam" und das Blaubartmärchen. Unter dem Titel

„Ritter Blaubart bestraft seine Frau" - Stich von Pierre-Clément Mariller zu Perraults „La Barbe-Bleu".

„La Barbe-Bleue" wurde es zuerst 1697 von dem französischen Schriftsteller Charles Perrault in seinen „Contes de ma mère l'Oye" erzählt:

Ritter Blaubart verbietet seiner Frau, ein bestimmtes Zimmer zu betreten. Sie tut es doch und findet darin die Leichen ihrer Vorgängerinnen. Der Schlüssel und/oder ein ihr anvertrautes Ei entfallen ihr aus der Hand; das Blut daran lässt sich nicht beseitigen. Blaubart erkennt, dass sie sein Verbot übertreten hat und will sie töten. Ihre Brüder retten sie im letzten Augenblick, Blaubart wird von ihnen erstochen.

In Stein a.d. Traun hat man diesen Stoff ins wilde Raubrittermilieu verlegt und mit zusätzlichen melodramatischen Zügen ausgestattet. Hier soll der wilde Raubritter Heinz von Stein gehaust haben - der Sage nach war er ein wahres Ungeheuer. Nicht nur wegen seiner Verbrechen wie Raub, Vergewaltigung, Brandstiftung und Mord wurde er „Der Wilde" genannt, sondern auch wegen seines schrecklichen Aussehens. Ein (heute nicht mehr vorhandenes) Gemälde in der Höhlenburg stellt ihn dar als einen bärenstarken Mann mit gedrungenem Körperbau und krummen Beinen. Zwei übergroße hervorstehende Zähne entstellen sein Gesicht und verleihen ihm wegen der dadurch aufgestülpten Oberlippe Ähnlichkeit mit einem Eber. Sein furchteinflößendes Äußeres wird noch durch einen struppigen Bart und eine wilde Haarmähne unterstrichen.

Wie es heißt, war im weiten Umkreis kein schönes Mädchen vor diesem Ritter sicher. Oft stellte der „blaubärtige Schnapphahn" die Mädchen, die er mit List oder Gewalt in seine Burg geschleppt hatte, auf eine seltsame Probe. Der Wüstling gab der Betreffenden ein Ei, welches sie immer in der Hand halten mußte und verbot ihr, eine bestimmte Tür in der Burg zu öffnen. Tat sie es dennoch, sah sie in einem Kerkerloch frühere Opfer des Lüstlings mit Ketten gefesselt und halbverhungert am Boden schmachten. Vor Schreck fiel meistens das Ei herunter und zerbrach. Zur Strafe wurde das Mädchen dann auch in das Felsenloch gesperrt und nach entsetzlichen Qualen in den Brunnenschacht geworfen.

Eines Tages verliebte sich der gottlose Heinz von Stein in ein sehr schönes Mädchen namens Waltraud. Ihr Vater, der Gutsbesitzer Hans Gravenecker, beschützte sie Tag und Nacht vor dem grausamen Unhold. Außer sich vor Zorn ließ dieser einen mehrere Kilometer langen Gang graben, welcher an der Stelle ans Tageslicht kam, wo sich Waltraud oft aufhielt. So gelang es dem Raubritter tatsächlich, das Mädchen auf seine Burg zu entführen. Weil Gravenecker bei verschiedenen bayerischen Fürsten um Hilfe gebeten hatte, wurde er von Steins Mordgesellen auf die Höhlenburg verschleppt und in ein Verlies gesperrt. Hier sollte er, mit der Folter bedroht, seine Tochter dazu bringen, den Wüterich zu heiraten. Er gab ihr aber stattdessen einen Dolch, um sich vor ihm schützen zu können. - Inzwischen hatte sich Gottfried Gebsattel, Waltrauds heimlicher Verlobter, unter die Gefolgsleute des Raubritters aufnehmen lassen, um in die Höhle zu gelangen. Als nun die Soldaten der bayerischen Fürsten in der folgenden Nacht ankamen, öffnete ihnen der junge Mann das Tor und verschaffte ihnen so Zugang zu der sonst uneinnehmbaren Felsenburg. Als Heinz von Stein mitten in der Nacht in Waltrauds Gemach eindrang, um sich zu retten, glaubte das Mädchen, er wolle ihr ein Leid antun und stieß sich den Dolch des Vaters mitten ins Herz. Gebsattel, der kurz danach hereinstürzte, um seine Braut zu befreien, sah in Heinz Stein den Mörder und stieß dem Verhaßten das blanke Schwert in den Leib. Als er aber dann erfuhr, dass er ein unehelicher Sohn des Heinz von Stein war, stürzte er sich in seiner Verzweiflung in sein eigenes Schwert.

STEINGADEN
(Landkreis Weilheim-Schongau)

Pfarrkirche St. Johannes der Täufer
Steingaden ist Sitz eines ehemaligen Klosters, von dem auch der Bau der Wieskirche ausging. Im Jahr 1147 übergab Herzog Welf VI. von Bayern um 1115 - 1191) das von ihm gegründete Kloster an die Prämonstratenser und welches sowohl im Bauernkrieg 1525 als auch während des 30jährigen Krieges schwere Schäden erlitt. Im Jahr 1803 brannten Teile des aufgehobenen Klosters nieder und die Abteikirche wurde Pfarrkirche.

Die 1176 geweihte Kirche, eine dreischiffige romanische Pfeilerbasilika, präsentiert sich trotz der später erfolgten Rokoko-Verkleidung noch heute als mittelalterlicher Bau. Während Chor und Seitenschiffe gleich nach der Zerstörung im Dreißigjährigen Krieg ihre barocke Umgestaltung erhielten, bekam das Mittelschiff sein Rokoko-Gewand anläßlich der 600-Jahr-Feier des Klosters im Jahr 1747. Die diese Ausgestaltung durchführenden Künstler waren der Wessobrunner Stukkateur Franz Xaver Schmuzer und der Augsburger Akademiedirektor Johann Georg Bergmüller (1688 - 1762), der in den Jahren 1741 - 1744 die Deckenfresken schuf.

Norbert, der Stifter des Prämonstratenderordens, wurde um 1085 als Sohn einer adligen Familie in Gennep/Niederlande geboren und war nach seiner geistlichen Ausbildung Stiftsherr in Xanten am Niederrhein, Domherr in Köln und schließlich Hofkaplan Kaiser Heinrichs V. (1081 oder 86 - 1125). Ein schweres Unwetter, das ihn in Lebensgefahr brachte, führte eine innere Umkehr herbei: Norbert gab sein weltliches Leben auf und zog sich ins Benediktinerkloster Siegburg zurück, wo er 1115 die Priesterweihe empfing. Danach zog er mit päpstlicher Vollmacht als Wanderprediger durch Deutschland, Belgien und Frankreich, wo er 1221 in Prèmontrè bei Laon den Reform-Orden der Prämonstratenser oder Norbertiner gründete, der ra-

Der heilige Norbert.

sche Ausbreitung fand. Im Jahr 1126 wurde er zum Bischof von Magdeburg ernannt. Die Heiligsprechung hat erst 1582, lange nach dem am 6. Juni 1134 erfolgten Tod Norberts, stattgefunden. Verehrung und bildliche Darstellungen setzten seit dem 15. Jahrhundert ein und finden sich vor allem im 17. und 18. Jahrhundert.

Dargestellt wird der heilige Norbert meist in Pontifikalkleidung oder in der Tracht seines Ordens. Als Bischof trägt er Stab, Kelch und eine leuchtende Monstranz, die auf seine tiefe Verehrung der Eucharistie hinweist - ein typisches Produkt der Gegenreformation, für die für die eucharistische Gegenwart Christi im Altarssakrament von besonderer Bedeutung war. Die Legende erzählt, dass einst bei der Meßfeier eine giftige Spinne in den geweihten Wein fiel. Der Heilige ließ sich dadurch aber nicht beirren; er trank aus dem Kelch und verschluckte die Spinne, die kurze Zeit später aus seinem Nasenloch wieder herauskam, ohne ihm geschadet zu haben.

Die Fresken in der Steingadener Pfarrkirche sind ebenfalls dem heiligen Norbert gewidmet. Das erste Gemälde stellt die Gründungslegende dar: Während einer Romreise sieht der Heilige in einer Vision die (Neu)Gründung des Klosters, er kniet vor dem Gekreuzigten und ein Engel zeigt ihm den Klosterplan. Das Fresko über der Orgel zeigt die Verwirklichung dieser Vision:

> *„Quod divinabat Norbertus,*
> *Explebat Guelpho sextus"*
> (Was Norbert erschaut,
> hat Welf VI. erbaut).

Auf den mittleren Fresko schließlich ist die Verherrlichung des heiligen Norbert im Himmel zu sehen.

Wieskirche

Die Wallfahrtskirche „Zum Gegeißelten Heiland" liegt 5 km südlich von Steingaden auf einem Hügel vor dem Hohen Trauchberg. Über eine Million Menschen, Gläubige und Kunstkenner kommen jährlich, um dieses „Juwel des Rokokos" zu sehen, das der Wessobrunner Baumeister Dominikus Zimmermann (1685-1766) geschaffen hat. Die Geschichte der Wallfahrt geht zurück auf ein im Jahr 1730 von Prämonstratensern in Steingaden gefertigtes Bildwerk des gegeißelten Christus.

Im Jahr 1746 wurde auf Betreiben des Abtes von Steingaden der Grundstein zur Kirche gelegt und obwohl die vorveranschlagten Kosten bei weitem überschritten wurden, konnte der Bau 1757 vollendet werden. Der Ovalraum mit freistehenden Pfeilern und seitlichem Umgang entfaltet sich in seiner ganzen Pracht als Rokokoraum, dessen Grenzen zwischen Architektur, Bild und Ornament verschwimmen. Die Deckenfresken fügte der Bruder des Baumeisters ein, der Münchner Hofmaler Johann Baptist Zimmermann (1680 - 1758). Sie zeigen die Erscheinung Christi zum Jüngsten Gericht. Den zweigeschossigen Hochaltar mit seinen Flankensäulen aus rötlichem Marmor bekrönt im durchbrochenen Auszug das apokalyptische Lamm (Offenbarung 6,1) , hinter dem sich der Blick in die Ewigkeit zu öffnen scheint. Darunter blickt man auf das Hochaltarbild von Balthasar Augustin Albrecht (1687 - 1765) in der barocken Farbtrias blau-rot-gelb. Es zeigt Christus inmitten der heiligen Sippe. Im unteren Teil, in einer Nische, hat das wundertätige Gnadenbild seinen Platz gefunden, das Anlaß zum Kirchenbau war.

Die Barockzeit pflegte besonders die Verehrung des Leiden Christi. Für die auch im Kloster Steingaden übliche Karfreitagsprozession hatten Mönche im Jahr 1730 eine (künstlerisch bedeutungslose) Figur von Jesus an der Geißelsäule hergestellt. Das 128 cm große Bildwerk wurde aus Teilen älterer Holzfiguren zusammengesetzt, mit Leinwand überzogen und mit Ölfarbe bemalt; Haupt- und Barthaar (Rosshaar) gaben ihm ein realistisches Aussehen. Wegen seines erbärmlichen Anblicks wurde es aber bald nicht mehr benutzt und landete auf dem Dachboden des Klosterwirtshauses. Im Jahr 1738 holte es die Bäuerin Maria Lori zur persönlichen Andacht in ihr Haus, wo sich am Abend des 14. Juni 1738 das ereignete, was als „Wunder in der Wies" bekannt wurde: die Frau bemerkte „...einige Tropffen in dem Angesicht des Bildnuß, welche sie vor Zäher haltete." Dieses Tränenwunder war der Anfang einer sich rasch ausbreitenden Wallfahrtsbewegung und in den Jahren 1739/40 entstand gegenüber dem Wieshof eine kleine hölzerne Feldkapelle, in der das Bild aufgestellt wurde. Diese Kapelle existiert noch: sie steht beim heutigen Parkplatz, links am Weg zur Kirche. Im Sommer 1745 untersuchte eine Kommission des Augsburger Bischofs die Figur, befragte die Familie Lori und empfahl, die neue Wallfahrt als Christuswallfahrt „zu befördern". Sehr bald wurde das Gnadenbild des Gegeisselten Heilands Mittelpunkt einer Wallfahrt von europäischen Dimensionen, die Schließlich den Bau einer großen Kirche erforderte und bis heute lebendig geblieben ist. Als diese neue Wallfahrtskirche während der Säkularisation (1803) abgerissen werden sollte, retteten die Bauern der Umgebung durch Bittschriften und persönliche finanzielle Opfer Kirche und „Wiesherrle", bis der Staat die Unterhaltskosten übernahm. In den Jahren 1985-91 sind umfangreiche Restaurierungsmaßnahmen erfolgt.

Wie bei Wallfahrtskirchen häufig, hat auch die Wies zwei Seitenumgänge, die einen möglichst nahen Zugang zum Gnadenbild und die Ablage von Votivgaben (Bilder, Kerzen, Gebetszettel und Dankbriefe) ermöglichen. Bereits das 1746 gedruckte erste Wallfahrtsbüchlein „Neu entsprossene Gnadenblum auf der Wies" berichtet von 346 Wundern und Gebetserhörungen; fast 800 Votivtafeln waren bis zu diesem Zeitpunkt aufgehängt. Der größere Teil ist inzwischen verlorengegangen; wertvolle alte Exemplare birgt das der Wieskirche angeschlossene Wallfahrtsmuseum, in dem auch ein um 1745 entstandenes Porträt der Maria Lori aufbewahrt wird. Dieses Bild zeigt die Bäuerin im Festgewand, in der Hand einen frühen Kupferstich des Wiesheilands. Auf zwei Szenen im Hintergrund ist links der Wieshof zu sehen, rechts das Ehepaar, wie es das Gnadenbild in die neuerbaute Kapelle bringt.

Die Wiesbäuerin Maria Lori, Ölgemälde, 18. Jahrhundert

Von der größeren Bedeutung der Wallfahrt gerade im 18. Jahrhundert zeugen über hundert verschiedene Kupferstiche, die als Andachtsbilder großen Absatz fanden und auch zu Heilzwecken verkauft wurden. Durch Auflegen eines solchen Bildes soll einer Frau der wunde Fuß ausgeheilt sein, einer anderen das Überbein am rechten Arm. Auch tönerne Plastiken des Gnadenbildes wurde heilende Wirkung zugeschrieben: man schabte davon etwas ab und nahm es ein. Auf einem Kupferstich von 1748 heißt es:

„Ich bin auf der Wiss ; allen alles worden
Und gibe denen Blinden das Gesicht,
Stummen die Red, Tauben das Gehör,
Krumpen die geraden Glieder...".

Die Verehrung des Wiesheilandes verbreitete sich im ganzen Land; überall entstanden Kapellen, Kirchen und Bildnisse „Zum Gegeißelten Heiland", die sich als „Wiesfigürchen" auf den Seitenaltären vieler Pfarr- und Wallfahrtskirchen befinden.

TAING
(Gemeinde Pastetten, Landkreis Erding)

Filialkirche St. Ottilia

Wenige Kilometer nordöstlich von *Markt Schwaben* liegt der Weiler Taing. Das Gnadenbild auf dem spätbarocken Choraltar der im Kern noch spätgotischen Saalkirche stellt die heilige Ottilia dar. Sie ist als Nonne gekleidet und hält ein aufgeschlagenes Buch in den Händen, auf welchem ein Augenpaar liegt.

Ottilia (auch Odilia genannt), war die Tochter des elsässischen Herzogs Eticho. Sie wurde um 660 blind geboren und von ihrer Mutter in ein Kloster gebracht, weil der Vater sie töten wollte. Hier soll sie nach der Legende das Augenlicht erhalten haben, als sie der heilige Wanderbischof Erhard von Regensburg taufte. Auf der Hohenburg, dem späteren Odilienberg, gründete Herzog Eticho für seine Tochter ein Kloster, dessen erste Äbtissin sie auch war. Sie starb um das Jahr 720 und wurde auf dem Odilienberg, dem Hauptwallfahrtsort des Elsaß, begraben. Sie ist Landespatronin des Elsaß und wird vor allem als Helferin bei Augenleiden angerufen. Ihre Verehrung verbreitete sich auch in der Schweiz, Österreich und Deutschland, besonders in Oberbayern.

Die der heiligen Ottilia geweihte Kirche in Taing - in der Votivtafeln von der Heilung vieler Kranker berichteten - verdankt ihre Entstehung einer wundersamen Begebenheit: Vor langer Zeit, so wird überliefert, lebte im Tal der Sempt eine Gräfin, die erblindet war. Eines Tages wallfahrte sie mit ihrer Tochter nach Altötting und gelobte eine Kirche zu Ehren der heiligen Ottilia zu bauen, wenn sie das Augenlicht zurückerhalten würde. Als sie auf dem Rückweg die Stelle in Taing erreicht hatte, wo heute die Kirche steht, soll es ihr plötzlich wie Schuppen von den Augen gefallen sein. Sie konnte wieder sehen und ließ das prächtig ausgestattete Gotteshaus errichten.

TAUBENSEE
(Ramsau, Gemeinde Berchtesgaden,
Landkreis Berchtesgadener Land)

Wallfahrtskirche Maria Kunterweg

Knapp 100 Meter oberhalb des Ortszentrums von *Ramsau*, in einsamer Höhe über der Waldschlucht am Hang des Kogels gelegen, steht der originellste Kirchenbau des Berchtesgadener Landes. Die Kirche ist in 20 Minuten von der Ramsauer Pfarrkiche aus auf einem gut angelegten Fußweg zu erreichen. Diese herrliche Rokoko-Schöpfung wurde in den Jahren 1731-1733 als Nachfolgebau einer Kapelle vom Salzburger Hofbaumeister Sebastian Stumpfegger errichtet. Der imposante Hochaltar aus dem Jahr 1756 mit einem großem Bild der Heiligen Dreifaltigkeit und bis in die Kuppel reichendem Baldachin ist ein Werk des Berchtesgadener Hoftischlers Christoph Datz des Jüngeren. Im Zentrum steht das Gnadenbild, eine mit einem reich gearbeiteten Gewand des 18. Jahrhundert bekleidete Muttergottes mit dem Kind auf ihrem rechten Arm - ein Schnitzwerk von Wolfgang Hueber aus dem Jahr 1690.

Über die Entstehung der Wallfahrtskirche Maria Kunterweg berichtet eine Legende: Einst führte von der Ramsauer Kirche aus ein befahrbarer, aber sehr schlechter Weg in die „Daubensee", das Tal des Taubensees. Er wurde Kunterweg genannt, weil häufig Hirten auf diesem Weg das Kleinvieh von den Almen trieben (Kunter = Kleinvieh). Immer wieder machten Gespenster, Spuk und Teufelsfratzen den Weg unsicher. Um Abhilfe zu schaffen, befestigte ein Unbekannter um die Mitte des 17. Jahrhundert an dem Felsen hinter der heutigen Kirche ein Marienbild. Im Jahre 1690 ließ der Ramsauer Vikar Feichtinger eine Nische in den Felsen hauen. Am Fest Maria Himmelfahrt des gleichen Jahres wurde eine Muttergottesstatue - das heutige Gnadenbild - in feierlicher Prozession dorthin gebracht.

Zahlreiche Darstellungen der Votivbilder aus dem 18. und 19. Jahrhundert sind nicht nur aufschlußreich für die religiöse Volkskunst und für die Entwicklung der Tracht im Berchtesgadener Land - sie berichten vor allem über die verschiedenen Anliegen der einzelnen Wallfahrer.

Ein großes Votivbild in Öl auf Leinwand von 1750 berichtet beispielsweise vom Besitzer des oberen Rehlegg-Lehens, welcher durch eigene Krankheit, dem Siechtum seiner Frau und auch Seuchen bei seinem Vieh in größte Not gekommen war. Deshalb gelobte er der Gnadenmutter, ein Büchlein über Ziel und Zweck der Wallfahrt drucken zu lassen, wenn die Leiden von ihm genommen würden. Seine Bitte ward erhört - er erfüllte sein Gelübde und ließ außerdem diese Votivtafel malen.

TEGERNBACH
(Gemeinde Rudelzhausen, Landkreis Freising)

Katholische Wallfahrtskapelle
Mariä Geburt (Frauenbrünnl)

Das südlich von Tegernbach auf einem kleinen Hügel gelegene Frauenbrünnl gehört zur Gruppe der Marien- und Quellheiligtümer, die im 17. Jahrhundert in der Gegend aufblühten. Im Jahr 1687 wurde die Wallfahrtskapelle erbaut. Das Altarretabel von 1688 mit Ergänzungen aus der Mitte des 18. Jahrhunderts, umschließt das Gnadenbild, eine Muttergottes aus Ton.

An der Nordseite führrt eine Treppe zur Quellkapelle hinunter. Bevor man das Innere des Baus umgestaltete, floß das vom Hang kommende Quellwasser in ein Becken in der Kapelle. Heute tritt die Quelle - nicht sonderlich gefasst - unterhalb der Kapelle aus und fließt in den Tegernbach ab.

Im Tegernbach soll der Sage nach einst ein Marienbild getrieben und auf der Höhe der Quelle gefunden worden sein. Eine andere Version sagt, das Bild sei in der Quelle selbst gefunden worden. Beide Versionen gehören zu den so genannten „Stromsagen". Dort, wo das Bild des Heiligen aus Stein, Holz oder Ton hängen bleibt, ist der Ort, wo er seine Verehrungsstätte errichtet haben will. Das Quellwasser, dem man früher Heilwirkung bei Augenleiden nachsagte, wird heute nicht mehr genutzt.

TEGERNSEE
(Landkreis Miesbach)

Ehemaliges Benediktinerkloster
Zwei Brüder, Adalbert und Oatker aus der hochadeligen Familie der Huosi, gründeten um 746 das Kloster, welches 804 die Reliquien des heiligen Quirinius erhielt. Das Tegernseer Wappen zeigt neben zwei Seeblättern auch drei Kronen, die wohl auf die zwei fürstlichen Gründer und auf den römischen Kaisersohn St. Quirinus hinweisen.

Die Legende berichtet, dass Oatker einen einzigen Sohn, Rochus, hatte, der am Hof des fränkischen Königs Pippin des Jüngeren (714-768) zusammen mit dem späteren Kaiser Karl erzogen wurde. Als die beiden Knaben einmal Schach spielten, geriet Karl wegen mehrerer verlorener Spiele in jähen Zorn und schlug mit einer der schweren Figuren seinen Gegner so heftig an die Schläfe, dass dieser tot zu Boden sank. Pippin, der die Rache der mächtigen, in Burgund und Bayern reich begüterten Verwandten fürchtete, lud alle seine Grossen, darunter auch Oatker und Adalbert, zu einem Hoftag ein. Ohne zunächst Namen zu nennen, schilderte er das Unglück und fragte, was in einem solchen Fall zu tun sei. Alle waren der Meinung, ein Unglück, das nicht mehr abzuwenden sei, müsse von den Betroffe-

Relief über dem Hauptportal der ehemaligen Klosterkirche mit der Darstellung der Gründungslegende des Klosters.

nen demütig getragen werden; daraufhin gestand Pippin die Untat seines Sohnes Karl. Da Oatker und Adalbert nicht gegen ihr eigenes Urteil handeln konnten, beschlossen sie - nun ohne Erben - der Welt zu entsagen. Im bayrischen Sundgau stifteten sie am tegarinseo (Althochdeutsch: Großer See) ein Kloster, dem sie ihre Besitzungen übertrugen. Von einer Pilgerreise nach Rom brachten sie die Gebeine des heiligen Märtyrers Quirin mit, sammelten viele Mönche um sich und traten selbst in das neugegründete Kloster ein, in welchem Adalbert der erste Abt wurde. Diese Legende ist in einem Relief über dem Hauptportal der ehemaligen Klosterkirche St. Quirin anschaulich dargestellt.

Nach einem ersten Niedergang im 10. Jahrhundert, bedingt durch Brandschatzung durch die Ungarn, eine Säkularisation durch Herzog Arnulf und einen Brand im Jahr 975, wurde das Kloster im Jahr 978 durch Kaiser Otto II. und seinen Vetter, Herzog Otto von Schwaben, wieder aufgerichtet, mit Benediktinern besiedelt und zu hoher kultureller Blüte geführt. Eine zweite Blütezeit erlebte das Kloster mit der Einführung der Melker Reform im Jahr 1426.

Das Kloster Tegernsee sollte zu einer berühmten Stätte abendländischer Kultur werden, wenn auch durch die erneute Säkularisation im Jahr 1803 unersetzliche Sammlungen, Wiegendrucke und Bücher verlorengingen und die kulturelle Entwicklung damit ein jähes Ende fand. - Ab 1817 befand sich das ehemalige Kloster im Besitz der Wittelsbacher - König Max I. erwarb den gesamten Gebäudekomplex und ließ ihn zu einer Sommerresidenz umgestalten. Nach dem Tod des ersten Bayern-Königs der Neuzeit kam das Anwesen an seine Gemahlin Karoline und später an den späteren Heerführer Prinz Carl und weiter an den Augenarzt Herzog Karl Theodor. Heute befindet sich das Schloß im Besitz des Herzogs Max in Bayern und beherbergt das Staaatliche Gymnasium und Internat „Albertinum", das Heimatmuseum und das „Herzogliche Brauhaus Tegernsee" mit seinem beliebten Bräustüberl. weis

Ehemalige Klosterkirche St. Quirin
(heute Pfarrkirche)

Die ehemalige Klosterkirche St. Quirinus ist heute Pfarrkirche. Von den ältesten Bauteilen aus romanischer und gotischer Zeit blieb nur wenig erhalten. Ab 1678 wurde die Basilika durch den Münchner Hofbaumeister Enrico Zucalli, der auch die Pläne für die barocke Klosteranlage lieferte, umgestaltet. Die klassizistische Doppelturmfassade aus den Jahren 1817-1824 geht auf Leo von Klenze zurück. Über dem barocken Kirchenportal befindet sich eine Rotmarmorplatte mit den Relieffiguren der Stifter Adalbert und Oatker im Ordenshabit, das Modell der Kirche in Händen haltend. Die Platte wurde 1457 von Hans Halder geschaffen und diente einstmals als Abdeckung des Stiftergrabs. Beim barocken Umbau der Kirche wurde die Tumba selbst in den Hochaltar eingebaut.

Auch die Fresken an den Westwänden der Seitenschiffe, von Johann Georg Asam in den Jahren 1688-1694 geschaffen, beziehen sich auf die Gründung des Klosters: das eine Fresko zeigt das brüderliche Stifterpaar in fürstlicher Prunkgewandung, einen Pagen mit dem Modell der Kirche sowie Benediktinermönche mit Regula, Mitra und Abtstab. Im zweiten Fresko sind Kaiser Heinrich II. und seine Gemahlin Kunigunde († 1046 bzw. 1033) - die größten Wohltäter des Klosters, welche 1146 bzw. 1200 heilig gesprochen wurden - dargestellt. Obwohl sich am Stiftergrab Wunder ereignet haben sollen, fanden Adalbert und Oatker keine kirchliche Verehrung.

Die Fresken der Vorhalle - kleine Bildfelder in einer dominanten Stuckdekoration, ebenfalls ein Werk Johann Georg Asams - beziehen sich auf die Quirinus-Legende, von der zwei einander widersprechende Fassungen existieren. Nach der älteren Version starb Quirin während der Christenverfolgung unter Kaiser Claudius II. (268-270) den Märtyrertod durch Enthauptung; seine Leiche soll in den Tiber geworfen, später bei der Tiberinsel San Bartolomeo bei Lykaonia aufgefunden und in der Pontianus-Katakombe beigesetzt worden sein. Die jüngere Legende bezeichnet Quirinus als Sohn des angeblich ersten christlichen Kaisers Philip-

Ein Fresken-Thema in der Vorhalle von St. Quirin ist die Darstellung eines Quellwunders, Ausschnitt aus der Legendentafeln um 1500.

pus Arabs, der nach kurzer Regierungszeit (244-49) eines gewaltsamen Todes starb, worauf auch Quirinus seines Glaubens wegen enthauptet worden sein soll. Seine Reliquien kamen um 761 nach Tegernsee; sie werden heute im Quirinusaltar des linken Seitenschiffes aufbewahrt.

Die Asam-Fresken berichten auch von Wundern, die sich bei der Überführung der Reliquien von Rom nach Tegernsee ereignet haben sollen: Als Fuhrknechte den versiegelten Sarg aufzubrechen versuchten, wurden sie von einem Blitzstrahl getötet. - Vor Unterbringung in der Grabkammer der Klosterkirche soll der unverweste Körper des Heiligen geblutet haben. - Dargestellt ist auch, wie bittende Hände Fläschchen mit dem begehrten Quirinusöl ergreifen, die von Klosterbrüdern verteilt werden.
–> St. Quirinus am Tegernsee

See und Ringberginsel

Der Tegernsee (ca. 7,5 km lang, 2,5 km breit und bis zu 72 m tief) ist das Schürfbecken einer eiszeitlichen Gletscherzunge; er wird von Gebirgsbächen, insbesondere der Weissach und Rottach im Süden, gespeist und findet im Mangfall im Norden seinen Abfluß. Der See ist auf allen Seiten von Hügeln und Bergen umgeben, deren höchster der 1.722 m hohe Wallberg ist, der auch mit Hilfe einer Seilbahn bestiegen werden kann.

Eine Besiedlung des Gebietes in größerem Umfang setzte erst zu Beginn des 19. Jahrhundert ein, als hier Prominente aus München ihren Wohnsitz nahmen.

Vom Ursprung des Tegernsees wird eine Sage erzählt, die den Teufel als zufälligen Bildner dieser Landschaft nennt: Dieser wollte das liebliche Tal, ein gelungenes Meisterwerk Gottes, zerstören, brach den halben Leonhardstein los und kletterte mit dem gewaltigen Felsbrocken den Ringberg hinauf. Das Felsstück war aber so schwer, dass er ihn in den See rollte, wo er noch heute liegt und die einzige Insel des Tegernsees bildet.

Auf dieser Insel sollen vor vielen hundert Jahren böse Raubritter eine Burg, von der jedoch nichts mehr zu sehen ist, erbaut haben. Als eines Tages der regierende Abt des Klosters Tegernsee auf die Jagd ritt, überfielen sie ihn auf der einsamen Landstraße zum Achensee und sperrten ihn in die unheimliche Wasserburg. Die Klostermönche, die auf Ruderbooten herbeigekommen waren, boten als Lösegeld 500 Goldgulden und mußten zusehen, wie ihr Abt in einem eisernen Gitterkäfig mehrmals tief ins Wasser untergetaucht wurde. Später einigte man sich mit den Raubrittern auf 600 Gulden Lösegeld und der Abt durfte ins

Tegernsee - Kupferstich aus D. Meißner, Politisch Schatzkästlein, Nürnberg 1678.

Kloster zurückkehren. Nicht lange darauf kam ein gewaltiges Erdbeben, das die Burg zerstörte und mit ihren zusammenstürzenden Mauern alle Räuber und ihren Hauptmann erschlug.

Schloß Ringberg
Das oberhalb der Ringberginsel am Hirschberg gelegene Schloß wurde um die Jahrhundertwende im Auftrag des Herzogs Luitpold von Bayern (1890-1973) errichtet. Heute befindet es sich im Besitz der Max-Planck-Gesellschaft und ist im allgemeinen für die Öffentlichkeit nicht zugänglich.

Der Hauskünstler, Friedrich Attenhuber, der zusammen mit dem Herzog den Bau geplant und alle Gemälde geschaffen hatte, entwarf in den 1920er Jahren auch die Ausstattung des so genannten „Hexenzimmers": sechs Wandteppiche, die noch heute existieren. Da der Ringberg der Überlieferung nach als Hexentanzplatz galt, behandeln die Bildwerke des Hexenzimmers die Themen Hexenflug und Hexensabbat - beides zentrale Bestandteile historischen Hexenglaubens. Dargestellt sind die Vorbereitungen der Ausfahrt - Ritt auf Tieren (Hirsch, Wildsau, Fledermaus) - Tanz mit dem Teufel - schließlich das Bauernmädchen, das sich nach der Rückkehr beim ersten Hahnenschrei am Brunnen wäscht.
–> Mühldorf am Inn

Leeberg
Früher soll es einen unterirdischen Verbindungsgang zwischen dem Benediktinerkloster Tegernsee unter dem Lärchenwald bis tief hinein unter den Leeberg gegeben haben, wo in kriegerischen Zeiten die großen Gold- und Silberschätze des Klosters Tegernsee versteckt wurden. Als einmal das Schloß zur innersten Schatz-

kammer zerbrochen war, wurde ein Schlosser geholt, den man jedoch nicht mehr lebend aus dem Berg ließ, weil die Mönche fürchteten, dass er sich den Eingang hätte merken können.

Der Sage nach soll er seit jener Zeit am Eingang zu dem sagenhaften Klosterschatz gebannt sein und dort Wache halten; so wollen ihn auch zwei Holzhacker gesehen haben, wie er in altertümlichen Gewand mit Hellebarde und brennender Laterne vor der niedrigen Pforte stand. Jene haben sich in ihrem Schrecken die Stelle nicht gemerkt, und am nächsten Tag konnten sie diese nicht mehr finden.

Kreuze am Tegernsee

Zwei Kreuze stehen am Egerner Seeufer beim Landungssteg des Überführers und in Tegernsee nahe der Hoffischerei am ersten Bootssteg des Yachtclubs. Beide Kreuze sind aus Tuffstein und tragen die Jahreszahl 1544. Nach einer mündlichen Überlieferung soll in jenem Jahr in der Egerner Kirche eine Hochzeit stattgefunden haben, nach der die ganze Hochzeitsgesellschaft mit großen flachen Holzbooten hinüber nach Tegernsee zum Gasthof „Post" fuhr, wo das Hochzeitsmahl angerichtet wurde. Bei der nächtlichen Heimfahrt sind das Brautpaar und seine Gäste in einen Sturm geraten und alle vierzehn in den Wellen ertrunken.
–> Markt Indersdorf, –> St. Bartholomä

TEISING
(Gemeinde Neumarkt- St. Veit,
Landkreis Mühldorf am Inn)

Wallfahrtskirche Maria Einsiedeln

Am nördlichen Ortsende von Neumarkt - St. Veit, östlich des Schlosses, liegt die kleine Votivkirche, die in den Jahren 1623-1625 nach dem Vorbild der Gnadenkapelle in Maria Einsiedel/Schweiz gestaltet wurde. Die künstlerische Ausstattung beschränkt sich auf den Gnadenaltar mit der Nachbildung der Einsiedeler-Madonna in Holz unter einem Metallbaldachin. Heute nicht mehr von schwarzer Hautfarbe, aber mit kostbar gestickter Wechselgarderobe und austauschbaren Kronen geschmückt, steht sie vor einer kupfervergoldeten Strahlensonne über dem Tabernakelgehäuse aus dem Jahr 1758, das von dem aus Landshut stammenden Goldschmied Joseph Ferdinand Schmidt (1741-1790) geschaffen wurde.

Ihre Entstehung und die bis ins ausgehende 19. Jahrhundert blühende Wallfahrt verdankt sie dem Schloßherrn Nicasius Otto Heinrich Magensreiter zu und auf Teising († 1643). Anläßlich einer Wallfahrt nach Maria Einsiedeln (Schweiz) gelobte er, in Teising eine Einsiedelkapelle zu errichten, wenn seine Gattin Johanna, geb. Greifensee († 1640) von ihrer Krankheit genese.

An den Hochwänden des der Gnadenkapelle vorgebauten Kirchenraumes (Anfang des 18. Jahrhunderts) hängen bedeutende Votivtafeln mit Darstellungen von Bränden und Kriegswirren in Neumarkt, gemalt von lokalen Künstlern.

THAINING
(Landkreis Landsberg)

„Hungermühle" im Wappen

Die nicht mehr existierende Mühle befand sich an der Straße von *Obermühlhausen* nach *Hagenheim*, ca. 500 m rechts südlich des Weilers *Grünsink*. Zur Pestzeit im Jahr 1638 getraute sich kein Mensch mehr auswärts zu gehen und man ernährte sich nur noch von Baumrinden und isländischem Moos. Da war die Mühle bei Thaining die erste, die wieder Mehl lieferte und soll von jener Zeit an „Hungermühle" genannt worden sein. Vielleicht hat sie ihren Namen auch von einem Mann namens „Hungermüller" aus Memming, der schon vor der Pestzeit vorkam. An diese Mühle erinnert das Wappen der Herren von Thaining mit dem Mühlrad, das auch im Gemeindewappen auftaucht.

Kapelle St. Wolfgang

Die Kapelle liegt am Rande des ehemaligen Dorfangers („Grasweg"), der früher für Jahrmärkte und die Aufführung von Passionsspielen genutzt wurde. Die Thaininger Wolfgangskirche ist eine Votivkirche und wurde aufgrund des Gelöbnisses des einheimischen Bauern Johannes Scheffler, der eine Wallfahrt nach St. Wolfgang am Wolfgangsee unternommen hatte, gegründet: Da er auf dem Heimweg erkrankte, gelobte er, im Falle der Gesundung seinem Schutzheiligen eine Kirche zu bauen. Diese sollte auf dem so genannten „Hösleberg" erbaut werden. Als die Zimmerleute begannen, das Bauholz zu beschlagen, glitt einem von ihnen das Beil aus und er hieb sich eine so tiefe Wunde in den Fuß, dass bald die am Boden liegenden Holzabfälle vom Blut rot gefärbt wurden. Als ihn die anderen Zimmerleute auf einer Bahre an der Stelle vorbeitrugen, wo heute die St. Wolfgangskirche steht, sollen dort bluttriefende Scheite gelegen haben, obwohl man keinen Menschen erblickte, welcher sie hergebracht haben konnte. Am Arbeitsplatz waren hingegen alle die blutigen Scheite verschwunden. Das deuteten die Leute als Wink Gottes, wohin die Kirche kommen sollte.

–> St. Wolfgang

THALHEIM
(Gemeinde Fraunberg, Landkreis Erding)

Wallfahrtskirche Mariä Himmelfahrt
Thalheim liegt östlich von Fraunberg, umgeben von Feldern, in einer Talsenke. Die Wallfahrt läßt sich bis ins späte 14. Jahrhundert nachweisen. Es ist die älteste Marienwallfahrt im Erdinger Land überhaupt, die später unter den Wirren der Reformation und des 30jährigen Krieges sehr zu leiden hatte und der am Ende des 18. Jahrhundert ein weiterer Tiefstand durch die Aufklärung und die napoleonischen Kriege beschieden war. Heute ist Thalheim wieder ein vielbesuchter Gnadenort.

Schon im Jahr 1315 soll es hier ein Gotteshaus gegeben haben. Die prunkvolle Rokokokirche - ursprünglich eine gotische Wandpfeilerkirche - wurde 1670 mit Stuck verziert. Im 18. Jahrhundert hat man das Kirchenschiff nach Westen hin um zwei Joche verlängert und mit neuen Altären ausgestattet. Sehenswert ist ein geschnitztes Muttergottesbild aus dem Jahr 1475, welches ursprünglich auf dem vorderen linken Seitenaltar stand und am Maria Himmelfahrtstag 1753 auf den von Figuren der vier lateinischen Kirchenväter flankierten Hochaltar übertragen wurde.

Nicht dieses Gnadenbild, sondern ein früheres Marienbild, das man der Legende nach in einem Holunderbusch fand, bildet den Ursprung der Wallfahrt, die der Münchner Hofmaler J. M. Heigl (gest. 1776) auf dem Deckenfresko über dem Chor darstellt. Der Holunderbaum steht noch heute an der Nordseite der Kirche und ist von einem schmiedeeisernen Gitter umfaßt. Es heißt, er habe nie Blüten getragen und das im Baum gefundene Marienbild sei von der Bevölkerung sehr verehrt worden. Als man ihm auf der nahegelegenen Anhöhe eine Kapelle baute und es dahin übertrug, soll es über Nacht wieder in den Holunderstrauch zurückgekehrt sein. Als sich der Vorfall wiederholte, waren die Menschen davon überzeugt, dass das Bild lieber beim Holunderbaum eine Kirche errichtet haben wollte. - Da Übertragungen von Gnadenbildern häufig gegen den Willen der Bevölkerung geschahen, lag es nahe, dass die Menschen heimlich das Bild zurückführten, was dann später, wenn keiner mehr davon wußte, als Wunder angesehen werden konnte.

Westlich der Kirche liegt der ehemalige Wallfahrtsbrunnen, der 1966 zum Kriegerdenkmal umgearbeitet wurde und den gefallenen Soldaten der beiden Weltkriege gewidmet ist. Am ehemaligen Brunnen befand sich ein Vesperbild, die Muttergottes mit dem Leichnam ihres Sohnes, aus dessen Seitenwunde das Wasser floß. Die Pilger pflegten sich mit dem Wasser die Augen zu waschen; es galt als heilkräftig.

THOLBATH
(Gemeinde Großmehring, Landkreis Eichstätt)

Kirche St. Leonhard

Diese romanische Leonhardskirche aus dem 13. Jahrhundert - nordöstlich von *Ingolstadt* bei *Kasing* gelegen - wird nur noch zwei- bis dreimal im Jahr für Bittgänge benutzt, die vorwiegend von der Wallfahrtskirche *Bettbrunn* nach Tholbath durchgeführt werden. St. Leonhard ist der Schutzpatron für Gefangene und Vieh. Die Kette, die sich um das ganze Gebäude spannt, ist sein Attribut. Um die Apsis, den ältesten Teil der Kirche, zieht sich außen ein Bogenfries mit Konsolen, über dem Eingang ist ein Tympanon mit dem segnenden Christus angebracht. Bemerkenswert ist das an der rückwärtigen Kircheninnenwand eingelassene Grabmal eines römischen Legionärs, der mit Tunika und Stab dargestellt ist und dem das linke Bein fehlt. An dieses Steinbild knüpft der Volksmund folgende Sage:

Zwei Riesen, die beide Baumeister waren, kamen überein, dass jeder eine Kirche errichten sollte, der eine in Tholbath, der andere in Weißendorf. Wer später den Bau vollenden würde, sollte dem anderen als Sklave dienen müssen. Als der Riese in Weißendorf wahrnahm, dass die Kirche in Tholbath eher fertig würde, schleuderte er aus Wut große Steine und zuletzt seinen wuchtigen Hammer nach Tholbath. Dadurch wurde dem Riesen das linke Bein abgerissen.

TÜNTENHAUSEN
(Stadt Freising, Landkreis Freising)

Eberhardsaltar in der Wallfahrtskirche St. Michael

Im Norden von *Freising* an der B 301 liegt Tüntenhausen mit seiner Wallfahrtskirche St. Michael. Die Kirche, ein spätgotischer Bau, der um das Jahr 1400 errichtet und Anfang des 18. Jahrhundert erneuert wurde, ist das Ziel einer Wallfahrt zum heiligen Eberhard. Allerdings hat diese nie große oder überregionale Bedeutung erlangt.

An der Nordwand des Langhauses steht ein prachtvoller Barockaltar aus dem zweiten Viertel des 18. Jahrhundert, unter dessen Mensa die Gebeine des heiligen Eberhard ruhen. Unter der Empore befinden sich sechs Tafeln vom Ende des 18. Jahrhundert mit der Darstellung der Eberhardslegende. Über die äußeren Lebensumstände des Eberhard von Tüntenhausen wissen wir sehr wenig. Nicht einmal seine Lebensdaten sind sicher bekannt; Geburt und Tod werden zwischen 1000 und 1312 angegeben. Mitte des 15. Jahrhundert

Der heilige Eberhard.

weisen Zeugnisse auf eine Verehrung des Volksheiligen Eberhard hin, der hier ein frommer Hirte war und schon zu seinen Lebzeiten Wunder vollbracht haben soll. So ist sein Hirtenstab, den er einmal in den Boden gesteckt hatte, zu einem riesigen Baum gewachsen. Nach seinem Tod wurden durch seine Fürbitte und durch das Essen der Erde von seinem Grab Menschen und Tiere gesund. Die Heilkraft dieser Erde - eine Entnahme ist heute nicht mehr möglich - lässt sich naturwissenschaftlich mit der chemischen Zusammensetzung des Bodens erklären. Tatsächlich dürfte Eberhard - abweichend von der legende - ein Angehöriger des niederen Adels, wahrscheinlich der Kirchenstifter gewesen sein. Im Jahr 1734 wurde er kanonisiert.

TÜRKENFELD
(Landkreis Fürstenfeldbruck)

Als „Duringeveldt" wird Türkenfeld erstmals im Jahr 762 erwähnt. Ortsadel baute schon im 12. Jahrhundert eine Burg, die im Lauf der Jahrhunderte häufig ihren Besitzer wechselte. Im 17./18. Jahrhundert waren die Fugger im Besitz von Türkenfeld. Bis ins 19. Jahrhundert behinderten Kriege, Not und Seuchen die Entwicklung von Türkenfeld, so dass der Ort lange sein dörfliches Aussehen bewahrte.

Pfarrkirche Maria Himmelfahrt
Die 1489 im Auftrag des Hofmarksherren Wilhelm von Aresing erbaute und Ende des 18. Jahrhunderts barockisierte Pfarrkirche mit dem rechten Seitenaltar, war ehemals der heiligen Katharina und dem heiligen Sylvester geweiht. Am Eingang zur rechten Seitenkapelle (Südseite) befindet sich eine Gelöbnisfahne mit der Jahreszahl 1796; sie zeigt den Heiligen in pontifikaler Messkleidung, einen Stier zu Füßen.

Sylvester war ein geborener Römer, unter dessen Pontifikat (314-335) sich die christliche Religion endgültig durchsetzen konnte, nachdem Kaiser Konstantin sich bekehrt und die Christenverfolgungen durch das Edikt von Mailand (313) beendet hatte. Die Legende sagt, dass der Kaiser - abweichend von der historischen Wirklichkeit - Sylvester getauft wurde. Sie berichtet außerdem, der Papst habe einen von einem Magier getöteten Stier im Namen Jesu wieder zum Leben erweckt, womit die Macht des Christengottes über alle heidnischen Götter bewiesen war. Als dieser symbolische Bezug nicht mehr verstanden wurde, wandelte Sylvester sich zum Patron der Haustiere, den man an seinem Festtag zur Jahreswende um ein gutes Futterjahr bittet.

In Türkenfeld geht die Verehrung des Heiligen als Orts- und Viehpatron vermutlich bis ins 18. Jahrhundert zurück. Als 1807 im ganzen Voralpenland eine verheerende Viehseuche ausbrach, die den Bauern und dem Land großen Schaden zufügte, gelobten die Bauern, jedes Jahr zu Ehren des heiligen Silvester am 31. Dezember einen feierlichen Umzug mit Pferdesegnung abzuhalten, wenn das Land von der Seuche befreit würde. Daraufhin nahm das Viehsterben ein Ende und die Türkenfelder erfüllten ihr Gelöbnis. Zum Dank und zur Erinnerung an den Heiligen wird jedes Jahr am 31. Dezember ein Umritt durchgeführt, der mittags mit der Segnung von Roß und Reiter im kleinen Hof des alten Fuggerschlosses beendet wird. Auf einer Stange wird die Statue des heiligen Silvester durch den Ort getragen, gefolgt von Vereinen, Blaskapellen, Reitern und geschmückten Gespannen.

Dreiherrenstein

Westlich von Türkenfeld, im Wald nach *Geltendorf* - nach einer Gebietsreform heute im Landkreis Landsberg gelegen - steht in einer Senke ein 70 cm hoher dreikantiger Grenzstein aus Ruhpoldinger Rotmarmor. Eingehauen sind die Jahreszahl 1692 sowie die Wappen des Jesuitenkollegs Landsberg, des Klosters Benediktbeuern und des bayerischen Kurfürsten Max Emanuel (1662 - 1726). An dieser Stelle grenzten die Wälder der drei Grundherren aneinander.

Grenzsteine gelten im Volksglauben als Spukorte, wo sich in lauen Sommernächten Hexen, Teufel und böse Geister versammeln; das soll früher auch beim Dreiherrenstein der Fall gewesen sein. Einige Weggefährten des „Bayrischen Hiasl", wie bereits berichtet der Anführer einer im 18. Jahrhundert berüchtigten Räuberbande, die auch im Amperland ihr Unwesen trieb, sollen der Sage nach hier begraben liegen und am Allerseelentag (2. November) ruhelos umgehen.

Da der Dreiherrenstein nicht leicht zu finden ist, sei hier eine genaue Wegbeschreibung gegeben: Etwa ein Kilometer westlich von Türkenfeld, an der Straße nach Geltendorf, befindet sich linksseitig ein Holzmarterl. Nach etwa 200 m führt hier ein Weg in den Forst. Am Ende des Weges, nach etwa 50 m die Richtung für weitere 30 m einhalten, dann nach links abbiegen und ca. 40 m weiter findet man in einer Senke den Stein.
–> Schöngeising

TUNTENHAUSEN
(Landkreis Rosenheim)

Pfarr- und Wallfahrtskirche Mariä Himmelfahrt
Der Ort liegt, welcher 6 km nördlich von *Bad Aibling* liegt, wird von dem um 1890 errichteten Turmpaar mit Spitzhelmen überragt, welche zu der mächtigen Wallfahrtskirche des Ortes gehören. Die seit 1226 dem Augustiner-Chorherrenstift *Beyharting* inkorporierte Kirche ist seit 1441 eine der ältesten Marien-Wallfahrtskirchen Altbayerns und die ehemalige Gnadenstätte des Hauses Wittelsbach.

Der Ursprung der Marienwallfahrt beginnt der Überlieferung nach schon im 14. Jahrhundert Ein bayerischer Herzog ließ der Legende nach im Jahr 1334 ein Marienbild für den Choraltar von „Duntenhausen" anfertigen, das ein Bildschnitzer namens Kunz aus Rosenheim 1334 schuf. Die heutige Statue, eine stehende Muttergottes mit einem aufrecht sitzenden Kind, stammt aus der Zeit um 1548. Sie ist vermutlich die Kopie des Gnadenbildes, das bei dem großen Brand im Jahr 1548 zerstört wurde. Seit der Mitte des 17. Jahrhunderts wird die Figur bekleidet. Die Kronen von Mutter und Kind schuf der Münchner Goldschmied Franz Kessler am Ende des 17. Jahrhunderts. Das älteste Mirakel ist auf das Jahr 1441 datiert: In einer Traumweisung zeigte die „gnadenreiche helfferin Mariam die Mutter Gottes" einer seit elf Jahren kranken Frau von Brettschleipfen an, „wann sie wölle gesund werden, solle sie drey Sambstäg nacheinander nach Tuntenhausen gehn, alldort sovil Garn opffern, darauß ein Altartuch möchte gewürckt werden". Diese erste Gebetserhörung ist an der Außenwand links des Nordportals der Kirche dargestellt. Weitere Wunder und eine Reihe von Ablässen haben einen großen Zulauf zum Gnadenbild von Tuntenhausen hervorgerufen.

Nach erschreckendem Niedergang während der Reformation blühte die Wallfahrt am Ende des 16. Jahrhunderts erneut auf. Im so genannten „Kölnischen Krieg" (1583/84) soll sich der bayerische Herzog Ferdinand (1550-1608) der Muttergottes von Tuntenhausen versprochen haben. Ihr, der „virgo potens", der mächtigen Jungfrau, hat er nicht nur den „Sieg und Victori" zugeschrieben, sondern auch die Rettung vor einem Mordanschlag durch acht gedungene Verbrecher. Seinen von Kugeln duchlöcherten Rock legte er auf dem Altar vor dem Gnadenbild von Tuntenhausen nieder. An den Kölnischen Krieg erinnert auch ein Votiv-Flügelaltärchen im rechten Seitenschiff, das der „Edel vnd Gestreng Herr Andreas von Ettling", Kämmerer des Herzogs Ferdinand, im Jahr 1586 gestiftet hat.

Während der Gegenreformation machte auch Kurfürst Maximilian I., zusammen mit seinem Vater, Herzog Wilhelm V., im Jahr 1591 seine erste Wallfahrt nach Tuntenhausen. Zu Fuß sollen sie zum gnadenreichen Marienbild gewandert sein und im nahen Kloster *Beyharting* übernachtet haben. Auf dem Rückweg nach *München* wurden sie durstig und ließen sich von einer Bäuerin in *Berganger* Milch geben. Als sie nach der Uhrzeit fragten und sich herausstellte, dass niemand im Ort eine Uhr besaß, schenkte der Herzog der Bäuerin später eine Wanduhr, von der noch heute Reste vorhanden sind: ein rundes weißes Zifferblatt mit römischen Zahlen auf blauem Grund. Es befindet sich an der Fassade des Mittermaier-Hofes, Braunautal 12 - flankiert von einer Erinnerungstafel, welche die Einkehr der Stifter bezeugt.

Von den Votivtafeln des 17. und 18. Jahrhunderts sind nur wenige erhalten. Im rechten Seitenschiff der Kirche hängt das große Votivbild das Georg Zängl,

Eine der Tuntenhausener Votivtafeln.

ein ehemaliger Wirt von Tuntenhausen, im Jahr 1679 schuf. Die detailreiche Darstellung vom Schicksal seines dreijährigen Töchterchens, welches in einen Brunnen gefallen war und auf wunderbare Weise wieder in seinem Bett aufgefunden wurde, ist von besonderem volkskundlichem Interesse.

Als wichtigstes Zeugnis der Bedeutung der Tuntenhausener Wallfahrt für Tirol hat sich an der selben Wand der „Söller Bauer" erhalten, ein Pfluggespann in Miniatur, welches von der Gemeinde Söll Ende des 18. Jahrhundert nach sieben Jahren Dürre gestiftet wurde.

UNTERMÜHLHAUSEN
(Gemeinde Penzing, Landkreis Landsberg)

Feldkapelle
Zwischen den Dörfern Untermühlhausen und *Geretshausen* bei *Landsberg*, nahe der Bahnstrecke *München - Lindau,* beim Bahnhof *Epfenhausen,* befand sich ehemals eine Burg befunden. Am Fuße des Berges stand eine steinerne Säule, die den seligen Rasso und seine Mutter darstellte. Anstatt der verschwundenen Säule errichtete die Gemeinde 1954 eine kleine Kapelle. An dieser Stelle soll der berühmte Graf Rasso auf freiem Feld geboren sein, da seine Mutter Adalona vor der Grausamkeit ihres Ehemanns, des Grafen Rathold, zu ihrem Bruder, dem damaligen Pfarrer in *Geretshausen* geflohen war, aber von den Wehen überrascht wurde. Als man 1871 für den Bahnhof Epfenhausen einen Einschnitt in den Berg machte, kamen menschliche Skelette mit Schwertern, Schildbuckeln und Tonperlen zutage, weshalb man vermutet, dass sich hier die Stammburg der Rorbacher erhob.
–> Grafrath

UNTERSCHWEINBACH
(Gemeinde Egenhofen,
Landkreis Fürstenfeldbruck)

Steinkreuze
In dem Dorf Unterschweinbach stehen an verschiedenen Stellen zwei Steinkreuze, eines am südlichen Ortseingang und das andere in der Mitte des Dorfes beim Maibaum. Ein drittes Kreuz, welches sich an einem anderen Dorfeingang befand, ist schon vor der Wende vom 19. zum 20. Jahrhundert verschwunden. Es handelt sich um so genannte „Sühnekreuze", stei-

nerne Zeugen mittelalterlicher Rechtssprechung und des zu dieser Zeit üblichen Sühneverfahrens in Fällen gewaltsamer Tötung. Neben anderen Auflagen, wie z. B. einer lebenslänglichen standesgemäßen Versorgung der Angehörigen des Opfers, oblag es dem Mörder, am Ort des begangenen Verbrechens ein Sühnekreuz zu setzen. Nur durch Einhaltung der ihm auferlegten Sühneleistungen konnte er der Blutrache der Hinterbliebenen entgehen und die Seele des Toten Ruhe finden. Jeder, der vorbeiging, sollte für den Toten ein Gebet sprechen, daher standen die Kreuze häufig an Wegbiegungen und Kreuzungen. Folgende sagenhafte Geschichte rankt sich um diese Sühnekreuze:

Vor vielen hundert Jahren lebte auf der Glomburg in Weyhern Berta, ein hübsches Burgfräulein. Zur gleichen Zeit regierten auf Schloß Spielberg gemeinsam drei Brüder: Siegfried, Otto und Karlmann. Der Jüngste hatte sich in das Burgfräulein verliebt, aber auch Siegfried, der Älteste, begehrte sie. So kam es durch Liebe und Eifersucht zu einem Kampf auf Leben und Tod zwischen den Brüdern, bei dem beide umkamen. Siegfried soll in der Mitte des Dorfplatzes gestorben sein; dem dritten Bruder, als er von dem schlimmen Ereignis erfuhr, nahm der Schreck das Leben. Über Berta berichtet die Sage, dass man sie eines Morgens vor dem für Karlmann errichteten Steinkreuz tot auffand.
–> Dettenschwang; –> Dietramszell;
–> Eppenhausen; –> Glonn

VILGERTSHOFEN
(Landkreis Landsberg)

Wallfahrtskirche zur Schmerzhaften Maria

Schon seit dem 10. Jahrhundert befand sich an gleicher Stelle eine Kirche, die bis 1803 dem Kloster *Wessobrunn* gehörte. Das liturgische Zentrum ist der Doppelstockaltar mit einer Pietà, dem vielverehrten Gnadenbild. Während des 30jährigen Krieges sollen die Schweden das Muttergottesbild ins Feuer geworfen haben, wo es jedoch nicht verbrannte und kaum Schaden nahm. Auf dieses Wunder hin wurde es vor allem von Frauen in Kindsnöten angerufen. Ende des 17. Jahrhundert verhalf das Vesperbild dem damaligen Pfarrer Nikolaus Praun zu einer wunderbaren Heilung seines Kopfleidens. Die Holzplastik wurde daraufhin als Gnadenbild verehrt, und schnell entwickelte sich aus Bittprozessionen eine blühende Wallfahrt. Bis zu 24.000 Pilger pro Jahr strömten zu der Mariengnadenstätte, so dass sich der Wessobrunner Abt Leonhard Weiß zum Bau einer größeren Kirche entschloß, die 1692 geweiht wurde. Zwar bereiteten Säkularisation und staatliche Verbote am Anfang des 19. Jahrhundert der immer noch regen Wallfahrt ein Ende, sie konnte jedoch auf die Initiative der Ortsbewohner wiederbelebt werden und hält bis in unsere Zeit an. In den späten 30er Jahren des 18. Jahrhundert begann eine am Sonntag nach Maria Himmelfahrt abgehaltene „Stumme Prozession". Dargestellt wurden Szenen aus dem Alten und Neuen Testament (insbesondere aus der Passion Christi). Die in der zweiten Hälfte des 18. Jahrhunderts verbotene Prozession lebte in den 70er Jahren des 19. Jahrhundert wieder auf, als die Vilgertshofener eine Vielzahl von Passionsgewändern aus Oberammergau erwerben konnten. Den Abschluß der Prozession bildet das Gnadenbild; es wird vor dem Allerheiligsten hergetragen und später unter Glockengeläut in die Kirche zurückgebracht.

VOHBURG AN DER DONAU
(Landkreis Pfaffenhofen an der Ilm)

Burgruine

Vohburg ist seit dem frühen 8. Jahrhundert als Sitz der Grafen von Vohburg und Cham urkundlich genannt. Nach deren Aussterben kam es an die bayerischen Herzöge. Im Jahr 1316 wurde die alte Burg zerstört und hundert Jahre später vom Bayernherzog Ernst wieder aufgebaut. Dessen Sohn Albrecht III. vermählte sich hier 1435 heimlich mit der nicht ebenbürtigen Agnes Bernauer, die später auf Veranlassung ihres Schwiegervaters, Herzog Ernst, als Hexe in der Donau ertränkt wurde. Im 30jährigen Krieg zerstörten dann die Schweden die Burg bis auf wenige Teile.

Vohburg, Kupferstich von Matthäus Merian.

Die Ringmauern, die heute noch erhalten und restauriert sind, gehen an manchen Stellen auf das 13. Jahrhundert zurück. Das spätromanische Burgtor zeigt mittelalterliche Ornamente.

Einstmals soll auf dem Schloß zu Vohburg das jüngste Töchterchen des Grafen zusammen mit einem zahmen Star, mit dem es gerne spielte, von einer Zigeunerbande entführt worden sein. Der treue Vogel flog trotz aller Nachstellungen der Zigeuner mit und wurde ihnen schließlich so unheimlich, dass sie eines Nachts das Mädchen vor einer einsamen böhmischen Herberge aussetzten. Die Wirtin sah an der fein gestickten Wäsche, dass die Kleine aus vornehmen Hause stammte und nahm sie freundlich auf. Eines Abends kam während eines Gewitters ein junger Ritter in die Herberge, hörte den sprechenden Star, den er aus seiner Kindheit kannte, und konnte anhand des Wappens, das in das Kinderhemd gestickt war, seine Schwester wiedererkennen.

Literarisch ist der Stoff von Clemens Brentano im Jahr 1808 und Ludwig Bechstein im Jahr 1845 in Lied- bzw. Märchenform gestaltet worden.

WALCHENSEE
(Landkreis Bad Tölz - Wolfratshausen)

Der Walchensee hat durch seine große Tiefe (bis zu 192 m) und sein besonders klares, grünes Wasser zu vielen Sagen Anlaß gegeben. Wie er zu seinem Namen kam, erzählt die folgende Geschichte:

Vor langer Zeit wollte einmal ein Herzog von Bayern, der auf seinen Jagdzügen oft an den See kam, dessen Tiefe ergründen. Er ließ sich also von seinen Jagdknechten in einem Kahn auf die dunkle, einsame Wasserfläche hinausrudern. In der Mitte angelangt, begannen sie, ein langes Seil, an dessen Ende ein Stein befestigt war, hinunterzulassen. Immer wieder musste ein weiteres Seil angebunden werden und nichts deutete auf Grund. Plötzlich begann es aus der Tiefe heraus wild zu sprudeln, und eine dumpfe Stimme erklang: „Ergründest Du mich, so schlünd ich Dich". Voller Angst beeilten die Beiden sich, mit dem Boot wieder das Ufer zu erreichen, bevor es in dem aufgewühlten Wasser kentern konnte. Ein alter Fischer erzählte dann dem Herzog von einem riesigen Fisch in der Tiefe; einem Waller, der denjenigen hinunterziehe, der den See zu ergründen wage. Er liege dort mit seinem Schwanz im Maul und warte darauf, ob die Verderbtheit im Land einmal überhand nehme. Dann werde sein Schwanz aus dem Rachen schnellen, den Kesselberg mit einem gewaltigen Schlag zum Einsturz bringen, und die Wasser des Sees würden das ganze Land überschwemmen. Der Herzog, in Sorge um Volk und land, warnte seine Untertanen und ließ in den Klöstern Schlehdorf und Benediktbeuern Fürbitten und Messopfer abhalten. So wurde es gehalten durch viele Jahrhunderte, um das Ungeheuer zu versöhnen.

In einer weiteren Sage wird behauptet, dass im Jahr 1755, als Lissabon durch das große Erdbeben zerstört und teils vom Meer verschlungen wurde, der Walchensee heftig getost habe. Er stehe nämlich durch eine Ader mit dem Meer in Verbindung. Zur Abwendung eines möglichen Unglücks, bei dem sich die Wasser gegen München ergießen würden, ließ man einmal im Jahr einen goldenen Ring in den See werfen und in der ehemaligen Gruftkirche in der Stadt täglich eine heilige Messe lesen.

Die Vorstellung, dass Gewässer von dämonischen Wesen bewohnt sind, welche unter Umständen Schaden anrichten und durch kultische Handlungen besänftigt werden müssen, ist sehr alt. Der Walchensee, zwischen steil abfallenden Felswänden gelegen, hat Dichter und bildende Künstler inspiriert. Sagenhafte Überlieferungen und tatsächliche tragische Ereignisse mit oft tödlichem Ausgang verweben sich in den vergangenen Jahrhunderten zu einem eher düsteren Bild dieses buchstäblich abgründigsten bayrischen Gewässers, von dem der Schriftsteller Karl Stieler (1842-1885) sagt: „Weithin öffnet sich die Fluth und dennoch erscheint sie eingeschlossen, gefangen; spielendes Sonnenlicht verklärt die Fläche, und dennoch ist sie düster. Und wenn auch der schwarze Spiegel in regungsloser Ruhe liegt, so ist doch eine Leidenschaft in seinen Zügen, die das freie Gemüth des Wanderers erschreckt..."

–> Ammersee; –> Rott am Inn; –> Starnberg

WALTENHOFEN
(Gemeinde Egenhofen,
Landkreis Fürstenfeldbruck)

Marmorepitaph in der Kirche Heilige Dreifaltigkeit
Die 1612 geweihte Kirche wurde am Ende des 17. Jahrhunderts umgestaltet. Ein in Stein gehauenes Bild an der Nordwand zeigt die Bauersleute Elisabeth und Hans Schädel, welche die Kirche stifteten, vor dem Gekreuzigten knien.

Über den Anlaß berichtet die Legende: Als der Bauer mit dem Ochsenkarren eines Tages auf dem Weg nach *München* war, um Produkte seiner Landwirtschaft auf dem Schrannenplatz zu verkaufen, kam er in der Nähe von Waltenhofen an einem großen Birnbaum vorbei, dessen Wurzeln über den Weg wuchsen. Durch dieses Hindernis verursacht, kippte der Wagen auf den Bauern, aber wie durch ein Wunder war kein Schaden entstanden. Bevor der Bauer weiterfuhr, betrachtete er sich die Wurzel nochmal genauer und sah, dass sie die Form eines Kreuzes hatte. Er schnitt sie heraus, ließ einen Herrgott schnitzen und befestigte ihn daran. Das so entstandene Kruzifix stellte er vor dem Birnbaum auf. Die Rettung bei diesem Unglücksfall wurde als göttliche Fügung verstanden und war Anlaß der Kirchenstiftung.

WASSERBURG AM INN
(Landkreis Rosenheim)

Pfarrkirche St. Jakob und Rathaus
Wasserburg liegt auf einer Halbinsel in einer Innschleife. Schon im frühen Mittelalter war die „Perle am Inn" Burgsitz des mächtigen Geschlechts der Hallgrafen von Wasserburg. Unterhalb der „Burg am Wasser" entstand nach 1137 beim späteren Marienplatz aus ei-

Wasserburg a. Inn, Kupferstich v. Matthäus Merian um 1648

nem kleinen Fischerdorf eine vermutlich runde romanische Siedlungsanlage, aus der sich die heutige Stadt entwickelte. Die Burg wurde 1526 durch den Wittelsbacher Herzog Wilhelm IV. zum Schloß umgebaut und beheimatet heute das Kloster Maria Stern.

Die katholische Stadtpfarrkirche St. Jakob (1410-1478) und das Rathaus (1457-1459) präsentieren sich als Zeugen der bürgerlichen Frömmigkeit und des bürgerlichen Fleißes in spätgotischer Zeit. Ihre wesentlich kleineren Vorgängerbauten, die bereits um 1255 entstanden waren, wurden abgerissen.

An die Entstehung beider Bauwerke knüpft sich die Sage von zwei wackeren, erfahrenen Steinmetzen: Hans und Stephan. Sie hatten geschworen, stets ohne Haß und Eifersucht zusammenzuhalten. Beide aber waren in die Tochter des Bürgermeisters verliebt und diese. sollte demjenigen zugesprochen werden, welcher zuerst mit seinem Bau fertig würde. Die Braut hatte sich heimlich für den jüngeren Stephan entschieden, der auch zuerst seinen Auftrag beendet hatte: Noch fehlte die Spitze des Kirchturmes, als das Rathaus bereits vollendet war. Hans trug sein Schicksal ohne Neid und Groll, aber Stephan war eines Tages verschwunden. In seiner Stube fand man sein „steinernes" Bild, einen Kragstein, den „getreuen Stephan" (heute im Rathaus), dazu einen Brief mit seinem Entschluß, in ein fernes Kloster zu gehen. Ob Hans die verlassene Braut heimgeführt hat, darüber schweigt die Sage. Aber die Freude an seinem Werk schien er verloren zu haben, denn eine Turmspitze fehlt bis auf den heutigen Tag.

Tatsächlich ist der Turm - vermutlich aus Geldmangel - unvollendet geblieben. Kragsteine, aus der Mauer hervortretende Stützpunkte für Bauglieder, zeigen häufig ein menschliches Gesicht, das den ausführenden Baumeister darstellt.

Wasserburg a. Inn, Stich v. G. Bodenehr um 1720

WEIHENLINDEN
(Gemeinde Bruckmühl, Landkreis Rosenheim)

Wallfahrtskirche zur Heiligsten Dreifaltigkeit

Westlich von *Bad Aibling*, im ebenen Wiesengelände der Mangfall östlich des alten Pfarrdorfes *Högling*, liegt Weihenlinden. Die stattliche Kirche aus dem 17. Jahrhundert mit ihren beiden weithin sichtbaren Zwiebeltürmen ist eine dreischiffige Emporenbasilika.

Unter den zahlreichen Votivbildern im überdachten Umgang entlang der Wallfahrtskirche erzählt ein Fresko die Entstehungsgeschichte: Wo heute die Kirche steht, waren einst drei vorchristliche Grabhügel und ein eingezäunter Platz, auf dem zwei mächtige Lindenbäume, die „Weichlinden", und eine steinerne Martersäule standen. Im frühen 17. Jahrhundert stellten die Höglinger auf der Martersäule eine wundertätige Muttergottesfigur auf, die zuvor wenig beachtet in ihrer Pfarrkirche gestanden hatte. Erst als sie eines Tages versehentlich von ihrem Postament heruntergestossen wurde und beim Sturz auf das Kirchenpflaster entgegen aller Erwartung unbeschädigt geblieben war, fand sie besondere Verehrung.

Während der Schwedeneinfälle 1632 und im Pestjahr 1634 gelobten die Höglinger bei den „Weichlinden" eine Kapelle zu errichten. Die Suche nach dem für den Bau benötigten Wasser blieb zunächst erfolglos. Der Legende nach kamen drei fremde Pilger, in denen man später Engel vermutete des Wegs und empfahlen den Wassersuchenden, nach einem Ring zu graben, welcher auch bald darauf entdeckt wurde - und sogleich sprudelte eine Quelle hervor. Den Ring verehrte man als Vermählungsring der Muttergottes und glaubte, die Pilger seien von der Heiligsten Dreifaltigkeit gesandt worden, daher auch der Name der Kirche.

Der gefaßte Gnadenbrunnen befindet sich in der an der Nordseite der Kirche angebauten Brunnenkapelle, einem achteckigen Zentralbau. Ein großer geschnitzter Engelskopf dient als Wasserspeier. Das darüber angebrachte, bis in die Kuppelzone reichende Gemälde auf Holz zeigt die gekrönte Heiligste Dreifaltigkeit in Wolken, darunter das Gnadenbild in Engelglorie, umgeben von den Ästen eines mächtigen Baumes, in welche elf Medaillons mit Darstellungen der Wunderkraft des Weihenlindener Gnadenbrunnens bei unterschiedlichen Leiden (Epilepsie, innere Krankheiten, Fußleiden, Blindheit usw.) gesetzt sind, ein sogenannter „marianischer Wunderbaum". Die noch blühende Wallfahrt wird von Serviten betreut.

WEILHEIM
(Landkreis Weilheim - Schongau)

Gögele Berg
Herzog Tassilo II. soll im Jahr 750 das Bauerndorf Weilheim seiner Klosterstiftung Polling geschenkt haben. Um 1236 gründete Herzog Otto II. von Bayern (1206 - 1253) die Stadt und sein Enkel, Kaiser Ludwig der Bayer (1283 - 1347), verlieh Weilheim im Jahr 1323 das Münchner Stadtrecht. Die Stadtummauerung des 14. Jahrhunderts ist nur noch teilweise erhalten, denn die Türme mit den Stadttoren wurden im 19. Jahrhundert abgerissen.

Auf dem Gögele Berg am südöstlichen Stadtrand stand ehemals die Burg eines alten Rittergeschlechts. Spuren einer Befestigungsanlage (Wall und Graben) sind noch heute sichtbar. Das Grafengeschlecht starb 1241 mit dem letzten männlichen Sproß aus - nur zwei Schwestern sollen damals überlebt und das Erbe geteilt haben. Da die Ältere bereits in früher Jugend erblindet war, nutzte die Jüngere dies skrupellos aus: das Geld sollte scheffelweise zwischen beiden geteilt werden - so oft nun die Blinde an die Reihe kam, drehte die andere das Hohlmaß um und füllte nur den Bodenrand, was die Blinde beim Abtasten natürlich nicht spüren konnte. Als sie den Betrug später dennoch erkannte, sprach sie einen furchtbaren Fluch über die Schwester aus. Beide starben früh - doch die Jüngere konnte im Grab keine Ruhe finden und muß der Sage nach bis zum jüngsten Tag auf der Burgruine umgehen.

Nach einer anderen Version war eine Schwester des letzten Grafen von Weilheim in das Kloster *Wessobrunn*, wo es damals auch ein Nonnenkloster gab, eingetreten. Sie brach jedoch ihr Ordensgelübde und versteckte sich in einem unterirdischen Gang der Burg auf dem Gögele Berg, wo sie bald aus Reue und Gram starb. Diese Nonne - im Volk auch „Gögerlfräulein" genannt - erscheint häufig im weißen Kleid weinend in der Ruine.
-> Ehekirchen

WENG
(Gemeinde Fahrenzhausen,
Landkreis Freising)

Katholische Filialkirche St. Georg

Nordöstlich von *Freising* liegt auf einer Anhöhe im Ampertal die St. Georgskirche zu Weng. Ein Schlussstein im Chorgewölbe mit der Jahreszahl 1468 dürfte wohl das Erbauungsjahr angeben. Im Jahr 1728 wurde das Langhaus umgestaltet. Hier befindet sich das sehr

schöne Grabmal des Stifterpaares Hans Fraunberg zu Haag auf Massenhausen und seiner Ehefrau Anna geb. Pappenheim. Die Stifterin hat das Hochgrab 1472 für sich und ihren Ehemann errichten lassen.

Der Legende nach soll allerdings die Kirche von Weng, ebenso wie die Kirchen von *Inhausen* im Landkreis *Dachau* und *Johanneck* im Landkreis Freising, als Sühnekirche von Arnulf dem Nasenlosen von Massenhausen errichtet worden sein. Er habe die Kirchen an den Stellen erbauen lassen, an denen sein Schimmel einen Kniefall machte. Arnulf hatte 1323 seine Ehefrau Elisabeth von Greifenberg wegen angeblicher Untreue zu Kranzberg verbrennen lassen.

Eine weitere Überlieferung, die an diese schlimme Tat anknüpft, ist die vom Schwur der Elisabeth, die auf dem Scheiterhaufen das Geschlecht ihres Mannes verflucht haben soll mit den Worten: „Nie mehr soll einem Massenhauser ein Sohn geboren werden." Sage oder nicht - es gab nach dem Tod der Elisabeth auf dem Scheiterhaufen keine männlichen Nachkommen der Linie mehr.

WESSOBRUNN
(Landkreis Weilheim - Schongau)

Ehemaliges Benediktinerkloster

Etwa zehn Kilometer nordwestlich von *Weilheim* liegt auf einem Hügel inmitten des so genannten „Pfaffenwinkels" der Ort Wessobrunn. Die Bezeichnung Pfaffenwinkel kam im 18. Jahrhundert auf und geht auf Franz Sales Gailler zurück, der die Gegend zwischen Lech und Loisach „angulus sacerdotum et monachorum" - Winkel der Priester und Mönche - nannte, eine Anspielung auf die vielen Ordensniederlassungen in dieser Gegend Oberbayerns. Von der einstigen Benediktinerabtei Wessobrunn sind nur noch wenige Gebäude erhalten. Sie beherbergen heute ein von Missionsbenediktinerinnen geleitetes Jugendkurheim.

Die von Johann Schmutzer geplante Klosteranlage von Wessobrunn, Ausschnitt eines Stichs von Michael Wening, 1701.

Der geschichtlichen Überlieferung nach wurde das Kloster im Jahr 753 von einer in Rott ansässigen Adelsfamilie und vom bayerischen Herzog Tassilo III. (741-795/97) gegründet. Nach der Absetzung Tassilos durch Kaiser Karl den Großen (768-814) im Jahr 788 wurde Wessobrunn karolingisches Reichskloster. An die Zerstörung durch die Hunnen 955 schloß sich unmittelbar der Wiederaufbau an. Von reger Bau- und Kunsttätigkeit zur Zeit der Romanik zeugen noch heute das große Kruzifix in der Pfarrkirche St. Johann und der Wehr- und Glockenturm im Norden des Klosterhofes sowie viele Kunstwerke, die sich heute im Bayerischen Nationalmuseum in München befinden. Im 17. Jahrhundert wurde ein weitläufiger Neubau der Klosteranlage geplant und vom Architekten Johann Schmuzer (1642-1701) begonnen. An die frühere barocke Prachtentfaltung erinnern heute nur noch der Prälatentrakt und der Tassilosaal. Alle anderen Gebäude der Abtei und die Klosterkirche, wurden während der Säkularisation zu Beginn des 19. Jahrhunderts abgerissen.

Wessobrunn war nicht nur namengebend für die wohl größte und anerkannteste Stukkatorengemeinschaft Europas des 17. und 18. Jahrhunderts, die aus der unmittelbaren Umgebung stammte, sondern auch für das in karolingischer Zeit entstandene Wessobrunner Gebet, das nach heutiger Ansicht nicht in *St. Emmeram* oder *Augsburg*, sondern in den Schreibstuben des damaligen Klosters am Staffelsee entstanden sein soll. Der Text gilt als das älteste deutsche Schriftdenkmal christlicher Prägung (heute in der Bayerischen Staatsbibliothek in München). Nachdem das Gebet 1875 in Stein gehauen wurde, stellte man den Findlingsblock vor dem „Gasthof zur Post" unter der Dorflinde auf.

Tassilolinde, Quellen und Brunnenhaus
Südöstlich des Klosterhofes steht die so genannte „Tassilolinde". Der 24 m hohe mehrstämmige Baum hat einen Gesamtumfang von 13,17 m und sein Alter wird auf rund 1300 Jahre geschätzt. Nordwestlich der Klostermauer befinden sich ein Brunnenhaus aus dem Jahr 1735 sowie drei in Kreuzform angeordnete Wasserbecken. Das Kloster wurde südlich der drei an einem Hang austretenden Quellen, die für Bau und Unterhalt sehr nützlich waren, errichtet. Im Jahr 1518 baute man im Zuge einer Umgestaltung der Klosteranlage über den Quellen ein „Sommerhaus", bevor man 1589 die Quellen neu fasste und aus Steinblöcken drei große Wasserbecken anlegte. Eine im 17. Jahrhundert entstandene Kapelle hat 1735 dem Bau einer laubenartigen, in drei Mauerbögen nach vorngeöffneten Halle weichen müssen, die auch heute noch das Gesamtbild der Anlage bestimmt.

All diese Objekte sind eng verbunden mit der Gründungslegende des Klosters: Tassilo III., ein Sohn Herzog Odilos und der letzte Agilolfinger, ging 753 als 12jähriger Knabe im Rottwald zwischen Ammer und Lech der Eberjagd nach. Unter einer Linde ruhend sah er im Traum drei Quellen, die in Kreuzesform zusammenflossen und darüber eine (der biblischen Jakobsleiter offenbar nachempfundene) Himmelsleiter, auf der Engel auf- und abschwebten und an deren oberen Ende er den Apostel Petrus beim Singen des Offiziums erblickte. Am nächsten Tag entdeckte einer seiner Jagdgefährten namens Wesso diese Quellen, die kreuzförmig aus der Erde sprangen. Tassilo verstand den Traum als Weisung, hier ein Kloster zu bauen, das er nach dem Entdecker der Quellen „Monasterium Wezzofontanum" (Wessobrunn) nannte.

Mit dem dreizehnten Abt dieses Klosters, Walto, der 1129 gewählt wurde, ist ebenfalls eine Legende verbunden: dieser Abt soll ein Vorbild in allen christlichen Tugenden gewesen sein. Als einmal das Kloster große Not litt und es auch an Wein für das Meßopfer mangelte, befahl der Abt einem Diener, Wasser aus dem Wessobrunnen zu schöpfen; er segnete das Wasser, das sich sofort in Wein verwandelte. Das benutzte weiße Schöpfglas mit blauen Knöpfen wird heute noch in Wessobrunn aufbewahrt.

–> Entraching; –> Polling

WESTENHOFEN
(Markt Schliersee, Landkreis Miesbach)

Jennerwein-Grab
Vielbesucht von Einheimischen und Touristen ist das Grab des Wilderers Georg „Girgl" Jennerwein im Friedhof der Kirche St. Martin Westenhofen rechts der Straße von *Hausham* nach *Schliersee*. Georg Jennerwein wurde 1848 in *Haid* bei *Holzkirchen* als lediges Kind einer Magd geboren und starb am 13. November 1877 durch die Kugel des königlichen Jagdaufsehers Josef Pföderl in den Wäldern am *Peißenberg*, einem Ausläufer der Bodenschneid in den Tegernseer Bergen, wo er mit zerschossenem Unterkiefer tot aufgefunden wurde - angeblich ein Racheakt, weil er Pföderl seine Braut, eine Sennerin aus der Gegend von *Reichersbeuern* ausgespannt, verführt und mit einem Kind sitzengelassen hatte.

Der Wildschütz Georg Jennerwein (rechts)
auf einem Originalfoto.

Den sozialkritischen Hintergrund dieser Tragödie bildet die Funktion von Wildschützen in einer damals noch weitgehend ständisch geprägten Gesellschaft: in den Revieren adliger Grundherren, die das alleinige Jagdrecht für sich beanspruchten, standen sich Jagdaufseher und Wilderer - Unterprivilegierte auf beiden Seiten - feindlich gegenüber. Die Popularität von Wildschützen wie Georg Jennerwein (das Jennerwein-Lied, beginnend mit den Worten: „Es war ein Schütz in seinen schönsten Jahren...", war zeitweise als Verhöhnung der Jäger verboten, hat aber heute einen festen Platz in bayerischen Volksliederbüchern) dürfte vor allem darauf zurückzuführen sein, dass gerade von der bäuerlichen Bevölkerung, die, wie bereits berichtet, oft unter Wildschäden zu leiden hatte, Wilddieberei (damals wie heute unter Strafe) als willkommener Beistand aufgefasst wurde. Nicht selten sind Wildschützen in ganzen Banden offen gegen die Jagdhilfen, die ein fürstliches Revier zu bewachen hatten, aufgetreten. Josef Pföderl wurde 1878 wegen „Körperverletzung" zu acht Monaten Gefängnis verurteilt und starb alkoholabhängig in einem Tegernseer Krankenhaus.

Georg Jennerwein, der populäre Wildschütz, lieferte den Stoff für Heimatromane, Volkslieder und Theaterstücke, die vor allem im Schlierseer Bauerntheater aufgeführt werden.

Unter dem schmiedeeisernen Grabkreuz auf dem Westenhofer Friedhof ruht möglicherweise jemand anders. Weil kein anständiger Bürger neben dem „Lumpen" liegen wollte, wurde das eiserne Grabkreuz bei Friedhofserweiterungen immer wieder an den äußersten Rand des Gräberfeldes versetzt, ohne den Toten zu exhumieren. Das heutige Jennerwein-Grab ist entweder leer oder enthält das amputierte Bein eines Wildschützen aus der Nachbargemeinde, des „Beischa", dem bei einem Feuergefecht mit einem Jäger das rechte Bein so schwer verletzt wurde, dass es abgenommen werden musste. Weiteren profanen Wallfahrten zum angeblichen Grab des populären Wildschützen Georg Jennerwein dürfte dies jedoch keinen Abbruch tun.
–> Schöngeising

WETTERSTEINGEBIRGE
(Landkreis Garmisch - Partenkirchen)

Das Wettersteingebirge, Teil der Bayerisch-Nordtirolischen Kalkalpen zwischen Loisachtal und Leutascher Ache, ist benannt nach den mächtigen hellgrauen bis weißen Riffkalken, die teilweise in Dolomit übergehen.

Von den geologischen und meterologischen Besonderheiten dieses Gebietes erzählt die Sage, vor langer Zeit habe König Wodan, als Herr der Berge das Werdenfelser Land beherrscht. Hoch droben im Gebirge stand sein Felsenthron. Die wilden Tiere gehörten ebenso zu seinem Hofstaat wie die Schätze in den Bergen. Wenn die Menschen ihn erzürnten, schickte er feurige Blitze und Donner ins Tal; aber er sorgte auch für Wohlstand im Land, das lange Zeit ein Paradies gewesen sein soll.

Eines Tages war alles vorbei. Die Tochter König Wodans, eine wunderschöne Fee, hatte sich in einen Bauernburschen aus Partenkirchen verliebt, der aber längst einem anderen Mädchen die ewige Treue geschworen hatte. Im Wald trat die Fee dem Burschen gegenüber - der jedoch blieb standhaft, trotz aller Verlockungen. Da wandelte sich die Liebe der Königstochter in Zorn und Enttäuschung: nachdem sie die Menschen verwünscht hatte, rollten schwarze Wolken vom Gebirge herab, Wasser trat aus dem Felsen hervor, Bäche und Flüsse überschwemmten das ganze Land. Noch heute zeugen die großen Moorgründe von der Flut, die König Wodan aus Rache über das Land schickte.

WIEDENZHAUSEN
(Gemeinde Sulzemoos, Landkreis Dachau)

Katholische Filialkirche St. Florian

Die aus der Spätgotik stammende Kirche von Wiedenzhausen, die 1666/67 verlängert und barock überformt wurde, hat einen reich gestalteten Choraltar von Constantin Pader aus dem Jahr 1654. Der Kirchturm mit oktogonalem Aufbau und kräftiger Zwiebel gehört zu den schönsten im Umkreis. Hier hängt eine Glocke, die von den Leuten die Sauglocke genannt wird.

Als im Dreißigjährigen Krieg die Schweden in den Dörfern ringsum unter vielem anderen auch die Kirchenglocken als Beute nahmen, um sie einzuschmelzen um neues Metall für ihre Kanonen zu gewinnen, sollen einige beherzte Wiedenzhausener ihre Glocken an einem geheimen Ort vergraben haben. Aber im Laufe der Zeit starben diese Menschen, und die Kenntnis von dem Versteck ging verloren.

Doch einige Zeit nach Ende des Krieges, als man schon zwei von den drei Glocken durch Zufall wiedergefunden hatte, merkte ein junger Schweinehirt beim Hüten seiner Tiere, dass die auf etwas Hartes gestoßen waren. Weil er dachte, es sei ein verborgener Schatz, grub er nach und merkte, dass es eine Glocke war. Die Wiedenzhausener brachten sie in feierlichem Zug zur Kirche zurück, wo sie noch heute hängt.

WILDENHOLZEN
(Gemeinde Bruck, Landkreis Ebersberg)

Pfarrkirche St. Andreas

Die ehemalige Schloßkapelle St. Andreas, am Wildenholzener „Burgberg" gehörte zu der im Jahr 1816 geschleiften Burganlage der Pienzenauer. Der Bau aus dem Jahr 1443 zeigt sich heute in der barocken Gestaltung, welche 1760 vorgenommen wurde. Besonders auffallend im Kirchenraum ist das Oratorium über der Sakristei, welche hinter dem Altar liegt. Es deutet auf die frühere Zugänglichkeit der Kirche vom Schloß aus hin. Zu Füßen der Andreas-Kirche erinnert eine Gedenktafel - in einer offenen, kapellenartigen Anlage mit einem Wandbrunnen - an das wohltätige Stifterpaar.

In seinem Testament von 1549 hatte Georg von Pienzenau festgelegt, dass „aus dem Schloß Wildenholzen ein Spital gemacht" und der größte Teil seines Vermögens einer Wohltätigkeitsstiftung zugute kommen sollte. Auch seine Gemahlin Afra verzichtete zugunsten dieser Stiftung auf ihren Erbanteil.

Eine Legende berichtet, dass die später erblindete Afra nach dem Tod ihres Gemahls von tiefer Traurigkeit und Einsamkeit fast erdrückt wurde. Eines Tages stürzte sie vom Schloßturm und soll an dieser Stelle begraben worden sein. Ihre Seele fand aber keine Ruhe, und so geisterte sie nachts durch die leeren Räume des Schlosses.

WILPARTING
(Gemeinde Irschenberg, Landkreis Miesbach)

**Wallfahrtskirche St. Marinus und Anianus
mit Veitskapelle und Marinibrünnl**

Nahe der Salzburger Autobahn steht am Irschenberg die Kirche St. Marinus und Anianus und gleich in der Nähei eine achteckige Veitskapelle. Vorgängerbauten der jetzigen Kirche gehen bereits auf die Zeit vor der ersten Jahrtausendwende zurück. Der gotische Nachfolgbau von 1373 ist in seiner Substanz erhalten, wurde aber nach einem Brand 1724 barock ummantelt und umgebaut. Die etwas tiefer liegende Veitskapelle, welche auf ein spätgotisches Oktogon zurückgeht, erhielt ihr heutiges barockes Gepräge im Jahr 1697.

Marinus und Anianus - Onkel und Neffe - waren irdische Wandermönche und Glaubensboten: Marinus Bischof, Anianus sein Diakon. Nach einer Pilgerfahrt nach Rom, wo sie geweiht worden waren, kamen sie als Missionare nach Bayern und bauten sich im Gebiet des Irschenbergs Einsiedlerklausen, in denen sie 40 Jahre lebten. Marinus soll seine Zelle an dem Platz gehabt haben, an dem heute die Veitskapelle steht, Anianus im nahen Alb, wo eine ihm geweihte Kirche steht. Beide starben um das Jahr 697; ihre liturgische Verehrung ist seit dem 11. Jahrhundert bezeugt.

Die Legende erzählt, dass Marinus von plündernden Vandalen überfallen, misshandelt und schließlich auf einen Holzstoß gebunden und verbrannt wurde - wobei er noch für seine Peiniger gebetet haben soll. Sein Neffe Anianus starb am gleichen Tag, dem 15. November 697, nachdem er durch göttliche Offenbarung Nachricht vom Martyrium seines Gefährten erhalten hatte. Reliquien der beiden Heiligen werden in der Wilpartinger Kirche aufbewahrt. Man bestattete sie an der Stelle, wo sich jetzt das barocke Hochgrab aus dem Jahr 1778 befindet. Die bemalten Tumbadeckel des früheren Hochgrabs (um 1480) mit ausdrucksvollen lebensgroßen Darstellungen der Märtyrer sind an der westlichen Langhauswand aufgestellt. Szenen aus dem Leben der Kirchenpatrone zeigen die Deckengemälde und großformatige Tafelbilder an Längswänden und Emporenbrüstung. In Reliquienschreinen werden den Gegenstände aus dem Besitz der Heiligen verwahrt.

Etwa 100 m unterhalb der Kirche steht ein kleiner Holzbau mit Kuppeldach, von den Anwohnern „Marinibrünnl" genannt. Noch vor wenigen Jahrzehnten wurde das austretende Quellwasser, das vor allem bei Augenleiden helfen soll, von bittgängern geholt;

heute ist es nicht mehr zugänglich. Die Legende berichtet, dass der heilige Marinus diese Quelle erweckt und durch Hineinwerfen seines Ringes geweiht haben soll.

WOLFRATSHAUSEN
(Landkreis. Bad Tölz - Wolfratshausen)

Pfarrkirche St. Andreas

Die im Jahr 1484 erbaute Pfarrkirche St. Andreas wurde, nach Zerstörungen durch die Schweden, im Jahr 1650 neu gestaltet. Der Hochaltar entstand in den Jahren 1659-1661. Der rechte Seitenaltar zeigt ein Bildnis der Marter des heiligen Sebastian, welches 1837 von J. B. Müller geschaffen wurde.

Der heilige Sebastian wird meist als unbekleideter junger Mann dargestellt, der an einen Baum gebunden ist und von Pfeilen durchbohrt wurde - seltener ist die Darstellung als Ritter mit einem Pfeil in der Hand. Pfeile galten als Symbol plötzlicher Krankheit - die Pest war nach damaliger Auffassung eine Strafe Gottes für die Sünden der Menschen - die Pestbeulen, so glaubte man, wurden durch die von Pestengeln ausgesandten Pfeile hervorgerufen. Sebastian wurde daher vor allem in Pestzeiten als Nothelfer verehrt und angerufen. An der Säule vor dem Altar befindet sich ein Wachsstock, der aus einer 400 m langen, dünn gezogenen und aufgerollten Wachskette besteht und zu jeder Messe angezündet wird. Er geht auf ein Gelübde zurück, das die Schützengilde in der schweren Zeit der Pest nach dem 30jährigen Krieg ihrem Schutzheiligen gemacht hatte. Sie versprachen jedes Jahr eine Prozession vom oberen zum unteren Tor des Marktes zu machen, falls das schreckliche Sterben ein Ende habe. Daraufhin, so wird überliefert, verschwand die schreckliche Seuche aus der Stadt. Die Bruderschaft hielt ihr Versprechen und stiftete zusätzlich zu Ehren des Heiligen eine Wachskette in der Länge der Marktstraße.

–> Ebersberg; –> Eching

Katholische Filialkirche St. Laurentius, ehemalige Wallfahrtskirche St. Nantwein

Der ehemalige Kirchenname geht auf einen Rompilger namens Conradus Nantovinus zurück, welcher der Legende nach im Jahr 1286 in Wolfratshausen unschuldig verbrannt wurde. Schon kurz danach wurde bei der angeblichen Richtstätte eine Kapelle erbaut, und es entwickelte sich eine Wallfahrt, die ihre Blüte im 17. Jahrhundert erlebte. Das Altarblatt von 1632 in der Anfang des 17. Jahrhundert gebauten Kirche stammt von L. Griesmann und zeigt die Marter des heiligen Nantwein. Auch auf dem linken Seitenaltar findet man eine Skulptur des Heiligen. Die älteste Darstellung - wohl aus dem Mittelalter - ist aber sicher die unter der Kanzel: ein Sandsteinrelief, das Nantwein als Gefangenen zeigt.

Anfang des 17. Jahrhundert glaubte ein Franziskaner, die Reliquien des Heiligen wieder aufgefunden zu haben. Danach entstand der Brauch, den Pilgern in der in Kelchform gefassten Hirnschale des Märtyrers Wein als Heilmittel gegen die Pest zu reichen. Im Rahmen der Säkularisation wurden dann allerdings die wichtigsten Reliquiare - mit ihnen die Hirnschale - verkauft, die kultische Verehrung erlosch.

Der Feuertod des heiligen Nantwein soll sich laut Legende auf folgende Weise zugetragen haben: Als der reiche Rompilger 1286 nach Wolfratshausen kam, übte der macht- und geldgierige Richter Ganther dort die Rechtspflege aus. Um an das Geld des Fremden

Der heilige Nantwein.

zu kommen, beschuldigte er ihn, einen minderjährigen Knaben verführt zu haben und verurteilte ihn zum Feuertod. Als besondere Gnade überließ man dem Unglücklichen die Wahl des Platzes für seine Hinrichtung. Da schraubte Nantwein den Kopf des Pilgerstabes ab und schleuderte ihn vom Gerichtsplatz der alten Burg in Wolfratshausen so weit hinaus, dass er über die Loisach bis zum heutigen Ortsteil Nantwein flog. Dort wurde er dann verbrannt. Nachdem sich an der Richtstätte viele Wunderheilungen ereignet hatten, wurde sie bald zum Ziel für Wallfahrer.

Die Nantwein-Legende steht in Zusammenhang mit der Wolfratshauser Sage über das so genannte „Marktgeschlärf" (von schlürfen = gehen, ohne die Füße vom Boden zu heben). Dieses rührt von einer alten Frau in ärmlichen Wollrock, mit wirren Haaren, Pelzhaube und hochhackigen, eisenbeschlagenen Pantoffeln her. In manchen Nächten geht sie durch die Stadt, kann sich ganz groß machen und die Leute im ersten Stock der Häuser erschrecken, wenn sie durch die Fenster sieht. Wegen ihrer üblen Taten fand sie nach ihrem Tod keine Ruhe. Die einen sagen, sie sei eine Hebamme gewesen, die ein Kind bei der Geburt ermordet habe. Anderen Erzählungen zufolge soll sie eine böse Wirtin gewesen sein, die am Untermarkt eine Schenke hatte und an den falschen Beschuldigungen gegen den Pilger Nantwein mitgewirkt habe. Ihr Erscheinen kündigt immer Unheil an.

Frauenkapelle

Die idyllisch gelegene Frauenkapelle aus dem Jahr 1643, auf einem Absatz des westlichen Loisachufers erbaut, (Aufgang beim Untermarkt, Haus Nr. 51) war ursprünglich nur ein achteckiger Rundbau. Ihre Gründung geht zurück auf ein Gelübde des Weißgerbers Lang aus Wolfratshausen, das er im 30jährigen Krieg gemacht hatte und das sein Schwiegersohn Jahre später für ihn erfüllte.

Der Legende nach hatten die Schweden ihn gefoltert, um das Versteck zu erfahren, in dem er sein Geld verborgen hatte. Da er beharrlich schwieg, machten die Soldaten sich davon, kamen aber am nächsten Tag wieder. Der Weißgerber aber hatte sie auf sein Haus zukommen sehen und verbarg sich mit Frau und Tochter draußen im Gelände hinter einer großen Haselnussstaude. Als er von dort zusehen musste, wie alles ringsum in Flammen aufging, wandte er sich in seiner Not an Maria und gelobte, der Gottesmutter zu ehren eine Kapelle zu bauen, wenn er am Abend lebendig in den Ort zurückkehren würde. Er wurde erhört. Am gleichen Tag noch verließen die Schweden die Stadt, nachdem sie viele der Einwohner getötet und deren Häuser zerstört hatten.

WOLKERTSHOFEN
(Markt Nassenfels, Landkreis Eichstätt)

Gleßbrunnen

Von der Straße Nassenfels-Wolkertshofen zweigt etwa 250 Meter vor Wolkertshofen nach rechts ein Feldweg ab. Folgt man diesem, so trifft man nach etwa 500 Metern auf die in einem Auwäldchen verborgenen Gleßbrunnen, fünf miteinander verbundene 5 bis 9 Meter tiefe Quelltöpfe, deren hell glänzende Wasseroberfläche (im Dialekt „Gleißbrunnen" = gleissende, glänzende Brunnen) namengebend war. Diese mit ca. 700 Litern pro Sekunde stärkste Quelle im Eichstätter Raum kommt aus so großer Tiefe, dass ihre Temperatur das ganze Jahr über zehn Grad Celsius beträgt. Dieses Wasser von ausgezeichneter Qualität dient *Ingolstadt* seit 1964 als Trinkwasserreserve, weshalb der Bereich zum Wasserschutzgebiet erklärt wurde. Es handelt sich um Regenwasser, das vor mehr als tausend Jahren fiel und im Jurakarst versickerte.

In den Quellen ist der Sage nach ein Bauer aus Wolkertshofen ertrunken, ohne dass man seinen Leichnam fand. Wenn aber Pest, Krieg oder Hunger drohen, soll der Tote bis zur Brust im Brunnen aufsteigen und rufen: „Leut' bet's!" Dann geht er wieder unter.

Auswahl weiterführender Literatur

Aberle, Andreas: Es war ein Schütz in seinen schönsten Jahren. Von Wildschützen und Jägern, Sennerinnen und Jagdherren, Zauberbüchern und Freikugeln. Rosenheim 1972

Angenendt, Arnold: Heilige und Reliquien. Die Geschichte ihres Kultes vom frühen Christentum bis zur Gegenwart. München 1994

Appel, Brunhilde/Rischert, Helmut/Zecherle, Karl: Burgen und Schlösser. Kipfenberg (2), 1987

Bauer, Hermann und Anna: Klöster in Bayern. Eine Kunst- und Kulturgeschichte der Klöster in Oberbayern, Niederbayern u. Oberpfalz. München 1985

Berndt, Helmuth: Die Nibelungen. Auf den Spuren eines sagenhaften Volkes. Bergisch-Gladb., 1987

Bernstein, Martin: Kultstätten, Römerlager und Urwege. Archäologische Streifzüge von der Steinzeit bis zum Mittelalter in Oberbayern. München 1996

Bichler, Albert: Wallfahrten in Bayern. München 1990

Bosl, Karl: Handbuch d. historischen Stätten Deutschlands, Band VII: Bayern. Stuttgart, 1961

Bosl, Karl/Lechner, Odilo OSB/Schüle, Wolfgang/Zöller, Josef Othmar (Hrsg.): Andechs, der Heilige Berg. München 1993

Brems, Franz Josef: Marien-Wallfahrtstätten in Oberbayern. München Zürich 1988

Buck, Chr.: Gründungs-Legenden mittelalterlicher Klöster in Bayern und Österreich. Weilheim 1988

Dehio, Georg: Handbuch der Deutschen Kunstdenkmäler, Band IV: Bayern. München und Oberbayern. München und Berlin 1990

Dewiel, Lydia: Der Chiemgau. Kunst, Kultur und Landschaft zwischen Inn und Traun. Köln, 1993

Dewiel, Lydia: Oberbayern. Kunst und Landschaft zwischen Altmühltal und Alpen. Köln 1996

Eckert, Gerhard: Oberbayern. Kultur, Geschichte, Landschaft zwischen Donau und Alpen, Lech und Salzach. Köln (4) 1983

Eckert, Ursula u. Wolfgang: Das Berchtesgadener Land vom Watzmann zum Rupertiwinkel. Köln 1992

Finkenstaedt, Thomas u. Helene: Die Wieswallfahrt. Ursprung und Ausstrahlung der Wallfahrt zum Gegeißelten Heiland. Regensburg 1981

Gnadenstätten im Erdinger Land. München, 1986

Gockerell, Nina: Bilder und Zeichen der Frömmigkeit. Sammlung Rudolf Kriss. Ausstellungskatalog München, 1995

Goldner, Joh.: Bayerische Heilige. Freilassing (2), 1991

Haerkötter, Gerd u. Marlene: Rund um den Wacholder. (Kochen-Heilen-Zauberei B.6) Frankfurt, 1987
Haid, Gerlinde und Hans: Brauchtum in den Alpen. Rosenheim, 1995
Hansmann, C./Döderlein, W.: Altötting. München, 1960
Hansmann, Liselotte/Kriss-Rettenbeck, Lenz: Amulett und Talismann. Erscheinungsformen und Geschichte. München, 1977
Heinzle, Joachim: Die Nibelungen. Lied und Sage. Darmstadt, 2005
Höllhuber, Dietrich / /Kaul, Wolfgang: Wallfahrt und Volksfrömmigkeit in Bayern. Nürnberg, 1987
Huse, Norbert: Kleine kunstgeschichte Münchens. München 1990
Kaltenegger, Roland: Oberammergau und die Passionsspiele 1634 - 1984. München-Wien, 1984
Kapfhammer, Günther: St. Leonhard zu Ehren. Vom Patron der Pferde, von Wundern und Verehrung, von Leonhardifahrten und Kettenkirchen. Rosenheim, 1977
Kemp, Cornelia/Bartl, Edith: Religiöse Sinnbilder. Freilassing 1982
Kerler, Christine und Richard: Bayerischer Kuriositätenführer. Königstein/Ts. 1983
Kolb, Karl: Vom heiligen Blut. Eine Bilddokumentation der Wallfahrt und Verehrung. Würzburg, 1980
Kriss, Rudolf: Die Volkskunde der Altbayrischen Gnadenstätten. (Band I - III.), München-Pasing 1953 und 1956
Kriss-Rettenbach, Lenz/Möhler, Gerda (Hg.): Wallfahrt kennt keine Grenzen. Katalog zur Ausstellung. München, 1984
Kunze, Michael: Straße ins Feuer. Vom Leben und Sterben i. d. Zeit des Hexenwahns. München, 1982
Läpple, Alfred: Heilige und Selige aus Altbayern und Tirol. Weilheim 1989
Magin, Ulrich: Trolle, Yetis, Tatzelwürmer. Rätselhafte Erscheinungen in Mitteleuropa. München, 1993
Mahnert, Hans: Exkursionen zur Bayerischen Geschichte. München, 1987
Mass, Josef: Zeugen des Glaubens. München, 1976
Mathäser, Willib.: Andechser Chronik. München 1979
Meyer, Werner: Burgen in Oberbayern. Würzburg 1986
Moser, Dietz-Rüdiger: Die Märchenhäuser in Oberammergau. Ein Beitrag zum Thema „Folklorizierungstendenzen im Märchen", in: Märchen unserer Zeit. Zu Erscheinungsformen eines populären Erzählgenres, S. 75-91, hg. von Hans-Jörg Uther. München, 1990

Neumeyer, August Fr.: Der Mühldorfer Hexenprozess der 16jährigen Dienstmagd Marie Pauer von der Katharinenvorstadt 1749/50. Mühldorf 1992

Nowald, Inken: Die Nibelungenfresken v. Julius Schnorr von Carolsfeld im Königsbau der Münchener Residenz 1827-1867. Phil. Dissertation, 1975

Petzet, Michael: Ludwig I. und seine Schlösser. München 1995

Pfister, Peter: Das Erzbistum München und Freising. Bistumshefte 1 u. 5. Eckbolsheim, 1989/92

Pfister, Peter / Ramisch, Hans: Marienwallfahrten im Erzbistum München u. Freising. Regensburg, 1989

Preißer, Alfred (Hrsg.): Reisen in die Vergangenheit: Bayern. München 1983

Rattelmüller, Paul Ernst: Pferdeumritte in Bayern. Tradition u. Brauchtum in Altbayern. München 1988

Rosenegger, Josef/Bahnmüller, Wilfried: Burgen und Schlösser zwischen Inn u. Salzach. Freilassing, 1980

Rosenegger, Josef/Bartl, Edith: Wallfahrten in und um München. Freilassing, 1980

Rosenegger, Josef/Bartl, Edith: Wallfahrten im Bayerischen Oberland. Freilassing, 1981

Rosenegger, Josef/Molodovsky, Nikolai: Wallfahrten zwischen Inn und Salzach. Freilassing, 1985

Sailer, Anton: Bayerns Märchenkönig. Das Leben Ludwigs II. in Bildern. München (3), 1983

Schattenhofer, Michael: Die Mariensäule in München. München-Zürich, 1970

Schmeer-Sturm, Marie-Louise: Oberbayern - Kunstführer zu Städten, Klöstern, Kirchen und Museen (ohne München). München, 1990

Schwaiger, Georg: Bavaria Sancta. Regensburg, 1970

Seitz, Helmut: Tatort Geschichte - Historische Schauplätze in Bayern. München, 1984

Steiner, Peter: Altmünchner Gnadenstätten. München-Zürich, 1979

Storch, Wolfgang (Hg.): Die Nibelungen - Bilder von Liebe, Verrat und Untergang. Katalog zur Ausstellung Haus der Kunst München e.V.. München, 1987

Strauss, Heidemarie und Peter: Heilige Quellen zwischen Donau, Lech und Salzach. München, 1987

Unbekanntes Bayern. Entdeckungen und Wanderungen. München (2) 1955

„Uns ist in alen Mären...". Das Nibelungenlied und seine Welt, hrsg. von der Badischen Landesbibliothek Karlsruhe und dem Badischen Landesmuseum Karlsruhe. Katalog zur Ausstellung im BLM Schloss Karlsruhe 13.12.2003-14.03.2004. Darmstadt 2003

Vignau, Ilka von: Tegernsee, Schliersee, Leitzachtal. München, 1980
Weidl, Reinhard: Dorfkirchen in Oberbayern. Rosenheim, 1991
Werner, Elyane: Bayerisches Leben - bayerischer Brauch. Bilder und Berichte aus dem 19. Jahrhundert. Mit einem Geleitwort von Alfons Goppel. München, 1990
Werner, Paul: Flurdenkmale. Freilassing, 1982
Werner, Paul u. Richilde: Vom Marterl bis zum Gipfelkreuz. Berchtesgaden, 1991
Woeckel, Gerhard: Pietras Bavarica. Weißenhorn, 1992

QUELLENTEXTE

Angerpointner, Alois: Altbairische Sagen, Teil 1-3. Dachau 1977, 1980, 1985
Baer, Frank: Votivtafel-Geschichten. Rosenheim 1979
Bernrieder, Josef: Sagen und Legenden rund um den Wendenstein. Oberaudorf 1995
Böck, Emmi: Sagen aus dem Neuburg-Schrobenhausener Land. 1989
Böck, Emmi: Sagen aus der Hallertau. Mainburg 1975
Böck, Emmi: Sagen und Legenden aus Eichstätt und Umgebung. Eichstätt 1977
Böck, Emmi: Sagen und Legenden aus Ingolstadt und Umgebung. Mainburg 1973
Böck, Emmi (Hrsg.): Alexander Schöppner: Bayrische Legenden. Regensburg 1984
Brackert, Helmut (Hrsg., Übers., Anhang): Das Nibelungenlied. Mittelhochdeutscher Text und Übertragung (2 Bände). Frankfurt/M. 1970/71
Brandenburg, E.: Kapellengeschichten. München 1995
Brunner, B. Die Abenteuer Herzog Christophs. 1960
Brustgi, Georg: Aus der Weißblauen Sagentruhe. München 1972
Bunsen, Kristin/Kapfhammer, Günther: Altmünchner Stadtsagen. München 1974
Eichborn, Vito v.: Sagen aus Bayern. Frankfurt/M. 1979
Eichelmann, Toni: Berchtesgadener Sagen. Vonderthann 1974
Einmayer, Max: Inntaler Sagen. Oberaudorf 1988
Fenzl, Fritz: Münchner Stadtsagen. München 1992
Kapfhammer, Günther: Bayrische Sagen. Sagen aus Altbayern, Schwaben und Franken. München 1992
Klein, Diethard H.: Bayrisches Hausbuch. Alte Bilder, Lieder und Geschichten aus Altbayern und Schwaben. Freiburg i.Br. 1981

Klein, Diethard H.: Das große Hausbuch der Heiligen. Namenspatrone, die uns begleiten - Berichte und Legenden. Aschaffenburg 1984

Melchers, Erna und Hans: Das große Buch der Heiligen. Geschichte und Legende im Jahreslauf. München (3) 1979

Mohr, Josef: Tegernseer Sagen aus dem Kulturraum der ehemaligen Benediktinerabtei Tegernsee. Hausham 1985

Müller-Hahl, Bernhard: Sagen und Legenden zwischen Lech und Ammersee. Landsberg 1979

Petzoldt, L.: Historische Sagen I: Fahrten, Abenteuer und merkwürdige Begebenheiten. München 1976

Petzoldt, Leander: Historische Sagen II: Ritter, Räuber und geistliche Herren. München 1977

Podewils, Hildegard von: Mit Märchenaugen reisen. Märchen, Sagen und Legenden aus Bayern. 1964

Raff, Helene: Alt-Bayerische Legenden (Band 6). Altötting 1925

Raff, H.: „So lang der alte Peter...". München 1923

Rattelmüller, Paul (Auswahl, Illustr.): Alexander Schöppner: Sagen aus Bayern. Oberbayern. München 1979

Rölleke, Heinz (Hrsg.): Grimm, Jacob und Wilhelm: Kinder- und Hausmärchen (2 Bd). Stuttgart 1982

Roh, Juliane: „Ich hab wunderbare Hilf erlangt" - Votivbilder aus Bayerischen Wallfahrtsorten. München 1982

Rosenberger, Ludwig: Legenden und Geschichten um die Frauenkirche. München 1988

Schinzel, Gisela: Das versunkene Schloß. Die schönsten Sagen aus dem Würmtal, vom Starnberger See bis Dachau. München 1974

Schinzel-Pendt, Gisela: Sagen und Legenden um das Berchtesgadener Land. Frieding-Andechs 1982

Schinzel-Pendt, Gisela: Sagen und Legenden aus dem Fünfseenland. Frieding-Andechs 1977

Schinzel-Pendt, Gisela: Sagen und Legenden von München. Frieding-Andechs 1979

Schinzel-Pendt, Gisela: Sagen und Legenden um das Werdenfelser Land, mit einem Anhang der Sagen u. Legenden v. Weilheim. Frieding-Andechs 1978

Schinzel-Pendt, Gisela: Sagen u. Legenden von Wolfratshausen u. Umgebung. Frieding-Andechs 1992

Schlangeneier & Drachenzungen. Dornbirn 1995

Schmidt, Willibald: Sagen aus dem Isarwinkel. Bad Tölz (2) 1979

Schöppner, Alexander: Bayrische Sagen (3 Bände). München 1852-1953; Nachdruck Augsburg 1990

Schweiggert, Alfons: Märchenwelt Bayern. Pfaffenhofen/Ilm 1989

Silbernagel, Clemens: Sagen und Legenden aus Bayern. Atzbach 1978

Sponholz, Hans: Drei Frauen und zwei Riesen. Hof/Saale 1978

Sponholz, H.: Wenn die Wetterhexe fliegt. Sagen aus Bayern um Geister und seltsame Geschehnisse. Mit Zeichnungen von Karl Bedal. Hof/Saale

Sponholz, Hans: Die schönsten Sagen aus dem Münchner Osten. München-Assling 1972/73

Trautmann, Franz: Alt-München. Stadtbüchlein. Ebenhausen 1958

Warncke, Carsten-Peter: Bavaria Sancta - Heiliges Bayern. Die altbayerischen Patrone aus der Heiligengeschichte des Matthaeus Rader in Bildern von J.M. Kager, P. Condid und R. Sedeler. Dortmund 1981

ORTSVERZEICHNIS

Hauptstichworte sind im Register **halbfett**,
die Abbildungen *kursiv* verzeichnet.

Achselschwang 82
Agatharied 115
Aicha 155
Ainhofen **14**, 33, 56, 242
Alb 315
Almosmühle **15**
Altenburg **15**
Altenhohenau **16**, *18*
Altenmarkt an der Alz 38, 262
Altenstadt **19**
Altmühldorf **20**
Altomünster **21**, *21*, 272
Altötting 4, 11, **22**, *23*, 25, 31, 248, 283
Ammersee 9, 12, **28**, 55, 67, 256, 274, 303
Ampermoching 167
Andechs 11, 23, 63, 66, **88**, *89*, *91*, *92*, *94*, 119, 208
Annabrunn 29
Anzing **30**
Aschau 264
Ascholding **31**, 84, 100, 115
Attel **32**
Aufkirchen 14, **33**, 56, 242
Aying 151

Bad Aibling 297, 306
Bad Reichenhall **34**, *35*, 172
Bad Tölz 4, 11, **36**, *37*, 68, 115, 118, 150, 154, 161, 247, 248
Baierbrunn 133
Baiern 42, 101
Balkham 116
Baumburg **38**
Benediktbeuern 39, 52, 113, 162, 296, 303
Berchtesgaden 10, 34, **41**, *41*, 127, 283
Berg 33, **43**, *43*, *44*, *46*, 166
Berganger **47**, 298
Bergen **47**
Bernried **48**, *48*
Bertoldsheim **50**, *50*
Bettbrunn 11, **51**, 293
Beuerberg 40, **52**
Beyharting 297, 298
Birkenstein 11, **53**
Birnbach **54**, 273

Bischofsried 29, **55**, 67, 170
Brannenburg 253, 270
Breitbrunn 33, **55**, 242
Bruck 96, 111, 314
Bruckmühl 306
Burghausen **56**, *57*, 139
Burgheim **58**, 235
Buxheim 82

Chieming 146
Chiemsee 9, 102, 104, 146

Dachau **60**, *60*, *61*, 136, 167, 265, 308
Deggendorf 45
Demling 121
Dettenschwang **62**, 69, 116,
Dießen am Ammersee 29, 55, 56, 62, **63**, *64*, 256, 268
Dietramszell 31, 37, 63, **67**, 85, 116, 118, 150, 161, 300
Dollnstein **69**
Dorfen 75, 261

Ebersberg 4, **70**, *70*, 74, 316
Eching **74**, 316
Ecksberg **75**
Egenhofen 299, 304
Egern **75**, 290
Ehekirchen **76**, 307
Eichstätt 4, 12, 69, **77**, *78*, 147, 155
Einsbach **81**
Eisenhofen **81**
Eitensheim **82**
Engelsrieder See **255**
Entraching **82**, *83*, 239, 310
Enzelhausen 32, **84**, 100, 115
Epfenhausen **84**, 299
Erding 4, 75, **85**, *85*
Erdweg 81
Eresing **87**, *87*, 126, 129, 227
Erlbach 54
Erling-Andechs **88**, *89*, *91*, *92*, *94*, 119
Esting **95**
Ettal 12, **96**, *96*, *98*, 164, 209
Ettenberg **99**
Etterschlag 121
Etting 32, 84, **100**

Fahrenzhausen 108, 308
Fehling 146
Finning 82
Fischbachau 53
Flintsbach am Inn 233, 234
Forstenried **208**
Frauenbründl **101**
Frauenried 115, 266
Frauenwörth **102**, *103*, 212
Fraunberg 292
Freising 4, **105**, *106*, 110, 114, 202, 226, 245, 294, 308
Fürstenfeldbruck 4, 11, 12, **111**, 147, 241, 243

Gachenbach 167
Gauting **113**, *114*, 154, 164, 235
Geltendorf 126, 296
Georgenried 32, 84, 100, **115**, 260, 266, 267
Geretshausen 299
Geretsried 31
Glonn 63, 69, 85, **116**, 300
Gmund am Tegernsee 115, 259
Grafing 11, 37, 68, **117**, *117*, 150, 161
Grafrath 28, 90, 92, **118**, 128, 299
Griesstätt 16
Großmehring **120**, *120*, 183, 293
Grünau **215**
Grünsink **121**, 291
Gundamsried **236**
Gungolding **122**, *123*
Günzlhofen **124**

Haag 29, **125**, 206
Habach 88, **126**, 129, 227
Hagenheim 291
Haid 311
Hausen **126**
Hausham 311
Hebertshausen 167
Helfendorf 151, 152
Herrenchiemsee 44, 46, 102, 164
Herrenwörth 104
Herrnrast **138**
Herrsching 55
Hintersee **127**, *127*
Hofau 160
Höfen 88, 126, **128**, *129*, 227

Högling 306
Hohenburg **129**, 282
Hohenkammer 231
Hohenpeißenberg **131**
Hohenschäftlarn **133**
Hohenwacht **133**, *134*
Hohenwaldeck **266**
Holzhausen **135**
Holzkirchen 12, 62, **136**, *136*, 311

Igling **137**, 236
Ilmmünster **137**
Inching 15
Indersdorf 14, **170**, 258, 290
Ingolstadt 4, 51, **139**, *139*, *145*, 215, 222, 231, 293, 319
Inhausen 308
Inning 119
Irschenberg 315
Ising am Chiemsee **146**
Issing 63

Jexhof **268**, *269*
Jesenwang **147**, *148*
Johanneck 308

Karlsberg 12, **163**, *163*
Kasing 293
Kaufering 37, 68, 118, **149**, 161
Kirchwald 150
Kleinberghofen 81
Kleinhelfendorf **151**, *152*
Klettham 86
Kochel am See 37, **153**
Königsdorf 52
Königswiesen **154**, *154*
Kösching 51
Konstein **155**
Kraiburg am Inn **156**
Kreuzberg **156**

Landsberg am Lech 4, 63, 84, 156, **157**, 236, 246, 296, 299
Langenbach 245
Leeberg 12, **289**
Lenggries 129, **159**, 259
Leonhardspfunzen 37, 118, 150, **160**, *161*
Leutstetten 115, **162**, *163*, 235
Linderhof 44, 46, **164**, *165*

Mammendorf **166**
Maria Beinberg **167**
Mariabrunn **167**
Maria Eck 55, **168**, *169*
Maria Eich **237**
Markt Indersdorf 14, **170**, 258, 290
Marktschellenberg 99
Markt Schwaben 70, 282
Marzoll **172**
Mitterndorf 61
Moosach 15
Mühlberg **173**, *174*
Mühldorf am Inn 4, 20, 29, 75, 95, 156, **175**, 192, 244, 289
München 4, 12, 44, 48, 85, 117, 121, 176, **177**, *178*, *180*, *181*, 231, 243, 248, 298, 304
- Alter Hof 12, **178**
- Altes Rathaus **184**, *185*
- Bürgersaalkirche **200**
- Dreifaltigkeitskirche **203**, *203*
- Falkenturmstraße **190**, *191*
- Forstenried **208**
- Frauenkirche **196**, *197*, *199*
- Gasthaus Hundskugel **189**, *189*
- Heilig-Geist-Kirche **195**
- Herzogspitalkirche **201**, *202*
- Kaufhaus Hirmer **192**
- Marienplatz, Mariensäule **183**, *184*
- Neues Rathaus **186**, *187*
- Nibelungensäle **181**, *182*
- Onophrius-Haus **188**
- Peterkirche **193**, *193*, *195*
- Ramersdorf **204**, *205*
- Residenz **178**, *179*, *179*
- Stadtwappen **177**, *177*
- Thalkirchen **206**, *207*
Murnau am Staffelsee 105, **209**, *209*, *211*, *212*

Nassenfels 319
Neuburg an der Donau 47, 50, 58, 66, **212**, *213*
Neufahrn **215**
Neumarkt-St. Veit 290
Neuschwanstein 44, 46, 165
Nußdorf am Inn 150

Oberalting 271
Oberammergau 164, **217**, *218*, 301
Oberaudorf **221**, *221*
Oberberg 43
Oberhaunstadt **222**
Obermühlhausen 291
Oberpframmern **222**
Oberschweinbach 124
Obertaufkirchen 29
Odelzhausen **223**
Ohlstadt 211, **225**, *225*
Olching 95

Palzing **226**
Pastetten 282
Paterzell 88, 126, 129, **227**
Paunzhausen 138
Peißenberg **227**, 311
Peiting **228**, *230*
Pelka **231**
Penzing 84, 299
Percha **232**, *232*
Petersberg 59, **233**, *234*
Petersbrunn 162, **235**, *235*
Pfaffenhofen an der Ilm 4, 133, **236**
Pförring 120
Pitzling 137, 158, **236**
Planegg **237**
Pleiskirchen 273
Polling 11, 84, 208, **238**, 310
Ponlach **239**, *240*
Predigtstuhl 35
Prien 260
Puch 12, 14, 33, **241**, *242*
Pürten **244**

Ramersdorf **204**, *205*
Ramsau 127, 283
Rast **245**
Rauhenlechsberg **246**
Reichersbeuern **247**, 249, 311
Reichling 246
Reischach **247**
Rennertshofen 50
Reutberg 54, **248**, *249*, *250*, 254
Rimsting 260
Ringberg **289**
Röhrmoos 167, 272
Rosenheim 4, 16, 54, 117, 160, **251**, *252*, *253*
Rott am Inn 29, **254**, *255*, 274, 303
Rottach-Egern 75
Rudelzhausen 84, 284

Sachsenkam 248
Sandizell **256**
St. Bartholomä 159, 171, **257**, *257*, *259*, 290
St. Quirin am Tegernsee 259
St. Salvator **260**
St. Wolfgang
  Lanskreis Erding **261**
  Landkreis Traunstein **262**, *263*, 292
Schäftlarn 133
Scheyern **264**, *265*
Schliersee 115, **266**, 311
Schlegel 35
Schöffau **267**
Schönau am Königssee 257
Schongau 19, 48
Schöngeising **268**, *269*, 296
Schrobenhausen 167, 256
Schwarzlack **270**
Seefeld **271**, *272*
Seeon 103, 168, 208
Seiferstetten 158
Siegsdorf 168
Sigmertshausen **272**
Sigriz **247**
Sigrün 54, **273**
Söll 299
Starnberg 4, 12, 29, 162, 235, 256, **274**, 303
Starnberger See 9, 28, 43, 48, 135, 163, 232, **274**
Stein a. d. Traun 11, **274**, *275*
Steingaden **277**, *278*, *281*
Steinhöring 125
Stephanskirchen 160
Sulzemoos 81, 313
Sunderburg 268

Taing **282**
Taubensee **283**
Taxa **223**
Tegernbach **284**
Tegernsee 9, 12, 39, 76, 171, 195, 247, 258, 260, **285**, *285*, *287*, *289*
Teising **290**
Thaining 158, 264, **291**
Thalheim **292**
Thann 62
Tholbath **293**
Tittmoning 239
Tüntenhausen **294**, *294*
Türkenfeld 270, **295**
Tuntenhausen **297**, *298*

Uffing am Staffelsee 267
Unterhaunstadt 222
Untermühlhausen 84, 119, **299**
Unterberg 43
Unterschweinbach 63, 69, 85, 116, **299**

Vilgertshofen **300**
Vohburg a. d. Donau **301**, *301*

Waakirchen 115, 247
Waging am See 173
Walchensee 29, 256, 274, **302**
Waldkraiburg 244
Waltenhofen **304**
Walting 15, 122
Wasserburg am Inn 16, 32, **304**, *304*, *305*
Weihenlinden 150, **306**
Weihenstephan 105, **110**, *110*
Weilheim 63, 76, 238, **307**, *307*, 308
Weiterskirchen 101
Weng 308
Wessobrunn 82, 84, 97, 124, 156, 227, 238, 239, 300, 307, **308**, *309*
Westenhofen 270, **311**, *311*
Weßling 121
Wettersteingebirge **313**
Wiedenzhausen **313**
Wieskirche 277, **279**, *281*
Wildenholzen **314**
Wildenwart 260
Wilparting **315**
Winhöring 273
Wöhrsee 56
Wolfratshausen 66, 74, **316**, *317*
Wolkertshofen **319**

Zolling 226

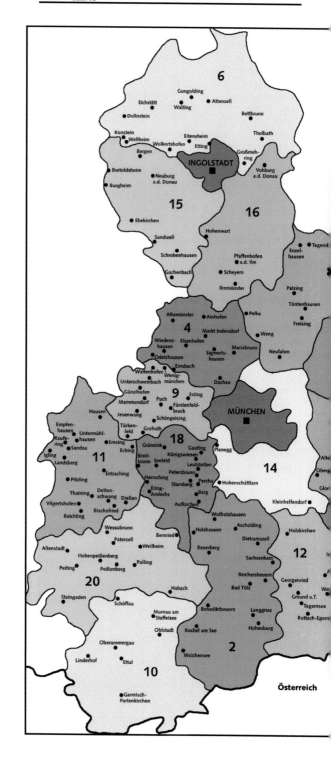

Die Landkreise von Oberbayern

1) Altötting
2) Bad Tölz - Wolfratshausen
3) Berchtesgadener Land
4) Dachau
5) Ebersberg
6) Eichstätt
7) Erding
8) Freising
9) Fürstenfeldbruck
10) Garmisch - Partenkirchen
11) Landsberg am Lech
12) Miesbach
13) Mühldorf am Inn
14) München
15) Neuburg - Schrobenhausen
16) Pfaffenhofen an der Ilm
17) Rosenheim
18) Starnberg
19) Traunstein
20) Weilheim - Schongau

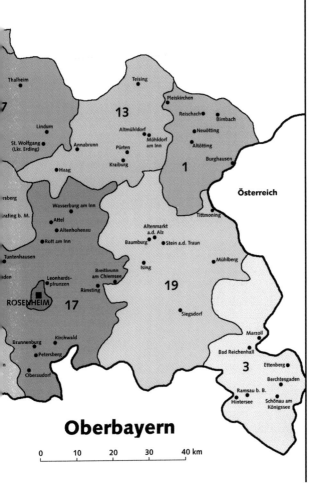

Oberbayern

MAGISCHES DEUTSCHLAND
Reisebegleiter zu geheimnisvollen Sagenplätzen

Die Zeit, in der Sagen weithin geglaubte mündliche Überlieferung waren, ist vorbei. Gleichwohl hat die Faszination dieser Erzählgattung auch die Menschen von heute nicht losgelassen. Sagen sind Berichte über rätselhafte und unerklärliche Geschehnisse, Zeugnisse des Aberglaubens wie der Volksfrömmigkeit. Sagen erzählen vom Eingreifen der übernatürlichen Mächte, vom Teufel, von dämonischen Wesen wie Riesen und Zwergen, von Drachen und verborgenen Schätzen. Die Skala der Figuren und Motive ist weit gefächert und regional stark differenziert.

Sagen handeln nicht nur von Erlebnissen mysteriöser Art, sondern auch von bemerkenswerten historischen Ereignissen, von Hungersnöten und Massensterben der Zeit der Pest, vom Schwedenkrieg und von der Franzosenzeit, von Kriegsnöten und Belagerungen, von Raubrittern und Kreuzfahrern, von untergegangenen Städten und Klöstern. Im Unterschied zu Märchen, die überall und nirgends angesiedelt sind, spielen Sagen an festen und real nachweisbaren Orten. Die Zeugnisse des Geschehens sind noch allenthalben sichtbar. Oft bilden sie sogar Anknüpfungspunkte heutigen Fremdenverkehrs.

Der Mensch der Gegenwart, ob Fußwanderer, Radfahrer oder Autotourist, möchte von der Landschaft, durch die er reist, einiges mehr wissen, als dies Ansichtskarten oder Touristenprospekte vermitteln können. Er möchte im wörtlichen Sinne 'erfahren', was es mit diesem oder jenem Denkmal, Wegkreuz, Bildstock oder Brunnen, mit den noch sichtbaren Resten von Burgruinen oder Klöstern, mit auffallenden Orts- oder Gebäudenamen auf sich hat.

Die Bearbeiter der Bände sind Volkskundler und Historiker, die oft aus der jeweiligen Region stammen und sich sowohl wissenschaftlich mit der entsprechenden Literatur beschäftigen wie auch die einzelnen Orte persönlich aufgesucht haben.

Die Buchreihe wird fortgesetzt und erfährt nach und nach eine ergänzte und aktualisierte Neuauflage vieler bisher im Eulen-Verlag erschienenen Bände. Auf den nächsten Seiten stellen wir die Bücher vor, deren Herausgabe unmittelbar bevorsteht, bzw. auch weitere Publikationen, die sich im Umfeld dieser Thematik bewegen.

Reinhild Zuckschwerdt-Moll
Berlin-Brandenburg
Ein Reisebegleiter zu 156 geheimnisvollen Sagenplätzen

240 Seiten, 74 sw-Abbild., Übersichtskarte, Ortsverzeichnis, Fachbuch-Auswahl, Taschenbuch-Broschur, Klebebindung, Format 10,5 x 22,0 cm.
16,80 € (D) / 17,70 € (A) / 31,40 sFr
ISBN 978-3-934673-95-3

I. Berle, M. L. Hoffmann, R. Könke, M.-L. Schmeer-Sturm
München-Oberbayern
Ein Reisebegleiter zu 279 geheimnisvollen Sagenplätzen

336 Seiten, 109 sw-Abbild., Übersichtskarte, Ortsverzeichnis und Fachbuch-Auswahl, Taschenbuch-Broschur, Klebebindung, Format 10,5 x 22,0 cm.
16,80 € (D) / 17,70 € (A) / 31,40 sFr
ISBN 978-3-934673-98-4

Ingrid Berle, Hildegard Gerlach
Rheinland
Ein Reisebegleiter zu 200 geheimnisvollen Sagenplätzen

240 Seiten, 80 sw-Abbild., Übersichtskarte, Ortsverzeichnis und Fachbuch-Auswahl, Taschenbuch-Broschur, Klebebindung, Format 10,5 x 22,0 cm.
16,80 € (D) / 17,70 € (A) / 31,40 sFr
ISBN 978-3-934673-99-1

Frank Winkelmann
Südliches Niedersachsen
Ein Reisebegleiter zu 110 geheimnisvollen Sagenplätzen

200 Seiten, 84 sw-Abbildungen, Übersichtskarte, Ortsverzeichnis und Fachbuch-Auswahl, Taschenbuch-Broschur, Klebebindung, Format 10,5 x 22,0 cm.
16,80 € (D) / 17,70 € (A) / 31,40 sFr
ISBN 978-3-934673-96-0

Ingrid Berle, Marie Luise Hoffmann und Renate Könke
Niederbayern-Oberpfalz
Ein Reisebegleiter zu 178 geheimnisvollen Sagenplätzen

240 Seiten, 95 sw-Abbild., Übersichtskarte, Ortsverzeichnis und Fachbuch-Auswahl, Taschenbuch-Broschur, Klebebindung, Format 10,5 x 22,0 cm.
**16,80 € (D) / 17,70 € (A) / 31,40 sFr
ISBN 978-3-939856-09-2**

Gabriele und Fred Oberhauser
Saarland und Saar
Ein Reisebegleiter zu 207 geheimnisvollen Sagenplätzen

240 Seiten, 78 sw-Abbild., Übersichtskarte, Ortsverzeichnis und Fachbuch-Auswahl, Taschenbuch-Broschur, Klebebindung, Format 10,5 x 22,0 cm.
**16,80 € (D) / 17,70 € (A) / 31,40 sFr
ISBN 978-3-939856-10-8**

Rainer Hohberg
Thüringen
Ein Reisebegleiter zu 283 geheimnisvollen Sagenplätzen

275 Seiten, 70 sw-Abbild., Übersichtskarte, Ortsverzeichnis und Fachbuch-Auswahl, Taschenbuch-Broschur, Klebebindung, Format 10,5 x 22,0 cm.
**16,80 € (D) / 17,70 € (A) / 31,40 sFr
ISBN 978-3-939856-11-5**

Renate und Gustav-Adolf Schmidt
Westfalen
Ein Reisebegleiter zu 216 geheimnisvollen Sagenplätzen

240 Seiten, 101 sw-Abbildungen, Übersichtskarte, Ortsverzeichnis und Fachbuch-Auswahl, Taschenbuch-Broschur, Klebebindung, Format 10,5 x 22,0 cm.
**16,80 € (D) / 17,70 € (A) / 31,40 sFr
ISBN 978-3-939856-12-2**

Dr. Horst Friedrich
DIE ENTSTEHUNG DER BAIERN
Auf den Spuren eines geschichtlichen Rätsels

In einer Zeit weltweiter scholastischer Globalisierung, die mit einer unhaltbaren Wissenschafts-Gläubigkeit einhergeht, ist es umso verwunderlicher, dass grundlegende kulturgeschichtliche Themen in Deutschland wie die wirkliche Herkunft und Abstammung des bayerischen Volksstamms trotz vieler Lösungsansätze im Grunde noch immer ungeklärt ist. Der Autor, der sich nun bereits seit über fünfzig Jahren intensiv mit zahlreichen Kontroversen zwischen nonkonformistischen Forschern und der etablierten Schulwissenschaft beschäftigt, und über diese Problematik viele wegweisende Bücher veröffentlicht hat, stellt mit diesem Buch die These in den Mittelpunkt, dass die Frage nach der Herkunft der Bayern neu gestellt und völlig anders beantwortet werden muß. Im Spannungsbogen der Forschungen von Immanuel Velikovsky und J. Spanuth, deren Erkenntnisse bisher in regionalen Kulturbereichen nur wenig Beachtung fanden, liefert er neue Denkansätze für ein korrigiertes Geschichtsbild dieses bedeutenden Kulturvolkes.

64 Seiten, sw-Abbildungen, Broschur, Klebebindung, Format 15,0 x 21,0 cm - Das Buch erscheint in zweiter, überarbeiteter und erweiterter Neuauflage
12,80 €(D)/ 13,50 €(A)/ 24,50 sFr
ISBN 978-3-939856-05-4
sofort lieferbar

Zum Autor
Dr. Horst Friedrich (geb. 1931) studierte neben seinen beruflichen Aktivitäten Wissenschaftsphilosophie und Wissenschaftsgeschichte und erwarb 1974 seinen Doktorgrad. Er hat sich über fünf Jahrzehnte intensiv mit zahlreichen Kontroversen vieler Wissensgebiete zwischen nonkonformistischen Forschern und der etablierten Schulwissenschaft beschäftigt. Anliegen seiner vielen Veröffentlichungen ist es, dahin zu wirken, dass wissenschaftliche Lehrmeinungen und „Weltbilder" mit einer gesunden Portion Skepsis betrachtet werden, weil sie grundsätzlich provisorisch und zeitbedingt sind und glaubt, dass eine Institutionalisierung akademischer Meinungsvielfalt an den Universitäten überfällig ist und zu einer ungeahnten „Wissensexplosion" führen muß.

Eugen Friedrich Beck
Sichtbare Zeugnisse Alteuropäischer Geistesgeschichte

Unvergleichlich sind die in Stein erhaltenen Zeugen heidnischer Zeit an romanischen und frühgotischen Bauten oder auch viele rätselhafte Höhlen- und Felsbilder. Der Autor unternahm es, diese historischen Zeugnisse einer geistigen Entwicklung aus frühgeschichtlicher Zeit zu dokumentieren, einzuordnen und Zusammenhänge aufzuzeigen.
285 Seiten, sw-Abbild., Broschur, Klebebindung, 15,0 x 21,0 cm
19,80 € (D) / 20,80 € (A) / 36,50 sFr
ISBN 978-3-934673-55-7

Enno Nielsen (Hrsg.)
Auf den Spuren
grosser Geheimnisse - I
Fälle von 1200 v.u.Z.-1800
Die merkwürdigsten Fälle aus dem Gebiet des Übersinnlichen aus den Jahren 1200 v. Chr. bis 1800 im unkommentierten Wortlaut der ersten Berichte. Der Band ist ein Original-Reprint des 1922 in Ebenhau erschienenen Buches, das in kurzer Zeit zum unvergessenen Bestseller wurde.

330 Seiten, Broschur, Klebebindung, Format 15,0 x 21,0 cm
19,80 € (D) / 20,80 € (A) / 36,50 sFr
ISBN 978-3-934673-53-3

Enno Nielsen (Hrsg.)
Auf den Spuren
grosser Geheimnisse - II
Fälle von 1801 bis 1920
Die merkwürdigsten Fälle aus dem Gebiet des Übersinnlichen aus den Jahren 1801 bis 1920 im unkommentierten Wortlaut der ersten Berichte. Der Band ist ein Original-Reprint des 1923 in Ebenhau erschienenen Buches, das in kurzer Zeit zum unvergessenen Bestseller wurde.

330 Seiten, Broschur, Klebebindung, Format 15,0 x 21,0 cm
19,80 € (D) / 20,80 € (A) / 36,50 sFr
ISBN 978-3-934673-54-0